日本古代都城制と城柵の研究

阿部義平著

吉川弘文館

目　次

第二部　古代の城柵

挿図目次

表目次

第一部　日本の古代都城

第一章　新益京について

一　はじめに

新益京（あらましのみやこ・しんやくきょう）として正史にみえる京を、我々は藤原京とよんで発掘や研究を続けているが、この藤原京という呼称は、喜田貞吉氏の提案に基くものである。藤原京に至るまでの約一世紀の京も、氏は飛鳥京とよんでいるが、これも史上は京・京師・倭京などとしてみえる所であった。都城研究上の便宜的な京名ではあっても、既に我々になじんだ飛鳥京と藤原京が、律令国家と律令制の揺籃期及び確立期の都として、日本における京の発生とその経過の大部分を内包する重要な位置を占めており、その実態を解明すべく発掘・調査と研究が現在も鋭意進められている。京の範囲や京制に対する学説も重ねられ、発掘による成果も報ぜられてそれに基く新しい提案もみられる。小論は、いわゆる藤原京の研究の内で、喜田貞吉氏の説とそこで検討された条件が、その後の研究の流れに今も大きな影響を与えていて、時には新仮説の試金石となっている点もあると考え、藤原京を再度新益京としての視点から見直してみたいと考える。藤原京の呼称自体も喜田氏の学説の一部であり、後に若干点検を加えてみたい。新さらにこの京は、初めての実証される条坊制をもつ京として、その後の都城制の基本となったと考えられるので、新益京の視点から後続する平城京などや遡るいわゆる飛鳥京についても展望することができれば幸いである。

二　新益京まで

持統・文武・元明の三代の宮である藤原宮は、いわゆる藤原京の核心であるが、藤原宮より遡る倭国の大王たちの宮は、歴代遷宮といわれるように、宮を代ごとに、あるいは一代で複数の宮を造営し移り住んだと考えられている。その比定地も提案されてはいるが、確実な遺構なりから所在や実態を研究することは、ようやく最近の若干の遺跡でその緒についたばかりである。前田晴人氏は「倭京の実態についての一試論」において(1)、五世紀末から六世紀末頃までの宮が大和の磐余《いわれ》を中心に分布し、その範囲が四つの街《ちまた》で画されるとみうることから、この時期から四至京制というべき日本的な京の原形が設定されていたという。続く倭京も軽市のある軽街、海石榴《つばき》市街、復元される中市の街、飛鳥の南の祝戸を境界とする四至京であると主張し、条坊制を伴う都城は藤原京から形成されるという。市や街が京の四至であることを発掘で立証することも仲々困難かと思われるが、ほぼ確実にいえるのは飛鳥以前の宮は歴代遷宮できる程度の規模とみられ、付属官衙も未発達であった点であろう(2)。大和などに営まれた大王の宮が、毛野などでの同時期の地方の有力首長の居館址とどれだけの違いがあったのか、今後の成果が注目される所である(3)。

推古天皇が五九二年に豊浦宮で即位して以降、六九四年に持統天皇が藤原宮に遷るまでの間、歴代の宮が広義の飛鳥の地に集中したことは喜田貞吉氏の指摘したとおりである。この地での宮の変遷と京の呼称が史上に知られる所を表1に略示した。飛鳥に宮がある時、飛鳥の京は通常はただ京とみえ、難波や近江に宮があった時、そこでの宮あるいは京に対比する上で地域名を冠した倭の京が史上にみえるのである。

これら飛鳥の宮の比定地は、いわゆる軽・山田道にそった東西三キロほどの平野縁辺部・香具山から南に飛鳥川に

表1　飛鳥の宮と京

西暦	天皇	飛鳥の宮	他地方の宮	京の呼称
593	推古	豊浦宮→小墾田宮		京
629	舒明	飛鳥岡本宮→田中宮		京
		→厩坂宮→百済宮		
642	皇極	小墾田宮→飛鳥板蓋宮		
645	孝徳		難波長柄豊碕宮	都（難波） 京師
		（飛鳥川辺行宮）		倭京
655	斉明	飛鳥板蓋宮→飛鳥川原宮		京
		→後飛鳥岡本宮	朝倉橘広庭宮	
662	天智			京
			近江大津宮	都（近江） 倭京・古京
672	天武	島宮→岡本宮→		京・京師
		飛鳥浄御原宮		（新城） （難波都）
687	持統	飛鳥浄御原宮→藤原宮		新益京・京
697	文武	藤原宮		京
707	元明	藤原宮→	平城宮	平城京

沿った南北二キロほどの狭い平地に連なるように存在し、飛鳥寺の北方と南方では宮殿遺構の重複も確認されている(4)。しかしこれまで発掘遺構と比定宮名の確実な対応関係を立証するに至らず、遺跡の複雑な実態は宮の歴史も単純でないことをもの語っている。平野部だけでなく、飛鳥の古代の土地利用が谷や丘陵端などまで相当に徹底している例も認められており(5)、また宮の他に皇子たちなどの宮、多数の寺院、豪族の邸宅などを含めた特異な都市的空間を形成したことは想像にかたくない。このような空間形成の契機としては、飛鳥寺の造営など蘇我氏の力もあづかっているだろうが、岸俊男氏が考察した大和の古道、上ツ道・中ツ道・下ツ道・横大路の建設が注目される。これらは飛鳥中心に推古ころに設定されたらしいともされており、京形成の条件整備とみなされるのである(6)。南北三道は高麗尺の六〇〇〇尺、高麗尺六尺一歩とみての一〇〇〇歩＝四里という一定の間隔をと

るという。では推古朝に既に京が設定されたかというと、文献上で京の実態を考えうるような内容は不明であり、実態と範囲を知りうる京の存在は、岸氏が指摘するように畿内や国制と対応して京の内容や京職の存在のみられる天武期ころを確実な時点とおさえておくべきであろう。これを遡る時期の京は文献だけでは追求できないが、宮が飛鳥川沿いに集中する七世紀の後半とそれ以前の段階では範囲も発達段階も違うのかもしれない。天武期の京、いわゆる倭京については前述の前田氏の説の他、岸氏・秋山日出雄氏による上ツ道、下ツ道、横大路に囲まれた以南の八里×九里ほどとみる仮説があるにすぎないが、一方で藤原京域で藤原京より先行する条坊の存在が明らかとなり、それとの関係も注目されている。(7)この天武期の倭京については、壬申の乱の記事で京辺の街・京の街が展望されており、香具山付近からみわたす京が相当広域な街区をもったとみられ、天武九年には京内の二十四寺の存在も知られる。天武十三年にも京師を巡行し、十四年に京職大夫（持統三年には左右京職に発展か）もみえている。恐らく天武期の早期から京域と行政組織の整備が進められたのであろう。また京内二十四寺の比定を手がかりにこの京の範囲が追求されてきている。

同じ天武期には、加えて新城がみえる。飛鳥の外部で新城を探す説に対し、岸氏は新しい都城の意としてすなわち倭京をさすとみる説を提示している。天武五年に新城に都をつくろうとして、限の内は耕さないで荒れたとある。天武十一年に高官を新城に遣わして地形を観察させていて、既に工事を再開しているとみられる。続いて新城への行幸があり、十二年に京師を巡行し、十三年に他の各地にも都の適地を探す動きがあったという。同年に宮室の地を定めまではしているが新宮の造営に至らず、それまでの宮を飛鳥浄御原宮と呼ぶに止まる。新城は天武十二年までで工事終了して京師にとりこまれたものであろうか。先にふれたように天武期に遡る条坊の存在が藤原宮内外で知られているのである。(8)これが倭京と関る広域なものか、新益京と関るのか、新城がどこまで遡り、どの範囲にどう施工されたかの問題も残るようである。

新益京は、天武帝のあとをうけた持統帝が持統四年に藤原宮地を観、五年に新益京を鎮祭せしめたとあり、続いて官人に宅地を班給する詔が出されている。右大臣に四町、直廣弐以上二町、大参以下一町、勤以下は一町から四分之一までとの規定である。六年にも新益京の路を見、八年（六九四）に藤原宮に移った。以後の京は新益京をさすものとみられ、それまでは単に京とだけ呼んだ京が、藤原宮という宮名と合致しない新益京という固有名で呼ばれたことが知られるのである。この京では林坊などの固有名をもつ坊や町の名が知られ、大宝令施行後の整備として東西市の設置がみられ、慶雲元年（七〇四）に初めて藤原宮地を定め、宅宮中に入る百姓一五〇五烟に布を賜うこと差ありという記事がある。京の拡張説などの根拠とされたりする疑問の多い内容で、これについては後でふれたいが、大宝令後も京の整備が進められた気配が感ぜられる所である(9)。

これまでみたように、倭京の名称は、別地での京に対置されて表れ、正式には京・京師としてみえるのであり、この点から持統朝の新益京がその京と別と考える余地も論理的には生じうるが、新益京と別に京を考えうる証拠はなく、新益京は持続五年以降の京の正式名とみる他ない。しかし何故その直前に条坊を施行済かとも考えられる「新城」を京名にすることもなく、新と益の二字をとったのか、疑問も残るのである。一方で発掘調査は天智朝ころからの京域内での住宅遺構などの拡大、天武朝ころの条坊、それをひきついだ所謂藤原京も実証してきており(10)、これまでの問題について整理も試みられているが、文献で知られる経過を合わせて更に追求する余地もあるように思われる。新益京は十六年後（七一〇）に平城京に遷った。

三　藤原京の諸説と論点

藤原京についての諸説の内、現在は岸俊男氏の学説が最も有力であり、定説化して継承されてきているが、その前後の学説を含め、論点と研究史を簡略に点検しておこう。

大正二年（一九一三）に喜田貞吉氏は『歴史地理』誌上に「藤原京考証」を連載した。(11) 藤原京は万葉集の藤原の御井の歌に

八隅しし我ご大王　高照らす日の皇子
荒栲の藤井が原に　大御門始め給ひて
埴安の堤の上に　あり立たし見し《め》給えば
大和の青香久山は　日の経の大御門に
春山と繁みさび立てり　畝傍のこの端山は
日の緯の大御門に　端山とさび居ます
耳成の青菅山は　背面の大御門に
宣しなべ神さび立てり　名ぐわし吉野の山は
影面の大御門ゆ　雲井にそ遠くありける
高知るや天の御陰　天知るや日の御陰の
水こそは常にあらめ　御井の真清水

とあるように、畝傍・耳成・香久の三山の間にあり、京も飛鳥旧京の郊外にわたり、広くは飛鳥京の内ではあるが、新に都城制を布いて一新京域と成したにより従来の飛鳥京と区別せんがため、藤原京と呼ぶのは便宜上の仮称のみと明確に規定して提称したのである。また従来の都の一部を都城制により拡張して新市街を設けたので、新に益された飛鳥京であるとする。その範囲は歌にある三山と中ツ道（氏は北からの中ツ道が横大路附近で西に転じて南下するとみる）、横大路に限られた東西四里、南北五里（令制の里）に大宝令などの規定から十二条八坊の条坊を数え、これと地名なども考慮して京を復元した。坊はこのため横長の方形となる。京の中央北端に宮を求め、いわゆる長谷田土壇の地をそれと考えたのである（図1）。

次に田村吉永氏は、大和の条里区画と関係させた京域説を昭和八年（一九三三）に完成させた。東西九町、南北十二町で、中央南端に東西三町南北五町の宮地を設ける（図2）。この宮は所謂大宮土壇を中心とする所であり、同じ年に附近より礎石や瓦の出土もあって、これらが日本古文化研究所の継続的な学術調査につながった(12)。

日本古文化研究所の調査は、昭和九年より十八年まで大宮土壇を中心に、藤原宮の朝堂院跡を実証した。報告では京域に対する見解はみられないが、担当者の足立康氏は大宝令後の京域の拡大を考えていたことが知られる。宮はむろん同一地とするもので、その見解から足立氏と喜田貞吉氏との間に所謂藤原京論争がくり広げられた(13)。

喜田貞吉氏は昭和十一年に再度藤原京に対する考察を行ない、前説を訂正した学説を展開した(14)。これは日本古文化研究所の発掘で藤原宮朝堂院が解明されつつある成果をとりこんで、藤原宮には持統朝と文武朝の二者があり、京も後者に伴い拡張され、左右京に分かれたものとし、大宮土壇を持統朝の、長谷田土壇を文武朝の宮の中心と考える。京域も当初は東西三里半、南北四里半から拡張後を四里と六里の長方形に見たて、その四辺も東辺を除いては前説を訂正した(15)（図3）。この京域について上中下の南北三道が令制の四里をへだてて設定されていることをあげ、京域は

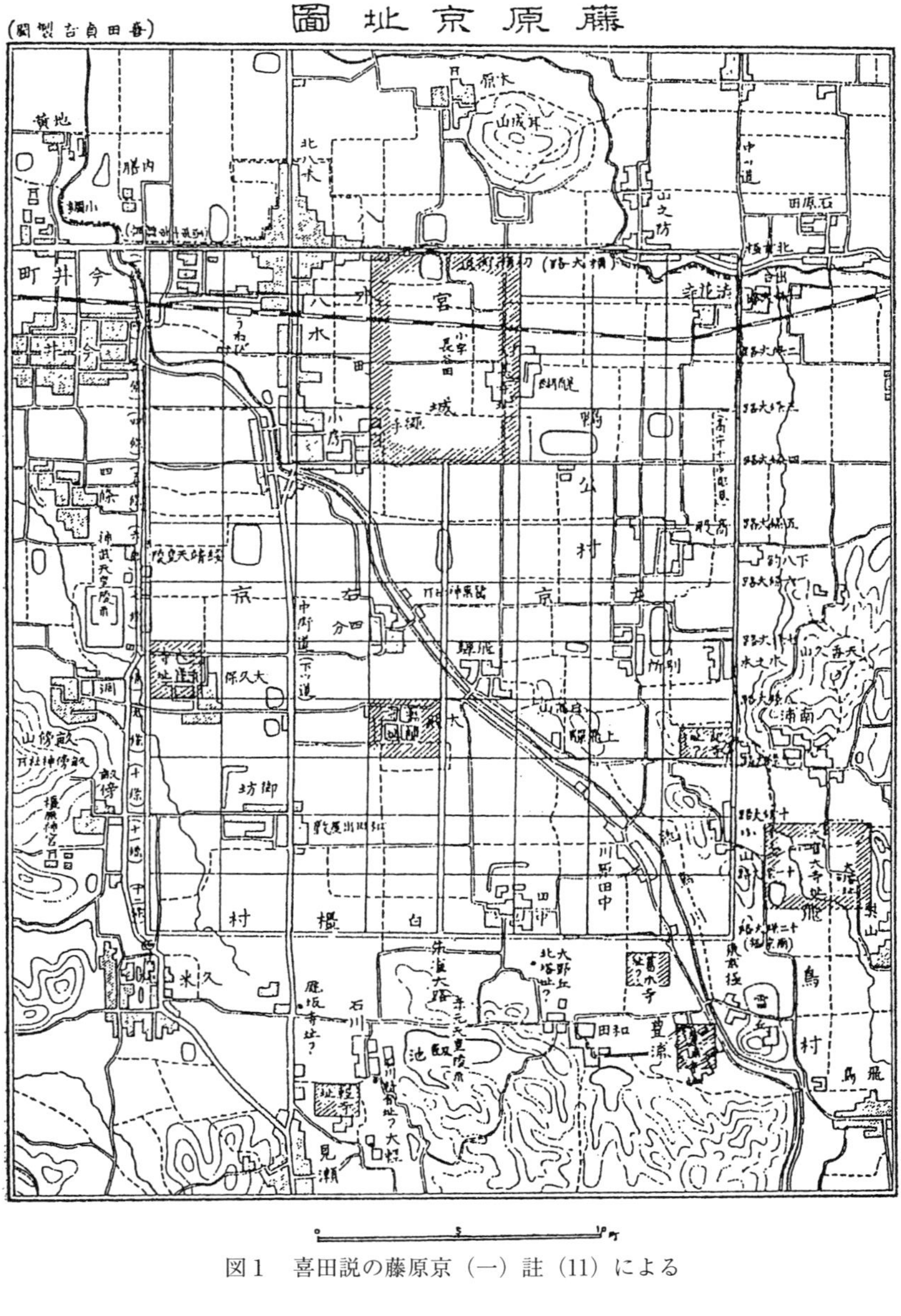

図1　喜田説の藤原京（一）註（11）による

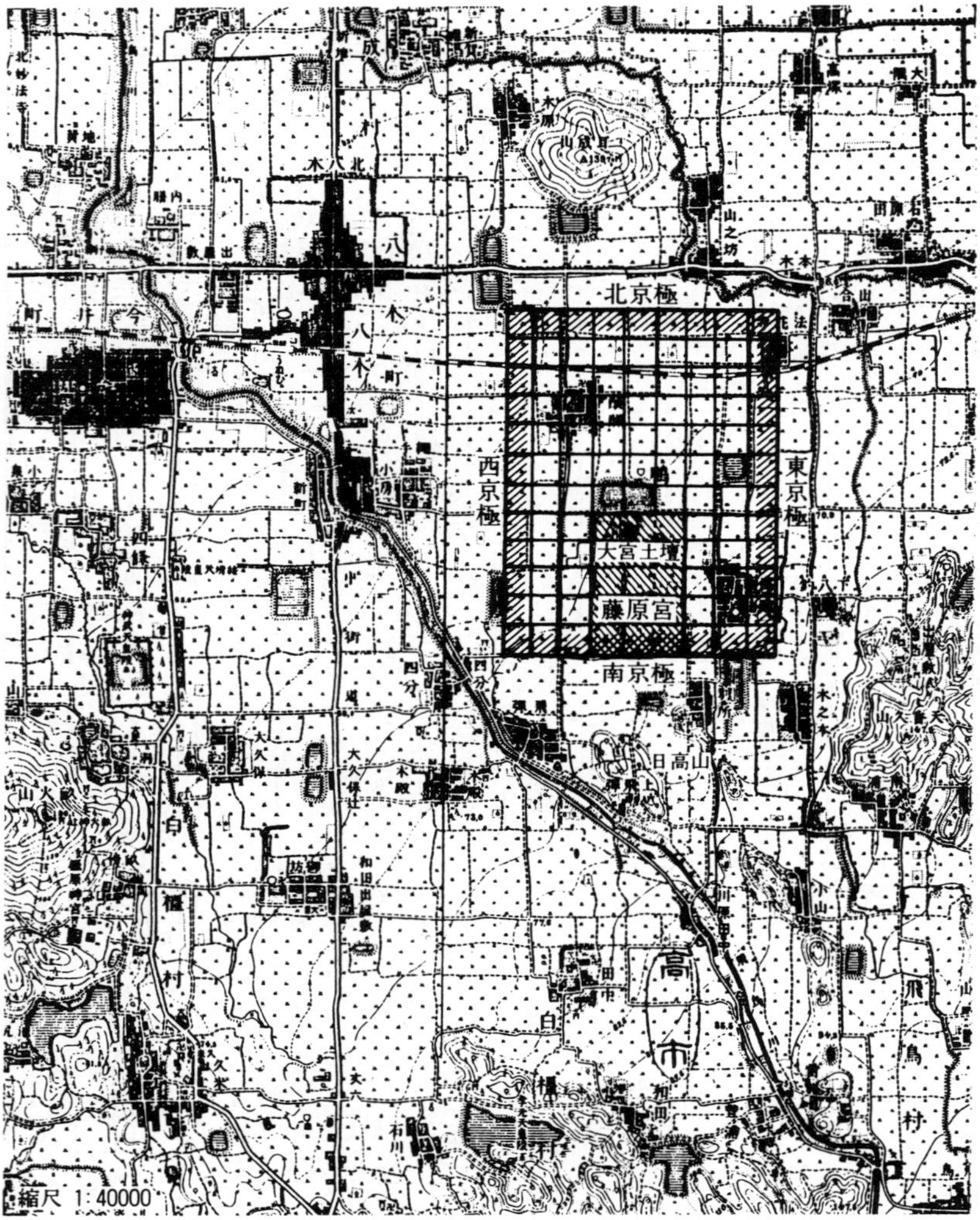

図２　田村説の藤原京（一）註（12）による

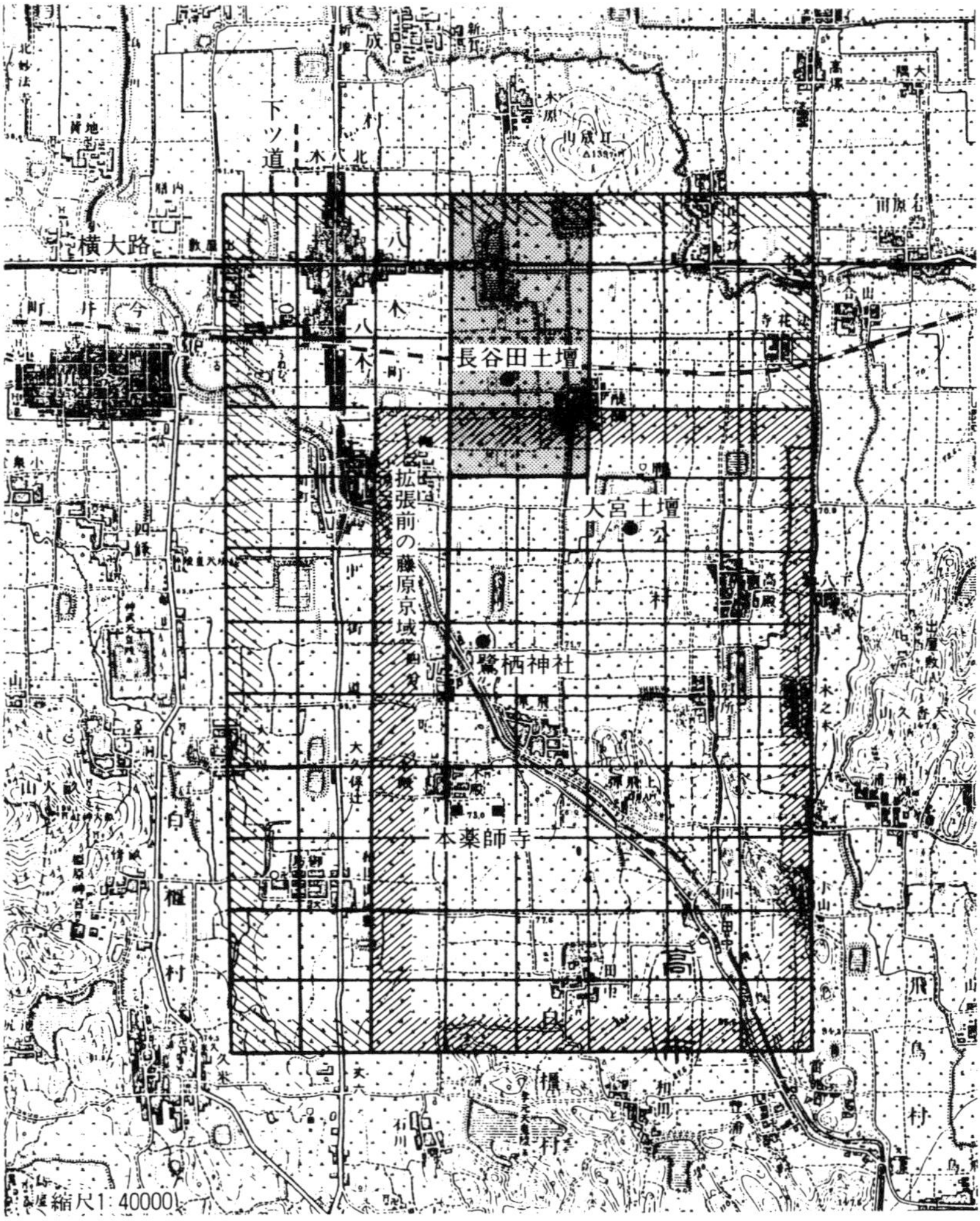

図3　喜田説の藤原京（二）註（12）による

耳成山の南麓から南は剣池の丘陵に限られたあくまで平坦地で許される限りの面積をとったに違いないと発想している。こうして坊と町の大きさも抽出され、坊の一辺は平城京での半分、町は同じ面積とされ、京の面積は平城京の三分の一と判定された。歴史地理学的方法をとる喜田氏と発掘実証的方法による足立氏の論争では、宮域や条坊が確認しえない以上、それ以上の進展はみられるべくもなかった。しかし喜田氏の京の大きさ、坊・町の大きさが現在の調査でも検討されていることは注目に価する。

この後の藤原京に対する説としては、田村吉永氏の訂正説がある。やはり条里を基準に東西一六町、南北二四町で、方二町を一坊とみる。北方中央の四町×五町を宮域とし、朝堂院は中軸やや東よりにおく。京の東南方に四条×三坊の外京を想定した(16)（図４）。

続いて昭和四一年より奈良県教育委員会が発掘組織を編成して発掘を開始し、四四年に報告書が出された(17)。この調査はバイパス建設計画に関る緊急的な確認調査であることから宮域や遺構分布の確認が急がれた。その結果、宮の外郭線の確定や木簡の発見もあり、宮や京が想定できるに至った。報告書で考察に当った岸俊男氏により、宮と京は以下のように解かれた。日本古文化研究所発掘の大極殿跡は下ツ道と復元される中ツ道との丁度中間に位置し、両道の間隔は令制の四里に当るもので地図上では二一一八メートルほど、即ち一里は五三〇メートルほどとなる。これを通説により十二条八坊の京とする。北は横大路まで、南は山田道のわずかに南まで広がる。宮は京の中央北よりの四坊四方を占めて位置することと判定した（図５）。この京域は喜田説の京と坊の大きさをうけつぎ、喜田説の中ツ道を正しく北方からの中ツ道の延長に想定することと、北辺・西辺及び中軸線の判明した宮域の発掘結果とを整合させているもので、古道との関係は改めて強固なものとなった。宮だけは喜田説と異り、京の北端に位置しないことが判明したのである。条坊の単位長、坊や町の面積は喜田氏が想像したものと一致した。京の南端は想定ラインより最大九

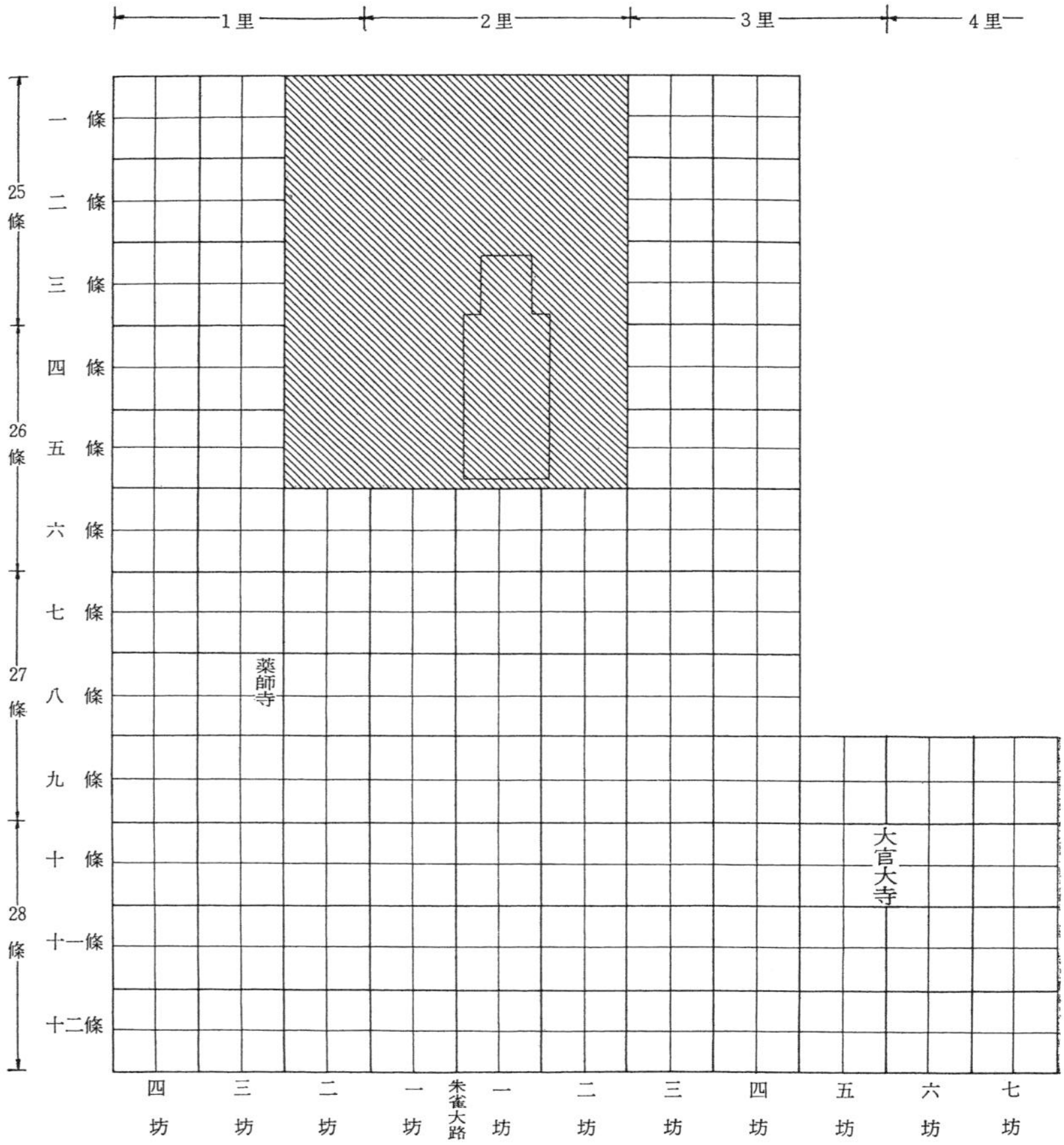

図４　田村説の藤原京（二）註（17）による

○メートルの北方に古道である山田道があって、これが南限に用いられたとみている。こうして京域と条坊が復元され、以後その実証とその京制の淵源に議論が展開していく(18)。また平城京についても藤原京との関りが具体的に提示された（図6）。飛鳥との関係については中ツ道の延長を基本に方格地割の存在も想定した(19)。檜前大内陵即ち天武・持統合葬陵が藤原京の南正面、つまり京中央大路の真南の延長線上にあることも指摘した(20)。また京の設定時期は天武期に想定されるとした。

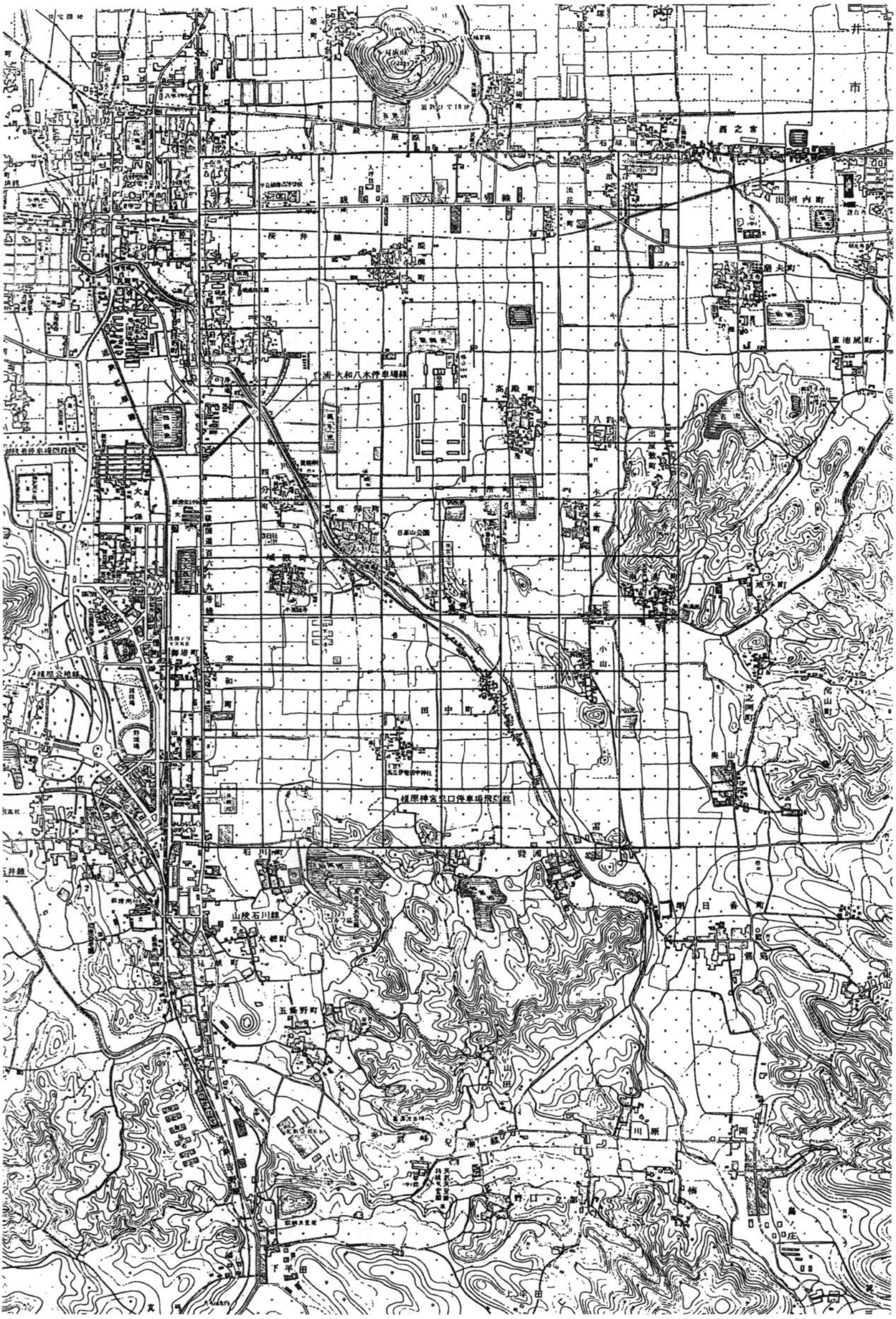

図５　岸説の藤原京　註（17）による

岸氏の説の提案後、昭和四四年から現在まで藤原宮内外の調査が奈良国立文化財研究所により続行され、岸説の条坊の検証もされている。その結果、岸説の条坊、町の区画相当らしい遺構が大半の所で裏付けられてきたが、その十条より南方では条坊が不明であることも知られてきている。井上和人氏の検証によると、[21]発掘で岸説に合致する条坊道路が確認されているが、京域の四至は未確認でその後に別の京域説も出されており、研究の新局面を迎えているという。京の条坊道路は九ヶ所で路面幅と側溝幅が知られ、宮域内の十数ヶ所でも京条坊と一致する道路が宮の下層遺構として検出できた。条坊道路の設計は令の大尺（高麗尺）が基準で、路面幅に加えて側溝幅をみると、朱雀大路が50＋20＋20、六条大路が50＋10＋10、四条及び八条大路が40＋5＋5、三条大路が20＋5＋5と四段階、小路では三例から15＋5＋5の幅と整理し、これを岸説の条坊の実施を裏付けるものとみている。宮より先行する遺構は宮内で大体四期に分けられ、その最後の時期は先行条坊道路と併存するとする。宮内では朱雀大路の路面幅は四〇大尺でその東側溝の東に南北大溝が存在して、大極殿造営前に埋められた運河かとされ、天武十一年から十三年に相当する木簡も出土している。木下正史氏のまとめによると、宮域附近で天智朝ころからの宅地の拡大、天武朝での条坊区画形成がほぼ立証されたとする。[22]

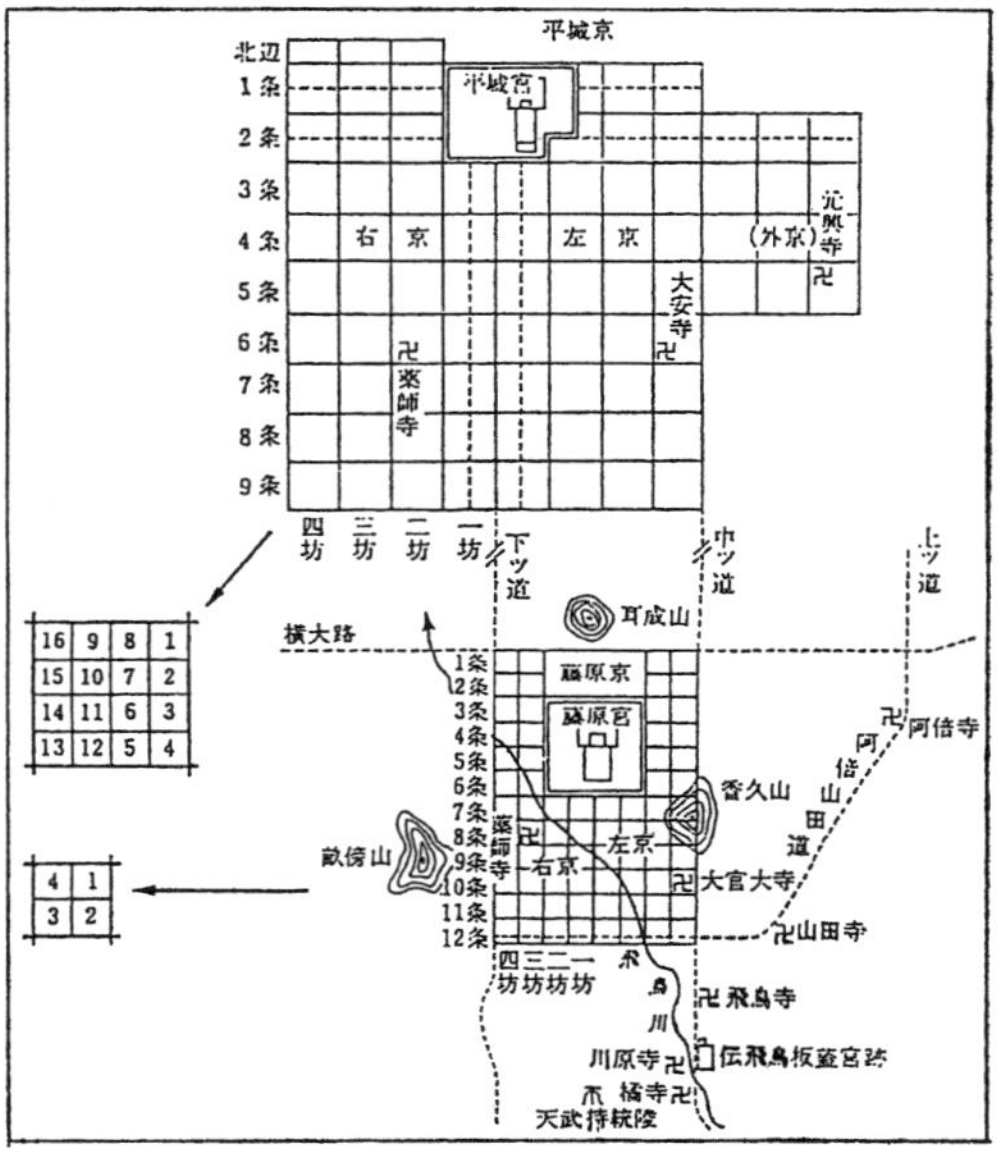

図6　岸説による両京比較対照図『日本の古代宮都』による

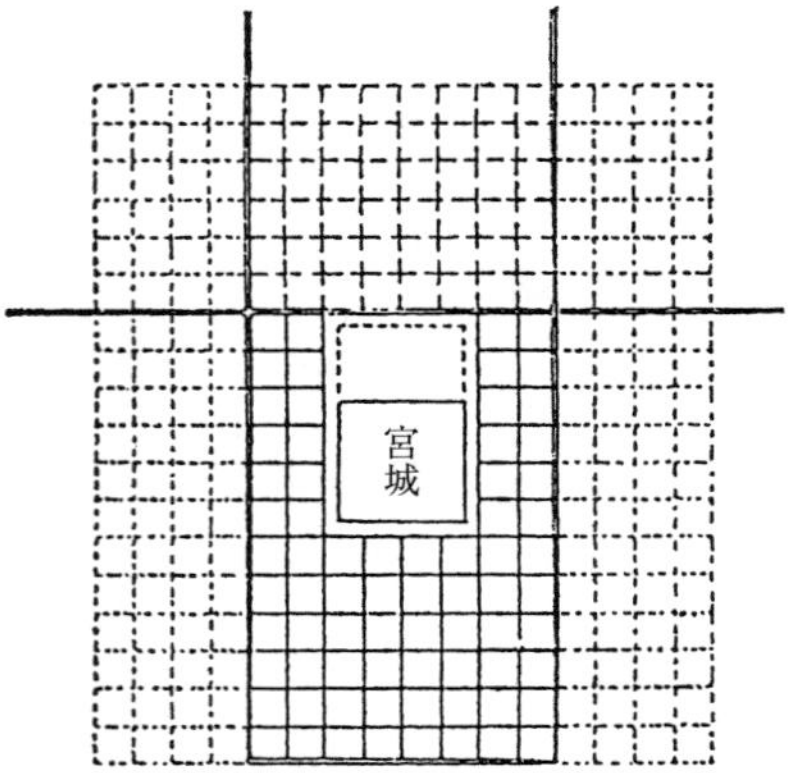

図７　秋山説の藤原京　註（24）による

近年更に京域についてはこれまでの学説で京外とされた所での新知見と新見解がある。まず昭和五四年に橿原考古学研究所が橿原市葛本町での緊急調査で路面幅約七メートルの南北路、交差する路面幅約五メートルの東西路とを検出した。この道路は条里の区画ではなく、右京西一坊大路の北延長及び北京極路から四条半北の条間小路に当るとみられる位置であり、時期も京内条坊道路とほぼ等しいころのものであった(23)。報告に当った中井一夫・松田真一氏は、京外の条坊に当る道路の存在がこの他に院ノ上遺跡でみられること、下ツ道より西へ約一・七キロでは存在しなかったこと、一・一キロでは古河川が南北に併行するようにあって道は存在しないとみられること、京外とされる東北方の大福遺跡でも関連建物跡などがみられること、北方では古墳が遺存する地域と古く削平された地域があり、これらから京外の条坊の存在範囲が推定されるという。しかし葛本町の南北道路は大路に当るはずでありながら、知られた京内大路の約半分の幅しかないことも注目し、外京的な性格をもって京の東と西と北を囲む地割を考えている。その範囲は東と西へ各四坊（二里）、北へは六条（三里）の広がりと考えた。秋山日出雄氏は以上の事実をふまえ、「藤原京の京域考」において岸説の藤原京域は内城であり、外辺部分は外京の存在を示すものと主張し、更に外京域が横大路以北で復元される後の郡界と一致する所があるとみられることも指摘した(24)。こうして藤原京は外京を含んで南北九里、東西八里に拡がり、平城京と同規模と判定された（図７）。また天武陵以南の終末期古墳の集中地域も、この京域幅の南延長と関るものとみる(25)。京の外京は平城京ではその東部に押し出されたとし、平城京は内城の拡大とみてもよく、両京の大きな違いは内裏が中央から北端に移された点と論じ、中国都城との関連を更に論究している。この拡大藤原京は大宝令の規定の坊令二十四人（四坊に坊令一人）に合致しないが、この点は新益京設定と関って内城域が藤原京とみなされたとするのである。

同じく昭和五四年に橿原考古学研究所が行った橿原市院ノ上遺跡の調査では、西京極外二坊の坊間路に相当する路面幅約五メートルの南北路と側溝や建物跡、ガラス板や銙帯なども検出された。報告に当った楠元哲夫氏は天武天皇の原藤原京を想定し、九里×九里の京域を仮定し、宮を中央の方三里とする。これで予定された宮は京の中央に納まることになる。藤原京自体は持統天皇がはるかに縮少して実現したとする。(26)

以上の事実報告に加えて、岸氏の倭京の考察で注目された条坊関連らしい地名に注目した千田稔氏の説がある。氏は「倭京・藤原京問題と地名」において新益京が天武期の倭京の後をうけて造営されたことを検討して、小字名と地割から岸説の十条以南には方三〇〇尺（方五〇歩）の方格地割が存在したとみ、北からの条名呼称があったとみる(27)（図8）。天武紀の新城は四五〇尺の方格の地割を十条から以北に設定したものとみ、その範囲は秋山氏らの外京域までを認定する。その条名呼称は今度は南からでないかとみている。天武朝における倭京とは、飛鳥の「旧城」と共に造られた「新城」を含む範囲に拡大され、その新城の一部区画と旧城の北の一部を画定して、条坊区画を備えた藤原京即ち新益京ができたという。そしてその新益京とは、難波京に対して新しくつけ加わった京と考える。更に別稿で藤原京域を十条大路から北に六里、即ち横大路から二条分（一里）北まで認定する説を発表しており、ここでは宮は京の中央に位置することとなっている(28)（図9）。

以上の十指ほどの説に対して、奈良国立文化財研究所の「藤原宮」のまとめによると(29)、岸説以降の各説が実証性を欠く点や京外道路が京内道路の幅などの規格に合わない点、拡大した場合の宮が京の南よりになる点、外京の寺院中枢が京外の大路相当位置にかかる例、外京東半の相当部分が丘陵地帯に入り、条坊道路施行不能とみられる点などを

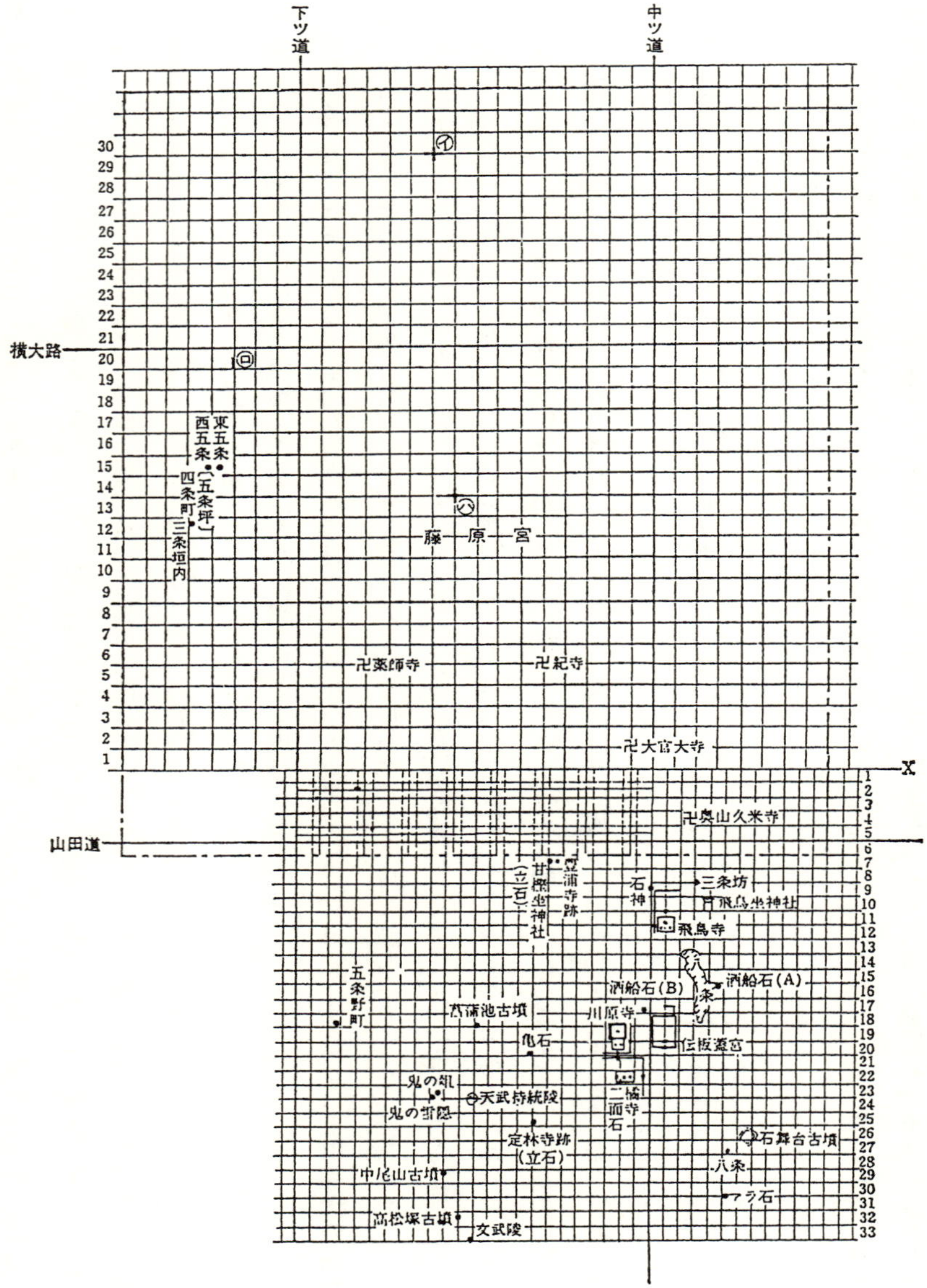

図８　飛鳥および藤原京周辺の方格プラン　千田稔註（27）による

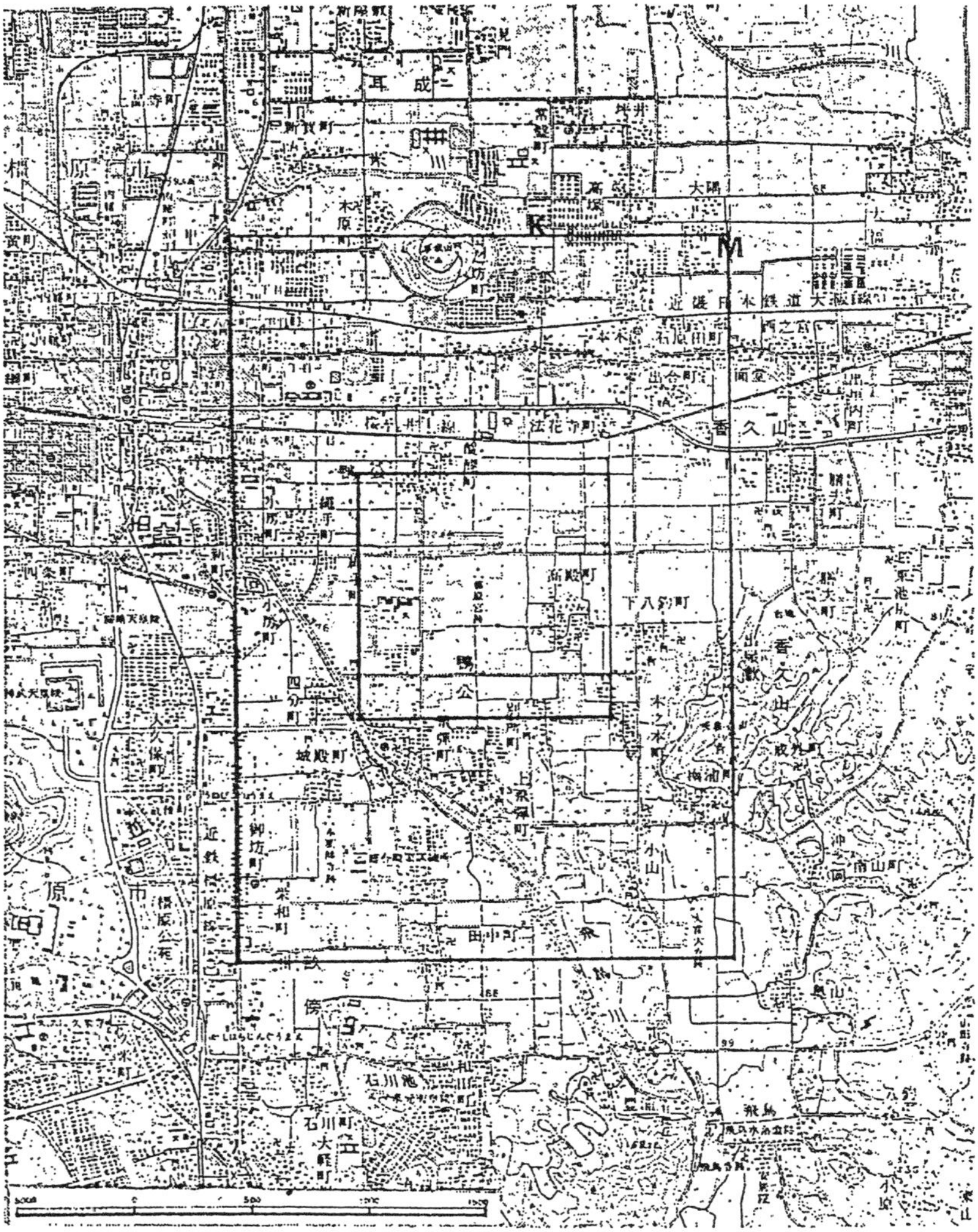

図９　千田説の藤原京（二）千田稔註（28）による

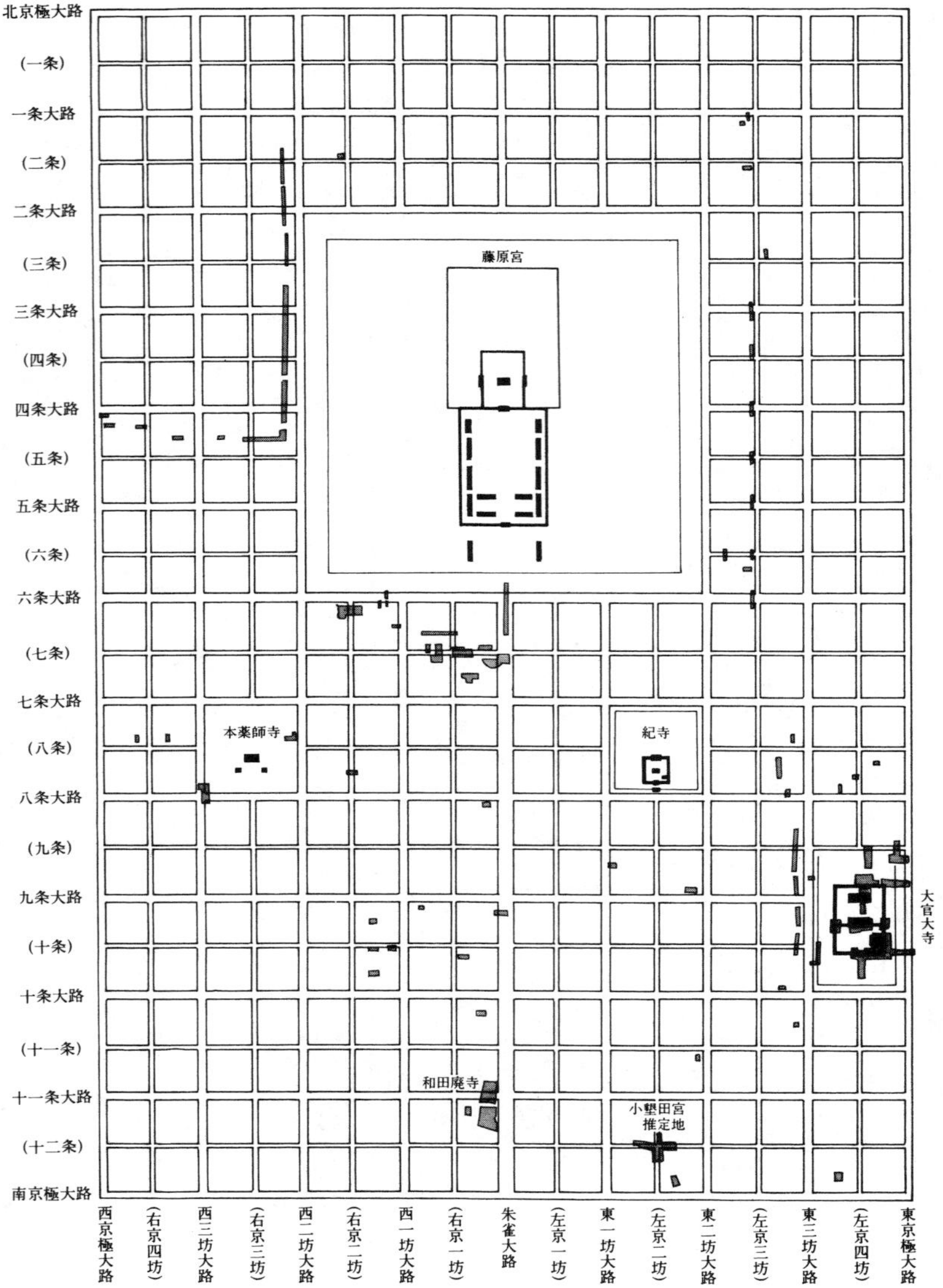

図10　京条坊復原図　註（12）による

あげて、当面は京の周辺に通じる一種の郊外道路として今後の検討にまつべしとし、復原図を掲げて岸説の踏襲を示している（図10）。しかして京極を確認していない岸説も一つの提案とみなすと、十指に余る説は各々まだ実証しえない点を有しており、新しい知見も無視しえない。新しい知見に対して、果して岸説、そしてその発想の元にある喜田説には未検証の部分はなかったのであろうか。

四　新益京の立論

平城京の条坊の復原に関わる関野貞氏と喜田貞吉氏の研究(30)の後に進められた藤原京の条坊の復原において、当初喜田氏はこれを大和三山と南方の丘陵端から各々若干離れた平地内に納まるものとして、京を四里×五里としたが、後に四里×六里を三山や三道と密接に関連するものとして考定した。この場合の坊や町の面積では、町の基準は平城京と全く等しく、坊は平城京での半分の長さ、即ち半里の方格に縮少されざるをえないと判断している。四つの町が一坊となることで坊は平城京の場合の四分の一の面積となり、十二条八坊の藤原京が平城京面積の三分の一に復元され、このことにより両京の間に京の面積で大発展があったこととなった。この喜田説と全く同面積の京・坊・町が岸説にみられ、全体の位置は中ツ道の復元想定や宮域の判明により正確に三道内に納められている。しかし宮は発掘結果により喜田説と異り、方一キロほどの宮域が京の中央北寄りに納まった経過が研究史より知られる。しかしながら平城京と藤原京の間で、宮の設計規模は基本的に同じで最少単位の町も等しいとすると坊だけが面積四分の一になるわけで、喜田氏がその一辺を半里とした根拠が問われる。三山や三道との整合性と藤原の御井の歌による先見的枠組によるものか、その事は後も問われなかった。しかし例えば下ツ道と中ツ道が四里間隔、宮の東西が二里として、京の八坊と整合さす場合、四里は四か八（二では宮の北が不整合）で割るべきことであり、平城京と同じく四里を四で割る場合も検討すべきである。この点で既に北で三里、東と西に二里ずつの条坊範囲の拡大が提称されていることは改めて注目される。しかしそこにみられる条坊関連道路は京内の道路の制とは異なるものとされ、郊外道路かとして保留になったままであった。藤原の御井の歌をはなれて、正に藤原京を実証していく第一前提は発掘遺構であり、これを出発点に関連史料をみるべきである。この点は既に井上氏により検証が果されているが、その点を今一度把握したい。

まず第一級の道は、朱雀大路や東二坊大路・六条大路が側溝幅などの細部を別にして、路面幅大尺五〇尺をとる。第二級の道として四条大路・八条大路の路面幅が同四〇尺とみえる。第三級は路面幅が大尺二〇尺または若干狭いもので、側溝を含め二五大尺〜二〇大尺以上のもの、第四級は路面幅が大尺一五尺程度のもので側溝を含め一七〜二〇尺大尺となる（図11、表2）。第三級は三条大路と葛本町の南北路、大角遺跡の東西路、大福遺跡の南北路が当る。[31]第四級は葛本町の東西路、下明寺の東西路、三条条間路、四条条間路、五条条間路、七条条間路、東二坊坊間路、西三坊坊間路が当る。さらに、これらの他に下ツ道は側溝心々で約二三メートル、[32]横大路数は現状で二八メートルほどと推定されており[33]一級の内とみるべきかもしれない。側溝は下流で段々広く設計されるべきであり、現場での誤差も保存条件の差もあるはずだが、朱雀大路が宮内で路面幅四〇大尺となる点は六条大路でもみられる所で、更にデータを要するが第一〜二級内でまとまることに変りはなかろう。こうみると道路は路幅四〇大尺以上と二〇大尺以下に二分され、そのことは所謂京内と外京的部分を通して明らかに両者に通じる論理をもつ。大路とされてきた三条大路が実は小路幅しかない点に表れるように、岸説の大路の内、奇数名の条大路は小路でなかったか。大路（一、二級）に対して小さな三・四級の道は、やや広い三級がこれまでの大路想定、四級が小路想定に当るわけで、平城京に比較すると第二小路が若干広く、第一・第三小路がやや狭いという程度の法則性といえよう。以上のことからこれまでの京内

表２　発掘条坊道路一覧
（数値は図上計測略数・単位メートル・大尺復元は井上和人註（21）による）

	報告道路名	道路面幅	側溝心心幅	大尺復元 (側溝と道)	復元条坊路名
1	朱雀大路	18	24.8	20＋50＋20	朱雀大路
2	〃　（宮内）	15	16	5＋40＋5	〃
3	四条大路	14.9	15.8	5＋40＋5	五条大路
4	六条大路	20(16)	21.1(17.6)	10＋50(40)＋10	六条大路
5	〃		21.5	10＋50＋10	〃
6	八条大路	14	15.9	5＋40＋5	七条大路
7	九条大路			(心々45？)	？
8	東二坊大路		(20.4)	(心々60？)	東一坊大路
9	西三坊大路		(15.2？)		西二坊坊間２小路
10	四条条間小路	6.3	7.1	心々20	五条条間３小路
11	七条条間小路	(5.7～6)	7	心々20	七条条間１小路
12	西三坊坊間小路	5.3	7.3	〃	西二坊坊間１小路
13	三条大路	7.8	9	心々20	五条条間２小路
14	四条条間小路	6.2	7.3	心々20	五条条間３小路
15	〃	5.4	7	〃	〃
16	〃	5.8	6.8		〃
17	五条条間小路	5.2～5.4	6.2～6.5		六条条間１小路
18	東二坊坊間小路	5.3	6.2		東二坊坊間３小路
19	〃		6.8		〃
20	〃		7.1	心々20	〃
21	西一坊坊間小路	5.2～5.8	6.7～6.8		西一坊坊間１小路
22	西二坊坊間小路		6.5～6.8		西一坊坊間３小路
23	奥山久米寺南	6.2	7.7		(先行道路？)
24	葛本町ＳＦ101	6.8～7	8.1～8.2	心々45÷２	西一坊坊間２小路
25	〃　ＳＦ102	4.8～5	6.1～6.7		一条条間３小路
26	下明寺	4.8	6.2		一条条間３小路
27	院上ＳＦ01	5	6.2～6.5		西三坊坊間３小路
28	吉備大角	(７)	8		四条条間２小路
29	大福	(7.7)	(8.5)		東三坊坊間２小路

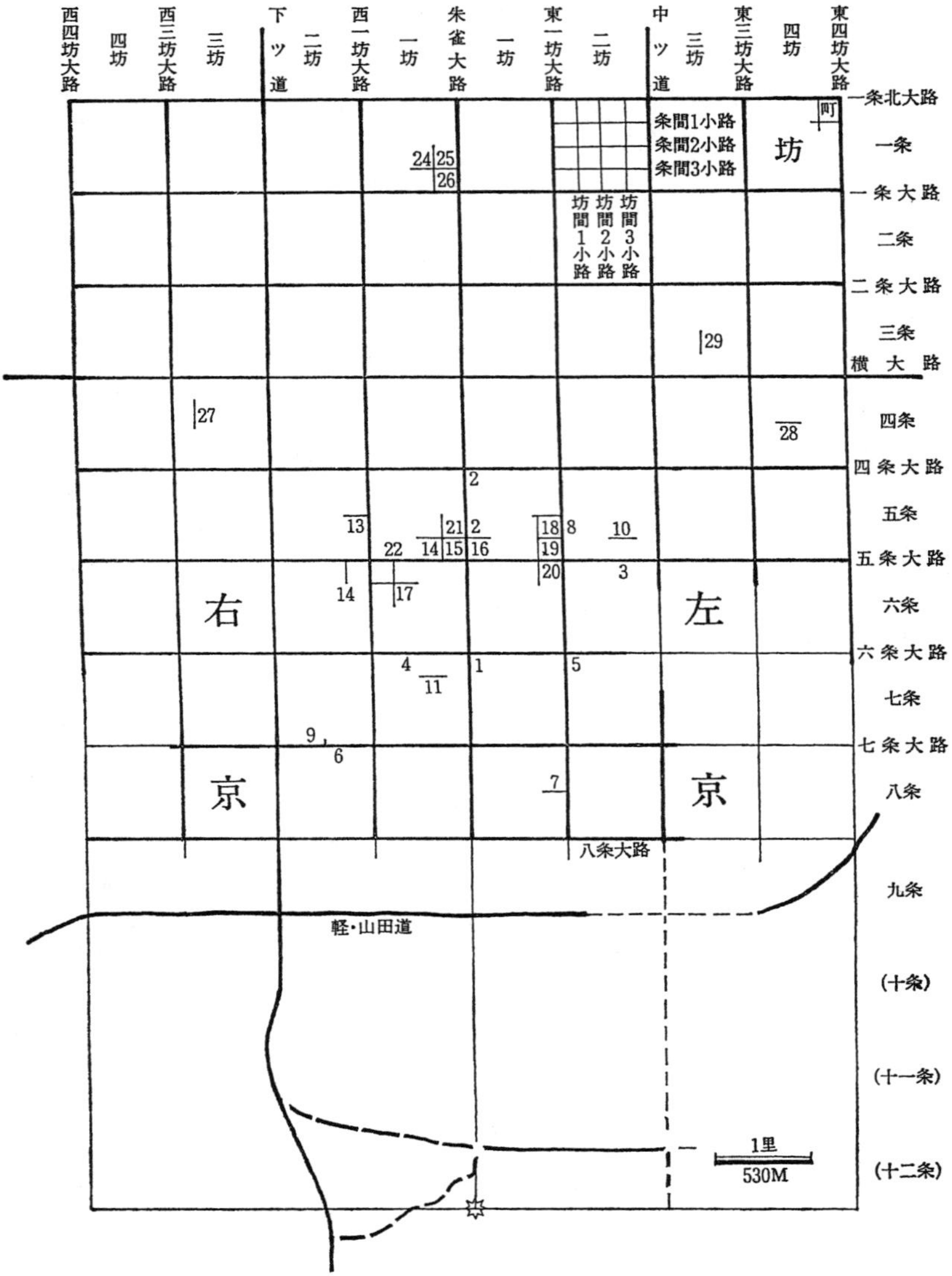

図11　新益京内条坊道路略図

と京外の道路計画は実は一貫した道路設計であることが復元される。このことと条坊の予想される範囲から考察すると、藤原京内外の条坊道路のあり方は平城京と等しく、一里＝一坊であり、それを四分する一町の一辺の長さも共通する。大路は広く、小路は半分かそれより狭く設定している。喜田氏以来の四里＝八坊は今や八里＝八坊に訂正されてしかるべきであろう。

以上のように、秋山説にほぼ近い（岸説十条以南は保留される）条坊の範囲と、そこに同時施行されたとみられる道路を抽出したわけであるが、それを平城京と同一とみるわけではない。岸説十条以南の条坊有無の点や秋山説で文献にみえない外京を考える点、あるいは左右京各十二人の坊令との関りはどう説明されるであろうか。千田氏が若干論及したように、天武朝の所謂倭京が旧部分と新部分からなることは少なくとも条坊施工の有無からは可能性があることになろう。条坊区域＝京とみるのでは初めから飛鳥に京はなかったことにもなるが、実際に条坊の確認できない時も京と呼んでいる。この京に新部分と旧部分があることを立証する点はありうるのだろうか。[34]京が丘陵地や河川敷の低地や池をもとりこむことがあることは、岸説でも喜田説が排除した香久山の一部を京内と認めた所であり、平城京や長岡京でも認められ、山を削平しないと京としないわけではない。また早く丘陵地や谷地を宅地にする例もある。これらを全体に配慮しなければならない。

千田説の新旧京域を手がかりに、かつ藤原京を任意に移動させることをしないで考えていくと、現にこれまで注目されていた重要な事実が思い出される。それは天武・持統合葬陵が朱雀大路の真南の延長上で岸説の京端から三里の所に正しく位置することである。条坊所在の復元される北端からは十二里の所にあたるわけである。岸説の京域以南、あるいは千田氏の藤原京新説以南には古い京部分があるのであり、そこでは統一された計画的割りつけは知られないまでも、[35]ほぼ南北方向をとる宮殿や寺院などが存在し、それは橘寺やエビノコ大殿遺構あたりまでは明瞭に認定できる。即ち天武陵の東延長から北方には遺構の広がりが認められ、また橘寺と川原寺との間には幅約二二メートルもの石敷道路が西に向ってのびており、これは京の大路より広い(36)。京域と天皇陵との関係は、喪葬令皇都条によって規制をうけていたとされ(37)、当該時代の墳墓の有無は京域想定の手がかりとまでされてきた。藤原京でも平城京でも古墳を削平したり横穴を埋めたりした実例がある。しかしまた京内であっても、以前に造営された巨大な古墳の場合は遺存する例も少なくない。飛鳥は古墳が希薄で特にこれまでの京域説では小古墳は削平され、大型石室も露出したりという特異な存在で少なくとも京の範囲とその時間内で京内に墓は営まれないとされてきている。しかし例外をあげると第一は先行する前方後円墳など特に巨大なもの（天皇陵に治定されたものを含む）、第二には京辺に接近して天皇陵がいわば積極的に築かれる例である。平城京の所謂外京の北端、一条内の丘陵端に聖武陵と仁正皇后陵が並び、その北方に皇族貴族の葬地が広がる。この点は所謂藤原京の天武陵とその南方の葬地と対称的な形ともいえる。長岡京の北限はまだ明瞭でないが(38)、その北端か又はそれに接近して桓武天皇皇后陵が存在し、西北方に皇族の葬地もある。平安京の場合も桓武天皇の陵が京北に営まれようとしたことが知られる。平城京の外京は後にもふれたいが、京の付属地ではなく京そのものなのであり、京の北端に聖武陵があることは新益京の場合と南北逆転ながら同意識の点があるとみられる。即ち京の最も重要な天皇の陵は京の端のしかも丘陵にかかる高い地点に置かれたのでなかろうか。

事実から天皇・皇后陵の存在は特例としても認めなくてはならない。天武期の倭京が相当広域なものと想定されるに至った現在、既に一里一坊の条坊域を北で設定後の天皇陵が、その京の中軸南端の丘陵に定められた計画性は無視できない。そこまで京も現に広がっていた。こうみると、条坊の立証された地域の南方に旧京部分が広がり、両者合せた南端に主人たる天皇が葬られ、京を守護するということでなかったか。これを若干裏付けるかとみられる点としては、現代までの行政界が朱雀大路延長上に丘陵地帯を割ってほぼ南北に存在し、南方はほぼ天武陵近くまでのびて西に転じ、西進して貝吹山まで達している。(39) これらは多くは分水嶺として、盆地からみた時の一つの地形的区切りとも一致する。旧村界は旧飛鳥村と旧高市村の境が飛鳥寺の南で東西にのび、ほぼ京の北端から十里付近に相当していた。山田道の西部はあまり注目されない向きもあったが、厩坂宮の比定地や軽市・軽街の所在地、久米寺跡の前を山田道が直に西の京端までのびている。貝吹山の丘陵線近くには古墳は存在するが、内側は既して古墳も少ない地域といえよう。以上明瞭な条坊の存在する北部分と存在しない南部分は、その南端の陵墓で結合意図が判明するのであり、行政界はその左右京の残映であろう。南部分は条坊は認められないながらも、東西道として山田道、橘寺と川原寺間の道があり、あるいはその道の南・北という形で区分されていたのかもしれない。このようにして十二条八坊の京が設けられた場合でも、北部と南部は条の数え方や割り方も違うかもしれず、その坊名は平城京式ではなく、固有名で呼称する他にはなかったであろう。(40) 京は明瞭に新旧の二部分からなることとなり、北は恐らく新城建設時からの条坊施行部分、南は古くからの倭京の主要部とみなしてよいものである。天武陵以南は檜前の地でこの時代に陵墓地域とされた京外と考えるべきである。このように新益京は一二里×八里の広大な京であって新旧二部分からなる。

新益京の呼称もこの点から、この京を新京や新城京と呼べなかった理由が存在したこととなる。倭京の主要部分であった南部分をも行政的には一体のものとして一二人ずつの坊令による左右京として治めたが、全体は旧京と新京を合体した京であった。新益京とは新京の京、但し京名に旧を付けない代りに増益する母体としての旧い京を反映させて益の字をあてた新益京でなかったかと思われるのである。統一的な条坊呼称は不可能で、固有坊・固有町名が必然的に使われざるをえなかった。これまで外京の大路をふさぐとされた寺跡もこれまでの大路の半ばが小路となると、小路を寺域内にとりこむという平城京でもよくある例とみなされる。大福遺跡や橿原遺跡などの井戸や住居遺構も、道路割だけでない京内宅地の広がりを伝えたものと見なされるのである。軽市などの市も京域内に含まれ、東西市の整備と何らか連続していくであろうと予想される。復原される新益京は、大和の平野から望見される折り重った低丘陵地域までを含み、飛鳥南方や東方の山地、貝吹山などのやや高い山の附近を境とするものとしてみられたであろう。

以上のように、喜田氏の藤原京もそれをひいた岸氏の藤原京もその条坊の復元の原点で発掘事実にゆずるべき点があると思う。京域はその面積が四倍も広いものであったとしなくてはならない。新旧の二原理の京部分をもつ京はまさに新益京としてしか当時も現在も表現できない京であった。藤原京の名称は、先にのべた研究史上の多数の説との関係からも混乱の要素となる可能性が高く、提称者名を付した所謂某説藤原京として用いるべきであり、また本格的には新益京を名称に復活さすべきものと判断される。

五　新益京の問題点と展望

新益京を前章にのべたように復元すると、遡る倭京・京ではどのようなことが考えられるのであろうか。新益京は南と北の二部分からなり、南部に条坊はみられなかった。北部の条坊は建設年代からみて新城と関る可能性が大であり、全体京域の設定は天武陵以前におかれることになるわけで、京の形態は更に先行しうる。石舞台古墳のある島ノ庄や飛鳥稲淵宮殿跡のある祝戸付近の遺構は方位も南北をとらない例が多いようだが、この付近までは京域とみなされた可能性も考えておく必要があろう。天武期あるいはそれを遡る倭京域の復元には、大野丘にあったという当初の推古陵の存在[42]、京内に存在する若干の古墳の年代、寺院の敷地と創設年代、宅地化の拡大など[43]を下敷に今後考えていく必要があるが、ここでは新益京域の内で条坊の施工されなかった南部分が、恐らく旧京とよべる部分であろうことから、倭京の主要部分と考えたい。北部分も条坊以前の宅地の拡大からみて、遡る時期から段々と倭京域に入っていたことも考えられるであろう。即ち新益京の領域はほぼ倭京に当ると考えてよいであろうが、厳密には横大路付近以北は遺構の確認をまちたい。上ツ道と下ツ道と横大路で囲まれる倭京域説(44)があるが東の大半は山地であり、上ツ道が横大路以南の京域を画するとみるには、以南では曲折して丘陵間に入ってしまい、飛鳥に至る山田道となる点から妥当と考えがたい。また中ツ道も横大路以南の道の実態はまだ検証されていない。檜前や磐余を倭京域にいれることは検討を要することでなかろうか。

次に新益京の人口推定にふれておきたい。慶雲元年に藤原の宮地を定め、宮中に入る百姓宅が一五〇五烟もあったとの記録から、岸俊男氏はその宮を京とよみかえ、京内人口を九千から三万の間と算定した(45)。三倍の面積の平城京の人口もこの数字を無視できなくなる(46)。宮地の一五〇五烟は新益京の内ではどうみられるのであろうか。この時点で改めて宮地を定めたのは不審ではあるが、東西市の設定もこのころであり、まずは大宝令施行後の整備と関連したこととみられよう。宮地についての類例は岸氏によるとこの他に難波京の例、平城京の例、恭仁京の例、長岡京の例があるという。難波では宮地、平城京では菅原の地とあり、宮の内外に及ぶものかとみられ、京内に再移転したとみられる。恭仁京では、大宮に入る場合と都内に入る場合があり、後者は移転補償でなく京域内編入に伴う賜物かとみられる。長岡京では宮内に入る私宅の補償がされている。菅原の地の例などからみると(47)、宮とその附近の先行する宅地が、京内でも一定範囲内から除外されるものとみられる。一方、京の設定は官人を集住させることに意義があって、官人や官庁に公有地を優先的に割りあてる必要があったはずである。即ち当然私宅が排除される大宮内と一般京戸の住地を含む都内との間に、宮附属地並びに官有地(官人宅地班給地)等が想定され、そこからも先行の私宅は排除されるが、その移転先は京内でよいわけである。このような官有地確保の色彩が難波の例でも新益京の場合でも含まれているように思われる。新益京の場合に戻ると、宮付属地及び官有地の確定に伴い、補償と整備義務を伴う新旧居住者への賜物という可能性もありうる。一五〇五烟の宅地は、班給の最少単位が四分の一町（京戸や先住者の宅地は更に小さい場合もありうる）とすると、二三・五坊分となり、ほぼこれまでの岸説の京域に相当する面積となる。大宝令に規定された官人数が相当の数とみられる点からみても、(48) 宮地を京と読みかえて京内人口を一万以下〜三万とみるのは納得しがたい所である。この点と文献の宮地を尊重すると、新益京の宮地とは宮の付属地や官有地を含み、大宝令施行後の整備に伴い、京内の一定地域のみを対象としたものと考えられる。この場合の京の人口は岸氏の算定に数倍すべきであろう。(49)

最後にこのような新益京に後続する平城京との関係をみておこう。まず藤原宮から平城宮に移った時の宮内の変化の重点は以前に若干検討したことがある。(50) 即ち宮の一辺約一キロの基準は変らないが、藤原宮内で内裏と朝堂院からなる中枢部分が平城宮ではほぼ同大の二区画となり、中央と東におかれる。この分の宮域の追加が東張り出し部分として付されている。中枢部は基本的に藤原宮のそれが発展・展開するものだが、二区になる契機に対外的要因、即ち唐の長安城大明宮との対抗的意味があるとみた。これが宮を急に遷す理由の一つとみたのである。今回、京については、両者の変化は図示するに止めるが（図12）、実際上で両京は全く同面積で設計されたとみられる。即ち十二条八坊の縦長の京から、九条八坊を基本とした縦長京に遷るといわれるが、実際にはいわゆる外京を付して南北九条半、東西十一坊という横長京に転化したのが平城京である。外京は遅れて付設されたとか、寺院設置と関連するかといわれもしたが、この部分も当初からのものとみられ、(51) その存在にはもっと基本的な理由があると思われる。新益京にある宮は京の中央北寄りにおかれるが、これは新旧の京という構城のためその中央位置をとったのか、河や山などの立地条件によるか、また古い大陸の京制をひくのか今後も研究の余地がある。平城京の宮はその北端におかれた。その平城宮の北方には、その幅をほぼ延長して広大な松林苑（松林宮）が存在しことが復元されつつある。(52) その東西には

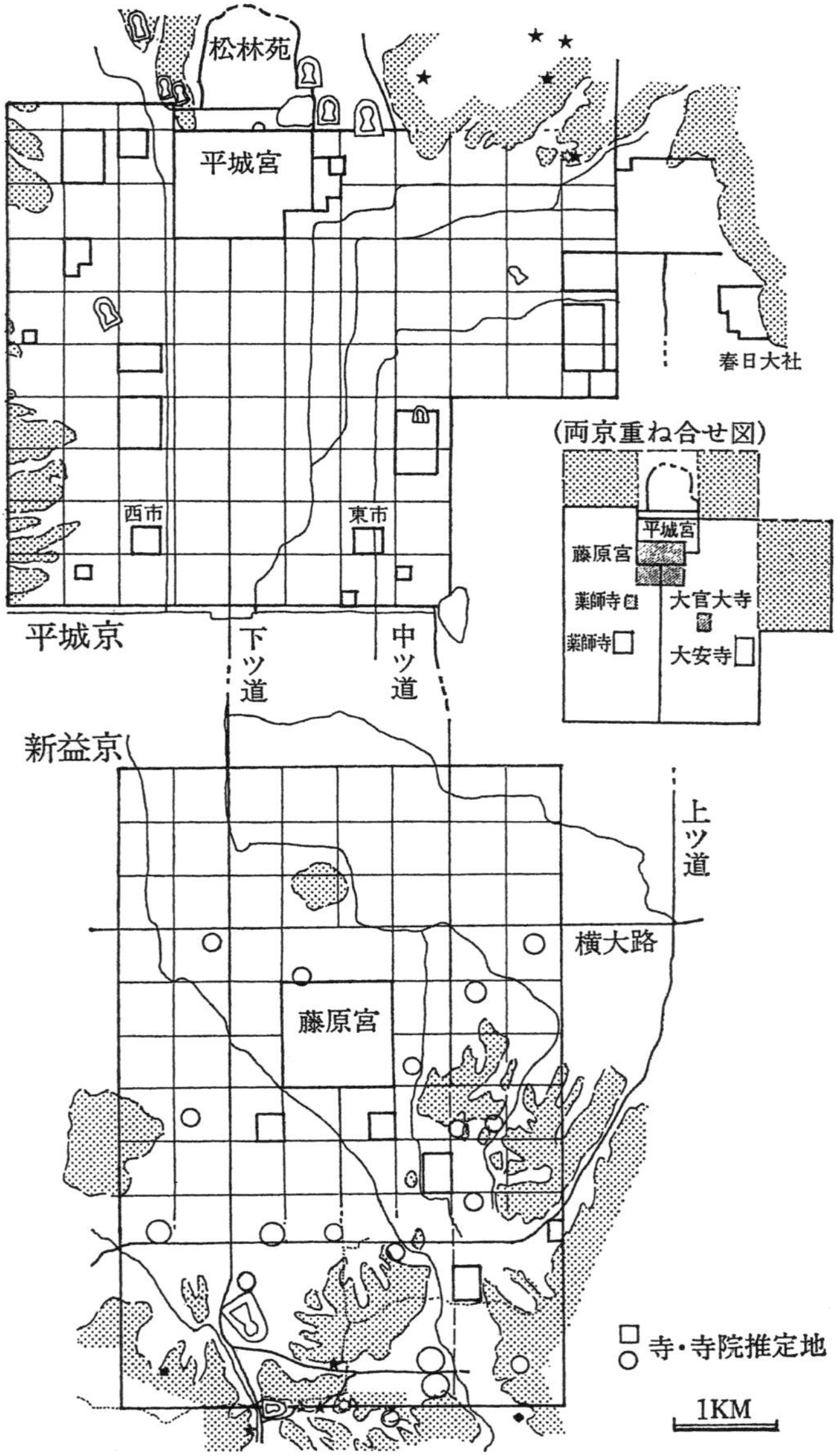

図12　新益京から平城京へ

古墳が多くあるとはいえ、京がおけないわけではないのに京外とされた。[53] 藤原宮でも宮の北は附属の園地的区画の存在が考えられている所である。こうして平城京と新益京を重ね合せた時、新益京の北方の住宅地がはみ出すことが分る。即ち平城京の松林苑の東と西に当る所に東西とも三里×二里半の面積（計十五坊分）に京が設定されず、一方平型京では所謂外京が二条～五条で各三坊分、加えて一条分にも条坊道路痕跡が部分的に認められており、可能な地域を京域としたとみると十五坊分が存在したことになる。即ち両京の面積は基本的に相等しいのである。恐らく坊令の人数も九条×八坊分の左右京計十八名に加えて右京北辺と左京の五～七坊での一条から五条の計六名を加えるとまずは新益京の二十四名と同数であったと考えられるのである。新益京北方の宅地は、京の南北が縮められることにより平城京で東方に設計されることになったわけである。

以上の変化をまとめると、二京の間で縦長京が横長京となり、宮が京の中央から北端におかれる形となる。これは唐長安城のあり方と原則的に近似する点である。[54] 即ち宮だけでなく、京でも移転に際して新しい一定の条件、即ち同面積の確保、長安城的外観、条坊原則や行政形態の引継、寺院の継受等が満たされるべく京が設計され、建設されたことになるのでなかろうか。更に平城京の場合、南から朱雀大路がのび、羅城門や羅城・坊城も一部建設でき、また宮城の外郭線も掘立柱塀から土築の大垣に変身することができた。他にも新しい京の条件が多く満たされたのであろう。この両京の関係からしても天武陵と聖武陵の意味の同一性が改めて認められるのである。両京とも丘陵を含むとはいえ、平城京の有効面積の増大が寺院や宮の面積拡大に連っているのかもしれない。移転した寺の位置も興味深い点が多い。[55]

平城京を八坊×九条の固定した京とみない時、恭仁京で左右京の中間にほぼ四坊分の余地があるとされるのが京外なのか否か、検討の余地が生じる。また長岡京でも九条×八坊を手本とする必然性はなかったことになろう。平安京は平城京の中核的部分を受けついだことになろう。これらの京では平地部分が増えて有効に利用され、また寺院が制限されることで必要面積は確保されたともみうけられ、日本の都城では陪都は別として基本面積に一つの流れがあり、外形ではかえって若干の縮少をみることを指摘できるようである。

六　ま　と　め

現在まで、藤原京の研究はその提称者である喜田貞吉氏の発想に基く京域説が根強く影響している。しかし藤原の御井の歌はあくまで宮に関ると解すべきことであったし、新益京としては発掘遺構の検討から、条坊制による新部分と旧部分の二者の全体こそ実態であり、呼称の意味にも合うと考えられる。即ち新益京は東西八里・南北十二里の京域をもっていた。この京の構成は二元的でもあり、律令制の発展や東アジア世界との外交上の視点からも不充分なものとされざるをえなかったものである。南部は統一した条坊を敷けず、南が高くて丘陵地帯に入るなど、儀礼や理念の場としての都城として、不充分な側面をもっていた。こうして平城京への遷移が必然化されるが、その相異を知る事で両京・両宮の間の革新的要素がさぐられるのである。両京の面積が等しい点にみるように、京の実態の一つである官人と京戸の数は既に平城京とほぼ同様な人数が存在しえたとみるべきであり、その京戸や官人の創出、生活の保障などの物質的裏付けのあり方は新益京あるいは倭京に遡って解明さるべきこととなる。[56]このような新益京が大陸都城とどう関って形成されるのか、今後も改めて検討しなくてはならない。[57]

京は日本的都市の出発点にもなるわけであるが、その外辺に都市城壁を伴わない特質は早くも認められるようである。しかし新城と呼ばれたらしい条坊部分内部に柵列の区画もある点からみて、京の外辺に何らかの施設があってもおかしくはないと予想して、今後を待ちたい。

新益京としか呼べず、固有名坊から構成された京は、意外に出発点から諸都城の内の最大規模をとっていたことになる。その前史は更に検証する要があることは明らかだが、律令国家形成が模倣や外縁地帯での進行ということだけでない画期的な内容を伴ない、またそれを意識して進められたのではないかとも感ぜられる。また倭京から外に出た難波や近江の宮のあり方の追求が、大和での研究と関係することはいうまでもない。今後とも関係調査機関、教育委員会等の努力を期待するとともに、密接な連携による成果の共有化と仮説検証もいとわない議論とにより都城制研究を今後も進展させたいものと考える。

註

（1）　前田晴人「倭京の実態についての一試論」『続日本紀研究』第二四〇・二四一号、一九八五年。
（2）　大王の宮の一部かと報ぜられる桜井市脇本遺跡について、その視模は二〇〇×一〇〇メートルほどで居宅と庁舎が未分化と山中敏史氏はみている。山中敏史「律令国家の成立」『岩波講座日本考古学』第六巻、一九八六年。
（3）　現在二十余遺跡の古墳時代居館址の報告がある。主要遺跡について、橋本博文「古墳時代首長層居宅の構造とその性格」『古代探叢』Ⅱ、一九八五年。原ノ城遺跡で外濠内域が一七〇×一一〇メートル余と面積大の例もある。
（4）　木下正史「飛鳥の諸宮跡」『月刊文化財』二二八・二三二号、一九八二・八三年。他参照。
（5）　上ノ井手遺跡、平吉遺跡、稲淵宮殿跡などが註（4）であげられ、盆地縁辺に遺構の広がりが予想されている。
（6）　岸俊男「古道の歴史」『古代の日本』第五巻、一九七〇年、同「大和の古道」（『日本の古代宮都』、一九八一年）に簡潔なまとめがある。以下岸氏の古代宮都に対する多数の論考については「日本の古代宮都」巻末などを参照されたい。南北方向三道について和田萃氏は、七世紀後半の官道化を想定している。同「古代の道」『図説日本文化の歴史』第一巻、一九七九年。
（7）　秋山日出雄「倭京と新益京」『日本歴史地図』（原始・古代）、一九八二年で岸氏の説も紹介している。岸俊男「倭京と浄御原宮」

藤原京の復元、註（6）文献。同「飛鳥と方格地割」『史林』第五三巻第四号、一九七〇年。
（8）木下正史「藤原宮域の開発―宮前身遺構の性格について」『文化財論叢』一九八三年。井上和人「藤原京―新益京造営に関する諸問題」『仏教芸術』一五四号、一九八四年。
（9）飛鳥関係の文献史料については、奈良国立文化財研究所『飛鳥関係史料集（稿）』（一九七四年）他参照。
（10）奈良国立文化財研究所『飛鳥藤原宮発掘調査報告』Ⅱ（一九七八年）及び註（8）論文参照。
（11）喜田貞吉「藤原京考証（上）（中）（下）」『歴史地理』第二一巻第一・二・五号。
（12）藤原宮及び京の研究経過は、奈良国立文化財研究所飛鳥資料館『藤原宮―半世紀にわたる調査と研究』（一九八四年）に詳しい。
（13）宮の発掘成果は、日本古文化研究所『藤原宮趾伝説地高殿の調査』一・二『日本古文化研究所報告』二、一九三六・四一年。所謂藤原京論争は、『史蹟名勝天然紀念物』十一集、七・八・九・十・十一・十二、一九三六年参照。
（14）喜田貞吉「藤原京再考」「日本都制と藤原京」『夢殿』十五、一九三六年。これは『藤原京』一九四二年に収録されている。
（15）新説では京は横大路の北に半里、旧説の南に半里を加え、一坊は半里四方の正方形となる。下ツ道も西の二坊大路から三坊の坊間路相当に比定し直された。
（16）昭和二九年に発表されたもので、後に田村吉永「飛鳥の宮阯」『飛鳥』一九六四年、同「飛鳥藤原京考証」（一九六五年）に収められている。しかし条里制は京廃絶後の施行であることが古く喜田氏により主張されていた。
（17）奈良県教育委員会『藤原宮』一九六九年。
（18）註（57）参照。
（19）岸俊男「飛鳥と方格地割」『史林』第五三巻第四号、一九七〇年。その批判は、井上和人「飛鳥京城論の検証」『考古学雑誌』第七一巻第二号、一九八六年。
（20）註（17）。なお和田萃氏は「東アジアの古代都城と葬地」（『古代国家の形成と展開』一九七六年）において、天武・持統陵が横大路から正しく九里（五三一×九メートル）を計ることを記している。
（21）井上和人「古代都城制地割再考」『研究論集』Ⅶ（『奈良国立文化財研究所学報』第四一冊、一九八四年）及び井上和人註（8）文献。
（22）木下正史註（8）文献。

(23) 中井一夫・松田真一「橿原市葛本町藤原京条坊関連遺構の調査」『奈良県遺跡調査概報』一九七九年度、一九八一年。

(24) 秋山日出雄「藤原京の京域考―内城と外京の想定」『考古学論攷』四、一九八〇年。同「藤原京と飛鳥京の京城考」『地理』第二五巻第九号、一九八〇年。

(25) 関連論考として　河上邦彦「凝灰岩使用の古墳」『末永先生米寿記念献呈論文集』一九八五年。前園実知雄「大和における飛鳥時代の古墳の分布について」同上、など。

(26) 楠元哲夫「遺跡総論」『橿原市院上遺跡』橿原考古学研究所、一九八三年。楠元説の原藤原京の宮城内にも天武期の道路が設けられている。

(27) 千田稔「道と地割の計画―河内磯長谷の古墳配置の問題に関連して」『環境文化』五一、一九八一年。同「倭京・藤原京問題と地名」『地理』第二七巻第七号、一九八二年。

(28) 千田稔「歴史地理学における「復原」から「意味論」へ」『地理の思想』一九八二年。

(29) 註(12)文献。

(30) 関野貞『平城京及大内裏考』一九〇七年。喜田貞吉「平城京の四至を論ず」『歴史地理』八、一九〇八年。同「平城京及大内裏考評論」『歴史地理』一二、一九〇八年。

(31) 京内道路は井上和人註(8)を参照とし、氏が道幅復元に疑問ありとしたものは除外した。葛本町遺跡は註(23)、大角遺跡は桜井市域で桜井市教育委員会が調査。同「吉備大角遺跡第三次発掘調査現地説明会資料」(一九八六年)による。大福遺跡は註(23)論文にふれてある遺跡の南続きで、桜井市教育委員会が一九八六年調査中である。未発表遺跡の見学を許されたことを感謝したい。大角遺跡の東西路は横大路から約二六〇メートル余とみられ、相対的には条坊位置にのるもので、全体の条坊との関連を把握する必要も残っている。下明寺遺跡は註(41)。

(32) 菅谷文則「下ツ道と考古学」『環境文化』四〇、一九七九年他。

(33) 奈良県教育委員会「横大路(初瀬道)」奈良県『歴史の道調査報告書』一九八三年。

(34) 岸説の京でも条坊施工範囲とそれのみられない部分からなる可能性がある。

(35) この地区の方格地割の存続説とその批判については、井上和人「飛鳥京域論の検証」(『考古学雑誌』第七一巻第二号、一九八六年)で適確に果されているが、全体としての方向性は存在していると考えられる。

(36) 奈良国立文化財研究所『川原寺発掘調査報告』一九六〇年。東西道の西への延長は、秋山氏が説くような檜前方面か又は見瀬方面につながるものであろう。
(37) 和田萃「東アジアの古代都城と葬地─喪葬令皇都条に関連して」『古代国家の形成と展開』一九七六年。金子裕之「平城京と葬地」『文化財学報』第三集、一九八四年。岸俊男「京と葬地」『日本の古代宮都』一九八一年。
(38) 中山修一氏の八坊×一〇条とみる説、高橋美久二氏の八坊×九条とみる説、吉本昌弘氏の八坊×一〇条とみる説などがあるが、北端はまた各説でずれがある。
(39) 左右京や京域といった大区域の反映かとみられる。陵基には兆域を伴うが、丘陵地帯でもあり、その部分の一般住民を排除して成立しえたのでなかろうか。
(40) 林坊と左京小治町が知られており、林坊はこれまでとくに論及されていないが、小治町は小治（墾）田宮などとの関連が注目されている。新益京内には左京などで「林」との関連が検討すべき若干の地名がみられる。
(41) 奈良県教育委員会『橿原』一九五八年。橿原市教育委員会『昭和60年度下明寺遺跡・岩船横穴群・千塚山遺跡発掘掘調査概報』一九八六年の内に、葛本町遺跡の東西道の延長部分と関連遺構の報告文献名が掲載されている。
(42) 『古事記』『上宮聖徳法王帝説』に陵が大野岡上にあって後に科長大陵に遷すという。
(43) 新益京内に見瀬丸山古墳、菖蒲池古墳、小谷古墳、沼山古墳、及び益田石船などがある。天武陵の西に俎・厠古墳・カナヅカ古墳、欽明天皇陵、その外には石舞台古墳や終末期古墳の集中域がある。新益京の時期に京内に新造した例はないようにみうけられる。寺院や宅地については、註（8）註（12）文献参照。
(44) 秋山日出雄註（7）文献。この京域は狭義の飛鳥を中心におけるが、東南は完全に山地で区画も統治も考えられない。
(45) 岸俊男「飛鳥と宮都　人口の試算」『明日香風』第七号、一九八三年。
(46) これまでは沢田吾一氏による約二〇万人説が知られてきたが、岸説では約七万四千、人口増があっても一〇万前後とみる。
(47) 右京の菅原寺附近が移転先となったとみられる。朱雀門下層の下ツ道側溝から関連の木簡や土器が出土するが、大野里の範囲は宮内に限定されないようにみうけられる。
(48) 直木孝次郎「律令官制における皇親勢力の一考察」（『律令国家の基礎構造』一九六〇年）で二官八省の令義解による定員を六四八七人と数えるが、春宮坊他が除外されており一万人近い総計かとみられる。大宝令時でもそれほど差はないと考える。

(49) 単純に岸説を四倍すると三万六千～十二万となるが、他に流入人口もありえよう。
(50) 阿部義平「古代宮都中枢部の変遷について」『国立歴史民俗博物館研究報告』第三集、一九八四年。
(51) 少なくとも遅れる施工であることは実証できていない。この検証は井上和人「古代都城制地割再考」(『研究論集』Ⅶ、奈良国立文化財研究所、一九八四年)参照。
(52) 河上邦彦「松林苑の諸問題」『橿原考古学研究所研究論集』第六、吉川弘文館、一九八四年。松林苑の北限はまだ不明だが、宮との間や付近に大蔵などの施設も考えられている。
(53) 西方は北辺坊が置かれただけで京北条里地区になっている。東方は葬墓地が接近する。金子裕之註(37)文献。
(54) 長安城は東西九七〇二メートル、南北八一九五メートル。平岡武夫『長安と洛陽』(一九五六年)による。九七二一×八六五一メートルと佐藤武敏『長安』(近藤出版社、一九七一年)にみえる。
(55) 薬師寺・大官大寺が旧位置の発展とみられることや、移転しない場合も含め各々の事情が伏在するようである。
(56) 京戸の創出については、浅野充「律令国家における京戸支配の特質」『日本史研究』第二八七号、一九八六年。京戸創出は都城制上注目すべき研究課題であろう。
(57) 第6回古代史シンポジウム「古代宮都の世界」一九八二年。王仲殊「日本の古代都城制度の源流について」『考古学雑誌』第六九巻第一号、一九八三年。岸俊男「難波宮の系譜」『京都大学文学部紀要』一七号、一九七七年。同「日本の宮都と中国の宮都」『都城』社会思想社、一九七六年他。

第二章　藤原京・平城京の構造

一　日本古代の都城の時代と変遷概要

日本史の狭義の古代は都城変遷の時代でもあった。古代の六〇〇〜八一〇年の二一〇年間を都城の創出と遷都の時代としてとらえる。この時代は大和・山城での南北方向中心の都城変遷を中心に六期に分けることができるが、この六期に加えて、その二国以外の畿内と畿外におよぶ四短期の東西方向での都城の展開がおりこまれる。また、この間は複都展開が広くみられ、都城より規模の小さい宮も多く営まれており、古代のうちでも特色ある一時代をなし、京都（平安京）の一都経営におさまる後の時代の都とは区別してみていくことができる（図13）。この一時代は、律令制の形成と展開の時代とに重なる。軍事や政治でも一時期を示し、国家体制が整備され、城柵運営や律令制度展開と重なる日本国の形成の時代と想定される。この二一〇年間は、都城の時代とも呼んでよいような造都・遷都の繰り返しがみられるが、そこには十数年から四〇年余くらいで、都城の内実の変化の大画期も認められ、短期の都でも国家形成の緊急の事件史がつまっている。七世紀以前には大王の歴代の遷移する宮のあり方（歴代遷宮）が知られており、その傾向は実際には都城の時代にももちこまれているが、大きくみると永続性を前提とする大規模な都造りが必要となり、その変遷には、それを必要とする国家発達史が反映していることが考えられる。この都城史の要点を概観する。

都城の流れのうちで、条坊方式が明瞭にみられるのは、いわゆる藤原京（新益京、六九四〜七一〇年）である。藤原

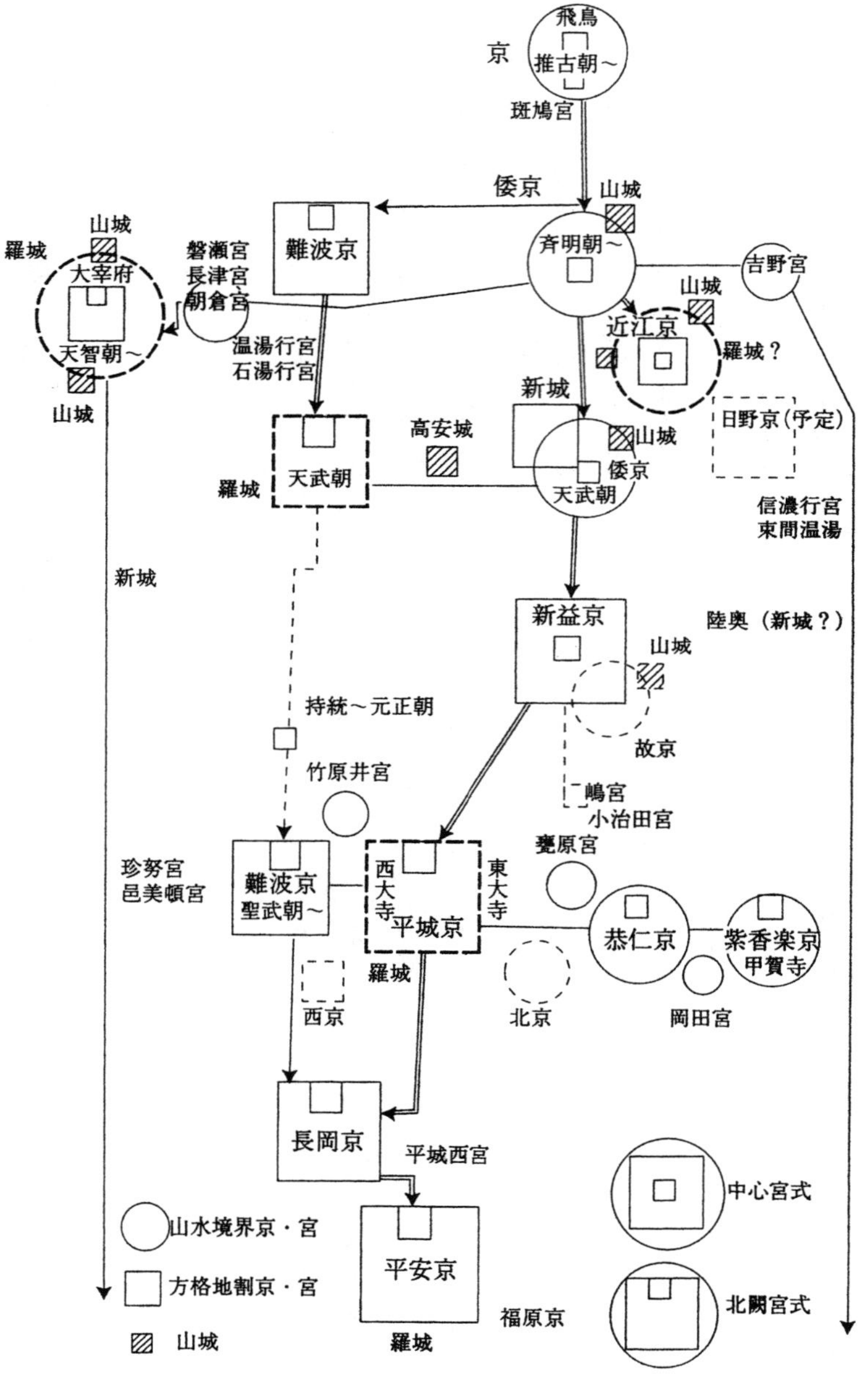

図13　日本都城法式模式図

京から平城京（七一〇～七八四年）に遷都し、日本都城制のあり方の根本がこの間に認められる。そこには日本における都城の流れのうちでの両京の実態、両京間の変化、都城制のうちで占める位置など興味深い問題点とその解明の歩みがみられる。都城制の流れのうちで、

①　藤原京に達するまでの京の発達史
②　藤原京の理念的な京のあり方
③　平城京遷都の必要性と両京の異同
④　両京他の都城としての要件、たとえば城郭都市としてのあり方など
⑤　難波京ほかにみられる陪都や奈良時代における四京変遷の実態
⑥　地方主要都市のあり方、新城と国土構想
⑦　隋唐の長安京との異同、曲江池と越田池の異同など

以上の諸点について、学界の成果とあわせて私見を提示してみたい。

都城以前

歴代遷宮の実態や画期は、考古学的実証が進まないこともあって、今後の課題である。しかしいくつかの部分的報告もあり、遷宮自体に対しては、王権後継の皇子の育成地とのかかわり、造営体制が各代にあること、新開発地の選定やそこへの集中能力、開発後の経営維持傾向など、また考古学で把握される各地の豪族居館の歴代遷移のあり方などと重ね合わせることができる。小規模宮では、早くから谷合いなど防備性のある地点の選定要件も指摘される。

飛鳥に都が営まれる直前、六世紀後半には、すでに仏教が公伝しており、国造の全国的展開、中央の出先あるいは

大王の経営拠点としての官家の展開が全国的体制としてみられる。国造の拠点の遺跡実態はまだ不明であるが、ようやく調査が緒につき（松山市久米官衙遺跡など）、官家の拠点や倉院とみられる遺構も九州などで調査例を増している。また豪族居館の終末に近いあり方も福島県下（白河市船田中道遺跡）などで報じられている。

六世紀末に飛鳥の真神原に、仏教公伝以降の大きな成果として、蘇我氏主導の飛鳥寺が造営された。推古帝が即位する豊浦宮はまだ歴代遷宮的内容の可能性が高かった。斑鳩でも斜方位地割の経営地や寺や宮などの調査例が知られている。七世紀の一〇〇年間（五九二年の豊浦宮からか、遣隋使の初めとされ都城造営が意識されたとみられる六〇〇年からか、新宮の実態がうかがわれる小治田宮の六〇三年からとするか、問題が残る）、飛鳥地区中心に京が営まれる。飛鳥の調査は毎年進展して新しい成果が報じられ、京の変遷実態と画期が研究されている。

飛鳥の京

飛鳥における各代の宮の集中、大王家や諸豪族の寺院、道や広場や庭園配置の各時期ごとの集中や拡大はすでに分析が重ねられているが、居住地にしない広い空間も必要条件として施設周囲に広がっていたとみられ、居住地や邸宅は谷合いや丘陵地に実例が示されつつある。当初、京と唯一呼ばれたこの都は、七世紀中葉以降は倭京と呼ばれるにいたる。この飛鳥に営まれた京を四期に（四半期ごと）区分したことがあったが、新益京を別とすれば以下大きく二つの画期があったとまとめ直すことができる。各期にも小変革があるもようで、詳細は今後にまつところも多い。

第一期・第1小期

推古朝中心の第一期は大化以前の京で、小盆地中心に天香久山周辺まで展開する。推古朝とそれ以降に二小分することも可能である。中心宮も当初の小治田宮から、飛鳥寺をはさんだ谷奥の岡本へと二つめの京の核が形成された段階、国中平野部へ展開していく段階もふくまれている。大化時には難波京に移される横軸での小期があり、この時期、あるいは先行する板蓋宮、あるいは百済宮あたりから南北軸による宮造営の小期も想定できる。難波宮では画期的中枢部整備をみせるほか、筆者の考えでは三〇〇または六〇〇尺割りの試行的条坊割の京も施行されていた。この飛鳥第一期は宮の集中があるが、後代の複都的要素もすでに芽生えていたことが斑鳩宮や大豪族の政治拠点の散在などから考えられる時期でもある。

第二期・第2小期・第3小期

第二期の斉明朝から天武朝にかけては、倭京の拡大、再編成がなされる。後飛鳥岡本宮を中心に北方や東方に苑池なども配され、仏教、道教、神道に連なる伝統信仰、天文学、神仙思想、四神や須彌山など、世界観や宇宙論にも連なる当時知られていた諸思想とその関連施設の集成、山城や造園等の大土木工事や石造物など、諸々の文化思想施設の京への集中、陵墓地の整備など、倭世界中心となる都市化への試みがなされたものと判断される。まだ十分に把握されていないが、防備面でも全体的計画があった可能性がある。六六〇〜六六三年の朝鮮半島の救百済役はそれまでの半島経営、大王としての王国維持の大きな賭であったが、白村江で壊滅的な敗戦となり、全国からの動員兵力の大きな部分を失った。そのうえに外国軍隊の国内侵攻、国家の崩壊の恐れすら生じ、国家的危機が自覚された。全国的な軍事体制の再編整備が急務となり、律令制の採用による政治・軍事体制の近代化・強化、中国等に対抗できる大国家建設が国家目標となった。筑紫の朝倉の橘広庭宮は、斉明の短期の戦時都城であって、筑後川上流の要害地における占地や神籠石式山城網の構築をはじめとする防備構想とその実施状況が把握されはじめた。また、近江への遷都が余儀なくされ、畿外へ、しかして畿内周囲の山稜背後にはりついた形での、湖との間の防備の地へ、短期の都作りがなされ、あわせて倭における京の存続、あるいは留守司の任命など複都制の状況が展開したのである。近江京は短期で壬申の乱後に撤去され、寺のみが残された。なお緊急避難的な近江京を補うかたちで櫃作野（日野）の地への造京が計画され、平地への計画的都城造りが展開するはずであったが、結局実現することはなかった。この時期には二度も大和・山城国の京系列外への都作りが果たされ、短期ではあったが、国家的大事件や緊急状況に対処した。また条坊京の試みも難波・近江、おそらく日野と試みられたと考えられ、また大宰府においても南北の地割を示して奈良時代に属する先行道路が、東西間隔三〇〇尺という古式条坊の方式の適用をみせることも注目される。近江京は湖岸や山脈に限定されるが、寺院や地割からみて中心宮方式での京の構想の試行となる可能性が認められる。

第三期・新益京

持統朝は第三期にあたる。まず天武帝の新体制、律令制化へのアプローチ、新国家建設が軌道にのり、条坊式の都城建設の試みが天武期内に進展する。天武五年に新城の試みがなされ、藤原京の下層から四五〇尺を町割りの単位とする京と同方式で、宮や朱雀大路のない均等条坊が検出され、試行期としてもとらえられる。また難波京もあらためて複都の一つとされ、条坊も新方式でひき直された可能性が高いと筆者は考えている。難波長柄豊碕宮は焼失したが、これらの新試行を総括するかたちで新城を引き継いで、新益京（藤原京）が持統朝には完成する。新益京は、倭京中枢部を据え置いて、そのすぐ北までを一〇里×一〇里の条坊に再工事し、宮を占地し、関連諸施設を展開させた。新城段階と藤原京段階は京方式としては包括もできるが、新城は条坊内に宮が実現せず、倭京の状況をまだひきついでいるととらえたほうがよい側面がある。

天武朝の倭京は、新城を含んだ旧京部分が主体であって、ここに二四寺があった広がりのある京であった。藤原京はこの新城をうけた一〇里×一〇里の理念性の高い条坊京としてとらえられる（これは平城京への急遽遷都の事情を示す遺跡から立証できる）ものであるが、新益京という当時の正式京名は、いわゆる藤原京のみならず、旧京の主体部も含めたものであった可能性が高い（これも藤原京から平城京の遷都実態から推察される）。なお一〇里×一〇里で中心宮方式の京は、『周礼考工記』にみえる王都のモデルをこえて、より本格的な都城造りをめざし、実現したもので、

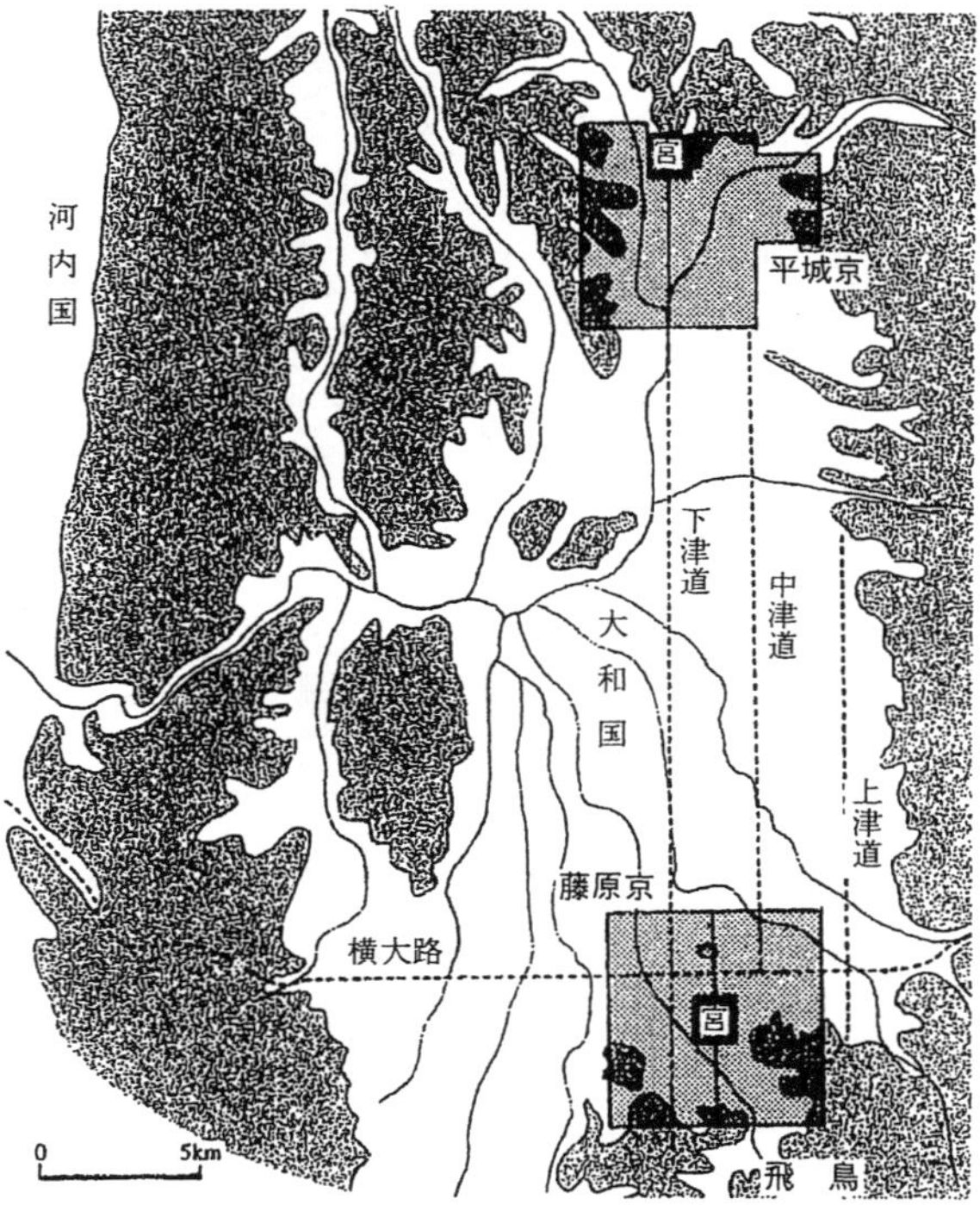

図14　藤原京・平城京の位置（井上和人1998参考文献）

宮でもそれまでになかった瓦葺の大極殿院や朝堂院を完成させた。新益京および倭京は、中国長安の都と比較してその三分の一ほどにあたる広大な京であり、島国の都城として大きすぎるなどと評されることもある。そこには大陸との対抗面もあろうが、それまでの倭世界での都城の歴史の集大成、完成の意図、世界都市としての意図もまたこめられていたものとみられる。この藤原京の時期には、難波京も宮の焼失などがあり、複都制から一時畿内では集中京になった時期であることも指摘される。大宰府も持統朝に新城として完成をみせ、新旧方式

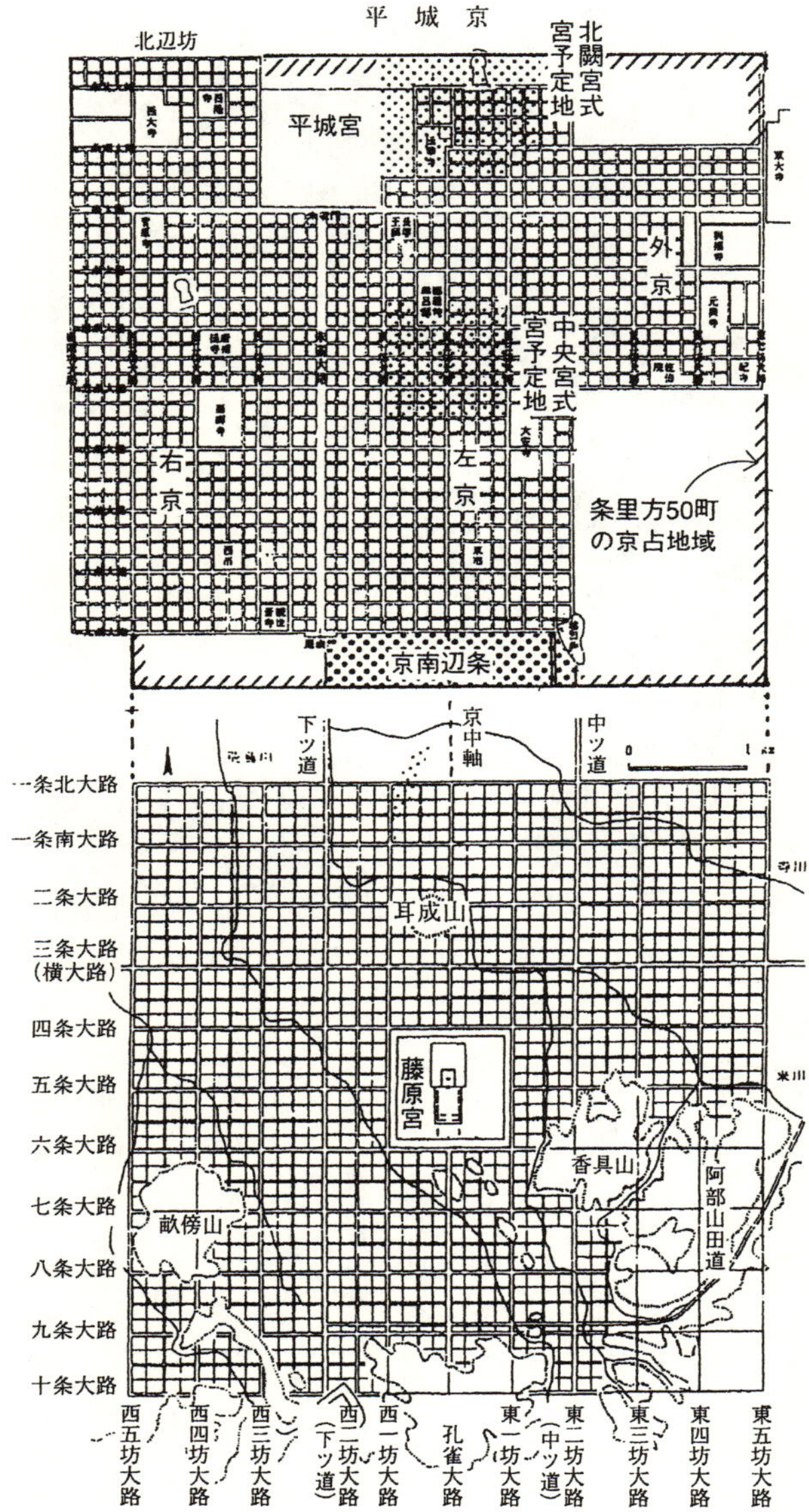

図15　復原された両京の相関図（奈良国立文化財研究所『東アジアの古代都城』2002付図に加筆作成）

条坊や、あるいは藤原宮モデルの地方都市が大宰府や陸奥の府（仙台市郡山遺跡のⅡ期遺構）などとして国内両端に拡大し、また全国的に国府建設への動きもすでに始まっているところがあったとみられる。

藤原京は一〇里四方の京で、中央の二里四方を宮が占める『周礼考工記』の理念をこえた条坊による左右京の都市があったとみる有力説があるほか、九里×一〇里とみる説や旧京部分がさらに南に付帯して展開したとする見方もある。新しく計画した条坊京部分が一〇里四方であることは、遷都予定の平城京の占地が、藤原京をそのまま北上させた一〇里四方を当初予定したとみられることから立証される（図14・15）。

第四期・平城京前半期

大宝律令の完成は藤原京の成立後のことではあるが、浄御原令をうけて律令化の一頂点を示し、国家建設の動きも全体像が描かれ、実行に移されたかにみえたが、大宝元年の遣唐使による久しぶりの中国通交の結果、都城整備、権力編成という国家中枢部の状況で両国の首都には都城景観として大きな差異があり、日本が見劣りすることが実感され、報告された。圧倒的な中国都城での国家（皇帝）権力の表現景観に目をみはり、日本の完成京の藤原京を移して、平城京に遷都し、和銅体制を作り上げる政治課題が目標化した。平城京と平城宮にこの動きが具体化されたのが第四期である。中国都城をうけた特色があると平城京は評価されるが、一方では条坊方式をはじめとして藤原京を色濃く引き継いでいることが論証できる点がある。京配置や宮の中枢部の権力表現施設のほかにも新しい土築の都市城壁が日本での山城等経営の経験をふまえて、都城、そして東日本の城柵へ導入され、とくに平城京では、奈良盆地の北端が狭まった地形を利用しての正面からの都市城郭の完成、山丘なども併用した防備都市要件の達成なども立証することができる。平城京は、古来（一〇〇年ほどのあいだ）の都城や宮、近年達成の新都城成果、最近の中国の先進都城要素の各々が認められる新首都であった。

平城京は、藤原京を遷すほどのやむをえない事情を体現し、最先端・最新の都城として中国長安の大明宮の要点もおりこんだ対抗的な都城として完成し、藤原京の完成度よりさらに進んだ京ではあったが、実はたった三〇年ほどで宮内の実態を大きく変えるにいたった。平城京は七四〇年までの前半期（都城の第四期）と七四五～七八三年までの後半期（都城の第五期）とに区分される。完成した平城宮の京は前半期にみられる。発掘を担当する奈良国立文化財研究所の研究とその成果報告の積み重ねにもかかわらず、この完成期の平城宮中枢部実態はまだ論争中のところがある。

完成京としての平城京前半期

前半期の平城宮については「平城宮中枢変遷の一視点」として検討したことがある。ここには藤原京を引き継いで、初期の構想をおりこんだ宮・京の成立が認められるのであり、律令体制の完成、『古事記』、『日本書紀』にみられる国家形成理念の反映もみられるところであろうが、条坊割の原則は両京でまったく同一である。両京の違いとしては、これまでも中国長安の都城での圧倒的な皇帝権力の発現装置を、日本都城にもとりこんだことが指摘され、また律令自体にも対外的な皇帝呼称の規定のあったものが、聖武・孝謙―称徳帝により平城京の後半代に実際に宮内改造において専制君主的に発揮されたものと考えたところであった。平城京前半期はその点で、都城史の一頂点を示したものと考えるべきであるが、これも短期に解体にいたったところが注目されるのである。

平城京遷都は当初、藤原京を引き写した盆地北端での一〇里四方（条里五〇町四方）の占地で始まり、実際は九里×八里の京を下つ道を中軸に展開したほか、外京も当初からの設計にあったとされ、一〇里×一〇里の京予定地には、数の極大である九とその陰数である八を採用した長方形部と左京のいわゆる外京および右京の北辺坊、左京南辺外の四坊×四町余りの京南辺特殊条里地区などがみられ、中軸線も両京変遷の間に西に移されている。これらを統一的に説明することができるのは、平城京遷都にあたって藤原京条坊方式のままの北上で一度は占地され、具体的割付けでは九里×八里部分と、当初の東京極をひく外京と、外京の南では藤原京の坊条における宮からの距離とくらべて、よ

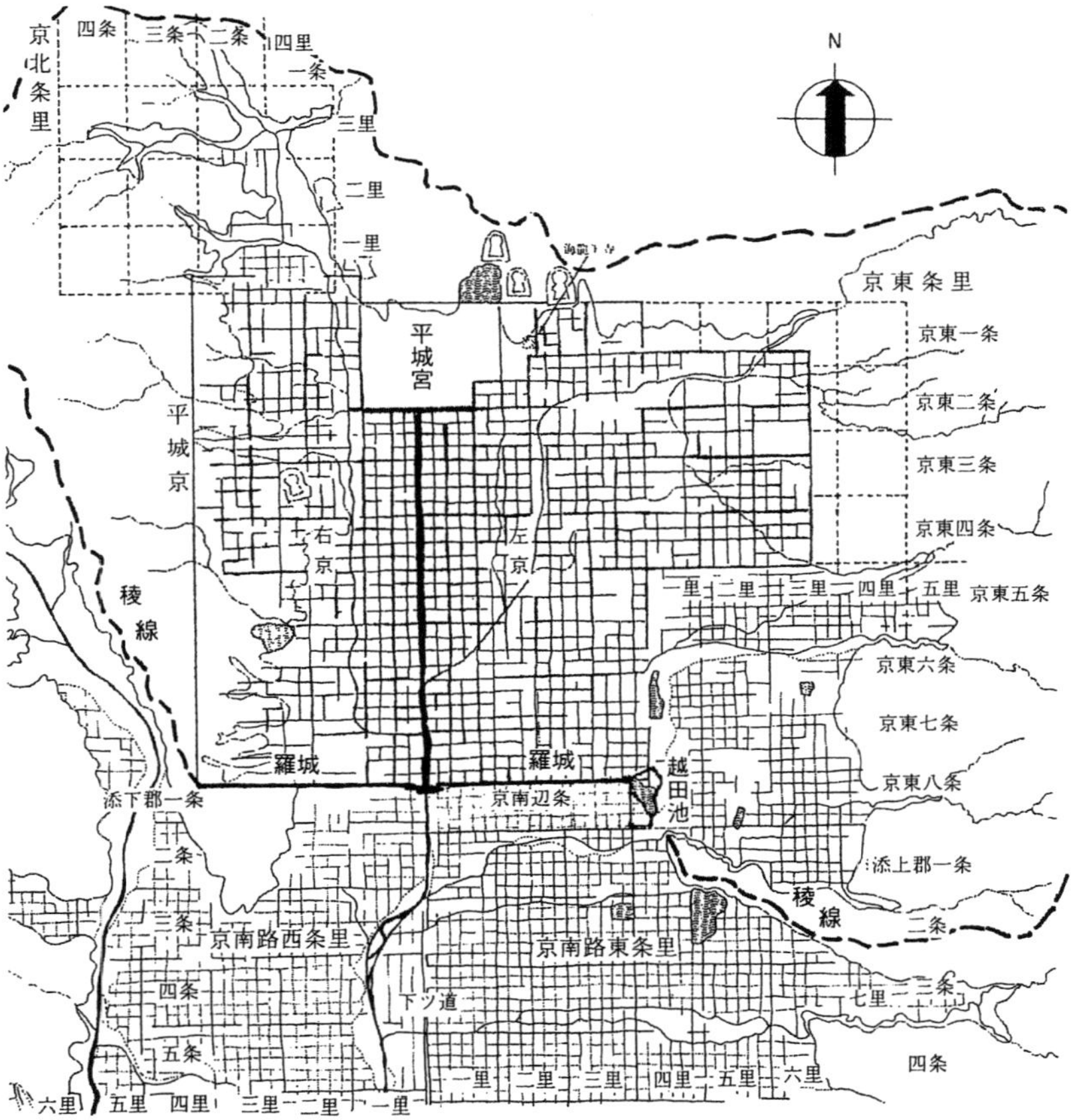

図16　平城京の羅城と山丘稜線の結合（井上和人「平城京条坊と条里地割再説」『条里制・古代都市研究』15，1999付図に加筆作成）

り遠い平城京予定部分の除外、九里×八里より北方における一〇里×一〇里予定地のうち、右京北辺の平城京条坊への編入、中軸が藤原京の場合より二坊分西に寄ったことにより拡大された平城京右京の西方丘陵地への左右対称四坊分化による拡大など、両京の密接な関係と設計変更等による京の実施設計によって説明される。両京の違いは宮が中軸北端に移されたこと、平城京南辺に羅城を設けたのみならず、越田池や丘陵との接合による一種の城郭都市の実現、宮の北方への園

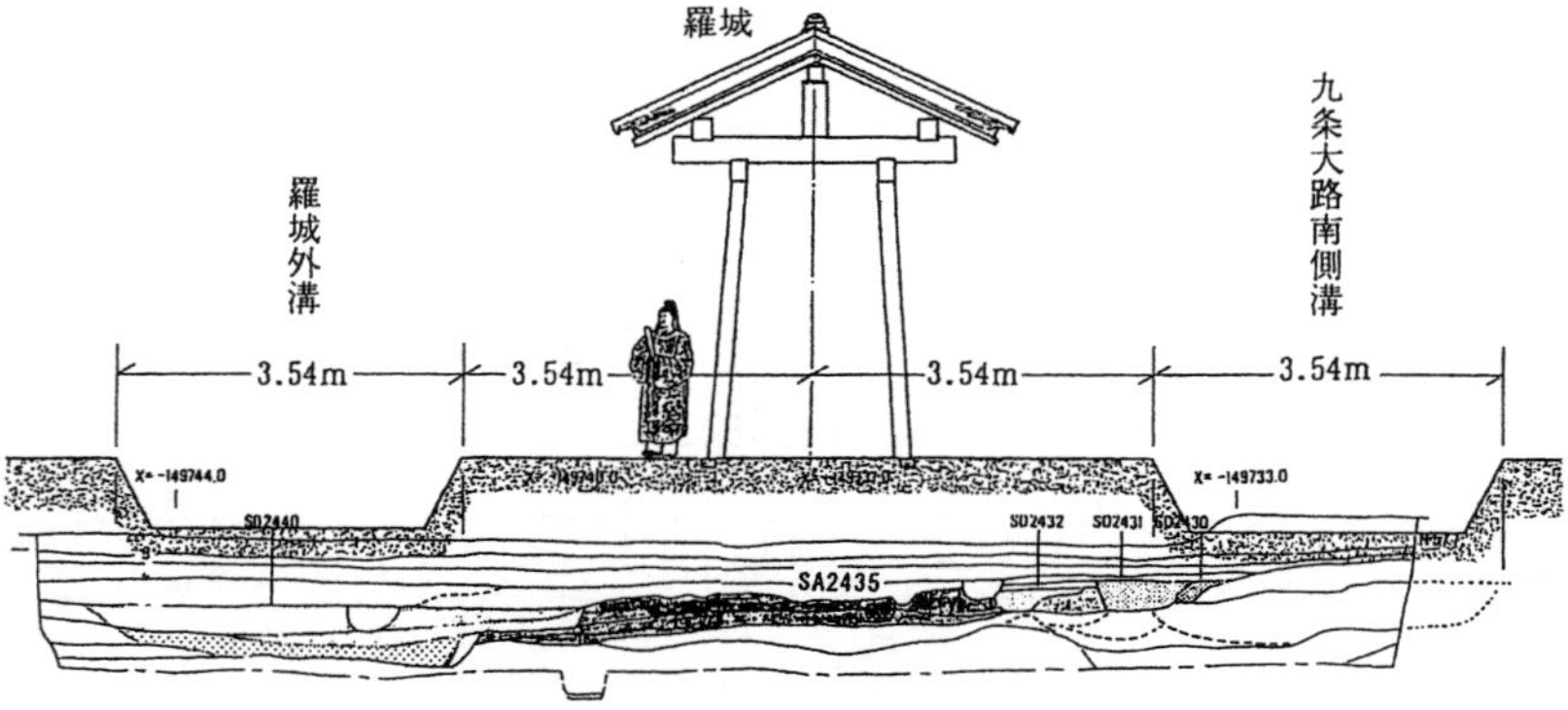

図17　羅城の遺構断面と復元図（井上和人1998参考文献による）

地・墓地が両京の間で南北逆転するかたちで引き継がれるなどの諸点を指摘することができる（図15・16・17）。両京はきわめて関連し、異同を明瞭に意識しながら設計されたことがみてとれる。

その場合の宮の変化は、大明宮含元殿を手本とするような平城宮朱雀門後方の大区画の成立のほか、三中枢的区画とそれにより宮の東方への拡大の設計にもみることができ、それも七四〇年以降に大きな内部変化を起こしている。平城京も寺院造立や小宅地化などを示して前後の二期に大別される。

第４小期

奈良時代前半から後半の境にあたって、聖武帝の彷徨と三京への遷都の小期がある。そこには仏教との関係が大きく認められている。飛鳥寺の建立以来、舒明朝、孝徳朝、天武朝など仏教興隆と国家建設思想背景へのとりこみがあり、紫香楽京も仏寺中心ですすめられたが完成にいたらず、平城京東郊外での東大寺造営へと移された。三京から平城へ還都する大きな要因になったものとみられる。

七四〇年からの第４小期に平城宮の中枢部の一部を移したり、似た施設を新設するなどのかたちで恭仁宮（京）、紫香楽宮（京）が造営され、また一時期、難波京へも遷都がなされた。これら四京の関係は唐に手本があるとの見方もあるが、天武帝の意図になぞらえた聖武帝の意図があったことが読みとれ、しかも平城京では一つの宮内で設けられていた施設機能を分散複都化して、平城京に戻らないかたちで造営が続けられた状況がみてとれる。最終的に平城京に戻るにあたって、これまでは第二次内裏朝堂院の新造営があったとみる見解が主流であるが、いわゆる平城宮第二次の中枢区画はそれ以前からあって、この時期にパレススタイルの瓦の全面更新などによる再整備とみる余地がある。この時点で、いわゆる第一次大極殿地区は大極殿が恭仁京に移されるなどして機能を失った。第一次大極殿院中心の移設—恭仁宮、第一次朝堂相当の掘立柱建物群の新設—紫香楽宮、内裏・朝堂院・迎接的区画の活用—難波宮、内裏・朝堂等の維持—平城宮とまとめられる。

第五期・平城京後半期

仏教は、個々の人の救済にいたる普遍性のある世界宗教として、中国とは独立した国家建設、都城等の景観、中央権力集中の支柱を提出したが、さらに仏教による護国が国策化され、その国家的支援者として天皇があらわれる。そしてそれまでの造都エネルギーを国家仏教、仏寺造営にふりむけていくこととなった。都城でも、太政官がしきる律令制度運営や聖武即位のために用意された都という完成した平城京が一時放棄され、前述のように複都化して分解されるとともに、紫香楽で仏都としての都城までが造営されはじめた。仏都としてのあり方は、平城京にもち込まれ、聖武帝（後半期）とその娘による造寺などとして実態化したことがみられる。平城京は前半期の旧状を大きく変え、平城宮も本来の中軸施設を失って、三中枢的な立地のままではあるが、施設実態として、後半期は別のものとなったと評価できる変遷を重ねたのである。平城宮の後半期は太政官院の再整備を中心に、東院が活用され、東大寺なども京の機能の一端を果たした時代となった。この時期を五期としてとらえることができる。
平城京に還都するにあたっては、天皇の意に沿わなくても還都をすすめる動きがみられ、また東大寺造営など仏教による体制化などが還都にあずかっているとみられる。奈良時代前半に平城京に集中していた権力機構を他の三京で代置させるような権力者の意図がみられ、還都はその意図の挫折と仏教国家の興隆によるそれらとの代替の意味がこめられる。

第六期

皇帝としての権力を発揮した二代を中心とした奈良時代後半期は光仁帝の即位により、収拾期にはいる。長岡〜平安京の初期（薬子の変における平城西宮の造営着手や平城遷都の失敗により、都城変遷史としての都城の一時代は終了する）までは、六期としてとらえられ、平安京における朝堂院や豊楽院建設により、それまでの都城中枢の諸流が一定の位置的安定にいたって、都城変遷の時代が終わりをつげたということができる。この六期までは、長岡と平城留守司、平城と平安京などの複都的状況が並存していたととらえることができるであろう。以降は平安京の長期の唯一京の時代に移る。

以上の都城の流れは一つの文明国への過程や思想的背景の形成を反映しているとみられる。国内的事情を基本に、対外的対抗関係もおりこんで、最先端都市として国家中枢を集中表現したものである。列島内で必要とされた条件が具体化したものともいえよう。平安初期の国域の縮小、新羅断交、遣唐使の停滞や廃止、渤海滅亡、蝦夷勢力との妥協成立は一国平和的傾向に向かわせ、中央貴族中心の平穏な世界と在地の自活自力救済的な武力抗争の世界とを出現させ、次の時代につながっていく。

日本律令国家も、これまで中国の先進的国家統治技術を急速（日本的改変による）に導入して先取りして文明国家化したなどとも評価されたが、実際には、各時期での国家課題に対処して、自力での権力編成と国家体制の樹立、自前的軍隊編成などが果たされた急激な変革の時代である。この時代の表現として都城が具体化されるが、都市城壁を欠くなど日中との違いが強調され、矮小化した導入が宣伝されてきた。島国小帝国、東夷の小帝国、ミニ中華化などがうたわれてきた。しかしその形成空間は列島全体とかかわり、その領域はけっして小さくはなく、また半島などとも関連性をもつ構造であった（半島をにらむ軍隊維持、山城造営等にもみえるところである）。また、城壁の造営もまた列島内での経験や新技術の実験の集成として存在していることが把握される。自立した国策・軍事政策が遂行されていたのである（下向井　一九九九）。律令制度内でも、公式令、儀制令において、支配者の呼称は天子、天皇、皇帝であり、対外的には皇帝として存在した。まさに帝国を建設したといってよい根拠をもっていたものが都城をつうじて列島内で実現したのであった。

隋唐の都との異同

隋の大興城、唐の長安城は平城京の都市計画に影響を与えたとされるが、坊制と条坊方式は両者同一でなく、城郭としてのあり方も日中で違いがあるほか、宮においても平城宮は日本的伝統を指摘できるところが多い。たとえば、唐の都城をひくとされる横長京方式の日本化も藤原京からの遷都の設計事情による変形京として説明可能であり、似た位置におかれたとされる曲江池と越田池の関係についても立地上の違いだけでなく、平城京での南面閉鎖という役割のうえでも違いがあり、図面上での近似性は他にもいくつかあるものの、日本列島での伝統と必要性に新規採用部分とをあわせ、実施上では日中で当時の違いがあったと考えるべきものである。

表３　都城時代の時期区分

				期　間
（南北）一期	京期	(600)～645	諸宮宅併存．628年で小区分可能 豊浦宮は歴代宮方式	46
（東西）１小期	難波京期	645～654	天武朝焼失まで宮施設存続 倭京と併存	10
（南北）二期	倭京期	655～(691)	676～691は新城の試行期	(37)最大限 (18)最小限
（東西）２小期	救百済役期	660～663	長津宮，磐瀬宮，橘朝倉広庭宮， 後飛鳥岡本宮正宮	(4)
（東西）３小期	近江京期	667～672	欟作野遷都計画 倭京と併存	(6)
（南北）三期	新益京期	691～710	藤原宮（694～710） 難波焼失による単独京化	20
（南北）四期	平城京完成期	710～740	聖武即位前と後に区分可能 難波と併存	31
（東西）４小期	四京小期	740～745	恭仁京，紫香楽京，難波京， 平城京	6
（南北）五朝	平城京後期	745～784	仏都期・宮２中枢化 光仁期770～移行期	39
（南北）六期	長岡京， 平安京初期	784～810	810～814（平城西宮） 遷都の終結（薬子の乱） 万代京へ	27

（注）　淳仁朝・称徳朝期にも東西方向の５小期の可能性（北京・西京）あり．

日本における条坊京の導入、成立、維持は日本内部での必要な要件あるいは対外的要件をもち、必要な時期に国内条件のうえで開花したものであるが、日中両国で律令制を背景に共通点を指摘できる状況を出現させたことに、世界史的な時代性、意味が認められるであろう。

都城の時代

日本都城史二一〇年の時代特質は何か。都城変遷の実態は、都城への権力集中などの用語をひっくりかえすほどの変遷実態があり、内容の発展もみられる。地域的移動もみられ、歴代遷宮とも対比できるような短期の画期を重ねているが、以前の遷宮の時代とはまったく違う時代を示しているのである。前後の時代を比較すると、著しい中央集権国家化の時期であり、各種の建設工事の集中、文化・行事の開花がみられる。中央権力による造営活動の把握、地方行政文化網との対応の完成であったが、重要な側面として、この間の軍事国家化の維持があり、その力のふりかえによる造営文化事業等の出現の側面がある。古墳時代の軍隊も国造軍も畿内豪族主導の豪族連合軍隊も量的編成として、それなりの評価がなされるのであろうが、律令期の軍隊が画期的に強化されたことに誤りはない。都城による国家中心核の表現、軍隊の維持、国内権力体制（中央の天皇の権力、太政官体制、地方の在地首長層支配の構造）の完成に加え、仏教を表にした皇帝権威の発揮、征夷戦、クーデターなどがこの間の歴史をいろどる。

都城の画期を、六大期、四小期に区分したので、これを表3として付してまとめとする。また全国的な軍国体制は七八〇年ころから辺要地を除いて終結してしまう。対新羅の軍事編成や維持が停止されるにいたった。対蝦夷戦争もこのころには東北辺などに局地化していくはずであったが、三八年戦争が起こり、八一一年ころにはこの対蝦夷戦争も終結し、妥協をとりつけ、国内での軍事体制がいちおうの終結をみせるにいたる。造都と征夷の時代の終結でもあった。

二　平城宮中枢変遷の一視点

平城宮の第一次内裏・朝堂、第二次内裏・朝堂の造営過程および造営年次の問題は、古くて新しい平城宮変遷の基本的命題である。この研究過程のうち、一九七〇年ころまでについては一度まとめたことがあるが、その後の平城宮発掘調査報告でもたびたびとりあげられ、またその報告の各冊により研究史を要するほどの提案説の検討と変化をへてきており、まだ厳密には確実な定説に達していない。この平城宮中枢部の変遷の中心部について、近年またとりあげるべき論点が生じており、これまでの研究史、あるいは全体的な見通しを再検討するべき点も生じている。この点にしぼって少し現状をまとめてみたい。

平城宮の中枢部は、宮そのものが一キロメートル四方の東辺に二七〇×七七〇メートルほどの拡張部分を付加した形の宮で、新益京の藤原宮の正方形とは異なるものである。そこには中軸（朱雀大路）北端の朱雀門北方にまず、いわゆる第一次の内裏大極殿相当地区（第一次大極殿院地区とも呼ばれるが、中心殿舎前の広場や塼積みの壇の存在などからみて、いわゆる大極殿院とは異なっている）が高所を加工して作られ、遅れて、朝堂院相当区画が作られる。東寄りの壬生門後方にいわゆる第二次の内裏地区と朝堂地区をもち、東拡張区に東宮、東院、楊梅宮などの宮殿変遷、あるいは庭園などを造営した東院地区があり、ここにも南面に外門が設けられていて第三の中枢と呼べる地域であったことが認められている。この三地区の変遷の大要はすでに把握されており、大きな問題点としては、これら各々の地区の古代での呼称（すなわち役割）と変遷年代の確定があげられ、各報告書で編集者の見解が述べられてはいるが、外部からは結論が把握できない状況もあった。

これまでに確定した事実も多いが、施設の呼称等にかかわるものとしては、西宮の確定があり、また東宮ほかの地区の確定もほぼ動かなくなってきた。西宮の確定は、すでに述べているが（阿部　一九七二）、この比定は、出土西宮木簡と発掘した内裏の門数の対応などから確実性が高いにもかかわらず、この地区が木簡の西宮と対応すると、所在地点（西、中、東など）が簡単な位置考証で考えられない地点であるという点に問題があり、これについて考察したものが筆者の論文であったが、この木簡による立証論点を抜きにした施設名考証については、総合的な検討を要すると思われる。

年代変遷については、いわゆる第一次大極殿院地区は和銅年間から築地回廊囲みとして成立し、奈良時代中ごろに少なくともその東面と西面は解体されたことなどもわかっている。中心部の塼積壇上の建物は、文献にみえる恭仁宮に運ばれた大極殿に当たるものであることが、両宮の調査からわかった。回廊内にはしばらく後方にあったもう一つの大殿が残り、天平勝宝頃に南面の門と重閣建物が解体され、天平宝字年間には全面的大改造が起こされたことが知られる。以下、南の朝堂院地区も第二次内裏・朝堂院地区も変遷自体は大要が把握されている。

いわゆる第二次内裏・朝堂院地区は、朝堂院地区が文献での太政官院に当たるとみうる有力な手がかりがあり、また大嘗祭の痕跡が五度ほどあることが注目されている。この地区の造営は和銅年間から始まっており、当初の内裏相当地区は内裏と同面積を占めて造営され、遅れて内裏的な殿舎配置となり、さらに遅れて築地や築地回廊で囲まれるにいたり、内部の殿舎配置も変遷を重ねている。瓦葺化されたのは六三一一～六六六四型式のときとみられ、これはいわゆる第Ⅱ期の瓦で、聖武即位前後には整えられていた（図18）。

内裏と一体の配置計画の第二次朝堂院・大極殿院は、当初は掘立柱の建物群、ついで瓦葺の基壇建物化するが、この造営時期が問題となってきた。六二二五—六六六三型式の瓦から、恭仁宮からの還都後の造替とみられていたが、瓦自体は遷都中からストックが始まっていたことが知られており、しかも内裏と一体として設計された大極殿院—朝堂院が内裏より二〇年も遅れて瓦葺化するなどの見解なので了解しにくい状況であったが、瓦の年代はだいたいおさまった年代見解に達したともみられてきた。

ところが、近年の調査で基壇式瓦葺建物化について基本的な疑問が生じた。一九八九年度の二〇三次調査（概報一九八九年度）は、第二次朝堂院東第三堂・東門の調査をねらったもので、成果は概報や年報によってみられるが、注目すべき記述がある。東門ＳＢ〇三は門基壇の平面規模が知られたが、この東門では雨落ち溝から軒瓦が相当量出土し、その主体は六三一一A・B、六六六四FなどのⅡの1期の軒瓦でⅤ期の軒瓦も少量あった。二〇三次全体での六三一一は半数を超える。六二二五、六一三三などよりも多かったのである。東門は恭仁遷都以前に造営され、奈良時代末まで維持されたかと担当者がまとめている。

『奈良国立文化財研究所年報一九九七―Ⅲ』には、第二次朝堂院南面築地の調査―第二六七次の成果が報告されている。奈良時代前半に朝堂院区画の柵列が認められ、簡易な基壇も造成していた。すべての柱が抜き取られた後に上層の築地が同じ位置に積まれた。この両者の間に下層の門や塀のとりこわし、工事中の排水溝等の施工があった。SD一七三五一は朝堂院内の南端近くから南に掘られた幅一・五メートルの南北溝で北半は一度に埋められ、南半には水成の堆積が残っていた。この溝は上層区画施設完成時にはすでに埋められていたのである。ここからは注目すべき出土品があるが、それについては後述する。発掘地区の出土瓦では上層では六二二五A・Cと軒瓦六六六三Cが葺かれ、上層の南門、東門、南限築地には軒丸瓦六三一一A・Bと軒平瓦六六六四D・Fの組合せが葺かれていたことが数量や出土状況から判断され、しかも先述の溝SD一七三五一とその延長から神亀元年の年紀をもつ木簡など、および軒瓦でも六三一一―六六六四型式が検出されたのである。これらは養老・神亀年間を大きく降らないと判断されている。この総括として、発掘者は第二次朝堂院地区で、朝堂にはⅢ期の六二二五A・C―六六六三Cの瓦が葺かれ、周囲の門・築地の区画にはⅡ期前半の六三一一A・B―六六六四D・Fが葺かれていたことを認め、区画が先行して基壇瓦葺化したか、区画施設には古くからストックした瓦が使われたか、また下層朝堂などの古い瓦を区画に再用したかなどの案を提示した。一連の工事での段階差で、時期差ではない可能性を考えており、今後に課題を残すと結んでいる。木簡もまぎれこみかなど苦心の解釈のほどが認められるが、出土品には整合性があって、遺構年代の基準として考察していくに値すると考えられる。

このように数次の調査で認められるように、第二次朝堂院・大極殿院地区のうち、門や築垣はⅡ期前半の瓦が通して用いられるなど、朝堂の造営想定年代とのあいだには二五〜三〇年の年代差がある。このほかに内裏でも六三一一―六六六四より少ないが六二二五―六六六三型式の瓦がみられるのであり、また内裏の外郭地区でも両様式の瓦がほぼ近い数量の有力瓦として認められるのである。内裏と朝堂院の配置上の有機的な関連性からすれば両地区は関連して考察されるべきものとなるであろうし、内裏と朝堂の外区画の使用瓦が通じてⅡ期に属するという瓦年代については重要視しなければならない事実である。

無理な解釈や可能性でなく、素直な解釈をすると現在研究所でとっている見解とは別の事実がみえてくる。すなわち、この第二次地区全体の瓦葺化や掘立柱建物期、改造等を全体として把握できることである。六三一一―六六六四・六二二五―六六六三の瓦の組合せは、ほかの第一次地区などでも相当量みられ、これらは数量的にも組合せ上でも本来の状況でなく、移動して使用されている可能性も考えられる状況であり、第二次内裏・朝堂院でこそパレススタイル化瓦として本来的な使用状況を示すものとみられてきている。

遺構および瓦が示すこの地区の造営変遷は以下のように考えられる。当初掘立柱中心の内裏と朝堂区画があったときは、瓦葺状況は不明で、ほとんど用いていないとみられる。聖武帝の即位をめざしたⅡ期の前半瓦等からみるように、本来第二次内裏・朝堂院の基壇建物は瓦葺化におけるパレススタイルとして六三一一―六六六四型式で完成したのである。とくに内裏は小型瓦も用いるなど苦心した造営であった。この造営は朝堂院南端まで完成利用されたが、その後大極殿や重閣中門や回廊、その南の朝堂建物に対して、六二二五―六六六三の瓦を用いた全面瓦葺き替えがおこなわれ、大極殿院と朝堂院内では同じ時期の瓦でも瓦種が違うなどの微細な状況を示しつつ主要建物の瓦が葺き替えられた。瓦葺き替えは建物の改修ではなく、瓦主体の葺き替えにとどまったものとみられ、大極殿回廊では多少の

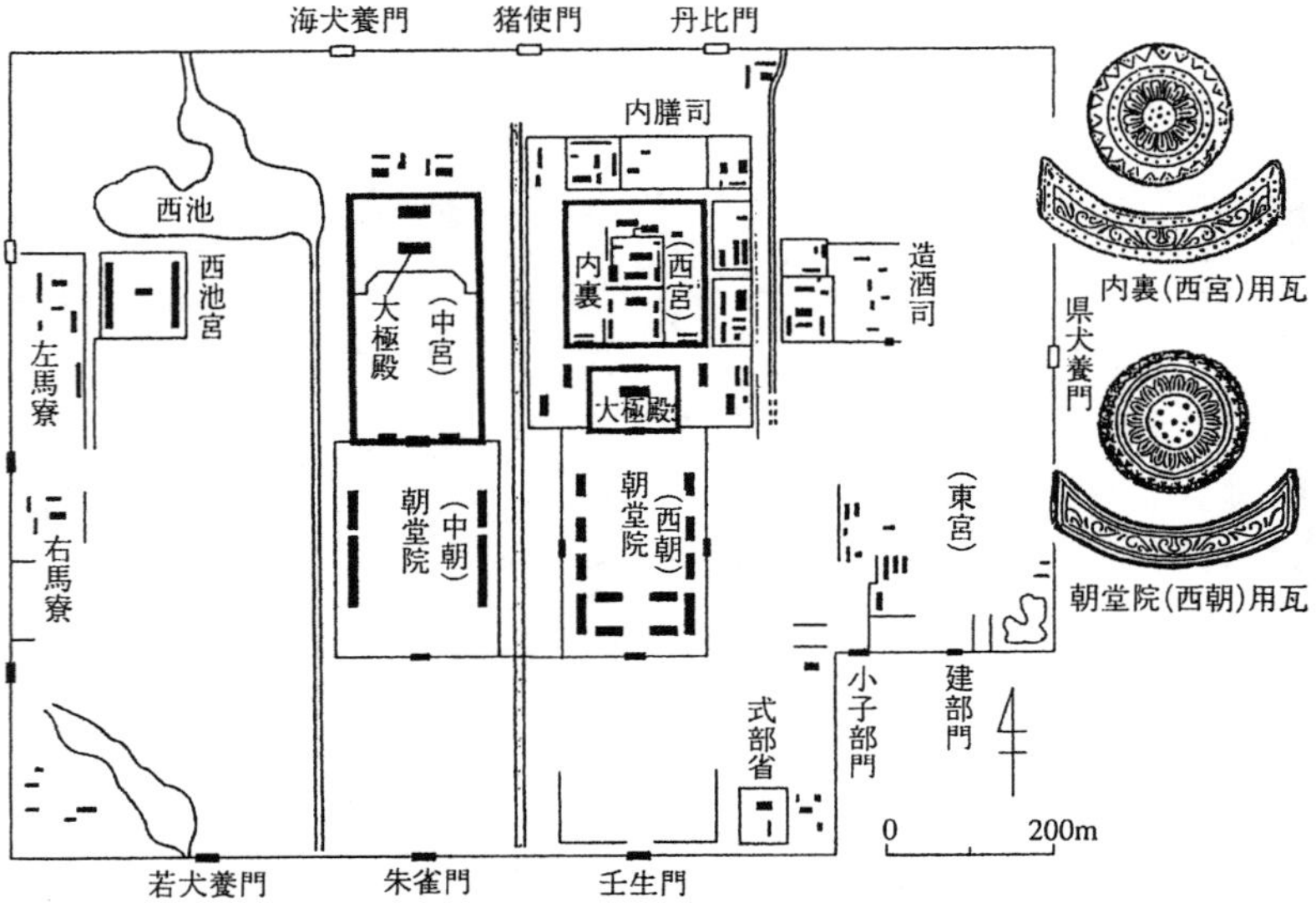

図18　奈良時代前半期（聖武朝前期）の平城宮中枢部復元案

基壇補修もみられたが他の殿舎では大幅な改修自体の痕跡を残さない。この葺き替えは、ストック瓦を用いて一挙になされた可能性が高く、新瓦は大極殿院・朝堂院のうちの朝堂群と内裏外郭部内のいくつかの建物などに使用がとどまり、それ以外の区画や門などは六三一一型式のまま修補されたとみられる。これにより古い瓦としておろされた六三一一―六六六四型式は他地区での瓦にも転用されたとみられ、主要な六二二五型式はいちおう第二次地区で多くを使い切ったものとみられる（図18）。

この見解によると、難波宮の宮全体配置・中枢部のあり方は聖武期初期のあり方として対比的に検討が可能となり、内裏・朝堂院の類似性や瓦の年代性などが解明できる。これまで繰り返し問題となっていた平城宮第二次地区の造営年代も、瓦の精緻な編年と文献にみえる造営体制や遺構との整合性が説明できることとなる。

以上のように考えた場合、第二次地区は基本的に当初から掘立柱建物の朝堂院施設がまず設けられ、養老・神亀ころには大造営された瓦葺基壇建物となり、恭仁遷都時もそのまま維持され、恭仁宮で用いた瓦をまじえたストック瓦で大改修（瓦主体の葺き替え）がなされ、面目を一新したとみられる。このとき以降には第一次内裏地区の主要殿舎や築地回廊も失われ、第二次地区に大極殿・内裏・朝堂院として本格的な使用目的を集中させるかたちの修理であったものとみられる。

第一次朝堂院地区も整地や下層大溝との関係で、和銅当初の計画にまだなかったことが認められるのである。全体的な中枢部変遷の整理が必要であるが、瓦編年は研究所の成果が基準となって認められ、第二次朝堂院地区の遺構でも奈良時代の前半と後半との間の変遷に一定のつながりが生じることとなる。しかし全体的にみた場合、第一次地区の機能の消失という点で七一〇～七四〇年と七四五年以降ではまったく大きな違いが生じていることになる。この点で第一次地区でみられた広い内庭、その南での長大な少数殿舎を広場をはさんで対置させる配置、それが高い壇上の大極殿からみおろされるといった構造は基本的に後半期は失われることとなった。第二次朝堂院の本格的使用、そして継続性が認められるが、第一次地区の果たした役割は奈良時代後半には復元されない。君臣が直接に集い、権力者の姿が確認される場、権力をもつ皇帝の権威が確認できる場としては、ほぼ第一次大極殿院と似た面積の内庭を複廊で囲うなどの点で、奈良時代後半には東大寺大仏殿が似た規模と役割をひきうけた面もあったかと思われてくる。

第一次、第二次にかかわるこれまでの長年の論点を統合し解決するものとして、瓦葺き替えによるいわゆる第二次朝堂院が当初瓦の復元から聖武朝初期まで遡り、遷都後に引き続き平城宮中枢部の実態をなしたことを提案したい。

三　平城京羅城と都市城郭

羅城門ならびに羅城の研究は、滝川政次郎の『京制並びに都城制の研究』（角川書店、一九六七年）などで、文献史的研究が果たされていて、平安京、平城京の南辺のみ羅城門ならびに羅城が築かれていたと考えられてきた。一九七二年の大和郡山市教育委員会『平城京羅城門跡発掘調査報告書』は平城京の羅城門付近発掘にもとづき、若干の考察を進展させた。井上和人氏は「平城京羅城門再考」（『条里制・古代都市研究』一四、一九九八年）において、これらに検討を加え、復元、考察している。そこでは京南辺の諸状況が、唐長安城の模倣を強く志向していたと結論づけている。これらの研究史にとくに新しく付け加える事実が提示できるわけではないが、井上氏が抽出した平城京羅城の実態は大宰府水城などのあり方とあわせて日本における都市城郭のあり方としてきわめて注目すべき事実を示しているとみられるが、この点について井上氏は言及されていなかった。平城京の羅城門ならびに西側にのびる羅城は、京の南辺八里分に明確な防備ないし壮厳施設を作ったが、その両端は奈良盆地に派生してくる丘陵による狭隘部分を結んで、平野を閉鎖し、それを丘陵地と結ぶことにより平城京を地形ならびに羅城で囲まれた一種の防備された城郭都市としての要件を成立せしめていたのである。囲い込みの面積は大宰府羅城内の面積とほぼ同様であって、防備にも一定の有効性を示し、また南辺からみると、京の空間的遮断を明示していたのである。羅城は、京の一〇里四方の予定地のうち、南辺の四町ほど北寄りに設定され、東方の丘陵末端との間にできる空間をふさぐため、越田池（五徳池）ならびに関連の諸施設がまた作られたものとみられる。

このように日本古代の都城において、一定の地形的条件を利用しながら防備され、正面観をもつ都市城郭が成立していたのであり、これが成立する過程、廃絶する過程、地方における都市城郭の存否についても新たな視点を提供している。

すでに東北辺の城郭あるいは地方官衙において、都市の成立、そして都市城郭が必要に応じて形成された状況が実在したこともみてとることができる。古代日本において都市城郭がまったくないとか都市城郭がないのが島国日本の通史的特色という見方は訂正されるべきこととなる。

一九七二年の羅城門跡の発掘調査報告において以下のことが明らかにされた。昭和一〇年に羅城門の礎石らしい四石が発見され、来生橋付近が羅城門の位置であり、これを迂回するかたちで、川をはさんで溝がめぐらされた地域があることがわかった。一九七〇年にはいり調査の結果、五間×二間の羅城門が復元され、その両側に東西方向の羅城が推定されたが、その復元図では羅城門の前面にコの字形に幅広い濠を想定し、その内側の東と西の一町分のみ羅城垣があったものと考定したのである。すなわち平城京の羅城は平安京における南辺の羅城よりさらに部分的なものであったとされるにいたった。

井上和人氏はこの発掘成果等を全面的に点検し、七間×二間の羅城門と京の南辺全面における羅城を復元することが立証できるとした。この論点は左京九条四坊付近での築地状積土と門施設の確認も含め、発掘により実証されたものとなっている。氏はさらに考察を進め、京南辺について注目すべき事実を明らかにした。朱雀大路の路幅等の復元から、羅城門はそれまでの推定より大きな七間×二間の門と復元される。その両側にとりつく羅城は、京の南辺全体にのびるが、羅城芯から大尺一〇尺までの壖地と同じく一〇尺の羅城外溝、九条大路南側溝が設けられたとみる。羅城は幅が大尺六尺（七・二天平尺）、高さ十三大尺（十五・六天平尺）と復元図示した（図17）。

この羅城の東端は五徳池（旧越田池）に突き当たり終わる。羅城門から越田池にいたる四坊の地域には東西に細長い京南辺特殊条里地域があり、京に先行する条里地割をさいて京地を定め、実際に条坊が実施された部分の南の残りが南辺に特殊条里地域として設定されるにいたったとみられている。ここは大和統一条里と異なる耕地地割が残されることとなった。この地は天平宝字五年に興福寺に大半が施入されたが、東端の越田池付近は広大な園池にかかわる離宮などがあったことも推定されるという。越田池は唐長安城の東南端に突出して作られた曲江池を意識して作られたものとする岸俊男氏等の説も紹介した。

平安京の門ならびに羅城に対しても、文献から九間×二間の羅城門を考える。平城京南辺の復元はこうしてほぼ井上氏によって論が尽くされた感がある。図に示すように左右京あわせて四・二キロメートルにおよぶ羅城が連なり、京の正面は中国都城を模倣しようとしていたことを指摘する。

すでにみてきたように平城京は当初平野の北端に藤原京をそのまま北上させた形の一〇里四方の京の占地をとった設計があったものとみられ、すでに条里が施行されていた地に、いうなれば失われた京西の条里が出発する北端から北一町分のライン（京北条里に一町くいこむ）および京東条里の北端から北へ二町に合わせたラインから南に条里で五〇町分（五町一里×一〇里）がまず占地されたことを示している。外京の東端は藤原京の東端を北上させた位置と合致する。この地に京を造営するにあたり、南北は数の極大である九をとって条数とし、東西は予定中軸線（藤原京の中軸の北延長）が低地を通ってまた古墳地帯に突き当たり、相当高い丘陵地が左京北端に含まれるなどの点から下つ道を中軸線に転換して、東西八坊のやや縦長の京に、本来の予定東端からの三坊分を付した東西十一条として、変形の外形（正面観は八坊分）をとるにいたったと考えられる。

このことにより本来なら左京地五〇町の南端となる京東条里には、京占地後の条坊施行後の余地が残ることになり、そのうちの本来の中軸予定地の東西あわせて四坊分が京南辺特殊条里となったわけである。

こうして方一〇里の京地に作られた南北九里の京の南辺には羅城、その東端には南にはみ出して越田池ならびに関連施設（瓦窯も含む）が築垣をめぐらし、その西側を中つ道が北上して京にいたったことになる。そして注目すべきは、この越田池の東側の低地に東側の山地から河川が集中統御され、一本化して流された低地が南北につづくことであり、越田池の南東側から斜めに稗田方面に人工河川が作られ、京東方の水が処理されていたことである。すなわち越田池の東接地ならびにその北への延長は河川の集合処理地帯であった。そして越田池南の河川の通る低地にすぐ接して平野の東の山地から西北方にのびる長い丘陵が、窪之庄町、帯解寺付近をへて北ノ庄町の近くまで二キロ以上ものびており、南からの比高一〇メートル程度にも達する丘陵、緑地、宅地地帯として今でも認められる。すなわち羅城の東端は越田池にいたり、越田池は羅城と東南からのびてくる丘陵地との間を閉じる位置に掘られ、その南のきめて狭い地点に河水が集中して集まるところであった。また羅城の西端は平野部を横断して後の大和郡山城の外濠に沿い丘陵地に達する。この丘陵地は、奈良市街地西方のあやめ池のあたりから大和郡山市の大和郡山城あたりに、ほぼ南北にのびている低丘陵地である。以上の二丘陵地帯により奈良平野の北端が狭められたところに京の南辺が設定されているのであり、本来の一〇里四方の京占地はまさにこの北の平地をほとんど占拠し、京の南辺と両丘陵と奈良山丘陵とで閉ざされる形にあったということができる。平城京の造営にあたっての設計変更により、京は西に少し拡張して丘陵地帯にまでのる部分が生じ、東南部では、羅城と東の丘陵との間があくことになり、ここに池を含む施設が置かれ、京の羅城と丘陵の間を正しく閉じることになっている。このことからすれば、京は南方に対して羅城、それ以外の三方向に対しては自然地形で囲い込まれ、区別されたところにあったことになり、平地と丘陵部での出入口は古来多数あったものの、正面は防御上は限定され、さらに丘陵地を他の三辺に利用することにより、一定の要件での都市部の囲い込みおよび交通のコントロールを果たしていた。そして、それは南からの正面観としては、平野を遮断する城壁（長さ四キロメートルを超す）として人工的な施設が造成されていたことになる。また、京の北辺も本来の奈良山越えの峠道として、利用される道は自ら限定されるところでもあって、この京は四辺が防御された一種の城郭都市となったものであったとみなすことができる。本来の一〇里四方予定のうちの東南部の京東条里地が耕地として残された条件については、宮門からの距離（朱雀門への朝参とみれば、門から坊まで一〇里を限度とすることが両京で認められる）などの伝統的条件があり、丘陵以北が一定の京地の内としてあつかわれたのであろう。

このような自然条件と人工施設および山城等を含めた全体計画による防御都市は、大宰府にまずみられるところであり、他の都城でも検討の余地を残している。東北辺の城郭をもつ都市も実証されつつあり、古代都市における防備の要件は、これまでの常識を破って存在しえたことを前提に、再検討すべきものである。

四　平城京北辺坊など

北辺坊とは、平城京復元研究が明らかにしてきた平城京右京の二～四坊の一条北大路より北に、南北二町分の条坊区画が付加された部分を指す。古代の文書に直接みえてはいないものの、実際の地形地割に痕跡を残し、また中世の文書（十三～十四世紀）等に呼称がみえるものである。

研究史上では、明治時代の関野貞氏の平城京復元などで、時期は判然としないとされながら、条坊地として図示されてきた。これらの経過は近年のシンポジウム「荘園絵図と西大寺」に詳しい。実際の水田等の地割でもその痕跡がすでに地図上でたどられている。この北辺坊において、一九七八年の奈良国立文化財研究所による平城京第一〇三—一一六次調査で、右京一条北辺二坊二・三坪の二坪にまたがる宅地が調査され、奈良時代前半から後半の遺構を検出している。一九八四年にも、右京一条北辺四坊六坪の調査で、奈良時代前半の整地や後半の建物遺構などを発掘した。近年の奈良市教育委員会の調査でも同様の成果がみられる（北辺坊条間南小路想定位置の調査。奈良市教育委員会第三二二次　一九九五年として、シンポジウム井上和人報告に図示）。北辺坊全体に平城京時の遺構の広がりと条坊区画造成が想定できるものと判断される。井上氏はシンポジウムにおいては、北辺坊を平城京時代におく以外の造営期を考えることはむずかしいとし、造営当初からでなければ、西大寺と西隆寺造営にかかわることも考える必要があるとシンポジウムのテーマにあわせ指摘している。

北辺坊の設定地には、大和盆地の路東と路西の条里の復元からみれば、造都により失われた路西の一〜九条の一連の条里の一部があったと考えられており、右京の南端からは、さらに南の京南路西条里一条がはじまり、しかも中途半端な形で、南北約三町分が一条分とされている。京の北辺は、失われた路西の某条里に加えて、秋篠地区の京北条里の南端一里のうち、南辺の一町分をとりこんで設定されているとされる。そして、この部分は西大寺蔵等の「大和国添下郡京北班田図」（十三世紀後半ごろの西大寺と秋篠寺との間の寺領の相伝にかかわり作成されたが、大同三年校定、弘仁二年・宝亀三年校定田、さらには天平十五年九月九日勘注図などの注記があり、律令時代の絵図を基図に作成したところがあるとされる）には、京北班田の一里として図示されており、京条坊との関係、ならびに全国的な条里施行や田図成立年代との関係で注目されるものであった。

京の北一条大路あるいは北辺坊北縁が条里区画の条や里の境の線等と合致しない点は井上氏のいうように、条里が京の造営に先行して施行されていたものと考えざるをえないのであるが、京北班田図から推察される里並びごとの古式の絵図方法で京造営以前から作成されていたか、または相論における復元部分を含むかなど、今後の研究をまつところが多い。

北辺坊は、大和盆地の平地の北端に、先行条里の五〇町四方の京の占地がなされたことと実際の条坊割付により、北寄りに京地の残存が生じ、この平地部分に宅地の一部を補うこともあって、条坊がめいっぱい造成されたことにより、京造営当初から存在していたものであると考えられる。

条里先行の後、京での北辺坊造成（西大寺にともなう遺構があるのは当然だが、前半にかかる遺構が存在する）が、当初から考えられる点からすれば、呼称が文書等にみられないのは、文書遺存の条件によることと推察される。では、なぜ北辺坊が京造営時に左右京の対称性を破って付加されたのであろうか。これまでも平城京の左右京では、右京が左京に比較して坊数が少なく、したがって居住域等が左京より狭いものであることが認められ、しかもその西端の一坊分は西の丘陵地の裾端が多く及んでいることが指摘されてきたのである。それゆえに右京における宅地の実質的不足から、北辺の平地部分がとりこまれたとの考えが成り立つ。しかし、近年の調査研究成果として、先行する藤原京（新益京）右京が主に平地に五〇坊分の造成地を有したことが有力学説となってきている状況では、北辺坊の付加は宅地として一坊半分の増加であり、藤原京と平城京における右京の継続的な宅地確保から生じたとは説明できないであろう。もし五〇坪分の宅地を確保したければ、京北班田の平地のほとんどを宅地に予想しなければならないことにもなる。

先行条里の南北二町分が八坊×九条の京の北に設定されたのは、京の東辺や南辺、西辺とあわせた全体的な検討が必要である。京の東京極は、東方の山地の山麓にあたり、宅地としては好地であり、東端は藤原京（一〇里四方）の東端を大和盆地の下つ道などや条里区画とあわせて北上させたラインと一致するのである。

平城京は造営にあたり九条×八坊の平城京の中心的部分の内に北闕式に宮地を選定し、宮の北端を路東の京東条里一条の北端とあわせたとみなされている。ただし、いわゆる外京とされる東西三坊分の京地区画が東方に設けられたのは京の二条から五条までと判断されており、京東条里一条は、条坊外に当たっているが、実際にはこの地では奈良時代の大型建物跡などの遺構があり、また聖武天皇の陵墓もあって、京内扱い、京の北の陵墓地の扱いがされていたことが知られている。また京の南辺は、京東条里八条のうちの北からほぼ二町ほどのところにあたり、平城京の左京四坊分の長さにあたる条坊外の南の地は、京南辺条として特殊条里の存在が知られ、奈良時代には、京の南辺の特別の地域としてあつかわれたことが推察されている。

平城京の造営では、先行条里五〇町四方の占地は、藤原京での里制での一〇里四方（正確には条坊心心に加えて、外辺道路分での加算が生じる）をまずそのまま北上させて概数で占地したことからも生じたものであると考えられる。このうえで、中軸の移動、丘陵や古墳の除外、河川のコントロール、宮との距離などの条件、および一〇里四方で中心に京をおく造京理念の変更等の条件から現在みる平城京の実施設計が立てられたものとみられ、その当初の占地と実施設計との関係の痕跡を各辺に明示しているものと考えられる。

坊令

都城制研究の先達であった岸俊男氏が考察したところでは、律令制においては左京・右京はそれぞれの京職に統治され、各坊には坊長一人、そして各条に属する四坊ごとに坊令一人が置かれていたので、日本の都城の場合は各条の東西に連なる四坊が一つの単位となっていた。藤原京について林坊・小治町、平城京について松井坊という坊名のあったことが史料によって伝えられる。それがこの四坊単位をさすのか、あるいは一般に何条何坊と呼ぶ一坊の固有名であったのかは明らかでない。しかし平安京の場合は坊令の支配する四坊単位に中国風の固有名がつけられている。その名称は唐の長安城や洛陽城の坊名を借りたものが多く、豊財坊というのも洛陽城の坊名である。これらの諸史料から推定すると、坊門は東西に連なる四坊区画の正門として、三条から九条までの各条間小路が朱雀大路に通ずる地点だけに置かれた。遡って平城京も同じであったと考えられるという。『令義解』・『令集解』によると、坊長は白丁で、坊令十二人と規定され、これは左京職について定められ、右京職はこれに準ずることとなっていた。『令集解』の朱説によると、四坊に令一人の規定は、大宮等の並びで坊が不足する場合も置かれ、私説で戸令では坊ごとに長一人を置き、四坊に令一人を置く定めである。この点から坊令は横並びの四坊、すなわち左右京の条ごとに置かれて条令と呼ぶべき内容となり、実際に平城京でも各条に令が置かれたことが木簡から立証されている。十二人の坊令がいることは、京の復元の手がかりとなるもので、実際の条に対応する坊令が平城京以降九人と目されることから、この規定は大宝令に遡るものとみなされ、都城復元の一課題となってきていた。一〇里四方と復元される案が有力となった藤原京復元案でも、合計一〇〇坊分をどう統治したのか、京域と坊令のあり方が問題となり、いくつかの解決案も出されているが、立証にいたっていない。ここに藤原京（新城・新益京）ならびに平城京を明らかにする手がかりが残されている。要点をあげると、

①　まず、この坊令規定は養老令のものであり、平城京を対象とすることを確認しておく必要がある。平城京の条数に合わない点から遡って、大宝令とのかかわりも考えられる余地が生じるだけで、八坊×九条の平城京の左右対称京域と外京のあり方から説明するほかにないが、この点ではこれまで平城京の一～九条のあり方に適合しないとしたままで放置されてきていた。

②　しかし外京は今日の学問的命名であるものの、造営当初からの設計であることが立証されてきており、坊数四坊で割った場合、平城京の左京の坊令は厳密に一～九条分九人・外京分（五～七坊）三人の十二人が必要となり、養老令にまさに合致する。この点から令の規定をみると、四坊ごとに坊令を置くのであり、これは条坊の東西南北の方向性とかかわらないはずのものであり実際に条の並びと合致する例から、条に対応する坊令が生じたにすぎないことがわかる。

③　すなわち坊令十二人の規定は、平城京左京にまさに適合するのだが、それに準じた右京では坊令は一～九条の九人、多くみても北辺坊の一人を加えうるにすぎない。しかもこの九人の坊令は後々の都城に伝わることとなる。平

城京左京の十二人坊令はいかなる事情で生じたのであろうか。これは外京の設定（本来の左右対称の設計を大きくこわしている）にもかかわることである。先行京に理由が求められる。

④ 藤原京に遡って十二坊令が左右対称に設定される京が設計されていたと考えるのが、その解決法の有力な一点であるが、五〇坊は四坊で割りきれず、また条坊京の東西が一〇里（坊）であることは五坊が一単位となる可能性を示している。現在藤原京は一〇里四方の条坊路相当の設計とみる説が有力で、立証点も上がってきている。一〇里より南方には、その延長ともみうる道路や宅地区画、条坊方式とは合わないが、東西南北方向の区画や道路が、天武・持統陵以北で検出されつつあり、南北二坊分が都市計画とかかわる市街化部分として認められつつある。大局的には南北十二里分の方格ならびに方格的な都市部分があるのであり、そこに左右に分けて対称性をもって坊令を置くとすれば、条坊設定分一〇人、以南の都市化部分二坊分二人の十二人が置かれることとなる。これは新益京を含む倭京全体をほぼカバーすることとなる京内行政区分として、先行して大宝令に十二人の坊令（五坊に一坊令）が置かれたことを示すものであろう。

⑤ 五坊一令が条坊部分のみならず、その南の都市化部分にも置かれたとしてみた場合、平城京に移るに際して、その坊令十二人が引き継がれたものの、その行政範囲は実際の平城京の造営事情に対応して、四坊に一令となったものと考えざるをえない。この点は平城京の朱雀大路をはさんだ長方形の部分が左右対称に設計された点で四坊ずつにならざるをえなかった既成事実によるものと判断される。

五　新城について――天武・持統朝の国土構想――

仙台市郡山遺跡のⅡ期遺構は発掘により、七世紀末から八世紀初頭にかけての計画的な柵施設とその区画や官衙や寺の配置が知られるが、その性格についてはは文献史的にはほとんど裏づけるものはない状況である。その年代についても方形池を含む饗宴施設が飛鳥でのあり方と類似する点などから天武朝とする見方も古代史から提示されているが、ミニ藤原京という全体のあり方から、六九四年の藤原京成立―持統朝かそれ以降とみるほかはない。しかしこれだけ（方約一キロメートル）の施設が軸線をかえて造り替えられるにはおそらく数年もの実施年月を要したであろうと思われ、出土品も最終年次または存続期を示すことが多い点からすれば、工事開始期を六八〇年代に引き上げ天武期とのかかわりも考えることの可能性がないことはない。天武朝には、諸国の国堺が定められ、また長門・陸奥の国司には大山位以上の高位者をあてることが定められるなど、国制について一定の進展があったことが知られている。とくに陸奥が名指しで出てくることの実態は、問題が残るところであった。

瓦からの年代でも瓦窯等の瓦は、柵で用いられている少量の瓦とは微細な違いもあるようで、瓦の叩き目と桶巻きでのスダレ状の痕跡なども注目されるが、いずれにせよ仙台市郡山遺跡の古式重弁蓮華文軒丸瓦は、七世紀末より遡ることはないであろう。この手の瓦は六弁複弁の瓦と地域を分けて、ほぼ同時期に陸奥地内を二分するかたちで展開したとみられる。あるいは紀寺系の四弁瓦などもこれと地域を補うかたちで山寄りに分布する可能性も残るのである。仙台市郡山遺跡の重弁瓦は、先行形は福島県の麓山瓦窯跡にみられるもので、須恵器と同伴し、七世紀後葉におかれる。続く瓦として仙台市大連寺瓦窯出土例が型式上はおかれるが、瓦窯出土の須恵器の年代は、あるいはその使用下限を示しているのか、八世紀の初頭とされている。伏見廃寺跡、名生館遺跡の瓦は笵が使いこまれており、実際の年代は郡山より少し遅く考えるべきであろう。

仙台市郡山遺跡の上層遺構は、いまのところの大胆な見通しでは条坊制と通じる地割をもつミニ藤原京ととらえられるとするのが私説ではあるが、まだ実証上の多くの課題もある。いちおう、条坊制によるとして、この遺跡の意義を予測しておきたい。そこはこの遺跡が、正史には表れないが陸奥国の新しい防備された柵であり、国司が駐在（常時といえないまでも）するところとして陸奥府（名取の名を実際は冠して呼んだ可能性大）であり、国の構想全体としては、新城と呼びうる構想のうちの重要な一角をなすということである。

天武朝には六七六年、倭京の北寄りの平野部に一〇里四方の条坊地割が実施され、新城として記録に残るが、耕地を接収して工事を始めたが完成にいたらず、予定地は荒地になったという。この遺跡とみられる道路中軸の溝や後の藤原京の条坊と重複し、若干狭かったりする均等（中軸の朱雀大路がない）条坊がほぼ全域に作られていたことが判明した。東南方丘陵地帯はその痕跡がないが見瀬丸山古墳や飛鳥寺周辺まで条坊がおよんだと考えられる点がある。

文献上の天武朝新城の計画は、大和郡山市新木に比定する説があったが、いまは藤原京の下層に比定されている。本来の完成形態は平城京占地から遡上する筆者の考察によれば一〇里四方で、しかも朱雀大路のない均等条坊であったが、問題は浄御原宮を南においた一連の新京であったのか、外郭を囲む施設―新城の城に相当する施設も計画されていたのかという点である。この点で宮に近い南辺、山がちの東辺は留保しても、北辺、西辺に条坊外を囲む何らかの防備的施設が構想されたが、実現にいたらなかった（実現していた可能性も残るが）と考えたい。新城は新益京として持統朝に修正されて完成する。

新城は正史上でもう一つある。それは西海道の大宰府である。六六三年の白村江の敗戦後、羅城や山城が計画的に築かれるが、それから約二〇余年をへた持統三年（六八九）に中央から官人を派遣して、新城を監すとあり、一定の防備都市の完成検査がなされていた可能性が高い。これは大宰府羅城ならびに条坊的な都市の一定の完成をなすものとみて、今後の検証の続行を要する。また大宰府羅城城郭だけでなく、他地点の関連防備施設をあわせて示す可能性もあり、今後の進展をまつところである。この場合、大宰府の構想は天智朝から始まり、持統朝に完成したことになる。大宰府の条坊、羅城については再考の必要を感じているところもあるが、三〇〇尺の町割、二四条×二四坊が想定され、その場合は四里×四里の範囲の都市計画を想定することもできる。約三〇〇尺間隔で南北道路が確定されているところがあり、きわめて注目される。

持統朝（六九四年以降か）とすべき仙台市郡山遺跡は、そのⅡ期の範囲はいまのところ一〇里四方とみられるのが限度であり、二里四方を予定していたとも考えられる。都、西海、陸奥の計画都市は一〇里×一〇里、四里×四里、二里×二里という比率的関係を示す可能性が示されている。これらはほぼ同一時期における条坊制による防備的都市計画としてとらえられる。すなわち前二者が新城とかかわる点からすれば残る一者も東端の新城計画としてとらえられることが考えられる。

仙台市郡山遺跡が二里×二里と計画されたとすれば、後続する多賀城と城外遺跡は、完成は平安期に降るとして、その根幹となる道路や寺や城からみて二〇町×二〇町程度の範囲におさまるプランの存在が推定でき、その場合は四里×四里と大宰府と比較される規模となるであろう。ここにも条坊とつうじる粗い都市計画を読みとることが可能な痕跡が残されている。

以上のように、東方では新城の名は文献にないが、実態は天武ごろから始まり、持統朝に完成した新城三者の一つが出先として、ショーウインドーとして設けられたものと考えられる。ただし、中央の新城は新益京に転換する。西は大宰府であり、東は陸奥府であったであろう。これらを結んで新城を拠点とした国土計画があったと考えるべきではなかろうか。またこの時期からじつのところ、全国的な国府設置の動きがあった証拠もある。和洋女子大学で実施した関東の国府シンポジウムでは、国府を大きな集落ととらえた場合、国府集落への動き——土器や集落の変化——は、七世紀末に遡ることが指摘された。具体的な政庁等の中枢は変遷があり、なかなか上限が把握されないが、遡りうる上限はこの時点におかれる。天武・持統朝は新城という防備都市を中核に全国的な国域の分割確定、国府建設の動きがはじまる時点として考えられる。またこれ以前に全国的な評体制が展開していたこと（これは別途論じる）がその基盤であり、これらには孝徳期難破宮や近江大津宮が対応するし、道奥国では仙台市郡山遺跡Ⅰ期の柵が対応することとなろう。

六　越田池と曲江池の異同——中国と日本の都城比較視点——

これまで、中国・唐の都城を手本に、日本都城が展開したことの証明に、平城京の実態と彼地との比較があげられた。横長京、街路、宮の位置、市などの配置、北の苑池などがあげられるが、直接的な類似性をみせるものとして、京の東南隅にもうけられた苑池がとりあげられることがあった。曲江池は長安城の東南隅にあり、隋の宇文愷の造都のとき、土地が高く不便なので城外から黄渠の水を引いて芙蓉園を作るということからはじまる。福山敏男氏は唐の京の城外に一部出ていることを論証した。芙蓉園を東に、西に曲江池が作られ、あわせて東西一三六〇歩、南北一三〇〇歩余、西北端から五一〇歩のところで外城壁に接合し、南半分以上が城外に広がる不整形の立地とし、実際の遺構でも東西南北の牆が西に折れて二五〇歩のところまでを確認できている。両者あわせて一辺約一・三キロメートル四方余の占地で半分ほどが東南隅から南にはみ出す位置にあたる。天宝元年（七四二）に西市への漕渠がうがたれ、拡大されたとされる。ところでこの中国長安城の苑池のあり方から、日本の平城京の越田池との類似がとりあげられてきた。

越田池ならびに京南辺の特殊条里地区のあり方については、先に井上和人氏の論考があり、ほぼ論が尽くされている。それによると、京南辺の特殊条里地の東端に越田池が掘られ、その越田池はなかばは条坊内におさまるが、なかばは京外にのび、東方および南方にはみ出している。この地区は井上氏の考察によると、中つ道が北上して京にとりつく路跡から東方が築垣に囲まれ、宮殿施設などが設けられた苑池遺構である。その規模は最大にみて、北は京内に一町分入り込み南に四町余分となり、東西南北とも一坊分ほどの範囲で、約〇・六キロメートル四方程度とみられる。京の規模と苑池の規模は京の大小にほぼ対応しており、位置もほぼ同様との指摘はあたっているようにみられる。

しかし両京では、平面上の位置の類似に対して、異なる点が多いことにも注目したい。曲江池は南上がりの自然地形の谷部をせきとめ、囲い込んで苑池を作っている。京の東端の城壁とラインをあわせ、京内に水が供給されるようにもなっている。しかし、日本平城京での越田池の造成は、南下がりの平野部に掘削された人工池であり、周囲に掘り出した土砂で土手などが設けられるとしても、両者は立地で基本的な違いがある。さらに京の四坊大路を東に越してまで池が掘られており、また南にも拡大していた。この位置は平城京南辺羅城と、京南辺の東側からのびてくる自然丘陵部とをつなぐ位置にあたり、丘陵端部までふさぐ形で南に池を掘る点や、ここに京東方の自然河川を集合させて管理し、下流は稗田方面まで斜行の人工河川を設定したとみられるなど、京内外の多くの河川管理にとっても重要なポイントを占め、しかも羅城東端とその南にややずれて東方にのびる丘陵とをむすぶという明瞭な役割を背負っていたとみられる。

両者の異なる点は、平城京での池の掘削が、平城京南辺の前面閉鎖の必要を人工池を掘り宮関連施設などを置くことにより丘陵とつないだという城郭都市要件を満たすこと、この池を奈良盆地の平野部に設けることなど、日本平城京のもった条件のうちで設定するべく生じたものである。京全体との位置でも東へのはみ出し方が異なっている。またはたして、都市の住民などが楽しむ風光地であったのかも資料に欠けるところがあるが、中つ道の接合点付近であることは交通する人々の目に四季ふれたことであろう。

両者は、曲江池を先駆にして、都市内の苑池として設けられ、地点選定に唐のあり方をうけたところはあるとみられるが、立地、その成立空間、果たした役割は異なるところがあり、それぞれの京で成立する条件に対応して造成されたとしてよいであろう。類似点は京プラン上で、唐のプランが先行し平面で参考にされたことにあるとみられる。

参考文献

相原嘉之「飛鳥の道路と宮殿・寺院・宅地」『条里制・古代都市研究』第十五号、一九九九年。

阿部義平「内裏・中宮・西宮考」『奈良国立文化財研究所研究論集』Ⅱ、一九七三年。

阿部義平「古代宮都中枢部の変遷について」『国立歴史民俗博物館研究報告』第三集、一九八四年。

阿部義平「日本列島における都城形成――大宰府羅城の復元を中心に」『国立歴史民俗博物館研究報告』第三六集、一九九一年。

阿部義平「倭京の都市指標」『国立歴史民俗博物館研究報告』第七四集、一九九七年。

阿部義平「古代山城と対外関係」『人類にとって戦いとは』四、東洋書林、二〇〇二年。

井上和人「平城京羅城門再考」『条里制・古代都市研究』第十四号、一九九八年。

井上和人「平城京条坊と条里地割再説」『条里制・古代都市研究』第十五号、一九九九年。

井上和人「西大寺の造営と平城京右京北辺坊」『西大寺絵図は語る』二〇〇二年。

上野邦一「平城宮の大嘗祭再考」『建築史学』二〇、一九九三年。

小笠原好彦『聖武天皇と紫香楽宮の時代』新日本出版社、二〇〇二年。

小澤毅「古代都市『藤原京』の成立」『考古学研究』第四四巻第三号、一九九七年。

岸俊男「坊門と坊令」『日本の古代宮都』日本放送出版協会、一九八一年。

公開シンポジウム「荘園絵図と西大寺」二〇〇二年。

佐藤武敏『長安』近藤出版社、一九七一年。

下向井龍彦「律令軍制と国衙軍制」『戦いのシステムと対外戦略』東洋書林、一九九九年。

関野貞『平城京及大内裏考』『東京帝国大学紀要』Ⅱ　科第三冊、一九〇七年。

仙台市教育委員会『郡山遺跡』二二、二〇〇二年。

滝川政次郎『京制並びに都城制の研究』角川書店、一九六七年。

長洋一「新城「大宰府」の成立」『日本の古代国家と城』新人物往来社、一九九四年。

中尾芳治『難波京』ニュー・サイエンス社、一九八六年。

奈良国立文化財研究所『奈良国立文化財研究所概報　一九八九年度』一九九〇年。

奈良国立文化財研究所『平城宮発掘調査報告』XIV、一九九三年。

奈良国立文化財研究所『古代都城の儀礼空間と構造』一九九六年。

奈良国立文化財研究所『奈良国立文化財研究所年報　一九九七—Ⅲ』一九九七年。

奈良文化財研究所『日中古代都城図録』二〇〇二年。

保坂佳男「朝堂院の変遷について——太政官院としての把握より見たる」『国史研究会年報』五、一九八四年。

町田章『平城京』ニュー・サイエンス社、一九八六年。

大和郡山市教育委員会『平城京羅城門跡発掘調査報告書』一九七二年。

東京大学文学部・奈良国立博物館『西大寺絵図は語る』二〇〇二年。

和洋学園校地理蔵文化財調査室『シンポジウム　東国の国府　in Wayo——考古学からみた東国国府の成立と変遷』一九九八年。

第三章　平城宮中枢部の変遷

一　平城宮の問題点

当初一辺約一キロメートルの方形の範囲と考えられた平城宮で、関野貞氏は中央と東寄りの二つの宮殿区画を遺跡として見出し、東寄りのものを朝堂に、中央のものを内裏と南苑に当てたが、氏の研究を含めてその後の研究の経過を以前にまとめてみたことがある。(1)平城宮の東よりにある大極殿回廊は一九五五年に調査され、これが和銅創建当初のものでないことが判明したと報告され、宮の中央部にも朝堂風の基壇や区画がみられることから、平城宮の中軸線上の区画を第一次の内裏と朝堂院、その東寄りの区画を第二次の内裏と朝堂院であったとする変遷の図式が提出されてきた。一九七三年ころまではほぼ第一次から第二次への変遷が天平末年かとされてきていたのである。この時点での私案では第一次内裏推定地等を中宮、第二次内裏推定地を西宮に当て、西宮が正史にみえる内裏であるが、正史に内裏が登場するまでの間は遺構からみて西宮はまだ内裏機能をもたず、中宮が内裏ではないにも関わらず、内裏に代る機能を果たしたのでないかとし、朝堂院については本来の朝堂院予定地を東寄りの地区に考えたが、先に整備されたのは中央区であったことを遺構から想定してみたのである。朝堂院推定地区の調査が進んだ現在からみると、朝堂の検討は不十分であったが、内裏相当とされた二区画については各々に固有の宮名があって、正史には一方が内裏として読みかえられていると考えてみた。図19にまとめた変遷私案は、中央区と東区のそれまでの遺構観察の見直しの

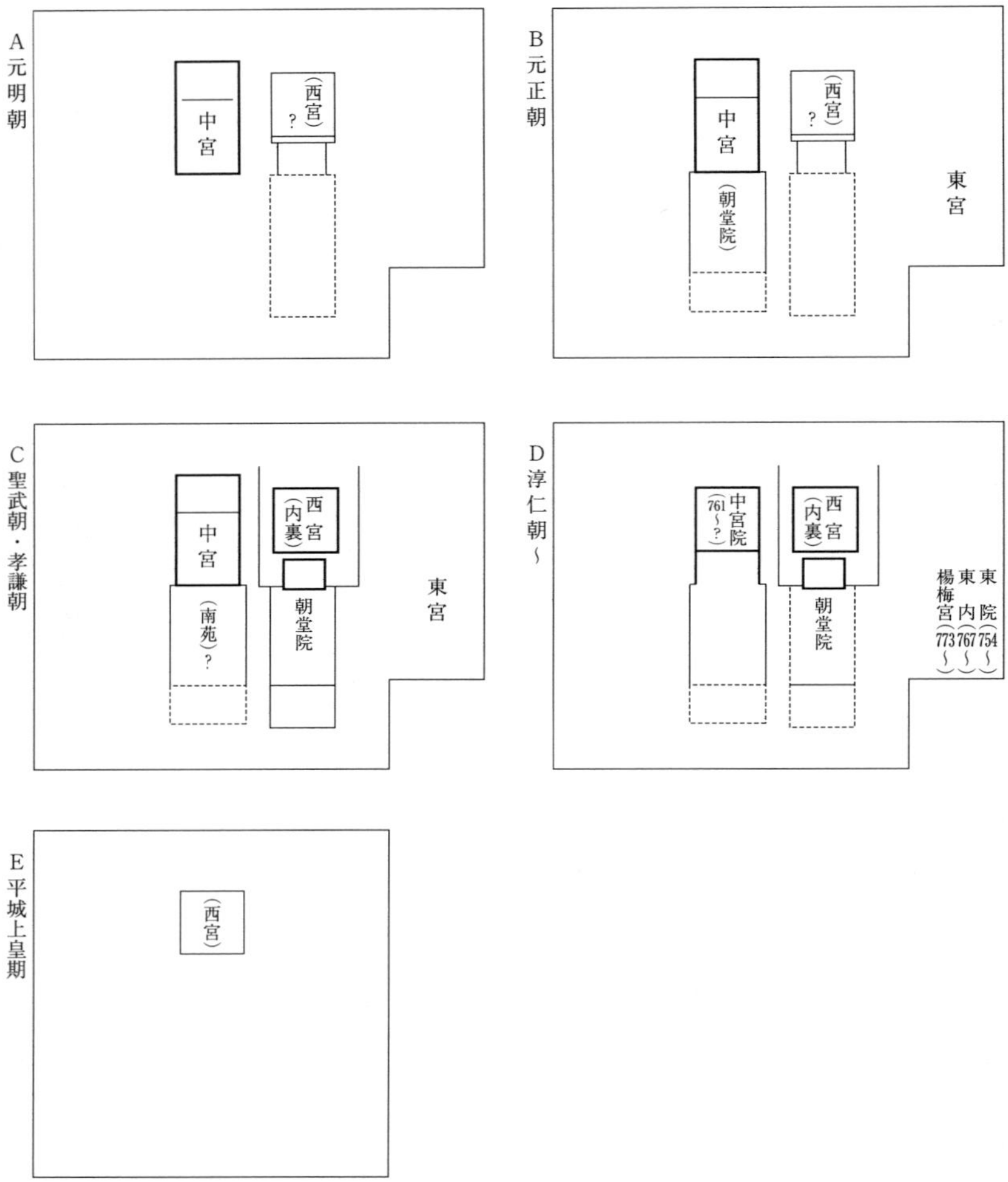

図19　平城宮の宮殿区画変遷案　阿部義平「平城宮の内裏・中宮・西宮考」奈良国立文化財研究所『研究論集』Ⅱ，1974による

提案を含んだものであったが、この両地区についてその後の奈良国立文化財研究所による正報告もあり、正報告がまだない地点に対しても考察が重ねられてきている(2)。発掘が継続して進展している平城宮では特にそうであるが、まず遺構とその変遷についての認識が基礎におかれ、それと整合する解釈が要求される。また遺構の認識も問題視点により拡大し発展するので、各時点の報告が全体と整合しない場合もあるように思われる。そこで調査経過等は略し(3)、まとめとして出された正報告及び論考と、他に若干の事実報告にふれながら平城宮変遷の研究成果を追ってみることとしたい。

一九七六年、『平城宮発掘調査報告』Ⅶが出された(4)。東区の北方に当たる内裏北外郭の調査のまとめである。内裏内郭北辺も一部含まれている。遺構は全体としてⅠ～Ⅲ期に三大別され、Ⅰ期にはまだ内郭は掘立柱列として表れ塀に囲まれ、外郭を限る施設は検出されないが、既に一つの区画をなして建物も配されている。Ⅱ期には内郭は築地回廊で囲まれ、外郭の官衙は全体とさらに中央部とが築地で囲いこまれた三地区をなし、三小期に分けられる。Ⅲ期は築地も築地回廊もほとんど失われた時期で、官衙的な性格を脱しているという。Ⅱ期の途中の小期である1期から2期にかけての土壙から「西宮」関連の木簡とおしきの側板が出土したことや、他の年代の判定できる木簡出土の土壙についても報告され、西宮即ち内裏という宮名比定の根拠が報ぜられている。本来内裏所用の瓦が認定されてきていたが、その瓦は木簡の年代判定からそれまで考定されていた天平末年より古く遡り、主要な組合せは聖武朝初期、一部は養老五年（七二一）まで遡る可能性が指摘され、それに伴い平城宮瓦をⅠ～Ⅴ期に分ける編年が設定された。内裏用の瓦はⅡ期に比定された。ここで第二次内裏は以前には天平十七年（七四五）以降としていたのを訂正し、聖武天皇即位を目標とする養老五年ころから始まり神亀年間を中心とする造営と考えることとなった。遺構のⅢ期は平安時代に属し、小建物群のブロックがあるが官衙的でないとし、Ⅱ期とⅢ期の間に空白期があるという。以上の正報告の成果は、東区の変遷について基本的な骨組みを与えるものであり、それまでの訂正も含んでいた。[5]

一九八〇年、今泉隆雄氏は「平城宮大極殿朝堂考」で中枢部の論点と調査成果を整理し、見解を公にした。[6] 平城宮での二つの朝堂区画を基に大極殿と朝堂の変遷を論じ、それが近年の朝堂院研究の論点と関連し、律令政治体制との関わりが考えられ、奈良時代の政治構造解明の手掛りとなるとの視点を示す。朝堂に第一次・第二次という変遷があったとする基本的考え方を継承するとして遺構変遷を点検し、結論として中央区には和銅創建期にはこれまで考えられていた朝堂院と異なる特異な配置の大極殿と朝堂があるとし、その後の改造、平安期の改修もあるという。創建期の大極殿院は異常に大きく、内部に大極殿と広い前庭をもち、南方に四棟の朝堂をもつ一郭を付すが、この大極殿院・朝堂は藤原宮のものと断絶し、その成立に当たって中国宮殿の強い影響を受けたとみる。大極殿院は内裏と共に天皇の私的空間に属していたが、大極殿と朝堂が東に遷移した後は中宮と朝堂と呼ばれて建物配置はそのまま維持され、両者の間の門が中宮閤門と呼ばれて天皇出御の場となった。東区の養老五年開始の造営は天平初年まで実質的に継続し、その完成後には中央区と東区に朝堂が併存することとなる。このような二つの朝堂の併存については、平安宮における朝堂院と豊楽院で両者が朝堂として用いられる例をあげ、平城宮の朝堂を大極殿南方の朝堂に限定しなくてもよい可能性の例とし、平城宮では中宮―朝堂と大極殿―朝堂の両者があって使い分けられていたと説く。そして中宮は用法上から内裏的な性格はなく、天皇が出御する場であり、和銅創建の旧大極殿院を中宮に比定できるとする。東区には聖武帝即位をめざした造営とその後の変遷があるとみ、平城宮の特異な配置の成立と朝堂の併存を時間の流れの内で論述したのである。内裏は東区に固定して考え、東区の朝堂前身区画を聖武帝の即位を予定したものとみて政治史との関連もみている。氏の説で朝堂併存の視点は、朝堂を考える上で貴重なものであると思われるが、中央区の大極殿院が、通常の大極殿院とみなされ、またそう呼ばれていたか否か、大極殿院でなくなった後になぜ中宮と呼ばれるのか、更に東区の西宮即ち内裏も当初から内裏と呼ばれたのか等の遺構の連続性と関わる問題点も残るように思われる。

一九七七年に恭仁宮の大極殿の調査が行われたことを先に記したが、平城宮でも一九七九年、一九八二年と所謂第二次大極殿とその後殿や回廊、及び下層遺構の調査が行われ、またこの間に所謂第一次朝堂院地区についての調査も継続的に実施された。(7) その成果は今泉氏の論考にも組込まれている所があるが、天平十二年に恭仁宮に移築したという大極殿が、遺構から東区の大極殿ではありえず、中央区の大極殿(SB七二〇〇)であることが確定した。この結果、文献にみえる大極殿が単一のものとすれば、東区の大極殿は恭仁宮以降に建てられたものとなるわけで、この視点に基づく解釈が次に果たされていく。

一九八二年、『平城宮発掘調査報告』Ⅺが出版された。(8) これは北から南まで調査された中央区の内の北半の地区の報告で、その変遷がまとめられている。先の大極殿の問題もおりこまれて平城宮中枢部の変遷についての総合的考察が試みられている。この地区の厖大な遺構がⅠ~Ⅲ期に分けてまとめられ、その最後に既報告の北接する大膳職地区の遺構変遷についての再検討結果も記されている。まずこの大膳職地区をみると、宮造営以前の遺構が指摘され、既報告の時期区分が補訂されただけでなく、『本報告』Ⅺの対象となる地区の主要遺構との関係も示された。即ち本報告の第Ⅰ期に築地回廊による大きな囲みが造営され、大膳職地区にはそれに北接する建物群が建てられていて、2小期にわたり両面、あるいは四面廂付の建物二棟や付属の建物も認められる。Ⅱ期は2小期に分けられ、築地で囲まれた官衙ブロックが中軸上の道を挟んで左右に配され、内部に井戸をもつなどまとまった建物配置がみられ、出土品から大膳職と考えられる時期である。第Ⅲ期も同規模の左右二つの官衙ブロックからなるが、建物規模や配置に変化がみられる。この変遷は本報告地区の遺構と密接な関係をもち、ほぼ私案で提起した問題点もとりいれられている。

大膳職地区も含めた全体の考察では（図20）、まず平城宮以前あるいは造営時の遺構として、下ツ道の側溝や南北棟の建物等が上げられ、この建物の一部は一般住宅でなく、あるいは奈羅関に関わるとも考える。宮の第Ⅰ期は４小期に分けられているが、まず四面を築地回廊で囲んだ長方形の区画が造られ、その北方三分の一が高い塼積みの壇上となり、南は石敷広場となる。壇上には大きな二棟の礎石建物が南北に連なる。２期には南辺の築地回廊を切り開いて楼が建てられ、また塀による南方の大きな区画も接続して成立する。３期には壇上の建物の内の南寄りの建物と東西両面の築地回廊が失われ、その回廊の代りに柱列が１列立てられ塀となる。４期には築地回廊が復元されるが内部建物は増築されない。これらⅠ期の配置には多くの点で大宝大尺によるラウンド・ナンバーが知られ、この地区が藤原宮からの遷宮当初から存在したことを裏づける。

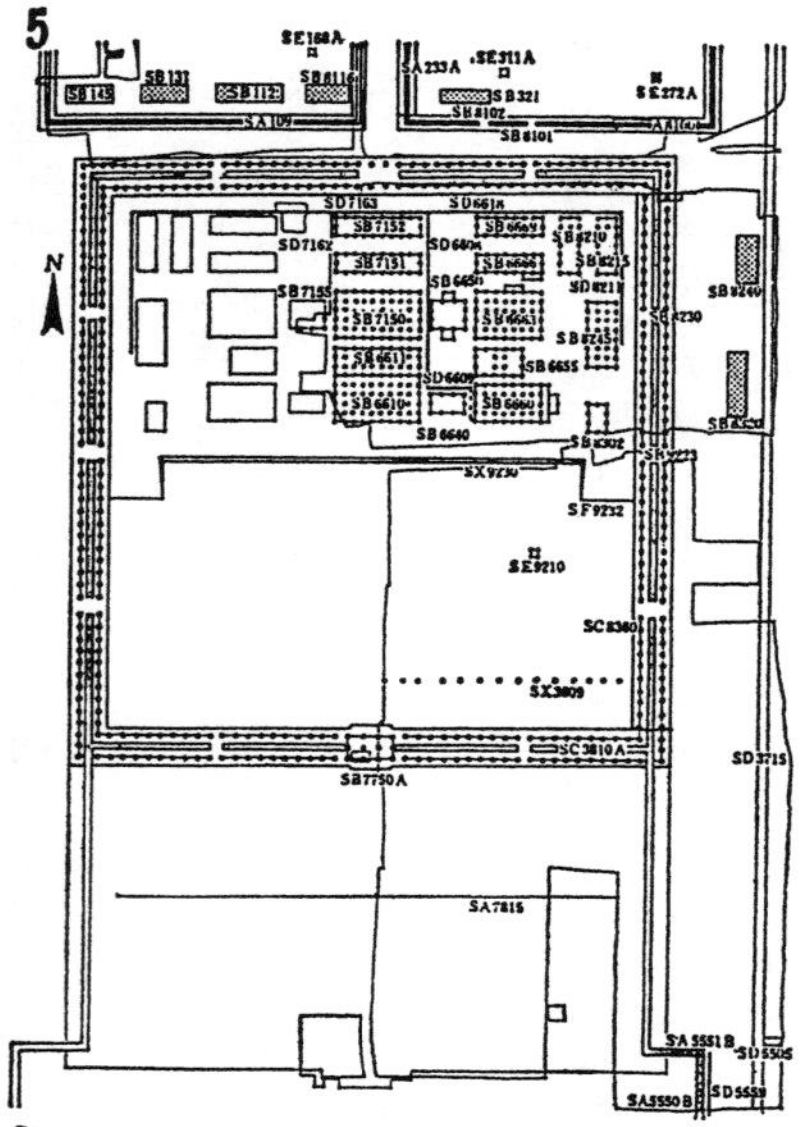

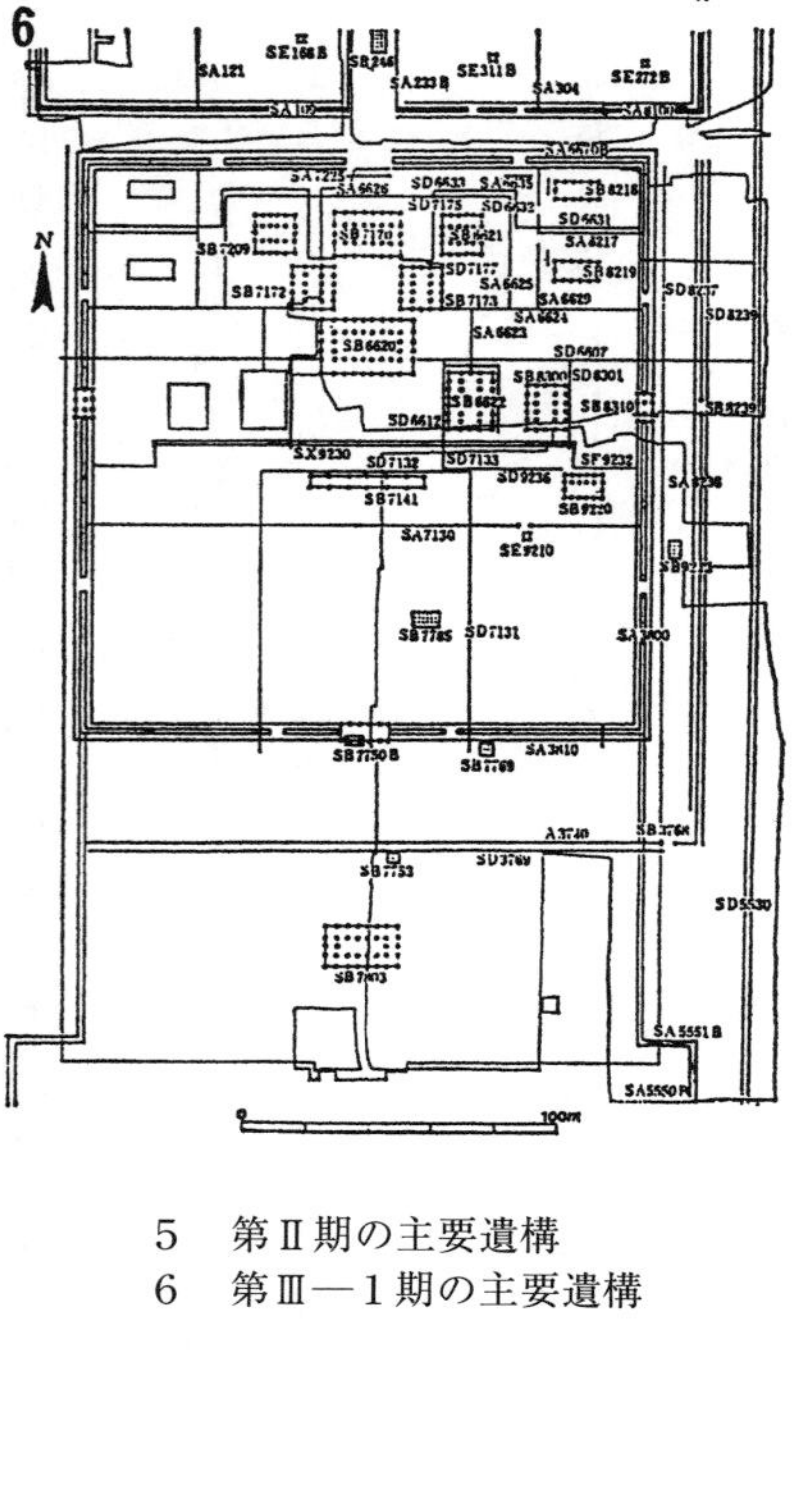

5　第Ⅱ期の主要遺構
6　第Ⅲ—１期の主要遺構

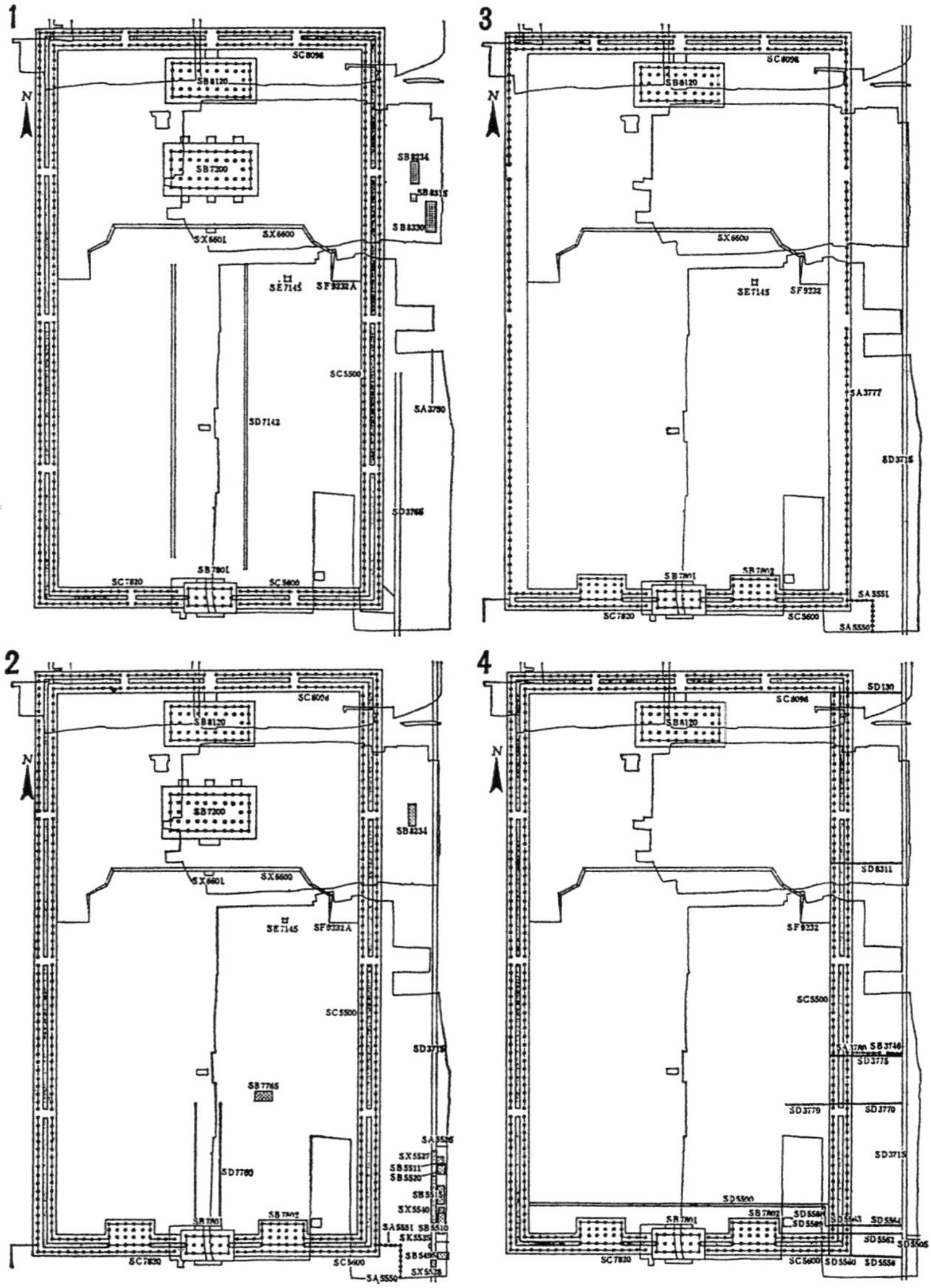

図20　第一次大極殿地域の変遷　奈良国立文化財研究所　註（8）による
1　第Ⅰ—1期の主要遺構　　2　第Ⅰ—2期の主要遺稿
3　第Ⅰ—3期の主要遺稿　　4　第Ⅰ—4期の主要遺構

Ⅱ期の遺構は、先の築地回廊の区画の南北が縮められ、東西五九〇尺、南北六二〇尺のほぼ方形の築地回廊となり、その区画内が南北に二分されて南は一段低い石敷広場、北には多くの掘立柱建物が東西・南北に連結して特異な配置をとり、しかも柱位置が一〇尺方眼上に割りつけられている。

第Ⅲ期は二小期に分けられ、Ⅱ期と同範囲が築地で囲まれ、南に広場、北には方眼地割上に割りつけられて正殿・脇殿・後殿の配置や塀による小区画が顕著に認められる。区画外南方にやや規模の大きな建物があるが、この建物との間を通るように塀による外郭施設が北方全体を包みこんでいる。これはいわゆる大膳職地区のⅢ期の官衙の区画と連続していくようである。以上の遺構の年代は、第Ⅰ期は和銅創建期から終末は木簡により天平勝宝五年が目安として出されている。１小期は霊亀元年ころまで、２小期は神亀～天平初年の時期を当て、その終末は大極殿を移した天平十二年ころとなる。３期は恭仁宮の時期、４期は天平十七年の還都後から天平勝宝五年ころまでとする。この区画の大極殿は恭仁宮の大極殿と対比して、ほぼ同大の九間×四間建物であり[9]、藤原宮の大極殿も同様な建物に復元されることにふれている。恭仁宮とこの地区の大極殿とでは身舎は等しいが、廂は恭仁宮のものが平城宮のものより桁行で二尺ずつ、梁行でも二尺ずつ縮んでいるとみられ、藤原宮の例は身舎梁行の寸法が短く、移築可能でないことが考えられる。平城宮から恭仁宮への移築は可能で、瓦からも裏づけられる。

平城宮の大極殿をこの地区の中心建物（ＳＢ七二〇〇）とすると、他の宮とは異なる配置を呈するが、大極殿が内裏の南に位置しない点は長岡宮や平安宮と共通し、大極殿前面を段とその南の広場とする点は平安宮で朝堂院に龍尾壇が形成されている例と共通する。その特色の要素として、唐長安大明宮の含元殿に近いとするもので、藤原宮等はしいてみれば長安太極殿のパターンであり、中央区の例は含元殿のパターンに属するとみながらも、太極宮では太極殿の後に両儀殿、大明宮では含元殿の後に宣政殿・紫宸殿を配し、中国では内裏的な機能をもつ宮殿を伴う点を日本とは異なる点としてあげ、まったくの模倣とはできないという。大極殿と朝堂の関係では、当初は広場をもつこの区画の南方に朝堂院を計画していなかった形跡があり、その場合は回廊域内に朝堂と大極殿の機能が兼ねそなえられたと考える。中国の朝堂が左右一殿ずつしかないことを配慮し、段上の中心建物SB七二〇〇の東西に各一棟の朝堂があった可能性を考えている。このような配置の大極殿院がなぜ形成されたかについて、藤原宮の場合での朝堂での機能の内の一部（朝儀）がとり上げられ、大極殿の機能と合わされた可能性を主張する。唐制にならい、大極殿と儀式を主とする朝堂を合体させたのである。しかし再び別に朝堂の区画が南方に付され、藤原宮での大極殿と朝堂院の関係が復興された。このようにこの建物を大極殿とする考え方からは、この地区全体を中宮とする見方は成立が困難という。その根拠としては、中宮が公的儀式や宴会に用いられる一方で、起居の便をもつ居住空間を備え、院と呼ぶ小区画に分割されうることをあげる。この中央区には居住空間を想定しえず、この点から中宮は内裏地区の別称と考えている。

第Ⅱ期の宮殿は、天平勝宝五年以降から長岡遷都まで三〇年余り存続した。築地回廊でほぼ方形に囲まれた宮の中軸上には、三つの掘立柱建物が連続し、総面積一一〇〇平方メートル余に及ぶ。この配置から、ここに大極殿は考えられず、居住性が要請された宮殿と考える。広場の存在から公的儀場としての利用も考える。一方で平安宮の内裏に類似した建物配置を示すのは東区にある内裏地区で、奈良時代の全期間にわたり存続した。この内裏は天平十八～十九年段階に西宮と呼ばれたことが木簡から分かる。中宮院は天平十七年にあらわれ、居住空間をもつ内裏に当たるとみられるが、この中宮院の位置を後にもふれる天平宝字八年の記事の分析から内裏地区に当てうるとする。中央区のⅡ期の宮殿は西宮と考えるのである。その根拠としては、第Ⅲ期の宮殿が平安時代の平城上皇の宮で大同四年（八〇九）からおよそ十五年間居住した「平城西宮」であり、ここが西宮と呼ばれるのは奈良時代以来の宮の名称を受けたものと考えている。

Ⅲの1期の配置は内裏的ではあるが、詳細では平安宮の内裏と異なる点がかなりある。郭内の東北方の柵で囲まれた殿舎を親王らの居住空間である可能性があるとみるが、郭内南方の広場地区に、平城宮や平安宮の内裏では主要な機能をもつ多くの建物が配置されており、これを欠くⅢ期の宮は上皇の御在所にすぎなかったことが配置に表れているという。また平城上皇の大極殿は南方外の広場に孤立しており、大極殿院は建設半ばで終ったと想定している。Ⅲの2期は建物配置がくずれ、天長二年（八二五）以降と比定されている。

以上の遺構考察と関連して、屋瓦についても特論されている。平城宮から出土する軒瓦は『平城宮発掘調査報告』Ⅶ及び『奈良国立文化財研究所基準資料』Ⅱで全体が五時期に分類され編年されている[10]。第Ⅰ期は和銅元年～養老五年の約十四年間、第Ⅱ期は養老五年から天平十七年の約二五年間、第Ⅲ期は天平十七年から天平勝宝年間の約十一年間、第Ⅳ期が天平宝字元年から神護景雲年間の約十三年間、第Ⅴ期が宝亀元年から延暦三年の約十四年間に分けられ、各々の時期の主要な軒瓦の型式が比定され、それらは遺構の造営年代と密接に関連するものとして年代づけされたのである。しかもその第Ⅱ期は他の時期の約二倍の期間をとって設定されている。それからの編年された瓦の内、本報告では一組の軒瓦六二二五A—六六六三CをⅡ期からⅢ期にくり下げ、他の2種の軒平瓦六六六八Aと六六九一AをⅡ期からⅠ期へ、Ⅲ期からⅡ期へとくり上げた。問題はこの一組の軒瓦六二二五A—六六六三Cが東区の朝堂院で卓越し、この地区所用瓦としてここが瓦葺建物群で構成された重要な造営年代を示すと考えられてきたことから、瓦年代の下降がこの地区の造営年代の下降に直結する点である。この組合せの年代変更の理由をみておこう。その根拠としては、恭仁宮に移した大極殿が中央区の中心建物ＳＢ七二〇〇であることが確実となったので、天平十二年段階に平城宮に二棟の大極殿が存在しないかぎり東区の大極殿（ＳＢ九一五〇）は還都後の新造と考えねばならないことをあげる。また軒平瓦六六六三型式のグループの大半が曲線顎であること、同じ系統関係の軒瓦が美作や上総の国分寺などいくつかの国の国分寺に分布することをあげている。また恭仁宮からは平城宮から運ばれた瓦が出土するが、この平城宮Ⅰ・Ⅱ期に属する瓦の内には六二二五Ａ～六六六三Ｃが今のところ含まれないこと、この型式の組合せが文様展開上の細部ではⅡ期の早い時期におかれる六三一一Ａ・Ｂ―六六六四Ｄ・Ｆの組合せより型式的に後発とみられる点がある点もつけ加えてよいかもしれない。恭仁宮の出土瓦には平城宮のⅠ期・Ⅱ期の瓦の他、国分寺所用の瓦までみられるが、Ⅰ・Ⅱ期の瓦は多くは平城宮中央区の大極殿地区と同笵であり、これらは平城宮の中央区から運んだと考えられる。Ⅱ期の瓦の内には、恭仁宮の他に若干の山背の寺で用いられ、平城還都後に笵が一部手直しされて平城宮の瓦としても用いられた六三二〇Ａ型式がある。この瓦と組合うのは六六九一Ａ型式の軒平瓦であり、この瓦は法隆寺東院では六二八五Ｂ型式と組合って用いられているが、瓦の作り方に寺独自の点がある。法隆寺東院、恭仁宮、平城宮の間にみられる同笵関係は笵型の移動による可能性があるという。人名刻印瓦が恭仁宮に多くみられるが、これは東大寺の前身である金鐘寺の金堂とされる法華堂の所用瓦であり、同一工房の製作に属する。そして人名刻印瓦は軒瓦では六六九一Ａ―六二八五Ａと一連のものであり、これらのことから、天平十年代前半の主要な軒瓦文様であった六六九一Ａ・六二八五ＡＢ・六三二〇Ａと人名刻印瓦は、天平十七年以降の平城宮では残影として存在し、六一三四Ａ―六七三二Ａ・六二八二Ｂ―六七二一Ｃ・六二二五―六六六三の軒瓦文様が主流となって変化していくと結論する。

以上の考察による変遷のまとめは図21に示すもので、このまとめは私案とも今泉氏の案とも異なるものであるが、その基本点は大極殿についての判定にある。今この結論に従って平城宮の変遷をみると、平城宮の前半期には藤原宮と大きく異なる内裏及び大極殿の配置があり、還都後に藤原宮や難波宮と共通点のある内裏・大極殿・朝堂ができ上

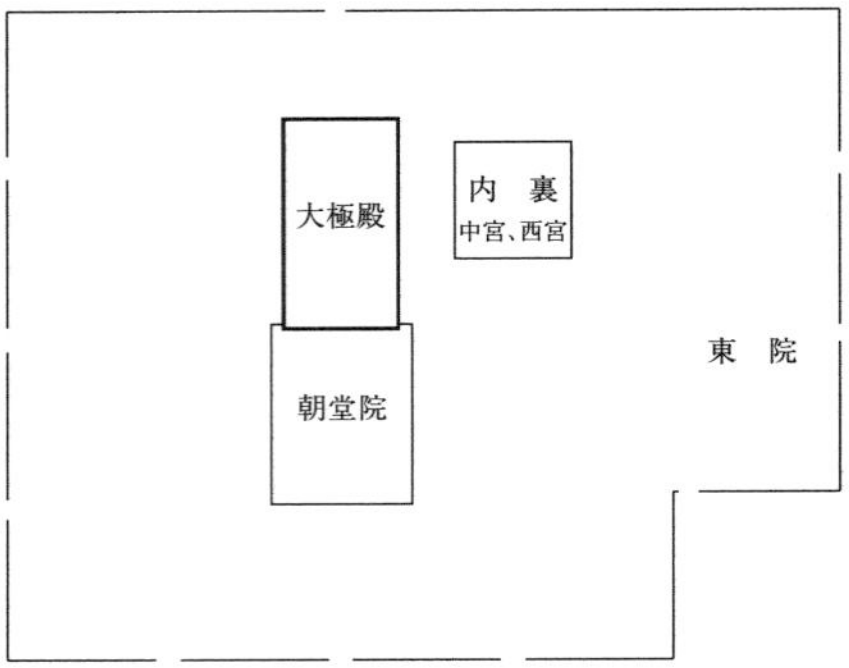

1　和銅〜天平勝宝５年（710〜753）

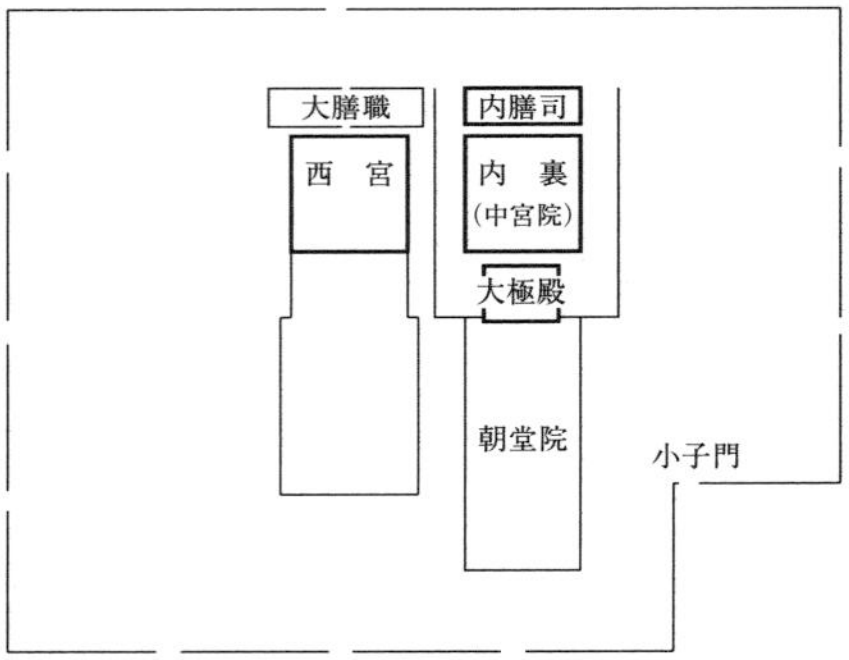

2　天平勝宝５年以降〜天応１年（754〜781）

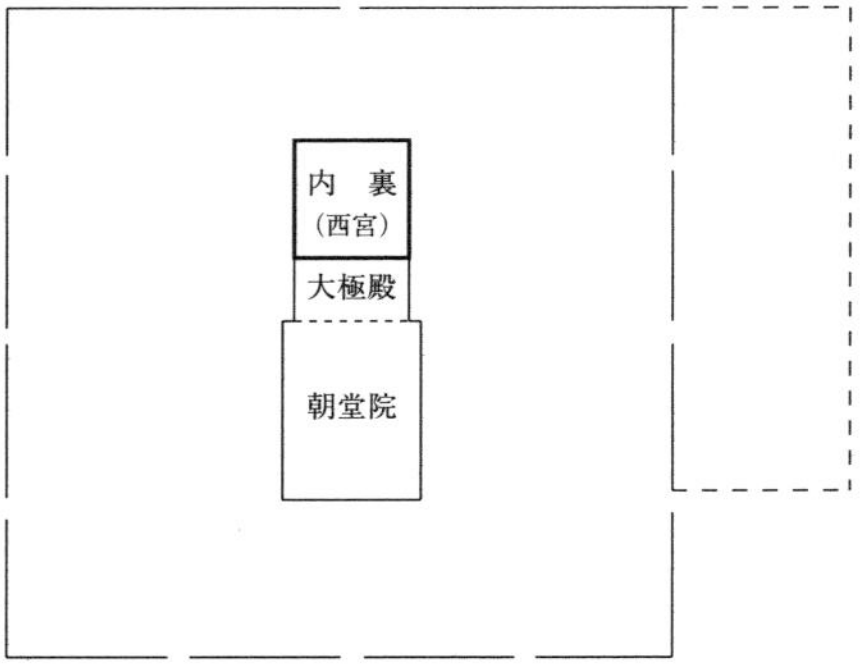

3　大同４年〜天長１年（809〜824）

図21　平城宮第一次大極殿地域の変遷
奈良国立文化財研究所
註（42）Fig.18による

ったが、それは東区に建設されて中央区の区画と併立したことになる。内裏が東区にあって固有名は中宮・中宮院、時には西宮とも呼ばれたとされ、内裏と中宮が別々に正史にみえる点が気になるが、西宮は一時東区、後に中央区の改造後の宮殿呼称に用いられたことになる。このようにして奈良時代後半に当初の内裏の南に難波宮の中枢部とよくにた宮殿区画が実現した。以上の平城宮の中枢部の変遷で、中央区のそれは他の宮の中枢部とは大きく異なるもので、奈良時代に存在した他の宮の中枢部とも異なる特色あるものであったことになるのである。

一九八二年、今泉隆雄氏は「八世紀造宮官司考」で宮変遷の背景となる造営官司について点検し考察している。[11] 造宮省の存在はほぼ平城宮時代と重なり、1和銅・霊亀、2養老〜天平前半、3天平後半、4天平宝字、5天平神護〜宝亀の官司構成、造営状況を記し、また特別おかれた官司・例えば催造司や同時代の諸宮造営を点検した。そこでは天平末年の還都後の段階での造営官司の大きな動きが指摘されていない点に注目しておきたい。

二　平城宮中枢部変遷の視点

『平城宮発掘調査報告』Ⅶで東区の内裏の変遷についての大体の年代づけが提示され、また今泉氏により二つの朝堂の併存について論拠が提示された。また私案で中央区北半を中宮、東区北部を西宮という宮殿名称の提案をし、平城宮の中枢部変遷についてのある方向がみえてきたかに思われた。しかし『平城宮発掘調査報告』Ⅺの考察はこれと異なるものとなったことはみてきたとおりである。そこで両者の相異を生ぜしめる若干の問題点をとり上げ、主に『正報告』Ⅺでの論点を再点検することとしたい。

第一点は「高殿」の問題がある。中央区と東区の間の基幹排水路SD三七一五の途中の堰（SX八四一一）からは、神亀～天平初年の造営関係の木簡が出土し、なかに「西高殿」「東高殿」「高殿料」などと高殿という建物名称を記す(12)。『正報告』Ⅺでは、天平八年の正史の「南殿」が異本では「南楼」と記され、天平二十年の「南殿」が「南高殿」ともみえる異称の建物は中央区の南面築地回廊に加えられた重層総柱の建物SB七八〇二に当たると考え、この時期に東区の大極殿以下はまだ完成していないであろうから、同一建物が南楼と南高殿の二名称で通じていたものと考える。しかしこの高殿の木簡については今泉氏もふれているとおり、該当しうる遺構は東区にもあり、出土地も両区の中間を流れる溝の途中に人工的に設けられた堰状の所からの出土であり、しかもこの遺構は東からの別の溝の合流地点にある。『正報告』Ⅺで記述に用いたように中央区の総柱建物（SB七八〇二）は楼であり、これが高殿と同じかどうかは問題が残る。高殿は楼構造だけでなく、高床建物も含むもので、異伝例は別として、正史にも両者が別々に登場するのであるから、両者を正史が混同していたとはみがたい。東区の大極殿院東西の楼と並んで総柱で高床の大面積の建物があり、これが高殿であった可能性が強いものと考えられる。造営関係の木簡はまとまって東区内裏北外郭でほぼ同年代のものが出土した例があり、関連して東区全体やその周辺の大規模な造営を示している可能性がある。

第二点は、初期の中枢部を考える上の定点であるが、正史の霊亀元年（七一五）元旦に朱雀門の左右に鼓吹・騎兵が陣列し、天皇が大極殿に御して受朝している。十六日には中門で諸方楽を奏し新羅使等を接待している。十七日に南闈（大極殿南門）で大射したとされ、霊亀二年元旦には五位以上を朝堂に宴している。これらを一連のものと考えると大極殿と朝堂は南北に連なる別区画に納められ、朱雀門後方の中央区に比定されることとなり、この点は異論のない所であろう。

第三点は、恭仁宮に移された大極殿であるが、これが中央区北方のＳＢ七二〇〇に当たることは恭仁宮の発掘、東区大極殿の発掘で確定したのである。今泉氏は東区の朝堂が聖武朝初期に整備されるまでは中央区の大極殿と朝堂が用いられ、その後は大極殿院が中宮とよばれて、中央区の中宮—朝堂と東区の大極殿—朝堂が両立しているとした。この場合、中宮の正殿は「大極」等と呼称されたとも推定されたが、勝宝年間の大極殿は段上の後殿に当たるらしいことも『正報告』XIで言うように確定的とみとめられる。では恭仁宮に移された大極殿について全く問題はないだろうか。まず平城宮から恭仁宮への遷宮は長岡宮への遷宮と異なり、平城宮や宮の廃絶を意味していないとみられる。急な移動にも関わらず、他の殿舎の移築はほとんど知りえないし、留守がおかれるだけでなく鈴契などもあったりした。市を移し五位以上の居住を禁止しているが、一夜にして帰れる宮と京があったのである。難波宮の造宮にもみられるように奈良時代は古くから複都制の下にあった。その上、恭仁宮の中枢部の配置計画は一部しか判明していないとはいえ、大極殿は平城宮中央区のように宮の四分の三以上も北方に位置してはおらず、藤原宮や東区の大極殿のように宮中央点に近い位置を考えていたとみられる。とすると、恭仁宮では平城宮中央区の殿舎は継受してもその配置プランは受けつがず、別の配置を考えた可能性が強い(13)。今泉氏が論じたように、中央区の大極殿が比較的早くその役目を減じながら建物を存続させていたら、まさに移築するのは中央区のそれしかなく、かつ編纂した正史への記述上も内裏の例と同様にその建物も大極殿として記されることは十分考えられることである。恭仁宮での中央区の建物の移築後のプランは、難波宮型に近い配置であったと考えておこう。さて、平城宮への遷都に際して、朝堂や回廊の一部を残した中央区でなく、なぜ東区に新築して、朝堂院を並立させるのであろうか。またそれ以前に瓦も用いて整備された東区の内裏がちょうど都合よく朝堂院区画と合致したのであろうか。『続日本紀』が正史として編纂を重ねたものでもあり、かつて大極殿であった建物が恭仁宮に大極殿として移された場合もこれを大極殿と記述する可能性があると考えるので、ここで大極殿あるいは相当建物が各時期に単一しかありえなかったかどうかは、他の立証点が求められるべきだと考えられる。考えてみると難波宮でも配置から朝堂院と大極殿が判定され、文献上の朝堂の用例もある。そうすると、複都の数に応じて大極殿があるわけである。更にいえば、この平城宮中央区は単なる藤原宮中枢部のひきつぎではなかった。また『正報告』XIでは平城宮中央区大極殿院には居住性なしとするが、確認できるだけで大極殿級の建物二棟が南北に並び、創建期の建物配置上で圧倒的な比重があり、またその左右に建物の存在も推定されている。この点は、唐長安太極宮での太極殿と両儀殿、大明宮の場合の三殿の殿舎の連なりと対比できるのであり、段上の建物群は単なる大極殿一棟ではないのである。更にそのI期を通じて築地回廊外に接して大きな掘立柱の殿舎も付設され、その配置の復元によってはここに有機的な居住空間を復元可能なのである。恭仁宮へは中央区の二つの大極殿級の面積の建物の内の一つが移築されただけであることは一応異論のない所であり、この地区の配置の特異性からみて、中央区の大極殿相当建物が中国的な殿舎名称をもっていた可能性すら必ずしも否定できないように思われ、藤原宮のような明確で単純な大極殿のあり方でないことだけは確かである。

第四点は難波宮との関係である。難波宮の造営は、その開始と完成がほぼ聖武朝初期（七二六～七三四）でおさえられる。そこでの所用瓦も配置の基本的なところも判明している。配置上では平城宮東区の内裏と大極殿と朝堂の配置に極めて類似し、若干の相異点の内には、全体をやや縮少し、配置等を簡約化した点もあるとみられる。またその所用瓦は朝堂院には重圏文の文様をもつ組合せが多用され、内裏地区では複弁蓮華文と均整唐草文の軒瓦の組合せが多いと報ぜられている。朝堂院地区の六〇一五―六五七二型式の組合せは、朝堂院のために創出された軒瓦とみられる特異なもので、軒平瓦は直線顎であり、平城宮の朝堂院所用の軒瓦の組合せと比較できるものである(14)。難波宮の造営は配置と瓦からみて、平城宮東区より著しく先行するなどとは考えがたい。配置の点では平城宮で内裏と大極殿院が外郭築地で囲い込まれる点は藤原宮的であり、難波宮のそれは一応分離して、後代の宮に連なる点も、難波宮を東区より先行させがたい所となる。即ち中央区も東区も含めた平城宮中枢部の造営がまだ続行していたその聖武朝に計画された難波宮中枢部が、平城の中枢部と全く異なることになるとすると、その場合は難波宮のそれは一種の復古様式となることになるのであろうか。

第五に正報告で考察の論証点として上げた点を若干上げておくと、まず中宮が起居の便をもつはずで、これは中央区北部にはそぐわないとした点である。これは後に外郭についても考えてみたいが、先述したようにこの中央区の殿舎は単なる大極殿、あるいは大極殿院とは評価できない配置で、居住的空間も十分もっており、院もありえたと考えられ、少なくともこの点を中央区の区画が中宮でありえないとする立証には使えないであろう。次に天平宝字八年の中宮院の出てくる記事からの想定であるが、藤原仲麻呂（恵美押勝）の乱後、高野天皇が淳仁天皇を廃し、淡路国に配流する時、中宮院から歩いて図書寮西北の地に至り、小子門を通ったことが分かる。この小子門は東張り出し部西より南に開く宮城門（SB五〇〇〇）にほぼ確定できる。この門に至る道すじの想定から中宮院を東区の内裏に比定できるという。中宮院—図書寮西北地—小子門の点を短く結んで、図書寮を中宮院の東南のあたりに接するかというが、これだけで中宮院の位置が確定できるだろうか。中宮院の候補地は、中央区と東区の各々北寄りの築地回廊で囲まれた内郭で、各々周辺に付属官衙を伴い、そこから出るには内郭の門だけでなく、外郭とその内外の通路を考える必要がある。この両地区の北辺には幅一八〇尺に及ぶ空間地が東西に連続しており、基本的に東西道路として設定されていたことが考えられており、(15) 両者いずれでも北方に出るとこの道を東進できることになる。内裏が中宮院だとしても大極殿や楼のある南方へ出ることを考えがたく、恐らく内裏北辺から東辺と連なる道路に出るのであり、小子門へ最直路をとりうるわけではない。この記事からは、東区にしろ中央区にしろ中宮院から一度北辺か北辺から連なる東辺の通路に出るので、内裏東方に位置する官衙のいずれもが図書寮である可能性をもつ。但し南方の小子門に通ずる点からは、小子門の北延長より西にある可能性が少し高いことは言えるかもしれない。いずれにせよこの点は中宮院を内裏の位置に特定できる根拠とはなりがたい。もう一点は、平城上皇の宮殿が「平城西宮」と呼ばれた点である。『正報告』XIではこの小宮内に親王らの居住地も比定し、つまりここ以外に東宮等の別宮が考えがたいのにここを西宮と呼ぶのは、ここが奈良時代以来の西宮であったからと考えている。平城上皇や親王らがここ以外に小宮をもたなかったか否かはまだ最終的に確定しがたい点であるが、これまでの発掘成果では小宮区画が中央区だけであった可能性もある。しかし西宮という宮名称は、東と西という相対的位置からの命名だけでなく、古くから皇太子の宮が東宮というのに対する天皇の正規の宮が西宮とされたことは、以前の私案でも中宮の名称の特殊性とともに考えた所であり、平城上皇が本格的構想をもって着手したであろう平城宮の中心の上皇の小宮名として、伝統的な西宮という固有名が付されたことも考えられよう。奈良時代の西宮をそのままひいたとするには、かつて西宮が中央区にあったとしても、二六年間もの空白期があり、奈良時代後半はそこが必ずしも宮の中心でなかった所の旧地区宮名をとったものとは必ずしも言いがたく、その内部配置も全体計画も奈良時代と平安時代で連続せず、その造営もあわただしく行われて中断された感を遺構にも残している。

他に東区の下層遺構の存在がある。東区の大極殿や回廊や築地の下から掘立柱の建物群や区画の塀を検出しており、(16)その計画性や年代が注目されているが、基壇や礎石や瓦を伴って整備されるのが下層遺構の廃絶後であることは確実である。下層の配置は後にものべるように朝堂院としての配置をやはりとるもののようであり、この地区北方の内裏と関連して、一体とみられる配置である。内裏地区での下層遺構は六〇〇尺四方の塀で囲まれていて、大極殿院に当たる区画の南辺は内裏前身区画南辺の四〇〇尺南にある。その大極殿院相当区画の南辺は南面宮城門から北一八〇〇尺におかれたとみられ、朝堂部分にも上層と同様に計画的区画があることは確実とみられる。これらの配置は内裏や朝堂院の前身に当たり、その計画性からみて、古く遡るものと考えられるが、細部では上層遺構配置と異なる点も多く、またその上層遺構はほぼ全体として三〇尺以上～二〇尺も南進して造営されている。加えて内裏の築地回廊直下には、同規模でそれに先行する時期の塀も認められている。これらの内、少なくとも内裏地区の最初の造営は奈良時代初期に遡るものとされている。また朝堂地区の造成の整地層においても、東区の方が工程上先行したとの発掘知見も報ぜられていて、(17)東区が大幅に遅れて建設されているとはみがたい視点となるといえよう。更に両区の間の基幹水路の調査でも特に東区からの水路が遅れて設定されたという知見は知られていない。

最大の問題点となるのは瓦の編年観である。先にのべた編年のⅠからⅤ期の体系の内、特に東区朝堂院所用瓦を含む六二二五—六六六三のグループを1期下降させた。その最大の根拠は東区の大極殿が天平十七年以降と考えざるをえないという遺構及び文献の考察との整合性にあるように思われる。この軒瓦が出土するのは東区朝堂院地区に集中しており、内裏と中央区との間の基幹水路付近からも相当な比率で出土するが[18]、他には特に集中する地区がなく、朝堂院での使用を主体としてパレススタイルの瓦といえる。その年代が木簡等で判定できる例もほとんどなかった[19]。そのため瓦の様式上からⅡ期に入れうることについては基準資料Ⅱ等で説明されている所である。しかしⅡ期の瓦の代表ともいえる六六六四―D・F型式と比較すると、顎の作りや瓦当文様の細部（中心飾り、支葉の細部や彫り誤り等）で違いがあった。また六六六三型式の内にも段顎のものもあり、恭仁宮に運ばれたとみられるもの等細部の型の違いがあり、全体として六六六三は大きな一グループをなしているのである。その内には刻印により他のⅡ期の瓦の製作年代と同じころとみられるものもある。諸国国分寺でこの型式の流れがみられる点が上げられるが、国分寺では平城宮のⅢ期だけでなくⅡ期の瓦の流れをひくものもあり、また国分寺の軒瓦には宮の軒瓦との間に型式差を認めてよいものが多いので、必ずしもパレススタイルの流れが国分寺にみえることを、同年代とする限定には使えないものと考えられる[20]。では瓦の年代を考える手段はないのだろうか。Ⅰ～Ⅴ期は一面では瓦当文様の様式変遷を内容とする。まず内裏所用で神亀年間から天平初年の年代が与えられた六三一一A・B―六六六四D・F等と問題の軒瓦を比較してみると、軒丸瓦は独自性が強いが、軒平瓦で六六六三型式は内区は近似しながらも若干原則を崩している例があることは先に記した。ではⅢ期にまで降るのであろうか。六二二五型式はやや大きな中房や蓮子、外縁の凸鋸歯文等の古い要素をもつが、直接の祖型が指摘しにくいパレススタイルとして創出されたとみられる[21]。しかし『正報告』ⅪでいうようにⅢ期まで降るとすると、天平十年代前半の主要瓦という六二八五A・B、六三二〇Aに後続することとなる。特に恭仁宮で多く用いられ、笵が平城宮まで移動されて凸鋸歯文に彫り直された六三二〇Abは、その外縁が六二二五と同じ凸鋸歯文に直される点からみて六二二五のパレススタイル創出の参考にさせたとせねばならないであろう。しかし六三二〇は複弁と間弁から変化したとみられる内区に二四弁の細弁化した文様を有しており、必ずしも同系統の文様でないにしても文様の展開上では実は六二二五に先行するとは定めがたい型式ではなかろうか。六六六三の軒平瓦の内でも、Cは必ずしもABより下降するともいいがたい点があり、大官大寺式の三回反転の均整唐草文の軒平瓦から展開する正統的な均整唐草文の系統として、六七二一型式や六六九一型式の展開まで降るとはみなしがたい。曲線顎である点は、Ⅱ期の内で初期のものでないグループを設定する要素になりうる点であろうが、Ⅱ期に指定された軒平瓦には他にも複数型式の曲線・直線顎のものが含まれ、この内には難波宮の瓦も含まれる（図22）。客観的に六二二五・六六六三型式の年代を考える参考として、宮内での集中地点を除くと京内ではあまりみかけないが、平城宮の北には近年松林苑が存在したことが判明してきていて、その外郭線の調査が続けられている[22]。その南辺及び西辺でのⅡ期を主体とした瓦の内に六二二五—六六六三の使用がみられる。この瓦の存在からあるいはⅢ期の大改修を推定することもできようが、この地区の松林苑等の文献上の使用年代が天平元～十七年に限られることを参考に、聖武朝に整備された松林苑も、東区の内裏や朝堂院所用の瓦を用いていたものと考えておきたい。平城宮所用瓦の前半期の瓦窯群が設けられたとされる中山瓦窯跡から、他のⅠ～Ⅱ期の瓦に混ってこの型式が出土していることも注目しておきたい[23]。以上により六二二五—六六六三型式群を恭仁宮以後とするのは、瓦の点では適切とは思われず、Ⅱ期の内では比較的遅れる年代、難波宮所用瓦とあまり変らない天平初期の年代を与えておくべきものと考える。

最後に今泉氏が整理した造営官庁や造営期の視点からみると、体制を整えた大造営は聖武朝初期などにみられるが、画期的であるはずの天平末年の造営が表れない点も参考とすべきであろう。また氏が論じた大極殿と朝堂については基本的に継受すべき点があるが、問題点もあると考える。中央区大極殿院はその後東区の完成に伴い中宮と呼ばれるとするが、養老七年よりみえる中宮の出現が即東区の大極殿等の完成を示すとみるのは遺構の年代からみてやや難点がある。また一度大極殿院だったものが、そのままの配置で中宮と呼ばれる理由は何であろうか。あるいは当初から

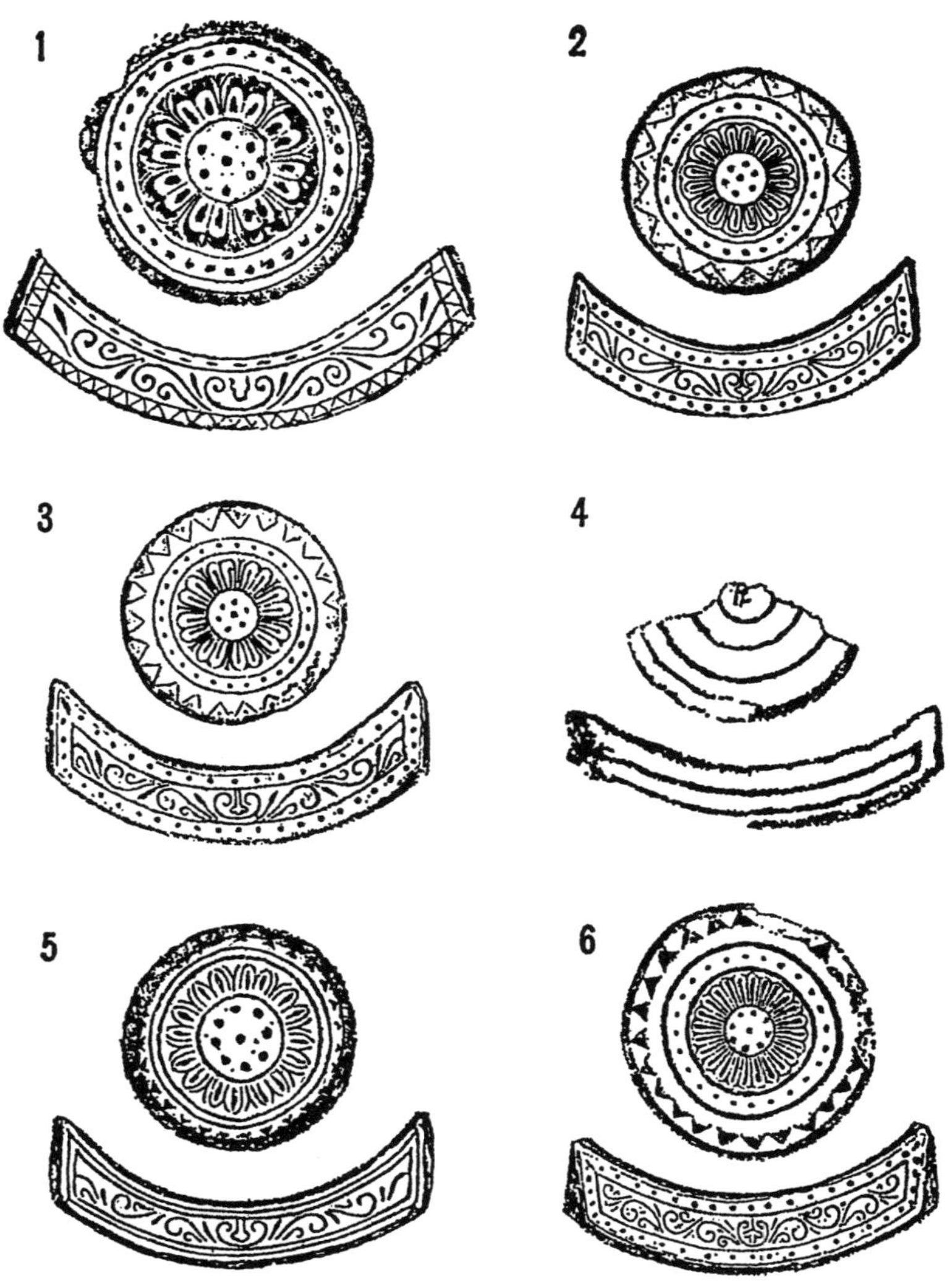

図22　軒瓦文様の比較

1　Ⅰ期以前　6231—6661　　2　Ⅰ期　6284Ｃ—6664Ｃ
3　Ⅱ期　6311Ａ—6664Ｄ　　4　Ⅱ期　6615Ａ—6572Ｂ
5　Ⅱ期　6225Ａ—6663Ｃ　　6　Ⅱ期末～Ⅲ期初　6320Ａｂ—6691Ｂ

1～6は時期比較のために註（10）より抽出したもので，宮での組合せにならないものもある．

予定していた内裏即ち西宮の完備により、もう一つの宮を中宮とよんだとしても、その場合の命名は位置上の命名ではないことになる。以上の説明には本来ここが、大極殿を備えながらも中宮と呼ばれていたと考えるべきでなかろうか。また朝堂がある時期以降二地区に並存し、正史では区別していないという点も問題が残る。現実には両者は当時呼び分けられていたと考えるべきであり、その徴証は果してないのだろうか。

『正報告』XIでいうように当初の朝堂が大極殿と並んで壇上にあったとすることは、大極殿と中庭と朝堂の機能と位置関係から、日本では考えがたいように思われる。この地区の全体復元によりまず居住性を点検し、内裏の変遷と対比する必要がある。以上細部にわたってみてきた問題点を含めて、報告された遺構をもう一度再点検し、どのような可能性がみえてくるかをのべてみたい。

三　平城宮中枢部変遷の復元の試み

これまでの論点をふまえ、平城宮の中枢部の復元を試みてみよう。まず中央区の北方地区は、これまでに『正報告』Ⅱ・Ⅳ・XIがあり、その全体は『正報告』XIで検討しうる。XIで簡潔に報ぜられた『正報告』Ⅱ・Ⅳでの整地層や遺構配置の訂正はほぼ妥当なものであろう。また築地回廊で囲まれた地域の遺構変遷も基本的に妥当のものと考える。中枢部の問題としては、築地回廊の内も外も相関してみる点に若干の余地があると考える。大極殿をいれた築地回廊の区画が存続する間、その北方には二小期にわたる建物群の変遷があった。1小期には廂付建物二棟、2小期にも建て替えられた廂付建物二棟を中心とした付属建物を伴う建物配置が知られる。この部分には自立した官衙機能を考えさす小区画や井戸がなかったし、築地回廊との間に区画施設はなく、この点は単なる付属官衙でないように思われる。規模の大きな両面・四面廂付の建物は内裏でも他の官衙でも主要建物にみられるので、これらは回廊内と関連する重要な殿舎となろう。この殿舎は北面築地回廊に想定される北門、及びその左右を二分する所に想定される北面の東と西の門の位置とも密接に関わる位置にあり、奈良時代初めから中頃までの時期を占める。建物群に北接して東西溝があるが、この建物群は北方のこの小溝以外には何ら区画されずに建っていたのであろうか。この地区の北辺では時期の確実でない、あるいは降る時期の溝や築地が、後の大膳職北辺に存在していて、[24] これらは奈良時代前半にもあった区画位置を踏襲するものがあると考えておきたい。この北辺外には、東方の内裏外郭北方と連なる幅一八〇尺の空間地が連続していたのであろう。築地回廊の東方の南北方向の基幹水路との間にもこの期の付属建物がある（図

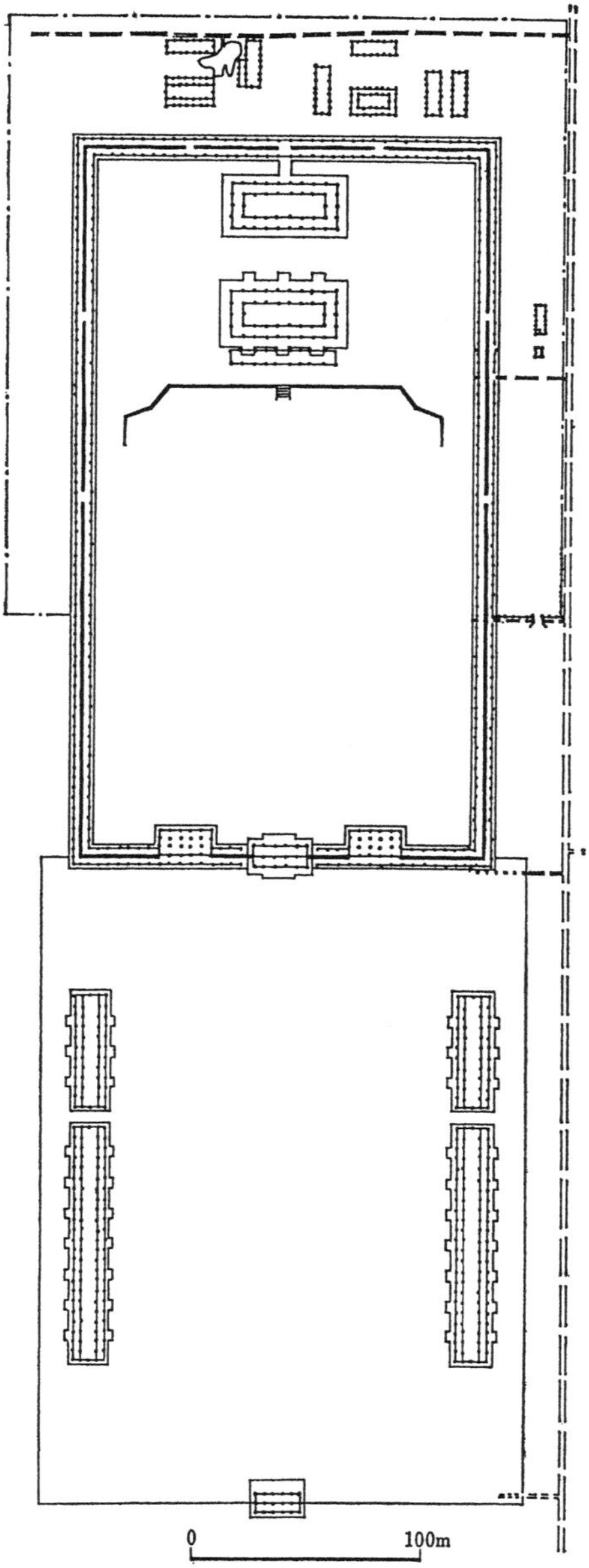

図23　Ⅰの２期前後の中央区の建物配置復元案

23)。この東方の築地回廊外を考える上で注目されるのが、創建期のもう一本の基幹南北水路ＳＤ三七六五と、東西にのびる塀ＳＡ三一八〇とそこに開く門ＳＢ三七四六及びそれに伴う溝ＳＤ三七七五である。ＳＤ三七六五は短期間機能して埋められるが、その北端はこの塀以南で止まる。塀ＳＡ三七八〇は、築地回廊を三等分した南よりの一点から東へ、門を含めて二七メートルほどのびる。溝は塀の南一・八メートルにあり、門の前だけは石組溝となる。西端で築地回廊下を横断する所は木樋の暗渠であろう。これらの塀・門・溝はⅠ期に属することは確実で、『正報告』でⅠの4期の遺構としてまとめられている。この暗渠の上部付近はⅡ期の暗渠も近接していて複雑であるが、発掘時点の概報によれば掘立柱の南北塀ＳＡ三七七七より先行する時期におかれており、Ⅰの2期以前に遡る可能性があった(25)。この東西塀と溝はⅠの4期まで存続するであろうが、Ⅰ期の古い時期に遡ることも考えられる遺構であり、その東端近くから北に向っては、柱間寸法の異なる南北塀ＳＡ三七五〇が約三〇メートルほど確認されているが、その北端は分かっていない。これは『正報告』の考察でのⅠの1期におかれる。これら問題の区画施設にはⅠの4期まで存続するものもあろうが、全体の大宝大尺によるラウンドな割りにのることや、和銅の溝がここから北にのびないことを考えると、Ⅰ期に設定されて北を囲む区画施設の一部であり、そこから北へ入るための門を伴うものであったことになろう。この三等点の内の北のもう一点にもやはり暗渠及び開渠（ＳＤ八三一一・八三三七）があり、この延長は塼積の段上わずかに北方に当たり、恐らく段上の排水と関連した溝であろう。更にその北一三・五メートルには暗渠ＳＤ八三〇七が築地回廊下を走る。これらはⅠ期の内で遡る時期が考えられ、段上の建物配置やその排水との関連を考えさせるところである。先にのべた東外郭の南三分の一で北を区切る塀三七八〇に対応して、西面築地回廊の西にも地形上の高まりの段がみられ、幅約三〇メートルを有して北に続く。これは人工的盛土造成とみられる(26)。以上のことから断片的な材料ではあるが、築地回廊で囲まれた長方形の区画の北分三分の二を内包して東西八四〇尺内外、南北九〇

○尺位の外郭区画が設定され、あるいは少なくとも予定されたことが考えられる。この区画の東辺の大半は不明であるが、その南端の状況、及び北辺の廂付の重要な殿舎群が全くの開放地にあるのでないと考えると、これらの区画を想定せざるをえない。

Ⅰ期の築地回廊内をみると、後殿は東西五〇×南北二五メートル位の規模の基壇上に、大極殿に匹敵する建物の大きさをもっており、例えば東区内裏の廂付の主要殿舎の三〜四棟分に相当する面積をもつ。大極殿の前方段上には三回にわたる仮設又は舞台状の掘立柱の建物が認められる。大極殿の東と西には、先にのべた暗渠とも何らかの位置関係をもって、『正報告』Ⅺで推定したような「朝堂」であるかは別として、段下からみた配置のバランス上も左右に殿舎があった可能性が高い。北面築地回廊に想定される門の内、中央門は後殿から北方への連絡をなし、他の二門は廊外の廂付建物と直接的に連絡する。このように北辺築地回廊内外に建物が林立し、内外が密接不可分の配置の状況は、外郭が別区の付属官衙でなく、一連の中心区画としての機能を担ったとみる可能性を示すように思われる。

次に築地回廊全体をみていくと、南面では大規模な五間×二間の中央門、他に楼の中央が開かれて門となることも認めてよいであろう。東面では築地回廊を一時撤去した後、塀SA三七七七が、門位置だけをあけて他は全面的に閉塞しているとみられる点から、東面の四等分点三ヶ所の内の北二ヶ所に回廊幅に納まった門の存在が暗示されている。この地区の門の内、南門は朱雀門に匹敵する位に格別に大きく、北門は柱間寸法が回廊より若干広いだけであり、他の門も回廊内に納まるもので、その数もあり方も東区の内裏とは異なる。

第Ⅱ期の遺構ではⅡ期かⅢ期か不明とした広場地区の特殊な七間×一間の掘立柱建物状の遺構（SB七一四一）はⅡ期に属せしめて考えた方がよいであろう。築地回廊の移動で広くなった北外郭は元の北辺も踏襲して築地で囲まれた二ブロックからなる大膳職が形成され、廂付建物を中心に井戸や多くの建物が官衙の機能を示している。中心の築地回廊の区画には各面三門が一応想定されるが、南門が三間×二間でやや大きい点は東区と異なる中央区のⅠ期の伝統として注目したい。

第Ⅲ期の前半は平城上皇期とされるが、内郭は築地に変り、外郭は北辺を除いて塀で囲まれ雨落溝を伴っている。この塀は南方との接続を断つように北へ完結してめぐらされ、棟門もその一部にみられている。このため、南外方に独立した大極殿位置建物ＳＢ七八〇三があるにも関わらず、大極殿とはみがたい前方の建物でしかなく、朝堂院は造営に至らなかったとみるべきであろう。北外郭は大膳職の区画をほぼ踏襲する。内郭では五間×二間の南門と三間×二間の東門が確認されている。以上で中央区の北半を終る。

次に中央区の南半ではその東半分の全面的な調査が終り、まとめも報ぜられている。[27] それによると、この地区も興味深い変遷を重ねている（図24）。最初は、北方の築地回廊区画の南面を北辺とする形で、東西約八一六尺、南北九六〇尺（二四〇×二八四メートル）の範囲を塀で囲むことを予定し、柱のすえつけ掘方までほったが柱をたてるに至らず中止された。この囲いの北端は未調査の所があるが、南端のあり方からみて北方築地回廊東南隅にとりつく予定のものであろう。この中止後、予定区画内東方に、区画内を貫通し、北方で止まる排水路ＳＤ三七六五が掘られ、北方区画内外及び南方予定地の排水に用いられた。[28] この溝は和銅から霊亀年間までに埋土整地されてしまう。その後によようやく掘立柱を心とする塀の区画が造られるが、この時にはその東西幅は七二〇尺とされて一〇〇尺近くも縮少させられる。本来の東西幅は藤原宮の十二堂院の幅を若干こえて予定していたのを縮少したわけである。区画の南辺中央は当初十五メートルほど空いており、続いて五間×二間の門が建てられる。区画内東方には長大な建物二棟が南北に連なり、中庭をへだてて東西に計四棟建設されている。北から第一堂は一〇間×四間、一五〇尺×四四尺の建物、第二堂は二一間×四間、三一五尺×四四尺の規模をもつ全く長大な基壇建物であるが、この基礎地業は布掘り後に壺掘りする等の複雑な手順を重ね、当初は桁行十六尺の建物を配する予定でもあったらしい。このような特殊な地業の例は北の築地回廊下でもみられ、南の長大な建物が遅れて建設されたのは事実としても、北方と一連の計画としてあったものであることを考えさせる。長大な四殿に囲まれる中庭は藤原宮の朝堂院の庭にも比較される大きさがある。この区画は大体霊亀から営まれ、建物は神亀ころの造営とみられているが、建物が区画の建設に引続いて建設されたことも考えられるという。奈良時代中頃、東・南面の掘立柱がやや小さな柱に建て替えられる。南門は建物や塀で閉塞される。後に南門はやや縮少して建て替えられ、東・南面の区画が築地となる。またこのころ第二堂の南に大きく掘

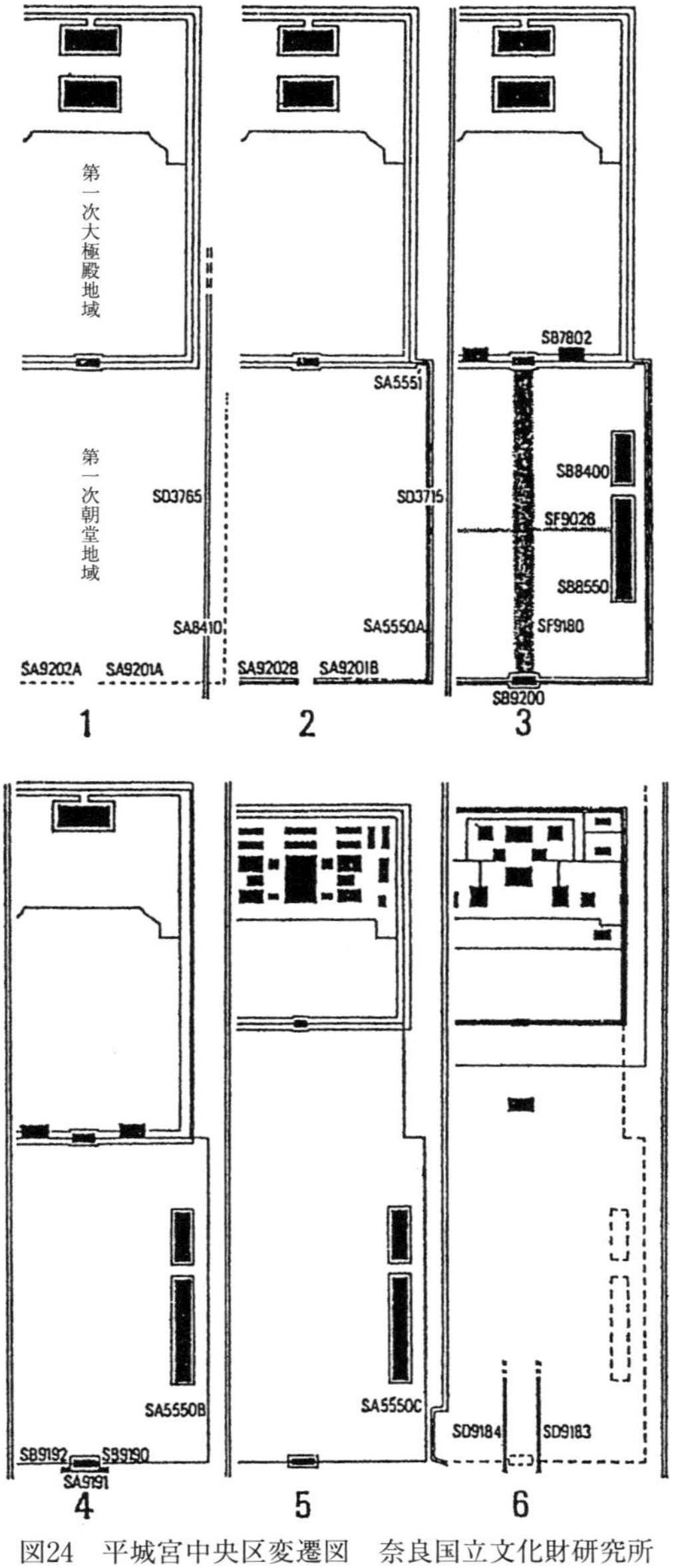

図24　平城宮中央区変遷図　奈良国立文化財研究所
註（27）による

立柱建物が延長される。区画外の南よりに奈良時代中頃以降、官衙として用いる部分ができる。なお以上の大区画の南方には朝集殿相当建物はないもようであるが、これは今後とも検証されるであろう。平安時代には区画の再建はみられない。

以上の中央区南方の区画のあり方をみると、藤原宮の十二堂院に比べられる大きな計画があり、その予定の外囲いは塀施設に止まるものであったこと、縮少して実現された塀による区画内の配置は、東側に二堂、全部で四堂の長大な建物とそれに囲まれる中庭からなることが判明した。この塀は南方に延長せず、藤原宮と同様に南方には開放地の中に朝集殿があるか、あるいは区画内の四堂が朝集殿的な役割も兼ね、南方が広場となるのか、調査成果にまちたい。そしてここが全体の配置上では平安宮豊楽院の先駆形態をとっているとみられることも指摘されてきた。

次に東区に移ろう。北方（内裏）地区については『正報告』Ⅲ・Ⅶがあり、また調査が内裏地区の全体を把握するに至っていることは概報等で伺われる所である（図25）。『正報告』Ⅶでは北外郭の報告がなされ、最近のその北部調査成果を加えると、[29]ここに内裏外郭全体としては東西九四〇尺、南北一二六〇尺に及ぶ範囲が設定されているという。その南端は南の宮城門から北方約一八〇〇尺を基準点とするとみられるが、当初の宮区画はその北方四〇〇～一〇〇〇尺までの間を占めて方六〇〇尺の塀で区画されていた。その内部には東西一二二尺、南北五四尺、一一間×五間という実に大規模な廂付建物があり、更に同じ桁行で梁行二間の細殿が付いている。この建物は方形区画の中央にあり、[30]それより南方には建物配置を欠き、北方に東西棟で並列する六棟ほどの細長い建物が付属している。この中心建物の位置は後の内裏後方の中心建物位置に踏襲されていくもので、この地区の変遷を考える上で重要な位置を占める。初期のこの配置は脇殿も内部区画もなく、建物の前と両側方を空間地とした中心建物とその補助的建物群が北にあるだけである。門の構造もはっきりせず、中心建物だけがめだっていて儀式的な機能を常時果たすようなものとはみがた

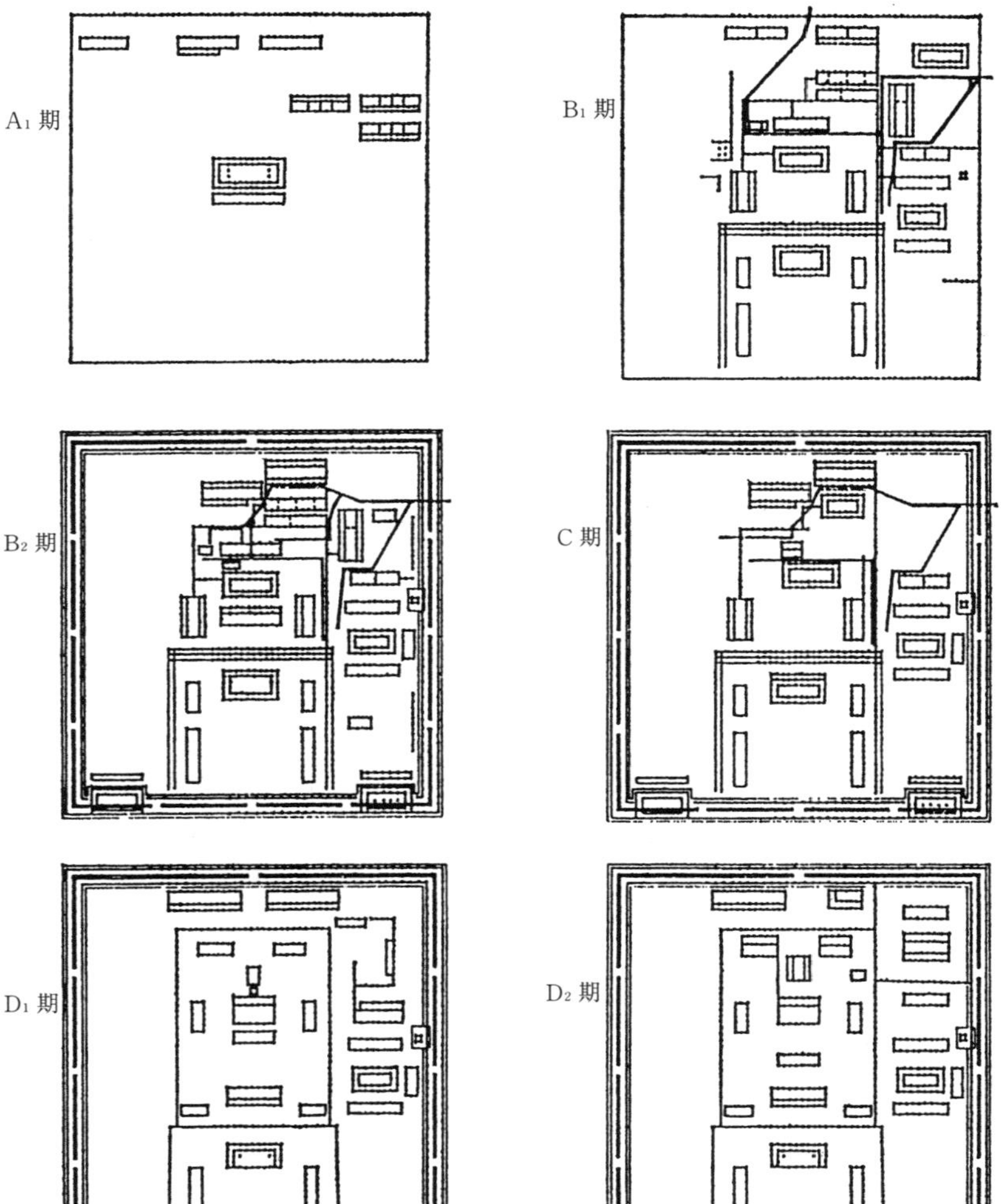

図25　平城宮内裏変遷図　奈良国立文化財研究所年報1975

いと考える。しかしこの中心建物は細殿を合せて八〇〇平方メートルをこす規模であり、この時期の重要建物であることに注目したい。

次の時期、この区画は北方で三〇尺弱、南方で六〇尺南にずれた約六三〇尺×六〇〇尺の塀による区画となる。(31)この内部は既に紹介されているような内裏的な配置、即ち正殿と脇殿を囲む掘立柱の回廊やその後の重積した配置の建物群がみられる。この塀の区画はやがて築地回廊に替えられる。内部配置には多くの造り替えがみられるが、南半の区画された正殿の一郭と後方の建物群やブロック化された付属殿舎といった配置は奈良時代終末まで存続する。築地回廊あるいはその前身の塀と関連するのがⅡ期の瓦である。

東区の大極殿院地区では、大極殿、大極殿南門、後殿や回廊の基壇の下から、掘立柱の建物や塀の配置が掘り出された。(32)この下層の配置は塀によるほぼ東西二四〇尺、南北二七〇尺位の区画の南辺中央に門、北辺中央に一〇間×二間の後殿を接せしめ、中央北よりに七間×四間の大規模な中心建物を有する。南辺位置は先述の基準点に当たるとみられるが、上層の瓦葺建物群と下層の掘立柱建物群の間では、二〇尺から三〇尺のずれがあり、上層遺構が南進している。両者には区画の南北の長さや中心建物の身舎の規模等で関連するところもありそうであるが、下層の区画はわずかに縦長、上層の複廊は横長となり異なる点ももちろん多い。そしてこの南進した複廊南面の心通りは内裏南面築地回廊から南三六〇尺におかれ、そのためこの大極殿回廊は二〇尺ほど十二堂院の内にくいこむ配置となっているのである。礎石建物群が造営された年代は、この地区所用の六二二五A―六六六三C型式の瓦の年代と重なるものとみられ、その年代は先にのべたように天平年間のごく初期と筆者は考えている。その下層区画は、東区大極殿院の前身の区画であり、関連する点もあり、北方の区画との間がまとまった数値の距離も示すのであるが、問題の一つは下層の配置が北方の内裏の塀による区画の二時期の内のいずれに対応するかである。上層遺構が南に移動する点は南も北も同じ様相であり、大きく一連のものではあろうが、内裏の遅れる塀の区画も掘立式である点や、内裏内の配置も南方での下層の殿舎との関連を有するとみうる点から、南方の施行がやや遅れたことも考えられてよいであろう。

更に大極殿院より南の地区では、ここに六〇〇尺×九六〇尺の十二堂院がおかれたが、その下層に掘立柱の十二堂の存在をやはり予想しておくべきであろう。その南の朝集殿院では、築地下層から柵列が検出されているが、殿舎の下層建物の痕跡はなかった。東朝集殿は唐招提寺講堂の当初規模と同じ基壇建物であり、その継受は明らかである。(33)しかしその施入年代については奈良時代以後とみる可能性も指摘されており、遺跡でも再建痕跡を指摘されていない。実際の講堂建物遺構からは、朝集殿になる前には更に大きな梁行の建物だったことも判明している。ここが中央区同様に相当期間広場だったのか、今後の問題でもあろう。総じて朝堂院地区には官衙等がおかれることは一度もなく、瓦葺きの整備された朝堂院とその前身区画の時期があることになる。大極殿下層の七間×四間の中心建物も、朝堂の正殿に当たり、朝堂とは別区画の院をなして南門等も伴っており、やはり大極殿の前身建物とみるべきである。

以上の変遷を重ね合せると図26となる。これらの固有名称についても簡単に再論し、また追加しておきたい。これらの宮殿区画で固有名が指摘できるのは、東区北方が西宮であることである。これは西宮木簡の出土だけでなく、遺構から復元された閤門数と木簡内容との対比から裏付けられる。塀による当初区画もその前身であり、同じ名称で呼ばれたと考えるべきである。ここを中宮→西宮→中宮院に名称が不規則に変ったとする見方は、遺構の連続性からみて成立が困難である。ここは予定された内裏としての西宮があり、内裏として実現された。当初の塀による区画の時期は、他の宮の内裏と比較して本格的でなく、建物配置も十分でなく、西宮という宮ではあっても内裏として機能していない時期であったものと考える。では一方の中央区の北方区画は何であったろうか。築地回廊で囲まれた壇上のこの地区は、外郭を伴うらしく、居住性もあると判断され、単なる大極殿院ではない。朝堂をこの下の広場そのもの

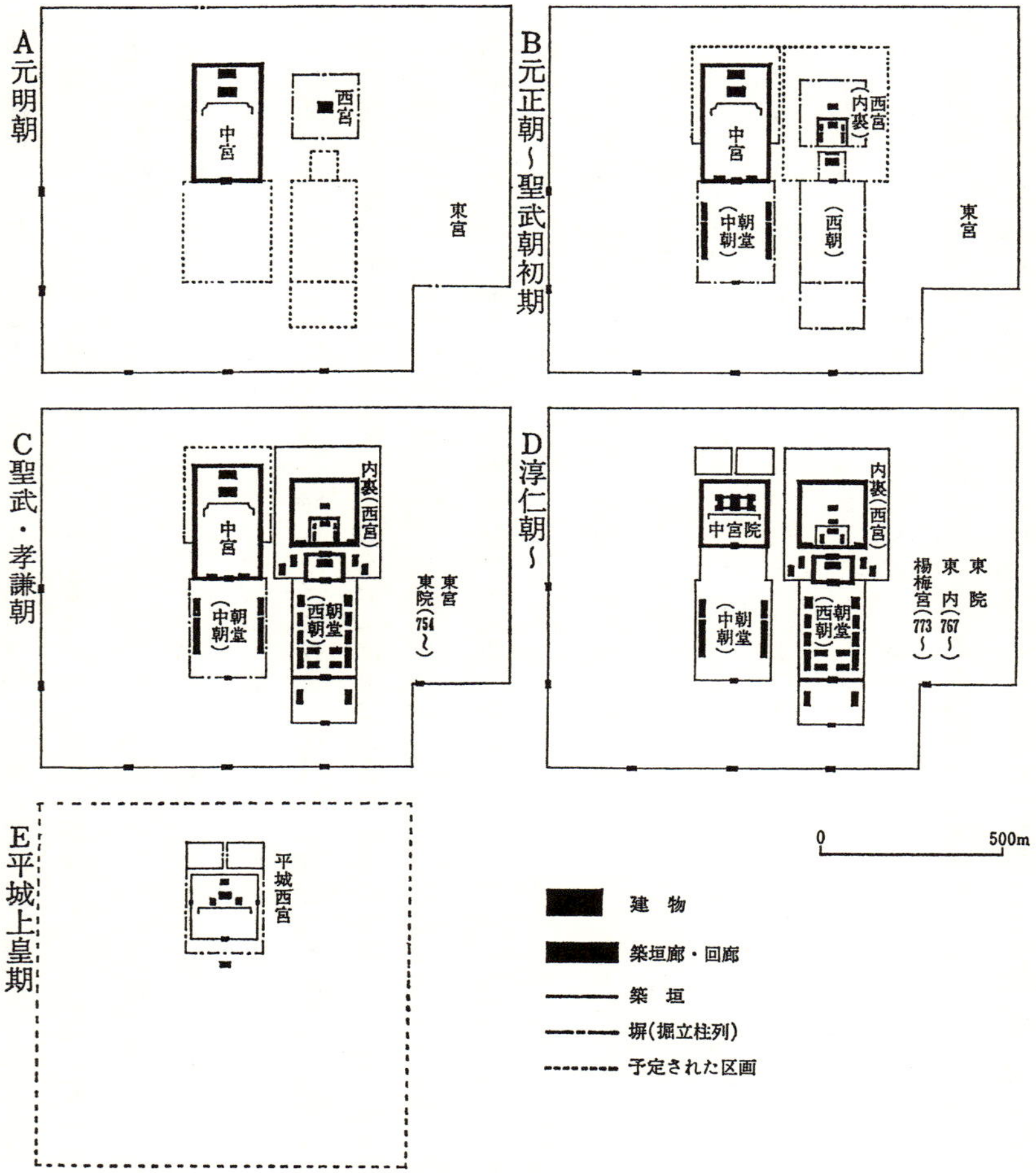

図26　平城宮中枢部変遷案

としたり大極殿と同じ壇上に考えるのは無理と思われるが、ここには広大な石敷広場をとりいれ、唐長安大明宮の含元殿等と対比される新しい宮殿要素がとりいれられ、面積だけでないが、内裏と大極殿院の機能をほぼかねた新しい空間建設の意図がみられる。この区画の大きさを藤原宮の大極殿院と比較すると、南北で二倍、東西で一・五倍に拡大したもののともみられ、大極殿が自立し、南に庭を広くもつ点、あるいは縦長区画である点が類似する。段やその上の建物配置をはじめ異なる点はもちろんあるが藤原宮からのつながりも若干あるものとみられよう。この区画は居住性ももち、南方の朝堂と関連して使われ、多人数の儀式に用いられ、内裏とは別の所としての出御が記され、またその正門を中宮閤門と呼ぶ点から時には内裏並みの扱いがされたとみられる中宮に比定すべきであろう。Ⅰ期の遺構は中宮使用をカバーする時期存続しており、しかも配置上の特色はその内に当初の大極殿もあり、東方の内裏予定地とは異なる画期的な宮として、元明・元正期の表舞台であり、中継ぎの女帝二人に関係深い中宮と呼ばれるにまことにふさわしい。大極殿が中宮にとりこまれている点は、東区の大極殿がやはり西宮の外郭内にとりこまれている点と対比される。中宮が養老七年より正史にみえるのは、このころから西宮が内裏として機能し始めることにより、それと別区画の中宮の用例を明示するものとみられる。大極殿はそれ以前から使用がみられるので、中宮がみえる時期の大極殿は全て東区にあったとは考えなくてもよい。

朝堂はどうであろうか。まず中央区の南方区画内が霊亀年間か遅れても神亀年間に礎石建物として配置される。霊亀元年の記事から、中軸上に大極殿、大極殿南門、朝堂の使用例を考えさせられるのであるが、この南方の区画内が左右二殿ずつしかないという特色を有するにもかかわらず、藤原宮の朝堂院の大きさを念頭にして設計され、北方の築地回廊と近い時期の設計施工とみるような工法もみられ、当初から朝堂として設計され、規模を変更されて完成したとみることが妥当であろう。藤原宮の朝堂と異る点は、大陸での宮殿のあり方をおりこんだものとみる他ない。東区の南方区画は、西宮と一連の計画ではあろうが、養老末年からとされる一連の大造営時までには確実に掘立柱による区画等が施工されていたとみられる。そしてそれらの全体が南にわずかに移されて整備されたのは、内裏地区は神亀年間から、朝堂院地区は天平初期に完成したとみられる。とすると、それ以降の大極殿は東区のそれをさすことになり、朝堂も中宮―朝堂と大極殿―朝堂という並立が考えられる点は、今泉氏が論じた所によりたい。

では養老七年から天平初年までの大極殿―朝堂はどちらをさすことになるのか。これは東区の掘立の区画も考えられるであろうが、これは中央区のものをさすと考えたい。その理由の一つとして、この両区の朝堂の並立は当時必ず本来は区別する呼称をもっていたはずであり、これをわずかに伺わせる記事がある。養老元年に元正天皇が西朝に御し、大隅や薩摩の隼人らが風俗の歌舞を奏したという。西朝はこの例だけでは西の朝堂という建物をさす可能性も考えられようし、あるいは朝堂全体をさすとも考えられよう。その点で、天平二年に五位以上を中朝に宴すとの記事がある。西朝と中朝は関連して考えられ、中朝を朝堂の中央建物とすることは配置上ありえないから、これらの朝は朝堂全体をさすと考える方が妥当となる。即ち西の朝堂と中の朝堂の存在が伺われる。中と西とは相対的な位置から名付けられる可能性もなくはないが、この時期既に成立していた北方の西宮と中宮が決して位置上からの呼称でないように、南に遅れて建設されるこれらの区画も、西朝は西宮の南の朝堂、中朝は中宮の南の朝堂であると解されるものであろう。いずれにせよ二つの朝堂はこのように具体的な固有名で呼び分けられていたとみられるのである。しかも西朝は元正天皇が出御するという、朝堂としては特殊な用例である。この時期にこれまでの朝堂とは別区画の朝堂が形成され、視察をうけたことによる初出例ではなかろうか。天平二年にみえる中朝は、通常の用例に近く、もう一つの朝堂、即ち西朝が完成して、以後西朝も常時用いられ、それまでの朝堂が中朝であったことから並存の初例として特記されているものと考える。そして中央区の朝堂はその後も中宮と対応して用いられるが、この時は既に大極殿は東区のそれが当てられていたであろう。中宮―中朝、西宮―西朝の二系列の配置があり、その用例を正史に内裏・大極殿・朝堂として整理したことに対する、実際のあり方のわずかな片鱗が表れているように思われるのである。

なおこの両者の内、中宮は後に大きく改造され、本来の性格も用法も若干の変化があったとみられるのに、西宮―西朝は永続的だったともみられる。平安宮では朝堂院が中台、豊楽院が西台とも呼ばれたとみえ、これは平城宮や以降の変遷をへて位置上の呼称となっている。中央区の中宮―中朝は東区の完成後はやや副次的な役割に回り、恭仁宮造営に当たっては、かかる中央区の建物を利用し、しかもその配置をそのまま移すのでなく、東区と似たものにする計画だったとみられる。平城宮への還都後は、東区に大極殿―朝堂が一通りあり、中宮の区画や建物も一応あったから大規模な造営記事がないのはむしろ当然で、建物等の修理などが急がれたものと考える。後殿を中心に当面使われた中宮も、既に機能の中心を失い、その大規模な改造が予定され、勝宝年間から一部着手されたもので、その造営は天平宝字年間に本格化する。この造営は当然中央区が主対象であり、改造後の中宮は淳仁帝が入ったと想定される異色の配置の中宮院となったと考える。この地区の特色である南方の朝堂を残し、北方ではそれまでの中宮の大極殿やその後方、南の庭などの配置を更に凝縮し、唐の麟徳殿に対比されるような中国風の殿舎のもう一つのあり方を掘立柱様式でいわば日本的にとりこみ、大膳職の付設にもみられるように居住性と内廷官衙をもっている。この麟徳殿と対比される連結建物の前の庭が、以前のような大極殿の南庭的な機能ももたされた可能性があろう。これに対し、平安時代の平城西宮は典型的な後宮部分の配置がみられ、居住空間は完成している。しかし紫宸殿相当の配置にまで手が及ばなかったともみられ、簡易な築地で囲む点と合せて略化した上皇の正宮として、平城西宮と呼ばれた。この頃には皇后等の特殊な規定と関連する中宮はもう宮名として用いられることはなかったであろう。

このような変遷で指摘できる若干の点がある。藤原宮で典型的に成立したとみられる内裏と大極殿院と朝堂の配置は、平城宮に遷宮した時に大きく変えられ、大極殿院は面積三倍に拡大されて内裏的な性格を合せ、中国的な殿舎要素を多量にとりいれて中宮という宮となり、この内部に大極殿が含まれる。朝堂は一つは中朝としてほぼ藤原宮同様な面積で計画され、少し遅れて完成するが、建物配置は中国的殿舎要素をとりいれている。本来の内裏は、大宮を張り出してそこに設けた皇太子所用の東宮に対置されるものとして、宮の東区に当初から予定され、実際に施工され、聖武朝初期にかけ全面的に改造して完成する。その南の朝堂、即ち西朝は比較的早くから設定されたが完成は天平初年ころとなる。この朝堂は藤原宮の朝堂を何割か縮約したものではあるが、十二堂の配置を受けつぐものであり、その大極殿院は当初は藤原宮のそれの長さで二分の一、幅で五分の三ほどとなっており、中央区の中宮・中朝も東区南方の西朝も藤原宮の縮少あるいは拡大としての意識が働いているように思われる。これらのことから、東区の計画も、一応当初からの全体計画に含まれるものと考えられる。こうして藤原宮の大極殿院―十二堂院は、一つは拡大された儀式的な空間へ、一つは縮少された十二堂へと、本来の朝参や朝政、朝儀の内の朝政を中心とする性格の場を分置することになり、その契機はもちろん中国の殿舎のあり方との対抗にあったとみられるのである。そして中国でのあり方と対抗しうる機能分化の具体化こそが平城宮の画期的な点の一つであり、平城での経過をふまえた上で、長岡宮からさらに平安宮の朝堂院と豊楽院の並立へと定着し日本化していったことになろう。そしてこのような平城宮の配置は奈良時代の他の宮中枢部には全くとられなかったのであり、そこに複都制の内での平城宮の位置付けもみられよう。

註

（1）阿部義平「平城宮の内裏・中宮・西宮考」奈良国立文化財研究所『研究論集』Ⅱ、一九七四年。

（2）調査経過をみると、私案も当然批判検討されており、宮名比定については後にのべるように合致しないが、遺構変遷の骨格はほぼ肯定されたものと考えられ、その後の事実を加えて私論を再構築しておく必要があった。

（3）宮中枢部調査は毎年継続され、例えば一九七一年―六九次、一九七二年―七二次北・南、七三次、一九七三年―七五・七七次、一九七四年―八一次東西・七八次南、一九七五年―八一次中、七八次北、九一次西東、一九七六年―八七、一九七七年―九七次、以下略。宮中枢についての論及としては坪井清足「平城宮」『日本の美術』一九七五年。吉田恵二「平城宮―日本の古代都市―」『歴史公論』一九七六年一〇月。佐藤興治「平城京と平城宮」『日本古代文化の探求』一九七六年。『平城京展』一九七八年、以下略。

（4）奈良国立文化財研究所「平城宮発掘調査報告Ⅶ」『奈良国立文化財研究所学報』第二六冊、一九七六年。

（5）『平城宮発掘調査報告Ⅲ』で、築地回廊と同一時期の構造物とした掘立柱列が、先行する下層の塀であることが認定され、下層遺構の広がりが判明してくる。なお、その後の内裏検討結果によると、塀で囲まれる時期は二期あり、各々の配置にも違いがあるとされ、その成果は今泉氏の註（6）論文等にも反映している。

（6）今泉隆雄「平城宮大極殿朝堂考」『関晃先生還暦記念日本古代史研究』一九八〇年。

（7）大極殿は『奈良国立文化財研究所年報』一九七九。後殿と回廊は『奈良国立文化財研究所年報』一九八二。なお回廊東南部門と南門の調査が一九八三年に行われている。中央区の朝堂院地区においては、一九六八年の第四一次調査以来、九七次、一〇二次、一一一次、一一九次、一三六次、一四〇次、一四六次と続けられ、そのまとめは立木修「平城宮推定第1次朝堂院の調査」（『日本考古学協会第四九回総会研究発表要旨』一九八三年）等にみられる。

（8）奈良国立文化財研究所「平城宮発掘調査報告Ⅺ」『奈良国立文化財研究所三〇周年記念学報』第四〇冊、一九八二年。

（9）基壇建物ＳＢ七二〇〇は基壇まわりや階段の痕跡から、基壇の大きさが東西五三・一×南北二九・五メートルに、建物は東西四五・一×南北二〇・七メートルに復元されており、身舎の梁行各一八尺・桁行各一七尺、廂も各一七尺であると復元された。恭仁宮の大極殿の身舎はこれに等しく、廂は各一五尺とされる。藤原宮の大極殿は九間×四間と復元される可能性が高く、身舎の桁行・梁行とも一七尺、廂は一五尺と考えられている。

（10）「屋瓦」註（4）所載。「奈良国立文化財研究所基準資料Ⅱ」『瓦編2　解説』一九七五年。

（11）今泉隆雄「八世紀造宮官司考」『文化財論叢—奈良国立文化財研究所創立三〇周年記念論集』一九八三年。

（12）加藤優「一九七六年度発見の平城宮木簡」『奈良国立文化財研究所年報一九七七』。木簡の年代幅は神亀三年〜天平三年にわたる。なお東区内裏北外郭の木簡等について註（5）参照。

（13）中央区から移築した築地回廊の長さは、東面と恐らく西面に当たり、計約六〇〇メートルなので、恭仁宮の大極殿回廊（築地回廊から複廊に変るか）は一辺一五〇メートル内外くらいのほぼ東区の大極殿回廊に近い規模でしかありえない。

（14）難波宮址顕彰会『難波宮址の研究』研究予察第六、一九七〇年。中尾芳治「重圏文軒瓦の製作年代と系譜についての覚え書」『難波宮跡研究調査年報』一九七一年。内裏地区の年代も、そこの所用瓦と連関し、興味深い。

(15) 大膳職北方では、第八四次で空間地の存在とその南での築地の検出があり、空間地は道路かとされた（『昭和四十八年度平城宮跡発掘調査部発掘調査概報』）。西よりの第一〇三―九次ではこの道路想定地に掘立柱建物一棟が知られ、南辺に溝（ＳＤ八八五〇）があって、大膳職の北方を画するかとされている。第一三九次では東区の内裏外郭が判明し、内裏北外郭の北に南北一八〇尺にわたる空間のあったことが記され、これは大膳職北方と連なる道路状の空間となろう。

(16) 註（5）（7）参照。内裏地区下層のまとめについては註（6）参照。

(17) 第一一一次調査で、中央区朝堂院造成に際し、第一次整地土が発掘区東辺で第二次朝堂院地区の整地土の上に重なっていたと記す。「平城宮跡第一一一次発掘調査説明会資料」一九七八年。

(18) 軒瓦の出土比率については、『昭和五十七年度平城宮発掘調査部発掘調査概報』及び註（4）（8）に数量等が上げられている。註（8）Tab 43参照。

(19) 註（38）文献で天平勝宝二年を下限とする年代が与えられた土壙（ＳＫ二一〇一）から六六六三Ｃが出土しているが、この土壙にはⅡ期の瓦も多くあって年代の限定には有効でない。

(20) 寺と宮の瓦の関係では森郁夫「平城京における宮の瓦と寺の瓦」（『古代研究』八、一九七六年）があり、京の寺院の造瓦組織を考えている。その内の法華寺は後阿弥陀浄土院が付されるまで官の瓦が用いられ、その造営もまさにⅢ期であり、六二八二―六七二一の組合せが多量にみえるが朝堂院の瓦の組合せはみられない。森郁夫「平城宮系軒瓦と国分寺造営」（『古代研究』三、一九七四年）には、国分寺に展開する平城宮系軒瓦型式が上げてあり、第二次朝堂院軒瓦の系統の広がりが示されている。他に東大寺式・大安寺式もある。平城宮の朝堂院だけで使い始めたパレススタイルの瓦が即刻流出したか否かは決しがたいように思う。

(21) 六二二五型式の文様要素は各々藤原宮式に求めるべき点があるけれども、直接つながらない構成でもある。あるいは和久寺出土瓦（『京都府埋蔵文化財情報』第七号）等を参考とすべきものか。

(22) 河上邦彦他「松林苑（平城宮北方所在）の調査」『日本考古学協会第四八回総会研究発表要旨』一九八二年。橿原考古学研究所「松林苑第六次現地説明会資料」一九八一年。中村友博ほか「平城宮跡と平城京跡の調査」『奈良国立文化財研究所年報』一九八一年。

(23) 吉田恵二ほか「中山瓦窯―平城宮跡とその周辺の発掘調査」『奈良国立文化財研究所年報』一九七三年。なお、高円離宮推定地からも六六六三型式が出土している。『高円離宮推定地調査概報』橿原考古学研究所、一九八三年。

(24) 註(15)の遺構をさす。
(25) 『平城宮第二七・三二次発掘調査概報』一九六六年。この調査時点で塀SC三七七七とSD三七七五の先後関係を確認している。
(26) 第二八次調査でこの地区の一部を調査し、盛土の段状に造成された上部で南北方向の柵列を検出している。
(27) 註(7)の中央区関係発掘次の概報参照。なおこの地区のまとめは『昭和五十七年度平城宮跡発掘調査概報』(一九八三年)にものっている。
(28) SD三七六五を唯一の基幹排水路とみていたが北方にのびず、この溝は築地回廊外の南端やその南方の排水のための期間も目的も限られた溝であるとした方がよいように考えた。
(29) 註(15)でふれた第一三九次調査成果で、この外郭全体の規模がふれられ、内裏内郭の二倍の長さであることがみとめられている。
(30) 内裏の変遷図は『奈良国立文化財研究所年報』(一九七五年)にまとめられているが、内裏の築地回廊北面の門数等は三門に復元されるものと考えられる。『平城宮発掘調査報告Ⅲ』一九六三年。Fig.20参照。但し、門礎とみたものは曹司の礎石であり、本来の門は敷石から判定される。第Ⅰ期の正殿の南辺を内裏予定区画の二分線が通り、ここが中央区での築地回廊区画内の北へ三分の二地点の位置と並ぶものとみられる。
(31) この時期に後の内裏内部と同様な配置をとったとされる。その東南隅の東へぬける暗渠らしい構造が瓦を用いていた状況でみられており、この時期に瓦が用いられたことは確かであるが、その瓦型式等はまだ詳細不明。
(32) 註(7)文献参照。第一五二次発掘成果で下層の規模が大体判明しつつある。
(33) 奈良県教育委員会『国宝唐招提寺講堂他二棟修理工事報告書』一九七二年。岡田英男「古代における建造物移築再用の様相」『文化財論叢―奈良国立文化財研究所創立三〇周年記念論文集』一九八三年。

第二部　古代の城柵

第一章　古代の城柵跡について

一　序めに

日本列島における国家形成とその後の諸過程において、対内あるいは対外的緊張や抗争とそれに伴って造営された軍事的施設が存在したことは、無視できないことである。古代においてそれらの造営や維持に費されたであろう労力や意図や役割を、現在十分に復元し評価しているとはいいがたい。逆に城柵は施設としての効用を疑われさえもしている。

今日、東北地方から九州地方に至る日本各地で、古代の城柵の発掘調査が進展している。文献にみえる城柵の遺構あるいは位置が判明したり、新たに神籠石《こうごいし》式山城がみつかったり、都城や関の実態が解明されつつある。東北辺の城柵では、その調査がとくに著しく進んできた。さらに先行する時代の防衛村落の存在なども明らかにされつつある。これらの成果により、中世の多数の居館や山城に先行する古代の城柵全体の研究が急速に展開し、城柵の再評価の必要を生ぜしめている反面、現場における成果がいそがれ、性急な結論が出されて、問題の深化を妨げている場合もあると考える。正確な判断と開かれた諸方面からの検討が次の展望に導くのでなかろうか。

最近の調査では、城柵の造営技術や内部の構成が精査され、他の種の遺跡、即ち官衙や寺院や村落等と対比してその特色、あるいは関連性を把握することが可能となってきた。そこでこれまでの問題点が洗い直されてくる。例えば東日本の城柵と西日本の城柵とは立地や構造等が違い、目的も違う点があると指摘されてきたのが具体的にはどのような点であるのか。あるいは、近年東日本の城柵を内国の国衙・郡衙と同様な官衙の一種とみて、軍事的施設としての実態を有しないとする見解も出されている。その場合の論拠としては、城柵の最も本質的部分とみられる外囲いの施設が、官衙や寺院の外囲いと同じ築地であり、またいわゆる柵木列は地上にほとんど出ない土留施設であり、城柵の中枢には国府等の政庁と共通する建物配置がみられる等の点が上げられている。さらに発展させて、築地で囲むだけの施設を城柵と呼称したのは、古代貴族が統治理念上必要としただけのもので、近代の研究者が実像を見誤ったと指摘する見方まである。この適否も遺跡自体の研究から再検討できようが、ここではまず築地や城の土塁と呼ぶ基本的な用語とその実態についても立入って検討すべきだと考える。別の一論点としては、西日本の神籠石式山城等をもって、統一国家確立以前に地方勢力や移住集団が独自に築いた抗争拠点、あるいはその逃込城とする見方がある。この種の山城が極めて共通性の強い構造様式や立地をもつことは、後に具体的にみていきたいが、それらの構造や規模から問題を具体的に発展させることができないだろうか。それらが朝鮮式山城と呼ばれるものとどう違い、大陸や半島の城とどう違うかも具体的に検討しなくてはならない。

城柵についての種々の問題点は、調査の進展によりその解決や新たな問題提示がされるものではあるが、その対象が日本の古代史上、文字どおり巨大な記念物であるだけに、その成果が注目され、常に批判的検討の対象となる。今や都城や国府等の官衙の実態の解明と合せて、城柵の総合的研究の基盤ができつつあると把らえられる。以上の諸城柵、あるいは関連する諸遺跡の調査は、多くは組織的・継続的に行われ、成果も厖大なものであり、個人での把握をこえる点も多いが、ここではまず基礎的検討を試み、改めていくつかの問題点も追加し、城柵研究の根固石としてみたいと考える。即ち城柵の最も本質的な部分である外囲いの施設の検討から出発し、古代城柵を現代から攻めてみることとしよう。

二　城と牆と柵の構造

城は音はジョウ・セイであるが、古くはキと訓じ、後にシロと訓じたもので、その意は要約すると、施設として国王等の居所となるもので（その内にあるものを城、外のを郭とする）都邑をさし、転じて国土を含む場合があるという。別の意味として、防備のために土石を積んで築いた壁、即ち外囲いの施設そのものを指す。動詞としてはシロを造ることを意味することが一般的見解である。いいかえると、城は外囲いの構築物、その構築物に囲まれた範囲全体、それらに付随し、あるいは統治される広い地域を含む場合があるが、その最も基礎となるのは外囲いの施設そのものだとみられる。この外囲いの施設は、古代中国では土築、半島では加えて石築もあり、中国では内外の囲いだけでなく、内部の区画施設も包括して城牆（城垣）と呼んでいる(1)。そこでまずこの城牆について検討しよう。日本の古代でも、例は少ないが区画施設としての城と牆が文献にみられる所でもある。

1　営造法式における城と牆

城柵の外囲施設をみていく手がかりとして、中国でのあり方、とくにその古代の城牆（明代以降には磚等で補修されることが多いという）を知るため、中国で編述された『営造法式』を竹島卓一氏に従ってみていくことにしよう(2)。『営造法式』は北宋の李明仲が勅命によって元符三年（一一〇〇）に編修した建築技術に関する専門書であり、当時の実用的かつ伝統的な技術とその基準等をよく示すとされている。その内の土作の部分の内に、濠寨制度として城と牆が記されている。

「城」については次のようである。

一、築城之制。毎高四十尺。則厚加高一十尺。其上斜収減高之半。若高増一尺。則其下厚亦加一尺。其上斜収亦減高之半。或高減者亦如之。

二、城基開地深五尺。其廣随城之厚。毎城身長七尺五寸。栽永定柱。(長視城高。径一尺至一尺二寸。)夜叉木。(径同上。其長比上減四尺。)各二條。毎築高五尺。横用紝木一條。(長一丈至一丈二尺。径五寸至七寸。護門甕城及馬面之類。準此。)毎膊椽長三尺。用草葽一條。(長五尺。径一寸。重四両)木橛子一枚。(頭径一寸。長一尺。)

第一項は城壁の断面形についてである。即ち城壁の高さを四〇尺とする場合、基底の厚さは高さの一〇尺増しの五〇尺とする。頂部に向って厚さを次第に減じることを斜収といい、斜収は高さの半分を減じたもの、従って高さ四〇尺の場合は頂部の厚さは三〇尺となる計算方式を示している。城の内外の斜収を同一としても、壁面の傾斜角度は七八度ほどの急斜面となり、防禦の機能を有するものになっている。第二項で、基礎は基部を深さ五尺根伐りし固めることを示す。肝心の城の造営方式に注目しよう。城の間口七尺五寸ごとに永定柱と夜叉木を二本ずつ栽えるとある。永定柱は径一尺から一尺二寸のもので、高さは城の高さをみて定めるという。夜叉木は永定柱より四尺短く、直径は前者と同じものを用いる。栽とあることからみて、城壁の築城に際して掘立柱式にこの二種の柱が立てられることが判明する。径が一尺ほどで高さが四〇尺(更に埋めこむための根元の長さを加える)内外の材が多量に得られたか否か、どの位置に永定柱が立つのか、夜叉木は内か外の控柱か、あるいは内部の筋違い材かといった点が判明しないが、夜叉木が四尺短い点は控柱としての可能性も考えさせる。次に城壁の高さ五尺ごとに横に紝木一條を用いる(長さ一丈~一丈二尺、径五寸ないし七寸)とある点からして、紝木を横に支える支点を永定柱等を確保するものと考えられる。即ち城壁の内外の表面かその近くに永定柱と夜叉木が掘立柱式で立つもので、横の紝木は表面に渡す足場材ではなく、足場材をのせる支点となる形で壁に直角に埋めこまれる材とみる。記載分の材料は、以下でも一工程中で費される分だけで、転用可能分が入っていない。永定柱と夜叉木が城壁の間口七尺五寸（奥行を一応五〇尺として）に対し、二本ずつ用いられるのは内外両面分か、片面分かを竹島氏は疑っている。紝木が高さ五尺にただ一本という規定からすると、あるいは両面分とみていいのでなかろうか。また膊椽（はくてん）の長さ三尺ごとに草葽一條、木橛子一枚を用いるとする。草葽は長さ五尺、木橛子は長さ一尺、木口の径一寸である。竹島氏はその用法を確定しがたいとしながら、功限や露牆との関係から、膊椽を城壁や牆壁の築城時に表面を形成するため使う堰板のような意味と考え、木橛子は壁体の内に打ちこんで膊椽を固定することを考えている。縄と杭の用法は、城壁の例ではないが、河南省輝県固囲村大墓[3]の版築造建方法の遺例が参考となるもので、正に版築工事に伴って、縄で板を固持し、その縄の端を壁中の面に打ちこんだ杭で固定するわけである。杭と縄の大部分は最終的に壁内に埋めこまれることになる。それ故に築城の一工程で縄と杭が消費される量が明示されるわけである。まとめてみると、城の築成は、明らかに版築を前提としていて、順次一定の間口、奥行、高さを築成し、適当な時期に隣に移っていき、全体を連続した土築構造体として形成する。次に仕上った壁面に付着したままの膊椽や縄等をとり除き、更に壁面を削り整えて仕上げとする。従って城壁面は必要な厚さより若干分厚く版築される。この最後の壁面の削りについては剗削城壁として功限が次に示されている。同じ功限の内に、般取膊椽功があり、堰板の類をとり片付ける手間を示している。以上のように版築を含む作業の功限は次のとおりである。

一、諸開掘及填築城基。毎各五十尺一功。削掘旧城及就土修築女頭牆。及護嶮牆者。亦如之。

二、諸於三十歩内供土。築城自地至高一丈。毎一百五擔一功。自一丈以上二丈。毎一百擔。自二丈以上三丈。毎九十擔。自三丈以上四丈。毎七十五擔。自四丈以上五丈。毎五十五擔。其地形及城高下不等。準此細計。

三、諸紐草葽二百條。或斫橛子五百枚。若剗削城壁四十尺。般取膊椽功。在内。各一功。

以上は作業上で一功とする基準を示している。特にこのうち三が版築の方法に具体的に関っている。これらからすると、城壁（付属の牆壁類も同じ）の築成には版築工法が用いられ、分厚く直壁に近い連続した土築構築物、即ち「城」を作っていくことが分る。それには一定の工程と単位があり、簡単に云うと、奥行が深い小口積の積木状に土築物を重ね、左右に並列したとでもいえようか。その築成には内柱又は内・外柱（夜叉木を控柱とした場合）をもち、完成時には外壁面に何も残さない。この掘立柱と縄の使用については、日本でも注目しておく必要がある。またこの築造方法は基本的に次の牆の場合と共通する。

「牆」についてみていこう。牆は別に墉・垣・墶・壁ともいう呼称を持ち、広く垣、塀等の意味をもつが、いずれも土で築いた所謂築垣、土塀の類のことを指す。

一、築牆之制。毎牆厚三尺。則高九尺。其上斜収比厚減半。若高増三尺。則厚加一尺。減亦如之。

二、凡露牆。毎牆高一丈。則厚減高之半。其上収面之廣。比高五分之一。若高増一尺。其厚加三寸。減亦如之。

三、凡抽紝牆。高厚同上。其上収面之廣。比高四分之一。若高増一尺。其厚加二寸五分。如在屋下。只加二寸。剗削並準築城制度。其用葽橛。並準築城制度。

これによると牆には、通常の牆と露牆、抽紝牆があり、最後の抽紝牆で屋下にある場合を含め計四つの場合があって、各々若干の異同があるが、通じて露天のものと屋根の下に保護されるものとがある。通常の牆は基底の厚さに対して高さが三倍に及ぶものであり、露牆はそれより分厚くて、高さが厚さの二倍前後のものとなっていて、両者は異なる目的、場所に使われるものとみられる。前者は区画の施設としての用法が主かとみられるが、具体的用途は明示されていない。後者はその比率からみて、後述の『延喜木工寮式』の規定にみえる築垣に近いものとなっている。注目さ

表4　営造法式築牆功限表（竹島卓一氏による）

種　別	功量		摘　要
	毎功量(一功)	毎量功限（人）	
	（立方尺）	（100立方尺につき）	
開掘牆基功	120	0.833	
就土築牆功	60	1.667	用絍橛就土築露牆功同じ
用葽橛就土築牆功	50	2.000	就土抽絍築屋下牆同じ
	（平方尺）	（100平方尺につき）	
剗削功	40	2.500	般取膊椽功を含む

備考　剗削功は相当大きく見積り過ぎになるものと思われる.

れる点としては牆は造営技術上では剗削、葽橛の類は城の制に準じている点である。城壁より著しく低く、厚さも薄い土築構造体ではあるが、やはり版築工法で一単位ごとに築かれていくものである。永定柱や横絍木は用いられないが、高さからみて、外側に版築や剗削作業のために足場を必要としたものとみてよく、それらに確保されて葽橛を同様に用い、最終的に足場や堰板をとり片付け、表面を削って仕上げるものとみられる。葽橛は城の時と同様に牆内に残されるわけである。その功限は

一、諸開掘牆基。毎一百二十尺一功。若就土築牆。其功加倍。

二、諸用葽橛就土築牆。毎五十尺一功。就土抽絍築屋下牆同。露牆六十尺亦準此。

ここで牆の基礎根伐と築牆の功量が示され、単に土を掘り、積む場合と葽橛を用いた場合及びその特例が示される。加えて既に剗削は城に準ずるとあるので、竹島氏は表4のように各ケースの築牆功限表を作成している。いずれの場合も表面が八〇度をこす傾斜をもつ版築構造物で、城壁と同様な工程、功量ではあるが、城壁と規模・呼称、そして用途が異なるものとなるものであろう。両者の基本的な断面及び規模については、図27により比較されたい。

以上、城と牆は工法上共通点の多い土築構造物で、両者ともさらに磚で表面を保護あるいは飾ることがあり、そのために磚作の説明が『営造法式』の別項にある。主体である版築工法による土築の城牆は、大陸の永い歴史の過程で定まって

きたものとみられ、北宋代の状況は唐代あるいはそれ以前にも基本的に通ずるものと想定してよいであろう。

このような土築による城牆構造物が都市の外囲いや内部に用いられ、あるいは磚で強化されて城としての有効性を高めていたのが中国の城であり、都市であったといえよう。またこの内、都市城郭の外囲施設は、規定された城構造かそれに近い例だけではなく、牆を大規模にした比率の構造(4)もみられるようであり、著名な長城等でも牆あるいはそれに近い構造物になっている所もみられる。『営造法式』が記す城と牆も、大陸での一応の規準と考えるべきものであろうし、実際の用法なり、歴史的な経過については更に把握が必要であろうが、ここでは大陸における呼称とその基準的なあり方、技法をみることができたといえよう。

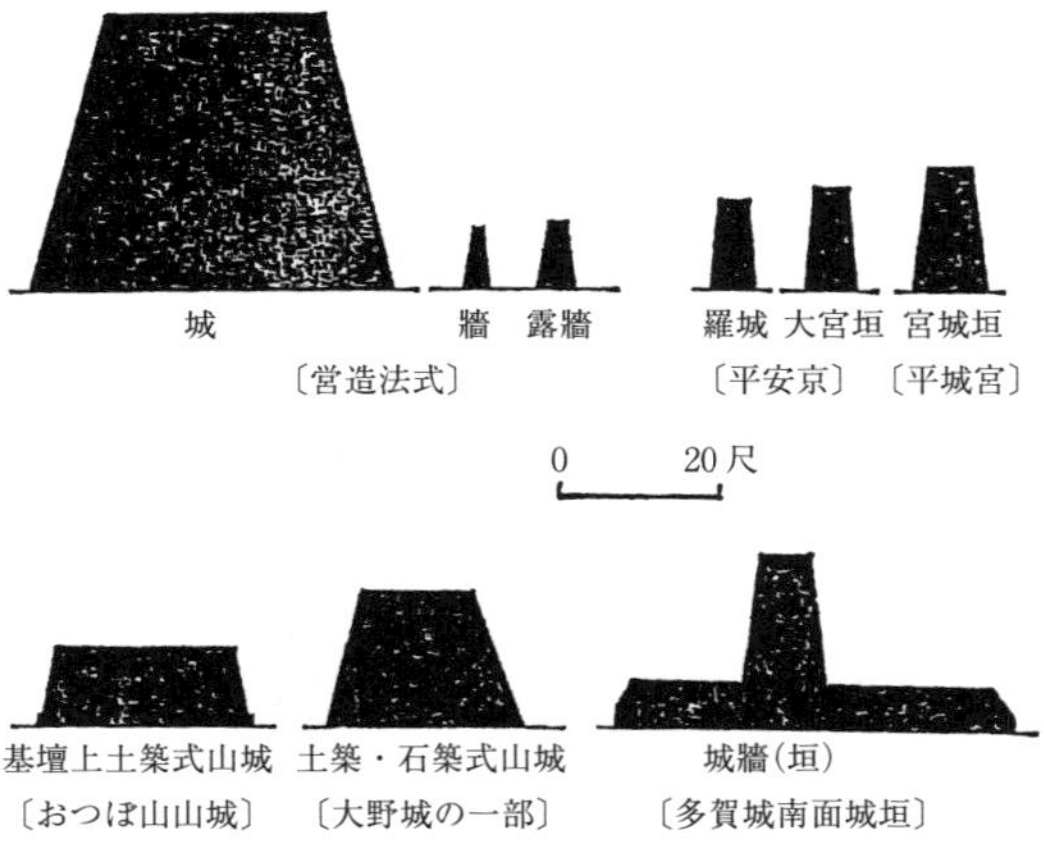

図27　城と牆の標準的断面の比較

2　築垣の制

日本古代において築城し、それを維持した期間はむろん長かったのであるが、平安時代も中頃以降にはほとんど史上に姿をみせなくなり、城の概念すら辞典(5)に説明されなくなっているが、柵や墻（牆の略字）は知られており、墻は築垣であると認識されていたようである。築垣については官営の営繕工房である木工寮の築垣の制が『延喜式』(6)にあり、平安前期頃の築垣の実際を伺える。それによると、

築垣

高一丈三尺。本径六尺。末径四尺。長一丈。築工十三人。上土夫四人半。

高一丈二尺。本径五尺六寸。末径三尺六寸。長一丈。工十一人。夫四人。

高一丈一尺五寸。本径五尺五寸。末径三尺五寸。長一丈。工九人。夫三人。
高一丈。本径四尺五寸。末径三尺。長一丈。工四人半。夫二人半。
高九尺。本径四尺。末径二尺六寸。長一丈。工四人半。夫二人。
高八尺。本径四尺。末径二尺六寸。長一丈。工四人。夫一人。
高七尺。本径三尺。末径二尺。長一丈。工二人半。夫一人。

垣縄料苧

高一丈三尺。長廿丈。高一丈二尺已下一丈一尺五寸已上。長廿五丈。高一丈已下七尺已上。長卅丈。垣並用二大二斤一。

この築垣の制では高さ一三尺~七尺の垣が想定され、その基底部の厚さは六尺から三尺、頂部の厚さは四尺から二尺で、高さと基底の厚さとの比率は厚さの二倍強が高さとなっており、その傾斜（斜収に当る）は八〇度をこしている。各々に必要な労力、即ち功限が同時に示されているが、大陸の例より若干功量が多くかかっている。[7] 築垣造営の長さの算定単位が一応一〇尺であるとみられる点と垣縄料が規定されている点も営造法式と考え合せられ、この垣も版築工法で築かれたものと判断される。垣縄は蔞に当るとみられ、築垣の体積のほぼ一定量（高さと長さが逆比例していく）に対して用いる量を指示しているが、小杭が用いられない点は堰坂の保持法の違いがあったかもしれない。また掘立柱や横木も消費されない点は牆と同様であり、縄で堰板を工事用仮枠の柱等に保持する程度のものではなかったであろうか。高さからみて簡単な足場を伴ったものとみられる。また屋根の記載もない点からすると、所謂寄柱や屋根をもたない構築物を想定している。『営造法式』の牆（とくに露牆等）と同様に、城に比べて薄いもので、いわば積木の側面をみせて左右に並列させたような土築構造物といえよう。この築垣が厚さ六尺、高さ十三尺を最大規模とする限度があったかどうかは検討の余地があり、奈良時代の実態からも、まずは平安時代前期の状況に限られるものとみるべきであろう。

平安時代の文献上にみえる例では、宮の外囲いの大垣（大宮垣）は基底部の厚さ七尺となっており、京の羅城や京内の築垣は六尺あるいはそれ以下となっている。[8] 大宮垣の高さは築垣の比率をあてると十五尺位となるであろう。この宮の大宮垣と京内の各種の垣との違いは、平安時代の場合は若干の規模の差に止まり、また壖地等の特別の付属地の有無等の状況以外はとくに上げられないし、羅城が名ばかりで、実態は全く築垣であることも注目される。しかし奈良時代以前の状況についてはもっと注目しておく必要があろう。その検討は後に行うとして、平安時代の築垣は、大宮垣を初めとして、中国の牆の延長として理解しうることは明らかであるが、その内でも大規模な（標準的牆の断面積の四倍位の規模の大宮垣の例）ものがあるといえよう。基礎作り、葺、足場、剗削等も共通して理解すべき点が多いものと考えられる。一方で既に「城」に当る事例がなくて築垣のみとなっているけれども、その状況に至る日本での経過、あるいは日中の細かい手法の異同について今後注目していかねばなるまい。

3　平城宮の調査と絵巻物

日本における牆・築垣の遺存例や絵巻物にみえる状況については、一九六三年に『平城宮発掘調査報告』Ⅲ[9]でまとめられたことがある。その内で改めて学術的に提称された「築地」が、現在のこの種の施設の呼称の出発点をなし、城柵・官衙・寺院の外囲施設として各報告書にみえる立脚点である。しかし現在発掘現場で用いられる築地の理解は、『報告』Ⅲの指摘した内容を十分ふまえていない点があると考えられる。その各々の遺構の考察でも版築構造体あるいはその痕跡＝築地で一括され、それ以上の追求がされていない状況がある。

『報告』Ⅲでは、平城宮の内裏を判定する根拠となった築地回廊（平安時代には築垣廊・ついがいろうと呼ぶ）を、版築構造物（ほとんど削平）、寄柱と回廊等から復元し、これを近代の慣称に添って築地回廊とし、さらに築地の遺存例や絵巻物に描かれた築地を論じている。また発掘例で誤って土塁とされているものがあることを指摘した。築造法、屋根構造、遺構としての遺存形態までが整理され、総て築地として統一され、後続する各地の報告の手本となったのであるが、平安期までそれに当る総称は築垣であったことが『報告』Ⅲではふまえられている。築垣は土を築き上げた垣であり、即ち牆である。一方築地はついつちであって、中世以降築垣を築地と呼ぶようになっていくが、築地の実態は版築でないものも、内部が空洞の塗塀も含めるようになって近代に至っている。築地が築垣より一般的なものとした場合、古代において築垣を具体的に区別していくつかの呼称や用途があったことが見失われることになってしまう。それについてはまた後にふれるとして、『報告』Ⅲでは、絵巻物にみえる築地として「年中行事絵巻」に、平安宮外郭の大垣（大宮垣）、内裏外郭の築地、内郭築地回廊（築垣廊）その他の築地が描かれ、しかもその築地に二つの大別があることが指摘されていた。一つは瓦葺の屋根をもつもので、築地に必ず柱（寄柱・須柱等と呼ぶ）が並存し、礎石を伴う。その二は築地上に水平に板を重ね、板上の心通りに土を置いて固めた板葺上土のものである。この板葺上土のものには寄柱はない。また遺存遺構としては、法隆寺西院大垣、東院大垣、西南子院築垣、西宮市西宮神社大練塀が重要文化財となっており、それらは古代まで遡らないまでも、古式を伝えるという。法隆寺西院大垣を昭和二十九年に調査した見地から築造法を詳述している。法隆寺には前述の二種（寄柱の有・無）の築地があり、観察したのは寄柱と瓦葺の屋根をもつもので、他に現状では瓦葺屋根となっているが本来は上土式で寄柱のないものがある。観察例の築地の築成であるが、この大垣は基底幅一・四五メートル（四・八尺）、総高三・九四メートル（一三尺、但し本体は八尺）で、間口二・四メートル（八尺）ごとに寄柱（須柱）をたて、梁行につなぎの貫と筋違をいれる。築地の外側に添柱（仮枠柱ともいうべきもの）を建て、横板（堰板）を楔で止める。中にニガリを混じて水練りした粘土質の土を六〜一〇センチ積んで、径三〜六センチの突棒で搗きしめる。横板の高さまで搗きかためると土の乾燥をまつため、隣の区画に工人が移動し、また戻って横板を上にずらして上部に積み重ねていく。以上の状況は古代の築地とほぼ同様とする。『報告』Ⅲと別に昭和四十九年、五十五年の『解体修理報告』[10]で更に細部が報じられているのでそれによって上記に若干つけ加えると、横板（幕板）に当る外部の版築が特に入念であり、内部はその数回に一回位の粗さの固めであることが知られ、また修築に当って作られた足場遺構の痕跡も追求され、報告されている。

法隆寺西院の西南子院、西院大垣の東・西面、西宮神社大練塀は寄柱をもたず、現在築地上に直接屋根の小屋組みをのせたものであるが、法隆寺西院西南子院では本来が上土式のものであったことが、築地に開いた上土門型式の門[11]から証明される。この手の寄柱をもたない築地の築成に仮枠柱を利用し、幕板を用いることは前者と同じである。法隆寺の築地は、基底幅と高さの比率が一・六程度であり、また幕板の模様が表面に浮き出すよう化粧面として仕上っており、この点は『造営法式』や古代の築垣と必ずしも同一でなかろうし、上土式が瓦葺に変る等の変化もみのがしがたい点である。

次に『報告』Ⅲでは発掘された築地の遺構として、平城宮、難波宮、飛鳥寺、大安寺、薬師寺、橘寺、東大寺例をとり上げている。また陸奥国分寺の寺域を囲む土塁の報告を検討し、築地の可能性が十分あることを立論した。例えば飛鳥寺の場合、本体の基底幅は五尺位とみられるが、本体の両側に積土による犬走りを伴うことから、二〇尺程の基壇のみが残る場合でも築地として検討する必要があることを強調している。陸奥国分寺の報告で用いられた土塁とは、一般的には土居・土手とも呼ばれ、形状や築造法が築地と異なり、比高が低く、必ずしも版築工法をとらず、斜収が築地のように直壁でないものをさすものであり、屋根は伴わないものであって、中世以降多見する。それに比較して築地は、特に垂直面や高さを得るための工法・工程を要したものといえよう。さらにこの築地の遺構をみていくと、築地本体に伴う寄柱の礎石を基部内にすえているものは大体は瓦葺の形跡を有し、これに対し寄柱を有せずに仮枠柱・添柱の柱痕跡（掘立柱穴として遺存）を伴うものには瓦葺の痕跡を有しないものが多い。即ち絵巻物にみえる築地の二大別は遺跡にも反映しているとみられる。しかし瓦葺であったとみられながら寄柱を伴わない例や瓦葺以外の屋根材を考えさせる例もあり、(12)この点は更に整理して検討をする必要があろう。

以上、年中行事絵巻も含めた絵巻物と(13)『報告』Ⅲにみるように、築地には二つの違いがある。一つは寄柱（通常は角柱）を内包し瓦葺等の屋根をもつものと、寄柱がなく陸屋根で上土式を基本とするものの両者で、築成工法上の違いはほとんどないとみられるが、寄柱式のものは中枢部分や施設正面に多く、上土式のものに実用性、寄柱式のものには加えて装飾性を認めてよいであろう。なお東北辺の城柵で築地寄柱としているものの大半は、添柱または仮枠柱に当るものの痕跡であろう。

4　神籠石式山城の城

『営造法式』でいう城に当るような構造物は、日本の古代にあったのであろうか。いわゆる朝鮮式山城の外囲の土塁とされているものや神籠石式山城の外囲施設はその検討の対象となりうるが、前者は構造細部の調査資料が不充分であり、後者はその構造がほぼ解明されている。神籠石式山城については後論する所でもあるが、ここでは外囲の構造のみを注目してみたい。この山城については、切石の列石線と水門の確認から出発し、近年その本来の構造が調査され、外囲の本体が土築の「城」であることが判明した。城は山丘の一定以上の傾斜が横方向に連続した斜面をできるだけ活用し、そこに切石列を外側にした基礎固めをし、さらに外側に掘立柱列をほぼ垂直に近い予定斜度にして立て、その内部に版築を行って、最後に剗削等の仕上げをしたものとみられる。遺構として残る外囲施設は、丘陵稜線

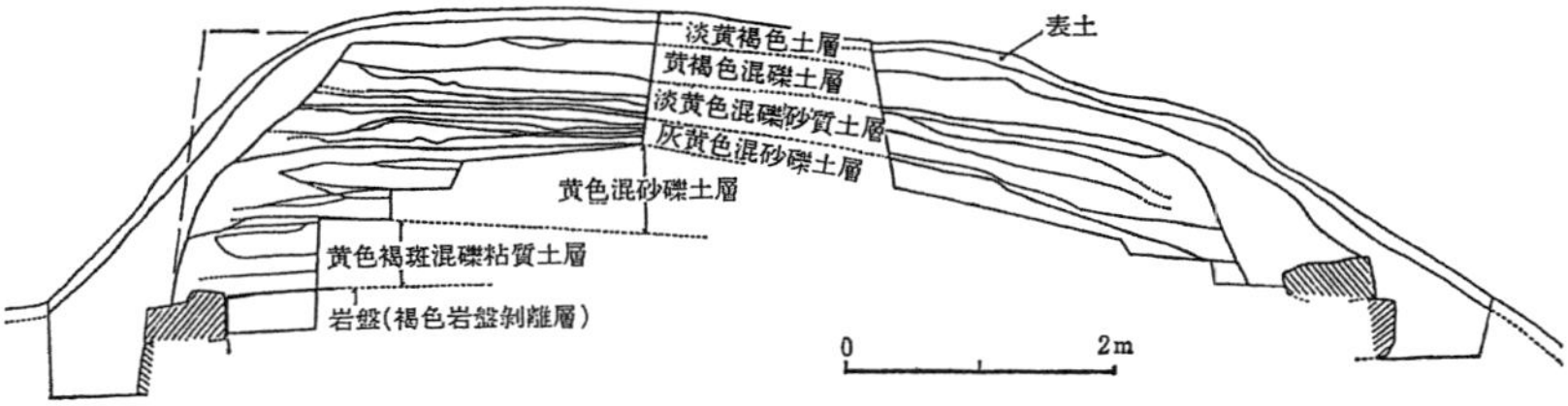

図28　おつぼ山神籠石の第一土塁断面詳図

の若干外側や外斜面に段上、または土塁状の高まりがめぐり、全体の内部に通常若干の谷をとりこんでいて、その谷の通過点には土築の城構造が上部を通りうるように下部構造としての石垣及び通水口（水門）が設けられる。ここでは佐賀県おつぼ山[14]と帯隈山[15]、及び最近調査された岡山県鬼ノ城の例[16]をとりあげ検討してみよう。おつぼ山神籠石の馬の背状の部分にある第一土塁と呼ばれる所の断面（図28）にみられるように、この外囲施設の基底幅はほぼ九メートルであり、基底部外面には化粧した切石列がある。また基底部内側にも低い石積がある。その間には版築がされ、現状で切石上約二メートルの高さを遺している。

版築の外面は、上部は四五度位まで崩れているが、切石に近い基部では本来の傾斜を伺わせ、ほぼ切石外面の傾斜（約八〇度）と揃えている。切石は高さ一メートル弱であるが、化粧の状況から外側の大半を露出する予定のものであり、高さをそろえた切石上面には一〇センチ幅位の浅い面取状の段を作っていて、この段の途中まで版築がのる状況である。切石列の外側には約八〇度位で城側に傾いた掘立柱（太さ三〇センチ位）が約三メートル（一〇尺）間隔で立てられていて、低地でその柱根が遺存していた所もある。次に帯隈山神籠石の第二区土塁（図29）では本来約二〇度弱の傾斜面に「城」が設けられている。予定位置を幅三～四メートルほど掘りこんで平らにし、その土を外側に積んで平地とする。地山部分にのるようにやや外側に切石列、その内側に石をつめた地ごしらえをし、石列の外側におつぼ山と同様に掘立柱を傾斜させてたてる。地ごしらえの上に版築をしていて、その版築は現状で切石上約二メートル、幅は切石から内側に九メートル近くに及び、山の

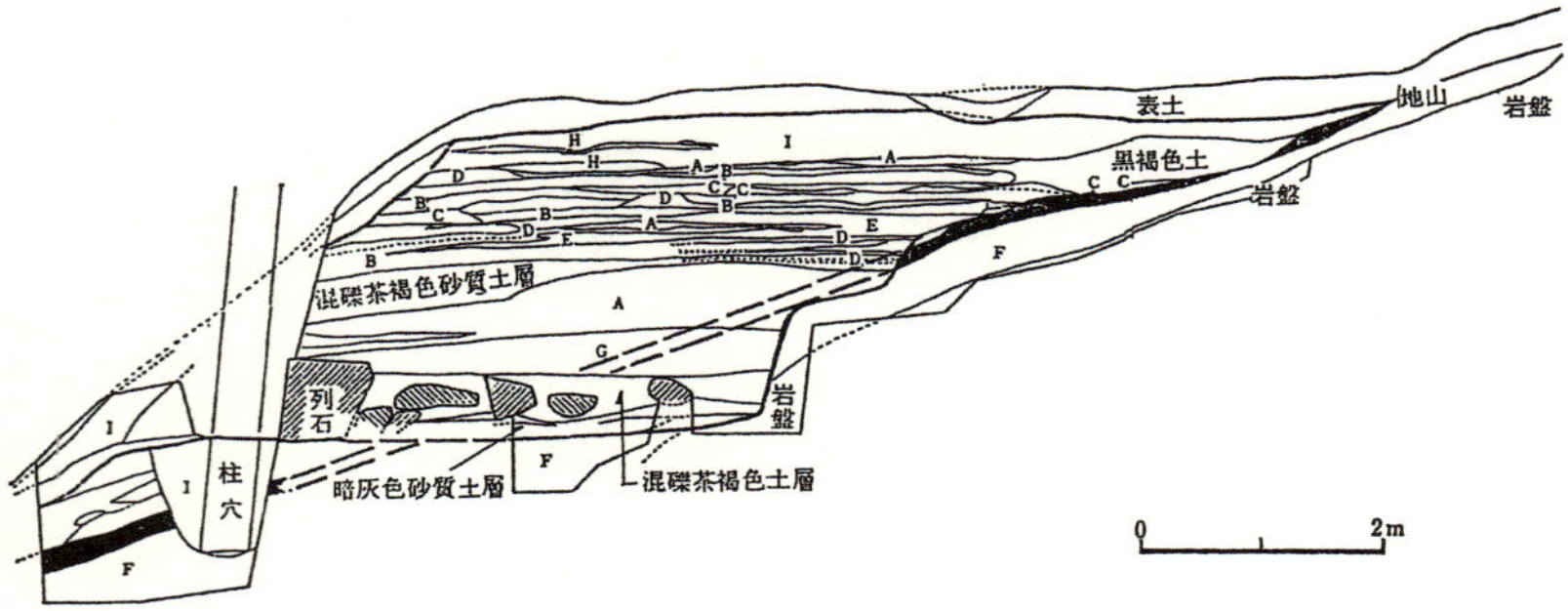

図29　帯隈山神籠石の第２区土塁断面図

斜面に片側をもたせかけているが、上面は段状の平面をなしている。切石と積土は曲線を描いて斜面を横断して続いていく。版築は一定の工程をつぎ足しているためか築成層の傾斜を異にする所がみられる。鬼ノ城神籠石の第二水門では、石積の水門と上部の築成層が調査されている（図30）。水門の表面の傾斜は七〇度以上、一方築成層は最大斜度六〇度ほどになり遺存しているが、築成層は本来もっと急傾斜であったであろう。この部分の土築構造物の基底幅は約七～六メートル、遺存する高さは四メートルほどである。外囲い附近で掘立柱の有無は調査されていないが、水門上は掘立柱に頼らない工法によるものと考えられる。

神籠石に伴う掘立柱については、おつぼ山等の報告で、土築構造物に近接して設けられた柵等の施設とする見方もあったが、位置、傾斜、間隔や工法復元から明らかに版築工事に伴う外側の仮枠柱であったと判断される。柱根が遺存するのは、柱を地上で切りとったからであろう。この柱まで版築がされていた実例は山口県石城山神籠石[17]で検出されている。調査者の一人である小野忠凞氏の提起している所によると、版築は切石列の若干外側まで及んでおり、そのため、切石列を版築に内包された土留構造と考えるべきものとしている。版築が切石の外の掘立柱附近まで及ぶのは、この掘立柱が堰板を確保して急斜面を形成する工法上から当然であり、版築が終った後に化粧面をもつ切石まで削りこんで仕上げることを予定していたものと判断される。もし小野氏のいうように切石積が本来芯構造で

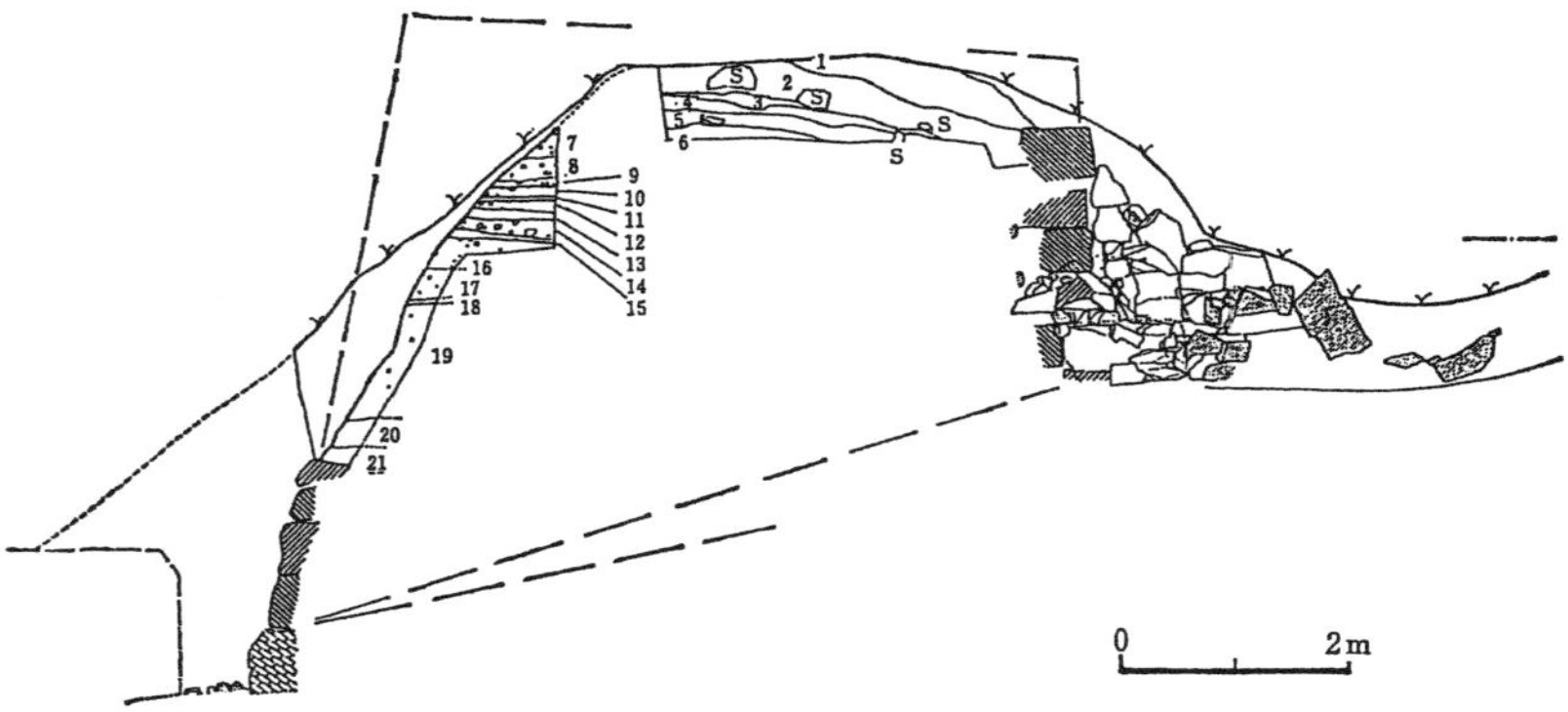

図30　鬼ノ城第２水門跡の断面図

あったとすると、それと一連の石垣で形成される水門に水が通らないであろう。おつぼ山等でみられた切石の浅い段は、その剗削予定位置を示すものとみられる。『営造法式』や法隆寺大垣にみるように、版築には外（あるいは内）から強い支点を必要とするものであり、神籠石式山城の掘立柱は永定柱や夜叉木とも対比できるものとして、城の構築に掘立柱を用いるという共通点をみる。神籠石式山城の名称の出発点となった切石列は、城の土築の基礎として、石積の基壇を全体に連続して形成していたものであり、極めて特異な特色である。水門が数メートルに及ぶ高さを持ちながらも通常の低い列石に連続し、基本的にその上部に土築の城を通すことになっている点をみても、神籠石式山城が強い一定の様式をもち、いいかえるとこの城壁が切石基壇上に築かれた土城であることを示している。神籠石式山城とは、切石基壇上の土築式の山城というべきものである。

この城は、できるだけ自然条件（山の斜面）を活用してはいるが、本来はおつぼ山でみるように三〇尺、鬼ノ城で約二〇尺の基壇上に本体の基底幅をもつもので、その高さは鬼ノ城の例からは四メートル以上と把握される。しかしおつぼ山、帯隈山では全体の遺存の状況からして、高さが半減したともみられない所があり、三メートル程度の高さであった山城も多くあったとした方が的確であろう。それに切石の基壇の高さを加えねばならない。現状の外面は自然条件で可能な限度内で遺存してきたものであるが、本来は七〇度〜八〇度の斜収を有していたものである。このように神籠石式山城は大陸の城と対比しうる一応の規模と構造を有するものであり、かつその断面や立地等で若干の差異も含まれるとはいえ、強い様式性をもつものであることが判明した。

5　柵の構造

柵は文字通り木や杭などを立て並べ、横木でつないだ囲いから発して、木を立て並べた古代のとりでを意味するものであるが、区画施設としての柵と城柵の外囲施設としての柵には若干の違いがある。前者は柵の柱と柱の間に間隔を有し、その間を横材や壁で繋いでいくのに対し、東北辺の柵は柵木が密着した構造体となっているとみられる。後者の柵で用いられる材の状況については、昭和五・六年頃に前後して発見された秋田県払田柵、山形県城輪柵でその基礎部分が調査され、(18)報告されている。その際、払田柵ではその上部構造らしい材がたまたま検出された。報告によると柵木は方九寸×九寸、九寸×八寸、八寸×八寸前後の加工した角材を掘立柱式に土中に密接させて立てたもので、柵木の途中を貫状のもので編綴していたとみられる貫穴状の部分がみられている。このように柵の柵木は地上に高く並列し、貫状のもので連結していたとする以前からの見解に対し、これらを地上構造とみない見解がある。それは昭和四十五年以降の多賀城の東・西辺の調査結果とされている所(19)であるが、所謂柵木は築地構造を本体とし、その基部外面の土留めであり、地上にほとんど立ち上らないとするものである。この見解の根拠を若干点検しておこう。

多賀城東外郭線の南端附近は低湿地を通り、そこの調査で並列する径三〇センチ位の円柱の柱根列を複数検出した。基部に腕木を各々通し、その腕木を支える捨木を置いた構造があるものもあり、円柱列に内接して同じく捨木をおいた土居桁が一ヶ所存在した。この土居桁は築地をまたいだものとみて、この円柱列の内側に築地本体があったのではないかとの見方が生じたが、断面の土層ではそれを立証するもの、あるいは版築の痕跡等はみられていない。また円柱を貫く腕木や捨木も特に内側の築地本体の重量や位置を意識させる配置にもなっていない。この東辺に相対する西辺中央部の水田下の調査でも円柱列が複数、ほとんど重複して検出され、そこで築地とみられる版築等の遺構が判定されたことから、東西相応して築地本体が復元された。西辺の調査では、調査区内にまず幅約一〇メートル位の盛土整地層が造られ、その上で新古二回の布掘り掘方に納められた円柱列、その若干内側で版築とみられる土層の存在がみられ、その版築層をまたいで四個の大型の掘方（桁行八尺、梁行一〇尺以上）がみられた。掘方は径一メートルほどの大きさで、ここに一間×一間の地上構造物があったとみられるものであるが、調査時には築地寄柱の一部とみられるとし、版築及び円柱列と一体のものとしてここに寄柱をもつ築地本体を想定し、その外面に位置する円柱列は築地の土留であるとしたのである。問題部分の断面図は既に公表されている[20]（図31）が、円柱列は少なくとも層位的に前後して二度は造営され、しかも一度目のものには築地と思われる版築層を伴わず、明らかに上部の整地層がのっていること、寄柱とみた大型の掘立柱が四個に止まること、版築層が柱列と間隔をおいて部分的な遺存に止まること、しかもその高まりが平面で屈曲し、円柱列と完全な並行関係をみせないこと等が指摘できる。版築層の部分的存在を築地の残存とした場合でも、円柱列を築地と関連する一体のものとする積極的な根拠はなく、たまたま外囲線上に重複して設営された別個のものと考える可能性をもっており、とくに遡る時期の柱列ではそう考定される。また寄柱とした四個の柱穴も他の辺同様に櫓状の施設を考えた方が無理がない。多賀城で土留が積極的に立証されないとすると他の城柵ではどうであるか。東北辺の城柵中で柵木列又は柵の設置に伴う布掘りの掘方が検出されている例を上げると、徳丹城[21]、胆沢城[22]、郡山遺跡[23]、払田柵[24]、城輪柵[25]、秋田城[26]が上げられるが、これらはいずれも築地の土留として検出された例はなく、むしろ払田柵では築地と柵が途中で交替して一連の外囲をなす。また秋田城、払田柵では築地の廃絶後

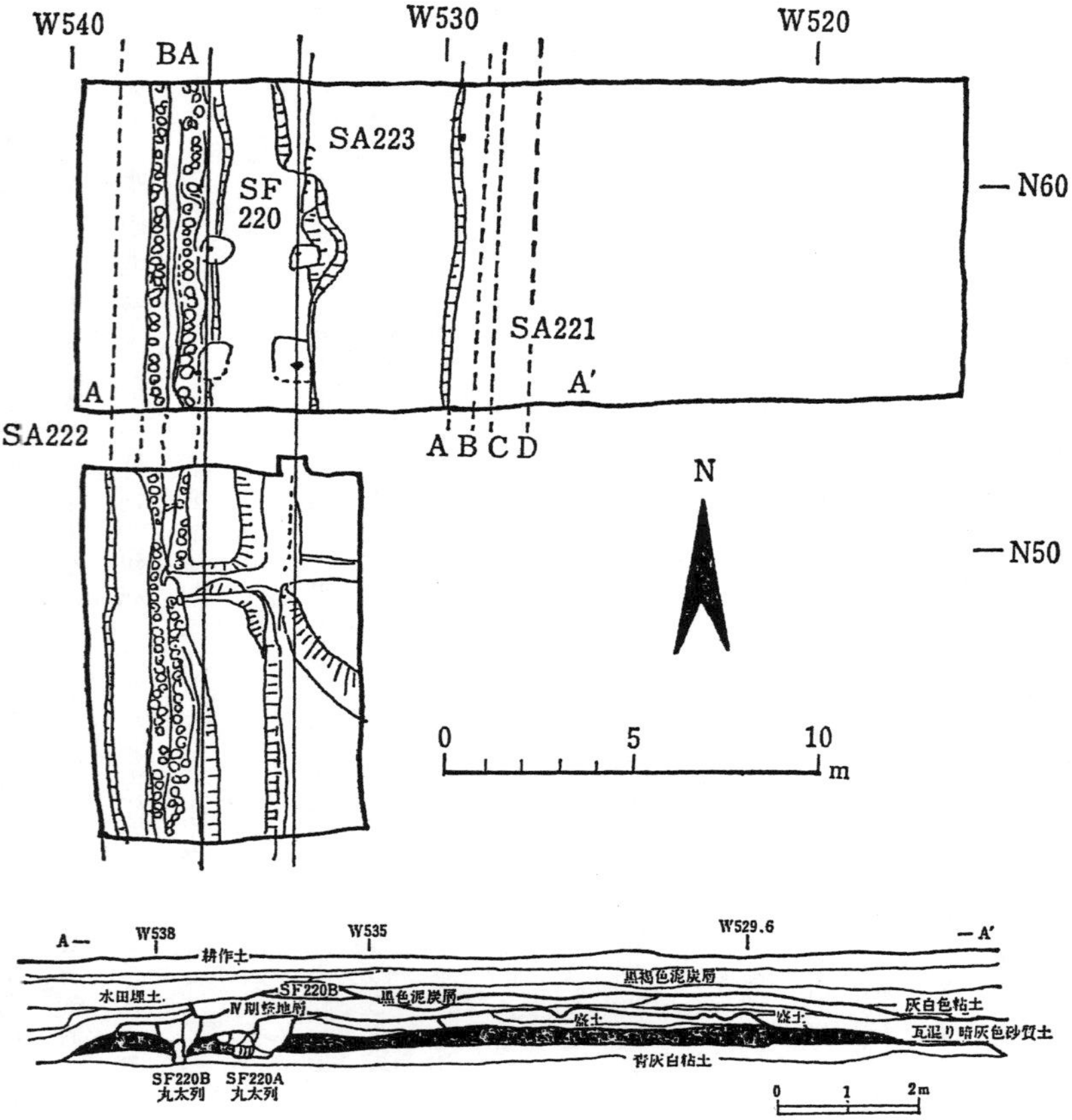

図31　多賀城外郭の西辺築地跡断面図等

にその上を通って柵列が設定されること、胆沢城の一部では逆に柵の後に築地がその上に設営されることが知られ、多賀城の認識は孤立しているばかりでなく、根拠自体がそれほど確実ではない。とすると東北辺の諸柵等で、布掘りをしてそこに円柱（郡山遺跡、多賀城の降る時期、徳丹城）、角柱（城輪柵、払田柵、多賀城の古い時期等）を並列させたものは、やはり地上に立上った構造物で築地と同様な高さと効果をもったものとせざるをえない。また反面、柵木とは別に土留や沈下を防ぐための打ち込みの杭列やしがらみによる施設が宮沢遺跡や多賀城等(27)で既に指摘されているのである。

柵の地上構造については、本来の地上部分が失われ、たまたま払田柵のいわゆる内柵で、昭和六年に検出されたものが、恐らくその廃絶時期に降ったものとしても一応の構造を示す唯一のもの（図32）である。それによると、倒伏

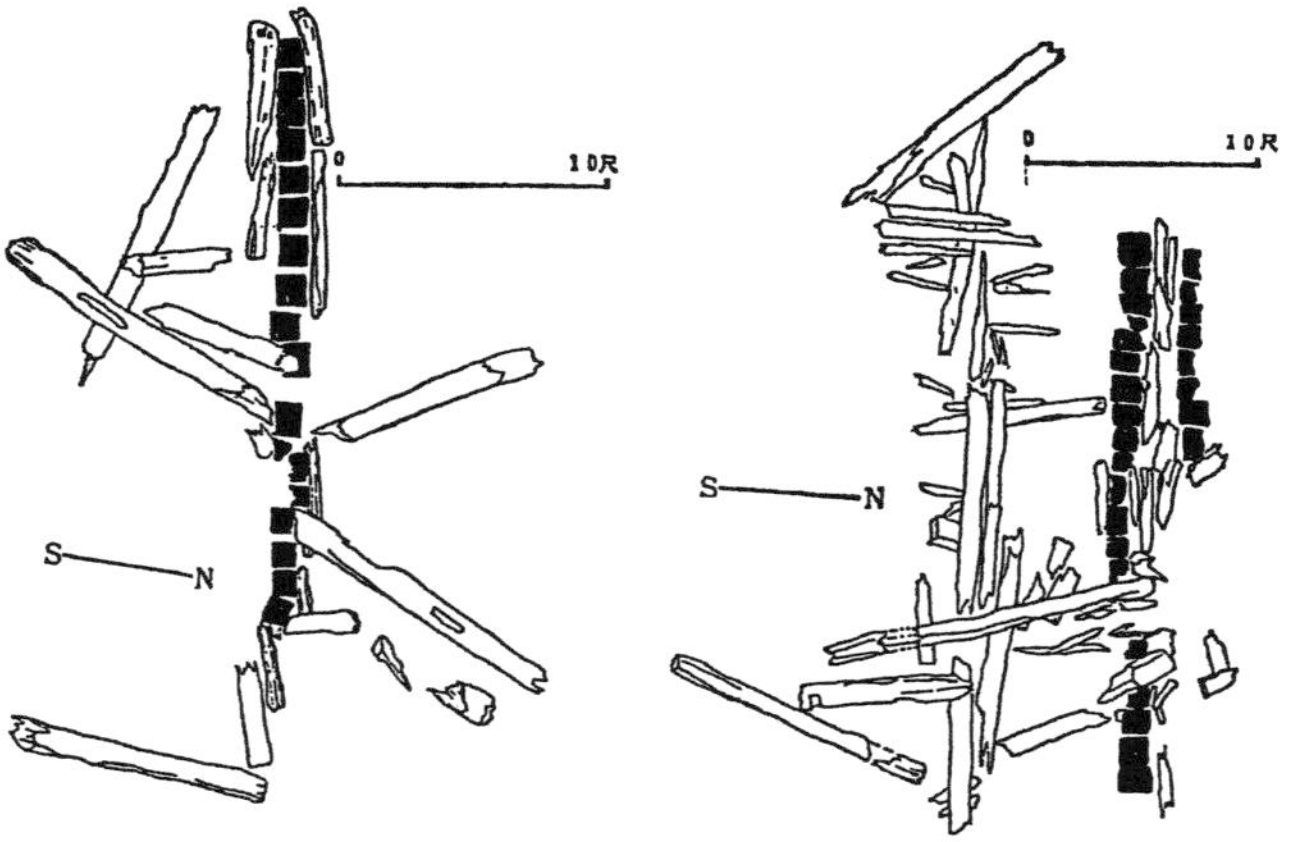

図32　払田柵の内重柵木の検出状況

した柱は十四尺を残す例もあり、その頂部近くから二～三尺下に幅一尺内外の貫穴を有していたと考えられる。頂部における構造は不明で屋根又は木をかぶせていたものか想像の他はない。これらの柵列にはそれに内接し、あるいはふみまたぐ位置で掘立柱による櫓とみられる建物が付随しており、合せて外部構造やその高さを考える根拠となる。

柵の構造は、文字通り柵木を並列させて編綴し、そのところどころに門や櫓をたて並べた高さ十四尺かそれ以上の構造体を考えなくてはならない。外囲線で版築による築地と柵列が先後の関係で重複する位置に築かれた例は先に上げた所であり、多賀城の例も今後さらに検討されよう。

以上のように復元される柵構造の最も遡る例は、仙台市郡山遺跡（多賀城の西南方約十三キロメートル）であり、存続の一時点が七世紀末を前後する時期にかかるものである。そこでは径一尺位の太さの円柱列とそれをまたぐ頑丈な櫓が既に調査されている。また秋田城や払田柵、徳丹城や城輪柵の維持された平安時代前期（あるいは中期以降）

まで用例がある。恐らく七世紀中葉まで遡る日本海側の柵の外囲施設も、郡山遺跡から類推して大きな誤りがないであろう。また多賀城や当初多賀柵として現れていることも、柵木列の利用と無関係ではないであろう。

なお、柱と柱に間隔をもつ柵列は宮室でも多くみられる所である。平城宮の例(28)などでは雨落溝と幅の狭い土盛した基壇をもつ柵列があること、柱と柱の間に分厚い土壁をわたしていたと考えられる遺材等があり、壁や板材等でつなぐ区画施設が多用されていたと考えられる。さらに布掘りして割板列を立てたり、打ち込みの板列とみられる区画施設をもつ遺跡(29)もあり、時期の遡る例も今後報告されると予想されるので、これらの整理を今後追求したい所である。

ここでは城柵と関る柵の一応の復元を検討してみた。

6　築地と築垣と城と牆（図27）

これまで点検してきた城柵等の外囲施設の観点をまとめておこう。『平城宮発掘調査報告』Ⅲではこのような外囲や区画の施設を、中世以降の一般的な呼称である築地でまとめ、古代まで含む総称とし、版築や一応の幅の基壇や雨落や寄柱痕跡を指標として設定したもので、上部構造に二大別がある点は既に注目されていた。一方古代におけるその総称は築垣であったことが明らかである。木工寮の規定や絵巻物からみると筑垣には断面の規模や屋根の構造、ひいては外見まで相当の違いがあることが判明する。寄柱で瓦葺屋根をもつものと寄柱がなく（添柱は築造後とり去られる）屋根が板葺陸屋根のものは、遺構上でも区別される点があり、その寄柱のあるものは装飾性の強いものであって、宮や寺院等の正面や中枢部等に用いられていることが知られる。

築垣は木工寮の規定や平城宮を初めとする発掘調査例を通じて、その断面等の規模に一〇倍近い差を示す。それは基本的にはその用途（宮城、城柵、寺院、官衙等、あるいは外囲か内部区画か等）によって異なっているものであり、後にのべるように付属する施設が全く異なる場合がある。築垣はあくまでも総称であって、具体的には衛禁律に最も具体的に示されているように、宮城垣（大宮垣）、京城垣（羅城垣）、兵庫垣、城垣（牆）、寺垣、国垣、市垣、坊垣として具体的な呼称があっただけでなく、それは用途の違いを反映する築垣の違いとして現実に認識されていたものと想定される。具体的にみていくと、平城宮の宮城垣は、基底幅九尺から十二尺（高さは門とのとりつきの納りから、門の柱高の一七尺以下に復元されている）、城柵では九〜八尺（時には七尺程度の遺存例もある）であり、寺院の垣は七尺以下である。衛禁律では築垣と別に筑紫等の城施設についての呼称と認識もみられる。中国の城と牆は、日本では城と垣（牆）としてみられ、しかも築垣には用途別の具体的呼称があったことになる。その点については更に詳しく後に検討したい。既にみたように神籠石式山城の城は、基底幅に対する高さの比率が〇・三又は〇・六等の例がみられ、高さは三〜四メートルに達する。柵の高さや宮城垣の高さも四〜五メートル程度かとみる根拠がある。奈良時代の宮城垣や城柵の垣は木工寮や営造法式の場合より分厚いものとなっていると考えておきたい。

用途による具体的な呼称が某垣としてみられる古代の状態を追求するためには、版築等をみてすぐ築地と一括する見方では不充分であり、以下築垣は総称として、その具体的な呼称や実態を追求する姿勢をとることとし、当面の城柵の築垣は以下城垣として記述する。

(30)(31)(32)

7　城垣の付属施設の若干

外囲施設としての築垣には、付属施設で大きな違いがみられるものがある。それを宮城垣でみると、外濠、壖地、内溝が付属し、平城宮では壖地で幅約一〇メートル、内側の壖地三〜四メートル、外濠は数メートルにも達する幅を有し、壖地上に盛土を認める所もある。この部分は防備と威容を示すため、宮城垣の付属地となる。これに対応するのが多賀城南面で、幅一五～一七メートル、高さ二メートルほどの基礎盛土工事をし、その上に城垣（基底幅二・七メートル内外）を築いている。自然丘陵にかかる所は神籠石式山城と同様できるだけ地形を活用していて、北辺等では斜面を切盛した車道状の整地がされ、そこに城垣がそびえるような配慮がみられる。城垣は高さ二メートル程の基壇や地形を踏まえて高さ五メートル位の威容を示すものであった。このような付帯地を伴うことは、若干の規模の差はあれ、東北辺の城柵で共通して認められる点であり、特に平地等に営まれたものでは外濠を広く深く掘りこんでいる。壖地だけでなく、外濠の外側に外辺とでも呼ぶような幅広い空間地をもち、その外を濠でさらに区切る例が志波城や宮沢遺跡でみられる(33)。また築垣が二重に並列したり、築垣のコーナー近くに高い基壇状のものが置かれたりする場合もある。更に特有な構造としていわゆる櫓がある。古川雅清氏の報告(34)によるとこの種の「建物」には城垣と接してつぎ足した基壇をもつものと、柵列等をふみまたぐ形の掘立柱式のものがあって、掘立柱建物の規模は一間×一・二・三間等の別がある。また柵の内側に接するものもあるとする。これらは外囲構造を切り開くのでなく、その高さの上に場をもつための施設で、配置上に計画性があり、屈曲点とか、一定の間隔（徳丹城では六〇～七〇メートルずつに配されるとする）をもっている。これらの造営は、八世紀後半以後、この種の遺跡のほとんどに付設されたとする。

城柵は本来軍事施設でないという論点に、櫓施設が遅れることが上げられたこともある。しかし郡山遺跡ではこの種の施設が当初から城柵に伴っていたことを示していて、それが本来城柵の機能の一部を担っていたことを示しているのである。既に徳丹城での櫓の配置は、当時の弓矢の有効範囲との関係で考察されたことも想起に価するであろう。文献上では城（郭）櫓と城（郭）棚櫓の別がみえ(35)、いずれも破壊、焼亡する具体的な施設である。西日本の山城でこれに比較されるのは、怡土城の外囲線の望楼状の礎石建物がある。この城には幅広い外濠跡を有しているが、他の山城では不明である。

城柵の出入口に造られる門は、東北辺の城柵の場合は礎石建物や掘立柱建物による八脚門として報告されているものが多い。これは先述の櫓と一貫した間隔の場所を占めており、櫓と同様な機能をもっていた可能性がある。胆沢城や志波城で櫓門とみられる南門が報じられている点からも考えられる所である。(36)

以上、城柵では西日本の山城は城、東日本の城柵は「大規模な牆であり城垣といえるもの」が外囲施設となっており、それに付帯する付属地、施設を伴うものであった。城柵の垣とその他の寺等の垣とは、本来異なる機能を荷う別のものとして設営されていることは明らかである。構築法が版築であり、築地の総称でまとめられるから城柵も官衙も寺も実態上の区別を有しないとする見解は、妥当でないものと判断できる。しかし古代の宮城や羅城や城柵の外囲いが、大部分は牆・築垣として総括されるものである点も事実であり、そのことが日本で定着した歴史的経過を更に追求する必要があろう。そこで構造的な検討を離れて、古代の城柵の流れについてみていくこととしよう。

三　古代城柵の流れと制度

文献にみえる施設でも、律令期以前のものはまだ不明な点が多い。『魏志東夷伝倭人条』には、著名な邪馬台国等の国々と卑弥呼についての記載がある。この倭人条は、奴国まで派遣された中国人張政等の見聞が基礎にあると考えられているものだが、そこで倭にはもと百余国、後に三十余国があって相攻伐したことが記されている。九州北岸の国々には、戸数等の記載はあっても、発掘成果から復元される集落のまわりの環濠が注目されず、中国人からみて防衛村落とみえなかったのか、既に濠が埋められ、あるいは辺地にのみあったのであろうか。邪馬台国には、宮室楼観・城柵を厳守し兵を持して常に人があったとする。弥生時代に住居の一群や倉庫に掘立柱建物が用いられていたことは実証されているが、政治的あるいは宗教的な特異な配置、あるいは宮室や城柵と呼べるものは今のところ不明である。倭国の使いも半島や大陸まで足をのばしており、大陸の城郭都市や防衛施設、あるいは半島の状況について見聞をもち帰ってきたはずである。考古学上ではまだ環濠集落や高地性集落等が集落間や小国家間の攻伐を伺わせるに過ぎない。中国南朝の『宋書倭国伝』によると、倭王武の上表文に、倭王による過去の周辺の国々の平定を伝え、宋は倭王を半島の一部を含んだ名称をもつ安東大将軍に叙している。海北の九五国の平定がいかなる実態のものかは不明だが、半島の都邑や防衛施設についての知識は伝わっていたであろう。古墳時代には環濠集落（用水溝ではない防衛的な濠を有する）の存在はこの時代を通じてほとんど知られていないが、東北や九州の辺地では、計画的で直線状の濠を有する例が報じられ、中央部における平穏ともいうべき集落のあり方と対比されるものがある。[37]中央での集落のあり方はこの時代の大規模な土木工事能力（盛土や濠を伴う古墳の造営を見よ）と考え合せ今後大いに注目される所である。

『隋書倭国伝』によると、大業三年（六〇七）に倭国から遣使があり、国書を奉じた答礼に裴世清が倭国に遣わされた。その報告によると倭国には城郭無しとされている。飛鳥の宮はもちろん、大和盆地、瀬戸内、九州までの地域で都市城郭も山城も目につくものがなかったとみられる。城郭にはその整備状況を顕示する意味も有する点からすると、七世紀初めのこの時期の日本の城郭についての一視点が定めうるように考えられる。

『日本書紀』によると、古く国内抗争で稲城等が作られたことがみえるが、これは恒常的かつ大規模なものとは考えられない。必要に応じ居宅周辺に防衛施設を作ったり、障害物をつんだり柵を結んだ施設が作られたことであろう。『書紀』の内で、城柵的施設は半島に関連した記事に限られ、国内では要害（ぬみ）、城（さし・き）、稲城、柵、塁（そこ）、堡（おさ）、戍（まもり）等の用語はみえても、その記事の信憑性とともに考古学的実態も不明である。[38]敏達天皇十二年（五八三）、半島関係の緊張に際し、火葦北国造刑部靫部阿利斯登の子達率日羅が倭国に呼びかえされた時、日羅の献策として、百済国が筑紫を請ふことがありうるので、「毎於㆓要害之所㆒堅築㆓塁塞㆒矣」としている。ここでもそれまで国内に恒常的な対外防衛施設がなかったとみることができる。推古朝に入って遣隋使が送られる一方で、任那復興と関連して三回にわたり半島遠征の計画がされた。日羅の献策後の状況として、このころから国家的な視点による防衛施設の配備がありうる背景ができつつあることになろうが、具体的な施設との関連は見出せない。それとは別に飛鳥寺の建設にみられる花崗岩切石による基壇化粧と版築による基礎と築垣を築造する技術[39]は、それまでの古墳築造にみられる石の活用や盛土の技術に加えて、神籠石式山城にみられる切石の基壇や水門、城の築成について、この頃に技術的基盤が導入・形成されたという時点を示している。舒明天皇九年（六三七）、東方で蝦夷が叛し、大仁上毛野君形名が将軍となって討ったが、蝦夷に破られて塁に入り、囲まれた記事がある。軍衆は悉くにげて城が空しくなり、将軍は垣をこえてにげようとしたとある。東方への活動が、伝統をもつ上毛野氏の仕事として記され、少なくとも編纂時にはこの頃に東方にあったと考えられた塁の施設の理解がみられる。

　大化改新の前年、皇極天皇三年に蘇我大臣が入鹿と家を甘檮岡に並べ建て、上宮門・谷宮門（はざまのみかど）と呼ばせたという。家の外に城柵（きかき）を作り、門の傍に兵庫を作り、門毎に水舟や木鉤等をおき、恒に兵を持した力人を使ったという。更に家を畝傍山の東に起し、池を穿って城となし、箭を儲けたりしたという。発掘調査により宮室の発達についてはある程度具体的に見通しが立てられるようになり、寺院や宮を計画的な区画の内に配置したことが伺われる。宮殿や邸宅に時に応じて防衛施設が付加され、恒常化していったことが推定される。皇極四年のクーデターに際し、中大兄皇子側では法興寺（即ち飛鳥寺）に入り、城となして蘇我側に備えた。飛鳥寺の外囲の版築による築垣は大して厚いものではなかったが、この土築構造物と門で囲まれた寺が、一時的に軍事施設として使えたことを示すのである。あるいは板蓋宮より対抗力のある施設と判断されたのであろうか。大化改新のクーデターの成功により、東国等国使が派遣され、国造を中心とする地方勢力の武器を収公したりしたとされ[40]、蝦夷に境を接する所では本主に帰している。地方勢力の軍事力を完全に把握できたか否かは別として、このころから国家的な軍事力の把握が試みられ、施設が普遍的に作られていく文献上の一時点とみられる。また対外的な施設も具体化されたことが論理的に考えられる所で、具体的には大化三年、越国に渟足柵を造り、柵戸を置き、次年磐舟柵を作って越と信濃の民を選んで柵戸においた記事は注目される。大化改新の具体的内容については議論の多い所ではあるが、少なくとも国家による城柵の造営と対応しているように考えられる。持統紀（斉明元年もか）には陸奥でも柵（城）養の蝦夷がみえることに知られるように、柵を中心とした蝦夷政策が東辺も北辺もともに進んでいたことを示すものであろう。

斉明天皇二年（六五六）、大和国の田武嶺に周垣を冠らしめて、嶺上の両槻樹辺に観を建て、両槻宮としたという。また石上山の石を後飛鳥岡本宮の東の山にひき、石を塁ねて垣としたという。この議論の多い記事も、半島との緊張関係を考え合せると、飛鳥の東方の山手に石垣、築垣を用いた山城を作ったか、作る予定だったことを推定させる。垣造人夫に七万余を費した（築垣一〇尺の工と夫とに対比せよ）と伝える大工事である。北辺でも斉明天皇四年、越の都岐沙羅柵があったことが知られ、東辺でも活動が続行されていた。斉明紀にみえる阿部臣の蝦夷征伐と伝えられる記事の内でも、粛慎が己の柵に拠って戦ったとしているがその施設は見当がつかない。考古学的にこの項から南下が把握されるオホーツク文化の拡大とその後の擦文文化との併存や融合等魅力的な仮説も出されており[41]、今後に期待したい。斉明天皇は半島の唐・新羅と百済等との間の緊迫に際し、半島に兵を出したが、天智称制二年（六六三）所謂白村江の戦いで大敗した。称制三年、対馬・壱岐・筑紫に防と烽をおき、筑紫に水城を築いた。次年には百済の軍人を用いて長門国に城を築き、また筑紫国の大野城及椽城を作ったと記す。所謂朝鮮式山城がこの時期に築造されたのであり、その東端としては畿内の河内と大和の境にある高安城がみられるのである。

壬申の乱（六七二）の過程の内では、この高安城が内戦の一戦略拠点としてみえ、争奪戦の対象として、また重要な展望点としても機能している。他に臨時的な城営がいくつかみえてもいる。近江国の北方では三尾城の存在がみられ、これは乱以前からの施設と考えられるものである。朝鮮式山城として知られる一連の山城の他にも城があった一例ともいえよう。以後、特に注目すべき城柵の状況としては、天武天皇八年には難波に羅城を築いている。都市城郭の建設とみうるものではあるが、その遺構は不明である。この天武朝には都城は一所に否ずとして複都制の計画があり、難波京でその一端の実施がみられたとも考えられ、都市城郭について大いに注目しなければならない。大宝二年（七〇二）には、唱更国司が国内の要害地に柵を建て、戍をおいてこれを守らんとしており、九州南半にも柵が設置されていくことが伺われる。この前年には高安城が廃止されている。養老二年（七一八）には、備後国安那郡茨城、葦田郡常城を停むとの記事がある。西国の山城はその主なものを除いて、維持活動も伝えないものが多くなるが、その一端が建設時期不明の備後国の城から伺われる。八世紀に入ってからは、主に東北辺で柵と城の設置の関係記事が多くあり、西方では大野城等の修補を除いては、怡土城が天平勝宝八年以降築かれていることが注目される程度である。畿内周辺では、東国との境に三関が置かれた。その一例の調査により関を城柵と関連し対比できる施設とすることができるようになった。

一方『風土記』においても注目すべき記事がある。『播磨国風土記』においては、地名伝承として百済の人が故俗のままに城牟礼山という所に城を作ったと伝えていて、集落と対応する逃城的存在を考えさせるが、残念ながらその遺構は不明である。『肥前国風土記』等において、若干防衛施設らしいものが存在するが、肥前国内の神籠石式山城には一言もふれていない。『出雲国風土記』には戍や衛や鎮所の存在が知られる。この戍や鎮所等は律令制の規定の表面に出てこないが、地方における施設の実態を示すものとして極めて注目される所である。しかし考古学的にはまだ未解明である。九州でも、藤原広嗣の乱に関連して、大宰府が管轄していた鎮所が各地にあったことが知られ、しかも鎮所の指揮権が大宰府の官人に握られていたことを伺わせている。

城柵についての興味ある金石資料としては、威奈大村の骨蔵器(42)があげられる。大村は越後城司に任ぜられ、越城で慶雲二年（七〇五）終ったという。大村は越後国司でもあり、大和に帰葬され、蔵骨器の銘文からその経過が判明した。越後には既に渟足・磐舟・都岐沙羅の柵があったことが知られていたが、これらを総称し、あるいは統括して、越後という国名を冠した越後城というものがあり、国司が城司として指揮する制度があったといえよう。このような国名等を冠した柵・城は、他にもいくつかの国で認められ、各国に国司が把握する城制があったことを考えさせる。ここまで見てきたので、律令制における城柵等の施設について概観することにしよう。

律令制下における軍制は、中央と地方に大別され、中央には常備軍として衛府や舎人を中心とした兵力があり、衛士や衛門も徴集されている。中央における兵官としては兵部省があり、地方軍制における通常時の監督権を握っている。その職掌の内に、兵器や儀杖等と並んで城隍・烽火の事があげられていて、国家レベルでの城の管理・修造等の任が示されている。しかし白村江の敗戦時を除いて中央政府がいつまで、どの城まで造営と管理に当ったかは明らかでないといえよう。実際上は大宰府や諸国がその任を受持つようになったとみられる。大宰府や国々の国司には城のことが任務として例示され、例外として難波の玄関口に当る摂津職には兵士・器杖や津済の任は記されても、城のことは削除されている。大宰府は、兵士、器杖、鼓吹、烽候、城牧、蕃客、帰化等を扱うことであり、具体的には大宰府の大工が城湟、舟檝や諸の造作を職務としている。諸国では、烽候・城牧が任の内とされ、特に西辺の特殊事情として、壱岐、対馬、日向、薩摩、大隅等は、鎮捍・防守及び蕃客の帰化を知ることとなっている。また三関国司は城主とも呼ばれ、関剗及び関契等を掌る。陸奥・出羽・越後等の国は合せて饗給・征討・斥候を任務とすることとなっていた。郡のレベルでは、大郡であってもかかる任務は課されることがない。諸国に置かれた軍団の制では、軍団の幹部や構成する兵士に郡司層や白丁が当り、期間を定めて訓練と服務を行ったことが知られるが、その指揮権はあくまで国司が把握しているものであった。平安時代に入ると軍団は停廃され、奈良時代にも既に兵士の停滅がみえ、(43)全国的な軍制は早くから辺要を除いては実を失っていくが、東国の兵士の内から西辺の防人や東北辺の鎮兵が指定され、長期間の兵役を負わされたことも知られている所である。

以上、概観した所で、律令制度下では、内国にほぼ普遍的に城牧等の任が課せられ、西辺や東北辺ではそれに加えて別の任務も付加されていたもので、三関国にも特有の任があった。国々では具体的な施設としては城を初めとする防衛施設の普遍的存在が予定されていたのであり、また客館等の施設もありえたであろう。訓練された軍団兵の主な任務は、国関係の機関の警備と城等の施設に配当され、事に備えることであったとみられる。城の造営に当っては、中央政府あるいは国司等の指揮下に、兵士や一般民衆が動員されたことが東日本での具体的な事例から知られている。(44)その城の日常的な管理・維持は国の責任の下に、兵士を使役して行われたものである。しかし内国での城の存在・造営等は文献にほとんどみえず、以上は制度上の規定であるとみられてきたのだが、反面歴史的に城制が実現されたことも充分考えられることであり、その実態は更に慎重にみていく必要がある。

これらの城柵がどのように呼称され、運営されたかをもう少し詳しくみていきたい。衛禁律の内、越垣及城条(45)には、

凡越兵庫垣、筑紫城、徒一年、陸奥越後出羽等柵亦同、曹司垣杖一百、大宰府垣亦同、国垣杖九十、郡垣杖七十、坊市垣笞五十、皆謂有門禁者、……

とある。これによると、軍事力の根源である兵庫の垣に相当するものが筑紫の城、陸奥出羽等の柵という、具体的に

越えるか否かが判定される施設としてみえている。この城と柵が軍事的ラインを意識していることは明らかで、加えて西の城、東の柵という区別が対応し、これと奈良時代前半期までの文献にみえる施設の区別は合致し、しかも両者とも筑紫や陸奥等の名を冠している。筑紫城は具体的には水城であり、大野城であり、他の具体名をもつ施設を総称している。他の各国には城柵がいかなる配置のいかなる遺構として残っているのであろうか。それは具体的な名称と総括する名称とがあったことになるであろうか。これらの具体的な城柵を点検していくため、城柵の研究状況を次に見ていくこととしたい。

四　研究史と問題点

文献にみえる城柵等についての考説は、古くより行われているが、ここで問題とする城柵の基本的な検討に当って考古学的研究が進展していなかった時期に遡ることはあまり意味をもたない。一九二〇年代から一九三〇年代にかけて、高良山神籠石、女山神籠石、雷山神籠石、大野城址、水城、怡土城址の報告があり(46)、東では遺構の発見を契機として払田柵址、城輪柵址の報告がなされ、各々報文の内で考説が出されている。そのうち神籠石については明治末年から大正年間にかけて、所謂神籠石論争が華々しく行われたけれども、山城としての明証をもって論じられるようになったのは近年のことに属する。戦後の調査としては、帯隈山神籠石、城山山城址、胆沢城址を初期のものとし、昭和三十年代より多賀城、大宰府及びその関連施設の調査、平城宮址の調査が継続的調査として出発し、多くの成果を上げて発掘調査盛行の幕開けとなっている。これらの成果や研究の流れについても、既に概説書で多くふれられている所であるが、戦後の状況を主な論点を中心にひろっていくことにしよう。

昭和四十三年に改訂された大類伸氏監修の『日本城郭全集』別巻[47]では、古代の城について以下のようにのべている。古代の城は原始時代の防衛施設が存在した後は、東日本の城柵と西日本の神籠石とに代表される。天然に依存し、石を積み、樹木を結び、溝を掘り、土塁を築く防衛施設が先駆的なものとしてその前にありうる。城はキと発し、限る意味をもち、「土」を成す構造が即ち城といえよう。大和朝廷の国家統一後、各地に城が築かれ、大和朝廷に服せぬ東北地方には大和勢力の進出とともに多くの城柵が営まれた。それらは六国史で十九認められ、この時点で所在が確定するのは内五であるという。これら東北の古代城柵は蝦夷の平定の軍事目的の他、東北開拓の基地の性格があった。神籠石は九例あり、昭和三十八年のおつぼ山神籠石の調査、同三十八年の帯隈山神籠石の調査により、山城であることの結論が出されている。つまり神籠石の列石の背後に土塁の存在が認められ、前面に木柵があったことが明らかにされた。また柵列の柱間寸法から、その築造年代は唐尺使用以後とされるに至った。神籠石の分布は北九州を中心に中国地方に広がり、とくに有明海の周辺に多く、外国勢力に対したものであることを物語る。この分布は所謂朝鮮式山城と同じである。天平勝宝八年に怡土城が築かれている。都城も古代の城の一種として注目され、大津京から平安京まで営まれ、これらは中国の都城を範として羅城を備えたものであるとする。これらの見解は、この時期の一般的見解を代表するものといえよう。

これより先、昭和三十六年に坪井清足氏は『世界考古学大系』4において、考古学的見地から城柵研究の水準[48]をまとめた。そこで東日本型と西日本型のあり方が再論され、西日本型は奈良時代初期に大陸よりの侵略に備え、大化改新後の国が西日本一帯に作ったもの、東日本型は奥羽地方開拓の拠点として漸進的にきずかれた城柵の類とする。両者は構造・目的の差異があるが、いずれも大規模で寺院等の関連施設を伴い、かつ調査が進展していないとする。このまとめは、それ以後に調査が進展し始める合図となった。ここでの遺跡の認識をみておこう。神籠石は西日本の山城址の一種で、切石の石塁を特色とし、谷に水門をもつ。帯隈山のように石列上に築土層のみられるものや、岩をけずって石塁にしたてたものが注目され、切石列は柵の土留ではない。香川県城山山城の例は、車道という段が存在する。城門が認められる例もあるが、内部施設はほとんど知られていない。これらは文献に登場しないことと、朝鮮式山城より古式とみること、配置の観点から六世紀の九州地方の争乱との関係も考えられるとする。ついで西日本の山城として、所謂白村江の敗戦の後に天智朝が造営した水城や大野城等が登場する。これらは亡命半島人の指導によることが明記されたりしていて、谷をとりこんだ土塁と石垣をきずき、谷に水門を設けている。門や内部に礎石を用いた建物跡が残される所が多い。高安城その他についてもふれ、最後に怡土城についても要点を紹介している。東日本の城柵としては、朝鮮半島から眼を蝦夷地に向けた国家権力が打ちこんだ楔ともいえるもので、構造としては平山城乃至平城というべきものである。土塁や空湟を残すものと木柵のものがみられ、西日本のような石垣の例は知られない。内部に正庁部分をもつこととそれが掘立柱や礎石の形態を示すことも把握されている。多賀城等の外郭は土塁であるとする。木柵を用いたものとして城輪柵、払田柵の例が紹介され、掘立柱の門が記述されている。

以上は調査が盛行する以前の共通理解と調査出発時の状況を示すものといえよう。

西日本の山城、東日本の城柵の調査の開始と、中日本における都城調査の一定の進展をうけて、昭和四十二年に『日本の考古学』で城塞についてまとめがされた(49)。東日本の古代城柵として、伊東信雄氏が次のようにまとめている。東日本の城柵は東北に偏在し、蝦夷に対するものとして築かれたことと各城柵遺跡についての記述があり、多賀城の内城が政庁域として築地土塀で囲まれた施設であることとその火災の事実が判明している。そして西日本の古代城柵との差として、片や山城であるのに対して立地の違いと、東日本での開拓基地としての面の重視が上げられている。東日本の城柵の外囲施設は土塁又は柵である。鏡山猛氏による西日本のまとめは次のようである。神籠石については、おつぼ山神籠石の発掘成果を上げ、高良山から始まる神籠石の問題に対して全般的な展望を行った。神籠石についての論争史のまとめと地元に某「城」―キという呼称が残っていることが多いと指摘がある。おつぼ山の場合、それが一種の城塞施設をもつことが知られた。それは切石の列石の背後に土塁があり、前面に木柵があったことである。また水門附近の出入口と思われる幅一〇尺の通路で、径三〇センチの三対の柱がある。これらの造営尺は唐尺使用とみられ、大宰府等と一致する。神籠石はその配置や規模からみて、国の規制の下に施行されたと考えられ、外冠対策がよみとれるという。次に大宰府の外郭施設として水城、大野城、基肄城があり、広い谷を抱いて尾根に土塁をめぐらす山城として把らえられる。水城は数ヶ所にあり、山城と一連の大宰府の羅城であるとする。それら山城には石塁や門、その内部に倉庫群が設けられたことを解説する。諸国の山城としては、金田城、鞠智城、屋嶋城等が上げられている。西国の新城というべき怡土城では、山頂より尾根づたいに望楼を設けるもので、山城として神籠石との計画の違いがあるとする。西日本の城は山城として把握され、その主な構造が土塁と石塁として把らえられている。

昭和四十五年の『新版考古学講座』でも、[50]西日本は鏡山氏、東日本は板橋源氏による解説が行われ、特に東日本の太平洋側でも、木柵を中心とする外囲施設をもつ徳丹城の調査成果が紹介され、日本海側と合せ考えられることとなった。また平安後期の陸奥出羽の豪族の柵がとり上げられている点が目につく。

ここで解説から離れて、東日本の城柵研究の若干の問題点に立入ってみよう。東日本の城柵研究は、昭和六年の上田三平氏の『史蹟精査報告』第三にみられる払田柵、城輪柵の調査から始まるともいえる。柵木、門跡、角楼や出土品についてふれ、文献史で推察されていた柵の実態が明らかにされたとした。払田柵で内と外に二重に並列する柵の存在だけでなく、そこで柵の高さを推定する材料が得られたとし、木簡を紹介したことも注目に価する。[51]昭和二十九年～三十年、胆沢城の一部の調査、[52]三十二年～三十四年の越後国磐舟柵の一推定地の調査、[53]三十四年～三十六年まで文化財保護委員会による秋田城の調査が行われ、三十六年から多賀城の一連の調査の最初の鍬が入った。(54)その頃の東北城柵やその西日本の山城との違いについての一般的見解は既にみてきた所である。それらに対し、多賀城等の遺構が実際に調査されるに従い、過去の認識の訂正・補充が生じることはいわば当然ともいえるが、その違いを継受的なものととらえず、学説的・方法的違いとして位置づける議論が生じてきたことは注目される所である。

多賀城に関わる論点の若干をみておこう。四十三年の新しい体制による調査では、中枢部分や中央部の官衙及び外郭についての調査を続け、新しい事実を明らかにしていった。昭和四十五年、工藤雅樹氏は「多賀城の起源とその性格」について論じ、(55)多賀城研究史を批判的に点検した上で、多賀城の実態として、築地で囲まれた内郭の配置は当初から基本的に変らず、それが国府と同じ様式をとっていること、外城の土塁とされてきた施設が、各地の寺院や国府の外郭に用いられたものとまったく同じ構造の築地であり、それが当初から存在したことをあげている。多賀城はその起源から国府としての機能、即ち行政的な機能をもつものとして作られたとし、軍事的な機能を否定した。多賀城の成立も、これまで多く説かれたような陸奥鎮所を継受するものではなく、その年代も天平初年前後とみる説を提示したのである。これに伴い五柵などの一連の城柵も軍事的な緊張の時ではなく、それが一段落し郡が小分割された後に郡の郡治として作られたものとしたのである。これは城柵の見方として画期的で、調査結果を織りこんでいるが、一方で氏の古代東北史に対する独自の研究成果を裏付けとしているものである。さらに、このような見解は昭和四十五年から四十六年にかけての調査で裏付けられたという。「多賀城外郭線の調査」を論じた工藤・進藤秋輝氏の論によると、外郭線は南面では大規模な盛土整地上に築地（基底幅二・七メートル）を構築したものである。西辺では幅十二メートルの盛土整地上に築地があったこと、その盛土の両端にしがらみの護岸があること、築地に新旧二列があること、掘立式の寄柱があること、築地の外側に犬走りに接して丸太材（径三〇～四〇センチ）を密に並べていることを明らかにしている。(56)結論として、築地で全体の外囲をしていることをあげ、低地に及ぶ場合には幅広い盛土整地上に築地の土留として丸太列を伴ったとするもので、前述の工藤論文を裏付ける事実として論点を再びとり上げている。

以上のような基本的な視点と事実認識の上に立って、多賀城並びに東北の諸城柵を検討した結果は、工藤雅樹氏の「東北古代史と城柵」以降の論文として端的に論じられている。(57)これまでの諸研究者が、いずれも東北の城柵を軍事的なものとしてみていたとし、まとめて批判の対象とされ、その誤った理由として皇国史観の残影や開拓史観もまた検証されるに至った。城柵に関するこれまでの理解は〝異民族を征服し植民地を獲得することを日本人の使命とし、異民族支配の実現を讃美する東北開拓史観の産物〟ときめつけた。櫓の存在を若干気にしながらも、東北の城柵は基本的に官衙であって軍事施設でないとする主な論拠は先に上げた諸点である。しかしこの結論は、城柵の具体的なあり方の研究方向を官衙レベルに止めてしまうことと、動的な歴史の諸側面の検討を限定し、共同研究の展開よりも立論の維持に大きなエネルギーが費されたように思われる。多賀城で築地の土留と判定された柵木については、桑原滋郎氏が東北地方の類例を再点検し、(58)他の遺跡でも多賀城の解釈が通用するものとし、今後こういった遺跡の研究にあたっては「城柵」の実態に迫るという観点からではなく、地方官衙を究明するといった態度で臨むことが必要であろうという。氏は『日本城郭大系』(59)でも以上の見解をまとめていて、まず前提として城柵＝官衙説が正しい説として提示され、各城柵遺跡の紹介の後に、城柵調査で政庁の所在が知られたことを一連の調査の第一の成果として上げ、(60)発掘により城柵を軍事施設としてみる見方が決定的打撃を受けたとする。城柵の外郭は築地であり（柵ではなく）、櫓かと思われる施設も第三期（七八〇年代以降）にようやくみられるものとする。払田柵の柵木については地上構造もあった可能性を初めて認め、その場合も角材列が築地と同効果の区画施設であるから問題ないという。また桃生城、伊治城で報じられた土塁も築地に準ずるものと判定する。(61)さらに判明している官衙の年代からすると、多賀城中枢部が国府型なのでなく、多賀城を手本に諸国の国府型の政庁が形成されたという見方を提出した。

平川南氏は「古代東北城柵再論」[62]において、城柵は国府直轄の機関であるとし、城柵が郡衙であるとの見方を否定した。城制は令制郡へと移行する以前（あるいは以後も）の国府直轄的行政区と理解されるとする。城柵が官衙としての中枢部分の配置、官衙機能をもつ文献的な裏付けとなるものであろう。

工藤・桑原氏に代表される事実認識と城柵の位置づけは他の城柵研究者の論[63]にもみられる所であるが、城柵に行政的・官衙的側面があることは、研究史からみると古くより云われてきた所である。最近の成果を強調するためには城柵の軍事的側面は論理的に否定されざるをえず、先行する研究成果との立脚点の違いが強調されることになる。しかして城柵の遺構を官衙としてのみ研究することの効果はどのようなものであろうか。築地として同一視すること、柵木を土留とすること等の基本的な認識の適否については、先に若干検討した所である。

昭和五十二年の『城』[64]では、西日本の城、高地性集落、瀬戸内の古代山城、東北の城柵等についての各論があり、この時点での成果のまとめがされている。その内に李進熙氏の「朝鮮と日本の山城」では興味ある論点がみられる。氏は神籠石式山城について点検を加え、これを逃込城とみ、六世紀という年代を想定した。そして天智朝の所謂朝鮮式山城は、六世紀の初めに百済系渡来民の残した山城を、七世紀中葉の百済渡来の将軍らが補強したものであると推論する。神籠石式山城を渡来民のものとみる説は金錫亨氏が既に展開している所であることはよく知られている[65]が、この種山城の年代については多くの論説が提出され、定まる所を知らない。これら西日本の山城の状況については葛原克人氏の「古代山城の特色」でよいまとめがされている[66]。氏は朝鮮式山城と神籠石式山城を各々紹介した後、神籠石式山城がいつ頃築造をみたかに焦点を定め、この種山城の特色を、①相接して二キロメートル以上にわたり連る直方体の切石は土塁の基底部を構成する根止めの列石であること、②地山に垂直または垂直に近い角度ですえつけられた列石の上部には、本来土をいく層にもたたきしめた版築層が二～三メートルの高さで付随し、塁線の幅は実に九メートルを測ること、③下部の列石と上部の土塁の外にはさらに径三〇センチの柱根または柱痕跡が残存し、いずれも柱間は三メートルと等しい間隔をもち、一定の規格がみられることを上げる。朝鮮式山城は神籠石式山城と比べ、城郭の全周が相対的に長く、従って城内面積が格段の差を示す。城内から自然石を用いた複数の礎石建物群が発見されていて、神籠石式山城のあり方と対照的である。炭化米等の検出例が知られ、官城としての恒常的なあり方が強い。城壁は圧倒的に土築によるが水門石垣はいっそう堅固となり、城門に例外なく門礎をとどめ、城門と水門の位置が近接している例が多いとする。更に検討を進めて坪井清足氏の提唱した九州型、瀬戸内型を継承しつつ朝鮮式山城と神籠石式山城を同一視点でみる定点を設定しようとした。それは一つは規模と立地であり、次いで門礎のあり方である。また出土品についても注目する。両者合せて鉢巻型A・B、傾囲型A・Bと分類し、それが傾囲型A、鉢巻型A、鉢巻型B、傾囲型Bという発展段階として理解されるとする。立地は平地から山上へ、山頂からふたたび平地へという傾向とするのである。氏は神籠石式山城の築城年代については六世紀末葉から七世紀中葉のおよそ半世紀に絞るとし、掘立柱の門から礎石を有する門への変遷に注目していく。以上、東日本の城柵に力点を置いて現在まで積み重ねられてきた問題点のいくつかをみてきた。その研究にはこの他にも重要な論点もあるので、詳細は参考文献を見られたいが、総じて、その配置、立地、官衙等との位置関係、外囲構造や付属の施設、及び内部構成等の点が東西ともに共通する問題である。この点は都城や関でも同じことであろう。構造をみていく上での先の基本的な視点を基礎にして、各城柵遺跡の成果を簡単にまとめてみる必要があるであろう。

五　城柵跡の調査概況

城柵の調査報告には既に多くの集積がある。そこで外郭線についてを視点に、西と東と中に分け、主な点を表示しながら点検していこう。

1　西日本の山城等

西日本の城としては、外囲施設を城と牆に大別した場合の城に相当する施設がみられるが、他に大宰府の中枢部等で築垣で囲まれた政庁・官衙・寺院等を並列している例(67)がみられる。これは今のところ国府で政庁を囲む性格のものと同様にみておきたい。西日本の城には、神籠石式山城と呼ばれる基壇を有する土築の山城と、朝鮮式山城と呼ばれる石築と土築の城を連結したり、表面の保護や水門部分に部分的に石を用いるものに大別される。さらに水城(68)として知られる大規模な土城構造がある。

a　石築・土築式山城（朝鮮式山城等）（図33・表5）

所謂朝鮮式山城等で文献にみえるもの、及びそれと同じ様式のものである。文献にみえて所在・遺構が判明しないものもかなりある。城の本体が大体は土築の城であり、谷部等で石築の城となったり、一部で表面を石で保護したりするものをこれに含める。これらの山城は九州で大宰府を核とした配置をとることが云われてきたが、稲積城・三野城の確認次第では、国府や島府との関係もさらに注目されるようになる可能性も残す。神籠石に比較して規模が大であるが、その立地は大差がない。門や水門が判明していて、門礎が発見されている例が多く、門礎は柱座のあるもの、

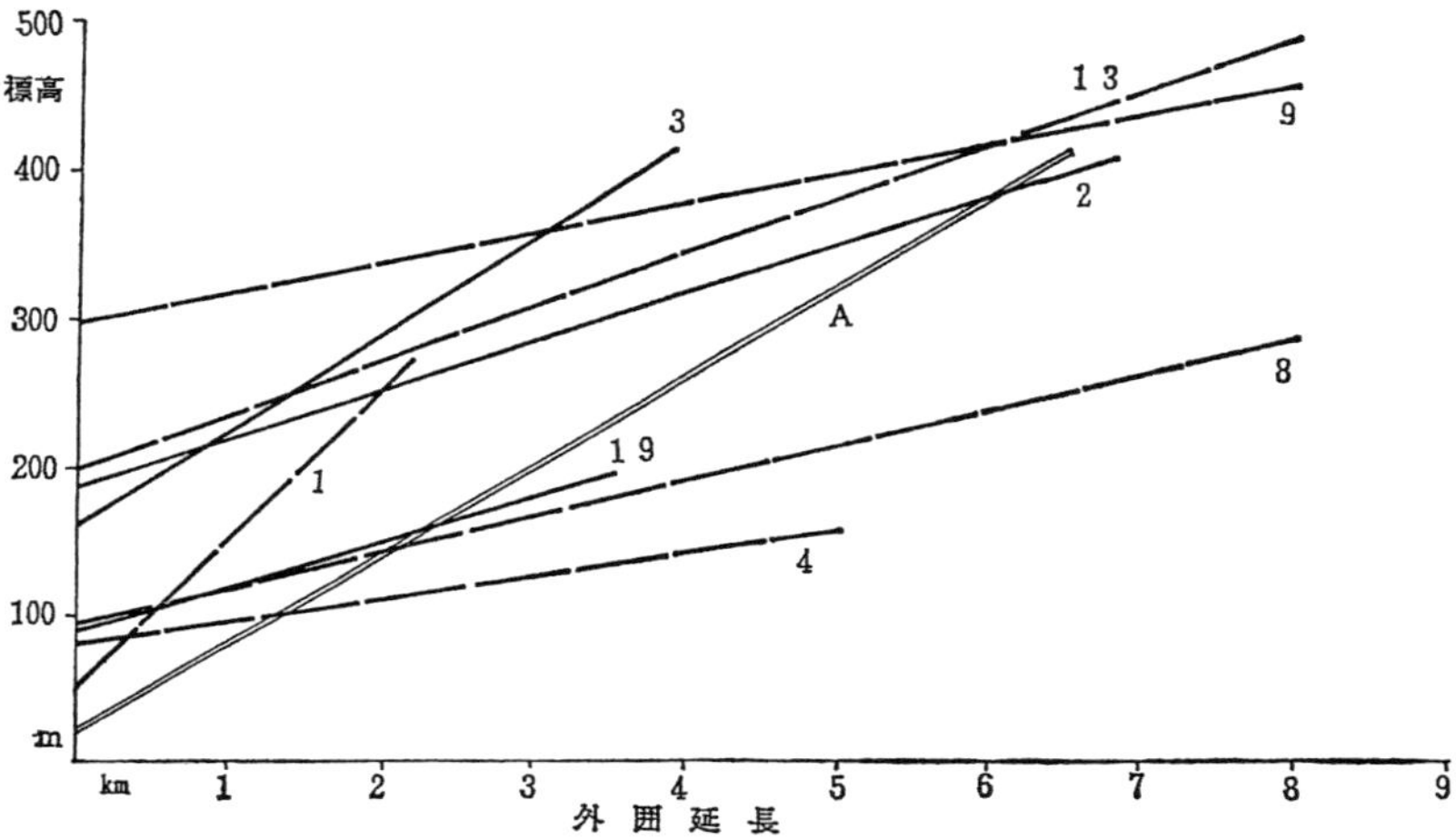

図33　土築・石築式山城の比較

平らなもの、軸受けのあるもの、掘立柱につきつけるもの等がみられることは各氏の注目する所[69]である。一遺跡内でも門形態の変遷が考えられる。また位置については大宰府や国府等との関係が注目されるものがあり、特に中・四国では国府附近の城に加えて国の要所におかれた場合があるようにみられる。城山城は山城の東麓に讃岐国府が広がり、大宰府とその周辺の山城と同質な配置となることは明瞭であろう。立地上では、所謂鉢巻式と包谷式がみられるが、両者は時期や規模では変らず、稜線外側の傾斜を活用し、山塊と連る場合でも一定の独立性を保持する地形のとり方をする。神籠石式のように水門のある城の最低点が平地まで降ることはない。この一群の山城の城の構造は、石垣を除いては調査の手を染めたものはなく、工法や規格等で不明な点が多いが、版築していることは大野城等で知られている所である。この山城の外囲いを、大野城の例[70]にみていこう。大野城は大宰府の北方にそびえる四王寺山に天智称制四年に築かれた山城である。中央政府が大宰府防衛のため、百済の官人億礼福留、四比福夫に指導させて築いたものである。東西一・五キロメートル、南北二・一キロメートル、外囲の長さは七キロメートル弱（複郭を含めた総延長では八・六キロメートルほど）である。大宰府の北の護りとして、他の城より長く修補が続けられ、九世紀いっぱいは維持されていたし、のち四王寺が建立されて山名のもととなった。北から入る谷を抱き、馬蹄形状をなす稜線に土塁・石塁をめぐらし、北の谷の出口と南の稜線より若干外側が複郭式に二重になっている。全体は鉢巻型となるが、形式上は包谷式ともいえる。城門が四ヶ所で確認され門礎が残る。掘立柱で軸受に礎石を用いるものから、造出しのある礎石建ちの門に変ったものとみられている。北の内側の外郭線に当る百間石垣の一部と北石垣、南の外側の囲いの一部の大石垣が調査されている。それによると大石垣附近での石垣（石築の城）は高さ約四・五メートル、幅は上面で約四メートル、基底部外面が一メートルほど外に出ている。百間石垣（図35）では河底近くで基底幅約九メートル、高さは約八メートルを測るが、大略六メートルほどで外面の勾配が約七〇度と報告されている。北石垣では急斜面に版築した外面に高さ三メートルほどの石垣が築かれたものである。この附近の傾斜変換点の差（段状に築成された城の高さを示す）は四～六メートルと報じられる。稜線をめぐる土塁は基底部の幅八メートル、高さ二メートル位のもの（但し幅・高さとも崩壊により旧状とはいえない）とされ、版築が所々で確認でき

（　）は推定値・推定地

現存水門	文献初出年代	備考
3	天智称制6(667)	島原近くか
	天智称制4(665)	大宰府北辺
		倉庫群・複郭式
2	〃　(665)	大宰府南辺
		倉庫群・複郭式？
(1)	文武2修治(698)	倉庫群
	文武3修　(699)	
	文武3修　(699)	
	天智称制4(665)	長門国府近くか？
	天智称制6(667)	
(1)		讃岐国府へ2km
		複郭式
3		備前国府へ6km
	養老3廃　(719)	備後国府近
	〃　廃　(719)	
	天智称制6(667)	河内国府近
		倉庫群
	天武元　(672)	
3	天平勝宝8(756)	
木樋	天智称制3(664)	大宰府西辺

表5　土築・石築式山城（朝鮮式山城等）一覧

番号	名称	所在地	外囲延長	城内最高点	外囲最低点	構造	現存門
1	金田城	長崎県美津島町	km 2.2	m 275	(50)	(土)・石	3
2	大野城	福岡県大野城市他	6.8 総延長8.6	410	190	土・石	3
3	基肄城	佐賀県基山町他	3.9	415	165	土・石	4
4	鞠智城	熊本県菊鹿町	(5)	(160)	(80)	土・(石)	2
5	稲積城						
6	三野城						
7	長門城	(山口県下関市)(四王司山？)					
8	屋嶋城	香川県高松市	(8)	292	95	(土)・石	
9	城山城	〃　坂出市	(8)	462	(300)	土・石	1
10	大廻小廻山（築地山）山城	岡山県岡山市	3.5	198	90	土・(石)	
11	常城	(広島県府中市)(七ツ池附近？)					
12	茨城	(広島県)					
13	高安城	奈良県三郷町他	(8)	488	(200)		
14	三尾城	(滋賀県)					
A	怡土城	福岡県前原町	(6.5)	(415)	21	土・石	4
B	水城	福岡県太宰府町他	1.2以上	(40)	22	土	2

る。大石垣の東方に連る附近ではこの土塁状がよく残っていて、外側との間に急な段落が三〜四メートルにも及ぶ状況である。石垣と土塁との関係は、北石垣にみるように、本来版築の構造の外側に築かれたものがある一方、百間石垣等にみるように石垣が途中で土城に移行するとみられる所もあり、谷間等で水の処理や防備上の重要な所を石築の城にしたものとみられる。そして石築の部分と土築の部分が一連の連続をなすことから、土塁は本来石垣と同勾配、同規模、同効果のものであったとみられ、大部分の外囲線をなす土塁は正に城構造であったものと考えて

主山塊名（標高）		備　　考
杵島山	m 342	（凝角灰礫岩）
		肥前国府へ５km
高良山	312	筑後国府へ2.5km 後世修補？
古僧都山	286	
三ケ月山	497	
雷山	955	
		豊前国府へ５km 複郭式．石築部分
登龍山	462	備中国府へ５km　石築部分，掘立柱建物？
		伊予国府へ６km

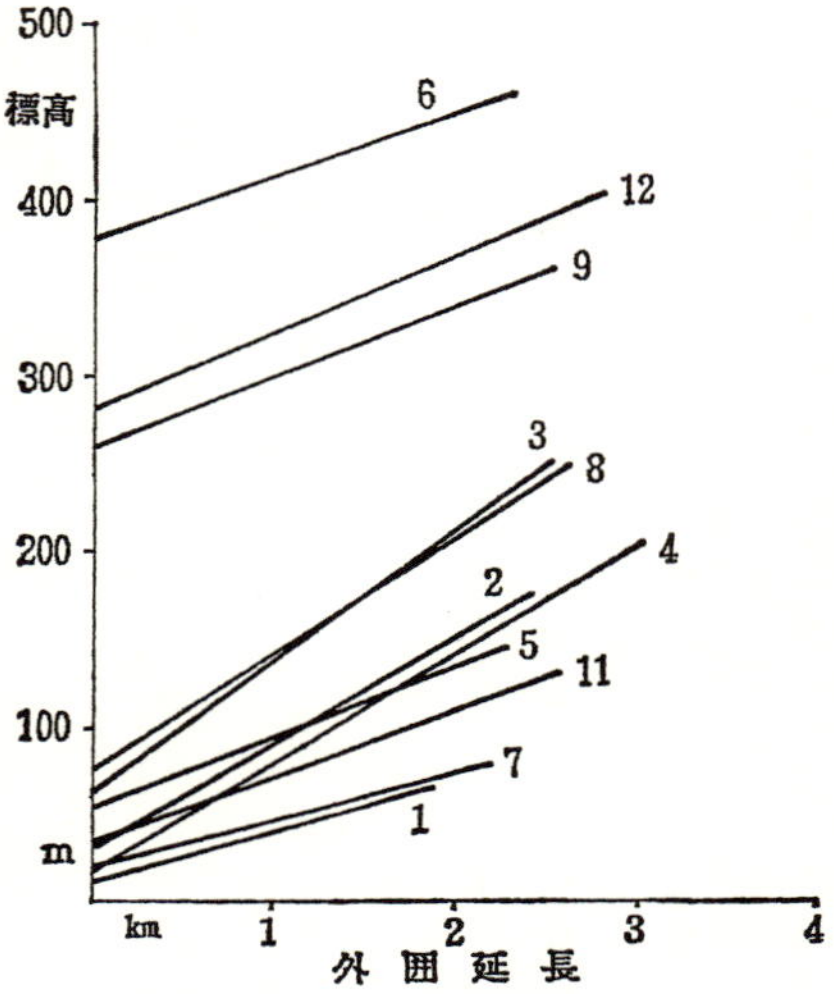

図34　基壇上土築式山城の比較

よい。これらの高さは大石垣等の状況からすると基底幅が六メートル以上八メートル位まで、高さ四～五メートル以上六メートル位までのもので、上端の幅が四メートル位のものと一応想定される。山の斜面を利用できる所は山寄せ風の所謂車道にしてこの高さを確保したものであろう。内部の倉庫群は六ヶ所ほどに分散して六〇棟余検出され、掘立柱式から礎石式への変化も把らえられている。その内の主城原地区では倉庫以外の用途とみられる長大な掘立柱建物があり、注目される。

大野城の外囲いを土築と石築が部分的に連る山城と把握できたが、土築の「城」は他の城でも確認できる。基肄城(71)では坊住山と基山の間の城の西辺が良く遺存し、基底幅二〇メートル位のやや平坦な地形面の外部が切り落とされたような造作がされている。城山城や怡土城でも版築が確認でき、とくに怡土城(72)では低い段丘端をとりこんで外側に濠を掘っている。版築による城の築成と合せ、外側では地山を削り落として比高を大にしていることもみてとれる。怡土城には、他にも物見とも望楼とも呼ばれる櫓状の特殊な礎石配置を示す建物が稜線上に点々と配置されている点を含めて注目される。城山城や大廻小廻山城は、

表6　基壇上土築式山城（神籠石式山城）一覧

番号	名　称	所　在　地	外囲延長	城　内最高点	外　囲最低点	現　存水門数	現存門
			km	m	m		
1	おつぼ山	佐賀県武雄市	1.87	66	11	4	2（掘立）
2	帯隈山	〃　佐賀市	2.4	178	32	3	1
3	高良山	福岡県久留米市	2.5	252	65	(2)	
4	女　山	〃　瀬高町	3	204	15	4	
5	把　木	〃　杷木町	2.25	145	55	2	
6	雷　山	〃　前原町	2.3	460	380	2	
7	鹿毛馬	〃　穎田町	2.2	80	20	1	
8	御所ケ谷	〃　行橋市	2.6	247	(75)	(1)	5
9	石城山	山口県大和町	2.53	360	260	4	2（軸受礎）
10	鬼城山	岡山県総社市	2.8	403	280	5	3
11	永納山	愛媛県東予市	2.55	132	33	2	3

神籠石式山城に類別されることもある[73]が、列石による基壇を欠き、基本的に土築の城であるとみられる点、城山城で水門部に高さ三メートル位の石垣があったとされる点、城門のあり方からこれに入れた。石・土築山城は図33・表5にみるように外囲延長が六キロメートル以上（径も一キロメートル以上）とそれ以下（径も一キロメートル以下の程度）に大別され、また多くが外囲施設の最低点を一〇〇メートル前後又はそれ以上（例外の金田城と怡土城の内、前者は地形の制約もある）で、多くが包谷型であっても鉢巻型に近い外見を示すものである。

b　基壇上土築式山城（図34・表6）

所謂神籠石式山城である。外囲線の延長は三キロメートル以下であり、ざっと五〇〇メートル程度の径を目安にでき、朝鮮式山城より小ぶりとなっている。最大の女山[74]でも東西〇・六キロメートル、南北一・二キロメートル位である。まずその構造については、既におつぼ山、帯隈山の例を具体的に上げた所であるが、おつぼ山では基底幅九メートル、高さ三メートル位の版築による城を築いている。土築の城は基壇の上にのっており、この基壇は外見で通常一段の切石であるが、複数の切石を積む

図36　おつぼ山山城の基壇と土城

図37　永納山山城の基壇

図39　多賀城垣の調査状況

場合もあり、谷の水門の石積と直接連続していく。谷の水門部でも石積の上を土築物が通っていく構造となっている。水門は石城山等で見事な高さをみせ、二層に積み上げる場合もあるが、上部に土城をのせる基壇であることに変りはない。基壇前面には掘立柱（時には切石と柱との間につめ石を残す）を有した。この柱は版築工法に関るものとみられることは先に記した所である。柱を利用して版築した後に化粧面まで削出して仕上げをすることも共通しているが、石城山では削りが切石化粧面まで及んでいない。版築の仕方が細部はよく分らない点があり、仕事のつぎ手など東北辺の城柵の牆で見出されるものとの対比が望まれる。地形を最大限に利用するのが特色であり、土築の城は多く山寄せ風となっており、稜線の頂点より高さで三〜四メートル外に降った所、恐らく仕上がりの上面が稜線とほぼ等しい位の位置を列石線とする所が多くみられる。傾斜の途中に築く場合でも、仕上り面が一定幅の段、所謂車道となって外側の自然傾斜が有効に働く場所が選定されている。永納山[75]では土城の下に石を並べた基壇はあるが、これは山石で加工があまり確認されず、列石面は他の山城とは異なっている（図37）。また山城の構築が一定単位（五メートル余）の直線でなされており鍵の手の折れがみられる。このような直線的な折れは鬼城山でも認められ、この種山城の内でも一群をなす特色とみられる。城門はおつぼ山では基壇切石が内側にきれこんだ形となり、幅三メートルほどの通路状部に一×二間の六個の柱穴が認められ、もちろん版築も切れている。この柱穴が版築と関るか門の構造となるかまだ不明であって、今のところ石城山の軸受のある礎石建ちのものが確実例とみられ、やはり大規模な掘立柱による門もあったことはたしかである。

図35　大野城の百間石垣

図38　郡山遺跡の柵木列

立地上では独立状の山丘と、背後に主山塊をもつ場合があるが、いずれにせよ一定の切り離された施設となりうる所を選んでいる。図34にみるように四グループ位に分かれ、施設の最低点（通常は谷の水門部）が一〇〇メートル以下のものはほぼ包谷式、それ以上の場合は鉢巻式に相当する。包谷式にも大体三群がみられ、比高の高いものが若干規模を大にする傾向がみられる。朝鮮式山城と比較すると、最低点が周囲の低地に達するものがあることがみられる。谷のとりこみ方には同一谷の途中をとりこむ（二度谷を渡る）ものが、雷山と永納山にみられ、谷渡式ともいうことができる。

土・石築式山城と同様に国府との位置関連が指摘できるものが五例あり、筑前国を除いては土・石築式山城でも指摘したように国府近くとその他の要所にもおくという傾向を指摘できるが、このことから国府と関連して成立したと速断はできないであろう。しかし御所ケ谷では複郭式となり、しかも高さ六〜七メートルの切石積の石塁をなしていて、それが切れる形で城門部が附される等、朝鮮式山城と近似する点がある。高良山では後世に何らかの手が列石に入っているらしいとみられること、鬼城山でも内部の掘立柱掘方があったり、東端の外囲施設が石築になっている可能性がある点等、国府近くの山城には朝鮮式山城に近い点があるとみられる。これらの山城が地名で「キ」という名称を伝えることは先に鏡山氏等により指摘された所であり、また朝鮮式山城と相補う位置やほぼ二〇キロメートル位を最短とする配置網となっている点等に合せ、国府近くのこの種の山城は朝鮮式山城と同じ時期にも維持された部分が相当にあると考えられる。しかも基本的な様式を失わないままで維持されたとすると、葛原氏のいうように山城を一連の視点で見ていく方法がやはり必要である。門の形態は同一遺跡でも変るものであろうが、掘立柱から礎石への動きは大勢としてよいであろう。また先に背後に主山塊をもつものがあることを指摘したが、おつぼ山や把木や永納山の例は、山城が施設内部だけでなり立つのではなく、近傍の展望点と一体として機能したことを考えさせるものであり、他の山城等との連絡はさらに容易でありまた密接なものであったのではなかろうか。
この山城は基壇上土築の城を標式とするように、極めて共通性の強い山城の様式であって、技術的にもかなり画一的なものである。しかも切石の基壇は見事な加工技術を示すにもかかわらず、後の山城の目からすると、ここに大きな労力を注ぐ必然性を効果だけでは説明しきれない。この種の山城は今のところ朝鮮半島でも見当らないことが既に指摘されている。(76)

2 都城と関

畿内に入って、都城が盛んに発掘調査されており、京についても段々と明らかにされてきた。しかし倭京、難波京、藤原京、恭仁京、長岡京の外囲施設（羅城）については不明のままであり、外囲について少しでも知りうるのは瀧川政次郎氏の論考(77)もある平安京と平城京しかない。平安京の羅城は基底幅六尺で、京の南辺にしかなかったとされる。平城京ではその南辺に幅広い濠があり、また羅城門の東西辺に築垣（羅城）があったことがわずかに判定されている(78)にすぎない。律令の制度面では宮城垣、京城垣、宮殿垣があるものとされるが、京城垣が平城京では平安京と同じ程度かどうかまだ不明である。

都城の内で城郭としてみうるのは宮城（大内裏）である。宮城は内部に内裏・朝堂院・中央官衙等の施設を含みこみ、東アジア的な都市城郭の中心部に当るもので、その外との間の門が宮城門であり、宮城門をつなぐものが宮城垣なのである。宮城としては難波宮は大規模な面積を占めるとは考えられるがその外囲遺構は不明である。藤原宮ではその外囲は掘立柱列として検出され(79)、その上部構造は不明確であるが、壁等で柱の間をふさぐものとみられる。これは構造としては柵の類としておこう。平城宮では宮城垣は基底部の幅九尺（二・七メートル）、朱雀門近くで幅一二尺

表7　牆・柵式宮城・関一覧

番号	名　称	所　在　地	外囲延長	外囲構造	城内最高点	外囲最低点	現認門	内　郭・備　考
1	難波宮	大阪府大阪市	?	?	25	(14)		有
2	藤原宮	奈良県橿原市	3.6	柵	77	67	3	〃
3	平城宮	〃　奈良市	4.5	牆	77	66	6	〃
4	長岡宮	京都府向日市他	?	?	(60)	(15)		〃
5	平安宮	〃　京都市	4.8	牆	58	37	(14)	〃
6	不破関	岐阜県関ヶ原町	1.6	牆	136	120		〃　美濃国府へ6.5km

(三・五メートル) と広がっていることは既に記した。(80)宮城垣（大垣）に付属して大垣の基壇、雨落溝、壖地、濠等が伴うことも先に記したとおりである。一方、春日大社(81)では幅八尺位の築垣が報告され、寺院でも七尺位までの寺垣(82)が認められる例があるが、いずれも大規模な付帯地を有しないものである。なお平城宮はこの宮城垣の内にさらに二重の防衛施設が設けられるが、最内重の築垣廊（築地回廊）の本体の築垣は幅六尺ほどのものである。(83)宮城垣は今のところ平城宮以降とみられるので一応平城遷都以後に城垣を外囲施設としてとりいれたということになろう。しかしこの点は難波に築いたという羅城の実態の解明をまちたい所である。

なお、大和の都城等は高安城(84)に日夜見守られ、相関連して機能を果していたであろうから、非常時の逃込城としての存在を念頭に、日常的な城郭として柵・築垣の一種としての宮城垣が築造されたことを考えてよいであろう。飛鳥の京の場合でも斉明朝の記事が気になる所である。

不破関は三関の一つであって、東国への関門であるが、その調査によると(85)外囲は大略宮城垣と同様のものである。幅七尺から一〇尺位までの基底部で基壇・外濠を有する。国城と呼ばれたことや城門があったことが文献から伺われる。築垣の年代は埋納された和同開珎等から、奈良時代に入るかとされていて、平城宮の宮城垣と前後するころのものとみてよいであろう。

3　東国の城と柵（図40・表8）

東北辺の城柵には十九例の文献での存在が伺われるが、いまだ不明のものがあり、また実際に検出された城柵が文献のどれに当るか議論のあるものもある。そこで遺構として把らえられて名称の不明な城輪柵、払田柵、城生柵[86]、郡山遺跡、宮沢遺跡[87]について筆者の見解を混えて一覧表にしたのが表8である。その根拠も含め、以下各城柵の外囲をみていくことにする。東北辺の城柵は朝鮮式山城よりその出発は古く、越で大化改新後にいくつかの柵が営まれ、それらが八世紀初めには越後城と把らえられるものであったことも先に記した。それは裏日本の状況であるが、表日本でも柵の設置が考えられることも先に記した所である。とくに最近確認された城柵として郡山遺跡は、表日本での多賀城以前の城柵の変遷、あるいは裏日本の柵の実態を考える上でも、極めて注目される遺跡である。文献に出る十九例と、遺跡として確認される五遺跡の内、文献と遺跡が比定できるものはその項にいれ、残る二遺跡を加えた表8と図40でみるように、外囲の延長が一～二キロメートル、二～三キロメートル、それ以上の三群に大別できる。大規模なグループには多賀城、宮沢遺跡、払田柵、志波城がみられ、中規模のものの内の最大のものは城輪柵という国府との関連が考えられる遺跡が入っていること、他の遺跡も重要な位置にあるものがみられ、鎮守府が置かれた胆沢城や城介がいた秋田城が

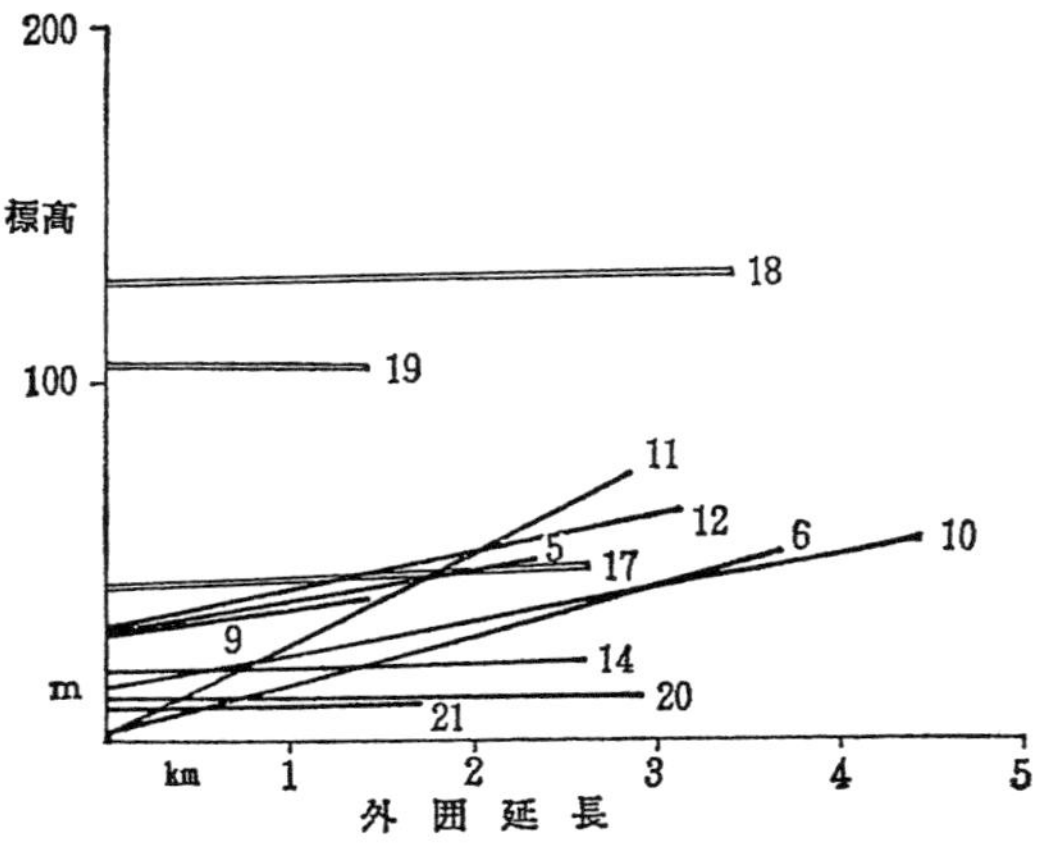

図40　牆・柵式城柵の比較

入っている。また立地上ではやはり三大別され、まず低標高（海岸に近い）の平地に営まれたもの、五〇～七五メートル位の丘陵にのったもの、河川を遡った内陸部の平地に営まれたものに分けられる。丘陵にのるものは外囲の最低点が低地まで降る例と、台地端を利用していて、見た目の比高感がでない伊治城や城生柵の例もある。丘陵グループは、一応神籠石式山城の内のおつぼ山や鹿毛ノ馬の例と近い占地ともいえよう。

　その外囲構造について更に点検しよう。多賀城の外囲を調査した多賀城研究所による一連の報告(88)では、築地が全時期、全周するという。以前の土塁とみる見方に対抗するもので、寄柱、版築、瓦屋根等をもつ区画施設であって、寺院や内国の官衙で用いるものと変らないとするのである。実際には南面大垣（図42）は、高さが二メートル近く、幅が一〇メートルをこす基壇（城基）の上に基底幅二・七メートル（～二・四メートルの時も）の築垣（城垣）をのせたものでその本体の高さは他の城郭例から五メートル位とおさえられよう。寄柱とされるものはほとんど仮枠柱穴であり、確実な寄柱は内郭の築垣、南面大垣のある時期（第三

（推定地・推測値）

現認櫓	内郭規模	文献初出年代	備　　考
		大化３　(647)	
		大化４　(648)	
		斉明４修　(658)	
		和銅２　(709)	
6		天平５　(733)	
10	108×120	天平９　(737)	
		〃	
		〃	
		〃	
2		〃	二重部分 外辺
1	114×72	天平宝字２(758)	複郭式　内郭は官衙か？
3	65×75	〃	二重
		神護景雲元(767)	
		宝亀11　(780)	
		〃	
3	87×87	延暦21　(802)	
2	150×150	延暦22　(803)	外辺
		延暦23　(804)	
9	75×(81)	弘仁５　(814)	
4	114×115		出羽国府か
(2)			

表８　牆・柵式城柵一覧

番号	名　称	所　在　地	外囲延長	城内最高点	外囲最低点	構造	現認門
			km	m	m		
1	渟足柵	（新潟県新潟市）					
2	磐舟柵	（〃　石舟町）					
3	都岐沙羅柵						
4	出羽柵	（山形県）					
5	出羽柵・秋田城	秋田県秋田市	2.3	50	30	牆・柵	
6	多賀柵・多賀城	宮城県多賀城市	3.7	52	4	牆・柵	3
7	牡鹿柵	（宮城県）					
8	新田柵	（〃）					
9	色麻柵	宮城県中新田町（城生柵跡）	1.4	42	30	牆	1
10	玉造柵・玉造城（塞）	宮城県古川市（宮沢遺跡）	（4.4）	57	21	牆	
11	桃生城（桃生柵）	宮城県河北町	（2.8）	75	（4）	牆	
12	雄勝城（小勝柵）	秋田県仙北町他	内1.8	52	34	牆・柵	2
		（払田柵跡）	外3.1	65	32	柵	4
13	伊治城	宮城県築館町	（2.6以下）	24	（20）		
14	覚鱉城						
15	由利柵	（秋田県）					
16	胆沢城	岩手県水沢市	2.7	50	44	牆（柵）	2
17	志波城	〃　盛岡市	3.4（現2.1）	132.5	129	牆	1
18	中山柵						
19	徳丹城	岩手県矢巾町	1.4	105	104	柵	3
20	城輪柵跡	山形県酒田市	2.9	13	11	柵	4
21	郡山遺跡	宮城県仙台市	1.7	11	9	柵	

四次調査SF二〇二B・C築地）に限られる。瓦葺という点もこれと合せ、上土式である可能性をいれて再検討すべきであろう。多賀城の東辺と西辺の一部では材木列が検出され、これを築地の土留としている。東辺では材木列とこれをのせる整地層の下から角材の同様に腕木を通した材木列が検出され、このように沈下埋没した場合でも築地本体痕跡はなく、柵列を本体とみなすことができる。先に検討したようにこれが築地の土留ではなく、柵列とした場合、多賀城の外囲の五〇〇メートルをこす部分が相当期間柵列で構成されていたことになる。築垣及び柵には櫓が付設されていたもので、外囲に開

く門は櫓門か又は東・西門のように折れこんだ奥に設営されて防備に便利なものとなっていたとみられる。外囲施設は大垣と呼ばれたと墨書土器から推察される(89)が、これは宮の大垣と同様に、城の大垣として表れたものとみられ、城垣を境界とした祭祀が行われたことを示すものとみると、この墨書土器が有機的意味をこの築垣ともちうるであろう。築地構造を筆者は築垣＝城垣として把らえているわけであるが、多賀城でも築垣築成の版築の一工程の長さが約一〇尺あるいはその倍位であることを示す土層の継ぎ目がみとめられている。

このような築垣は秋田城、城生柵跡、宮沢遺跡、払田柵内重、胆沢城、志波城でも検出されているが、これらではほとんど寄柱の礎石を検出した例はなく、多くは陸屋根で上土式かとみられるが、秋田城では瓦の落下が認められていて瓦葺に復元されている。これらの築垣には一般的に外側に外濠を伴うことが、城生柵跡、宮沢遺跡、胆沢城、志波城の例から考えられており、櫓についても各々知見があり、外囲施設が付帯施設をもつ大規模なものであることは多賀城と共通する。今までの報告で外囲いが土塁とされる城が二、三ある。それは桃生城(90)と伊治城(91)等であるが、まず伊治城では位置、構築法、掘り方、出土品、土塁の連続の仕方から伊治城の外囲としては疑わしい点があり、少なくとも古代の城を囲む一連のものでない可能性が高い。桃生城については基底幅七メートルの版築の土塁とされる。断面図では二期の重りがあること、その南半がすでに削平されていること、版築といわれる層が相当斜行し、あるいは乱れていることである。付設される櫓の位置からみても削平された現道路付近に中心をおき、基礎地業の盛土整地を行った築垣である可能性が残っている。土塁であるか否かは、更に良好な残存状態で決める機会が十分ありうるものである。宮沢遺跡では(92)北辺の外囲が二重の築垣、その前後と外辺状の地域をへだてて計六本の溝が走っていた。両者で櫓の跡を検出しており、一方が廃止されたのか並存か、興味ある所である。また築垣築造に先立ち、築垣の下に先端をとがらせた杭を一列に打ちこんで基礎固めとしている所がある。まさに築地に伴う材木列とはこれであるが、柵木列とは全く異なるものである。胆沢城(93)では第二〇次の西辺中央部の調査で幅五〇センチ位の布掘りとその内で礎板や材木の残存をみている。この布掘りは柵木の掘り方とみられるが、他の辺では確認できず、部分的、一時的なものである可能性もあるが、築垣の版築に先行し、しかも柵木をとり去っていることが注目される。徳丹城(94)は円柱を並べた柵列である。城輪柵、払田柵は角柱であって、しかも時期的変遷がよみとれる。城輪柵は柵木列が両側に濠を伴い、しかも重複して設定し直されている。払田柵では内柵で四重あるいはそれ以上の柵木列が接して遺存していること(95)、柵木列と築垣が途中で連結することが非常に明確に掘り出され、かつ築垣が廃絶した跡に築垣部分にまで及んで柵木が設営されたことがあったこと、築垣に工程単位があること等がよく調査報告されている。払田柵の内外の囲いについては、その先後関係を確定しえないでいるが、筆者は各々に開く門の造営尺や内重の築垣附近の八世紀にまで遡りうる出土品からみて、築垣と柵を併用した内重が古く、後に外重が加えられたものと考えている(96)。

最近調査された郡山遺跡は、多賀城の西南約十三キロメートルほど、名取平野の中央という位置にあたる。一辺四町の正方形の柵で丸柱（径三〇センチ位）の柵木列を布掘りの掘り方中に置き（図41）、その角に櫓を設けるものである。柵木の三〇尺外方に外濠が掘られる。濠の中からは八世紀初め位を下限とする出土品がみられ、施設内部の竪穴や掘立柱建物群からも七世紀代に遡る出土品等がみられ、多賀城に先行する時代のものであることが判明した。今後の解明に期待したい。柵列は払田柵では築地と併用され、連結していくものである。その上部構造は古く上田三平氏の確認したことを手がかりに地上四メートルをこすものと考えられる。今後必ずや転用材等で判明することであろう。

城柵の門は多賀城では掘立柱から礎石に変ったことがみられ(97)、それが大勢を示すけれども、新しい時期でも掘立柱のものがみられるもので、城の維持なり機能（装飾性や耐久性）と関り、個別の事情があるものと考えられる。志波城、胆沢城では櫓門かと考えられる五間二間の門が検出されている。志波城や宮沢遺跡等で検出されている外辺状の部分

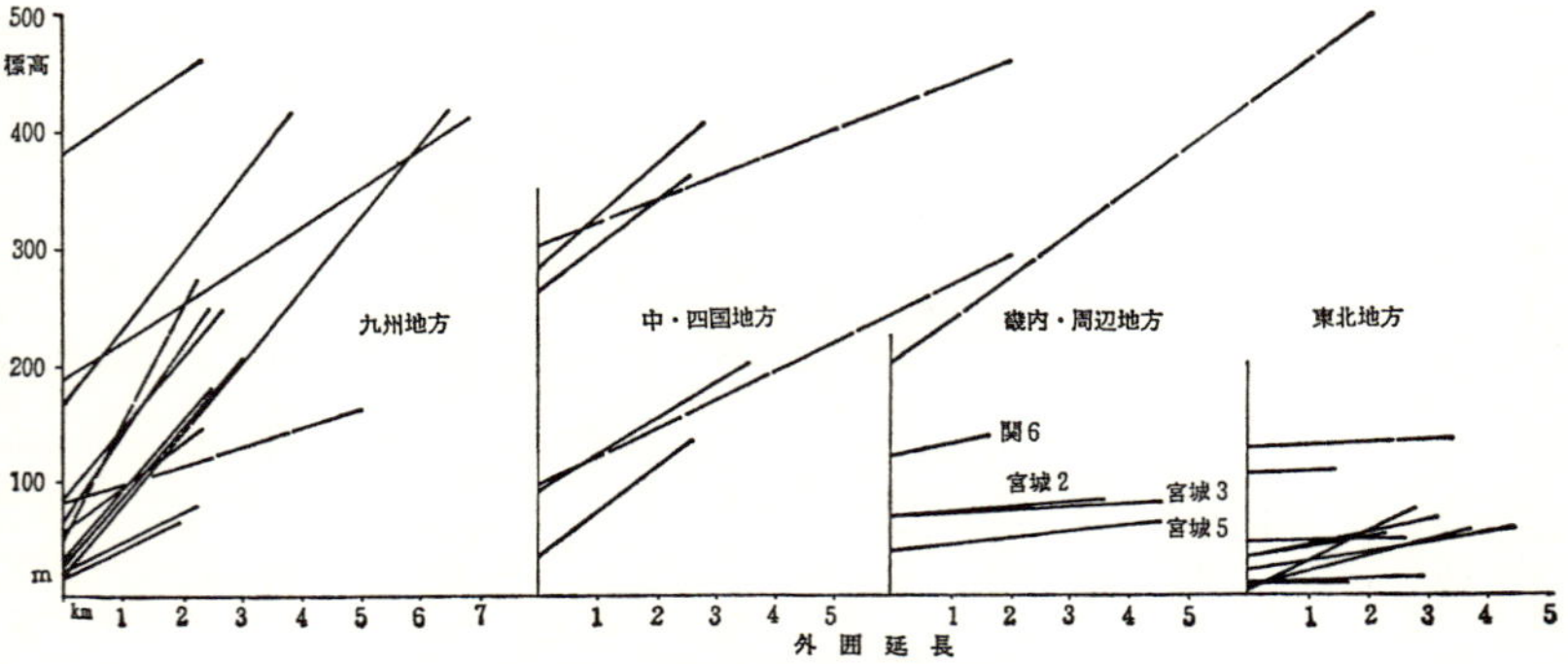

図41　古代城柵の比較図

は、城の設定に当り一定規模地が先に占められるのか、あるいは宮城の壖地、あるいは平安京等の外辺に当るものであろうか。注目される所である。

以上、東北辺の城柵を通観した所で、城柵の外囲いを築地として、研究史でみたような革新的な各種の結論を出すことはやはり困難と思われ、また柵木についても土留と判定するのは無理だと考える。城柵の外囲は、宮城の大垣と同様、人を寄せず、防備に十分機能するよう配慮され、その必要条件を備えたものであったとみられる。多賀城と城輪柵に国府があったとされ、他の城柵でも多賀城の内郭と共通点をもつ内郭を有することが知られるが、[98]その意義は別論したいと考えている。なお文献名の確定しない城柵関連遺跡については、遺構が城柵に当ること、文献名が知られている可能性が高いと考えられる点、所在地名や年代、規模からみて、城生柵→色麻柵、宮沢遺跡→玉造柵（城）、払田柵→雄勝城と推定するが、それについては後論したい。

六　古代城柵跡の諸問題点について（図41）

日本の古代城柵跡の状況を一応点検したので、ここまでにふれた問題点を考えることとしよう。まず城柵の構造からみた名称であるが、『営造法式』にみられる城と牆の区分は、規模の大小は別として日本でもみられ、しかも両者が城に用いられている。この別を示すため、城構造（規模）による城（土築と石築がありうる）と牆構造（規模）による城とが区分される。城構造の城は西日本に営まれた山城及び大宰府の水城にみられ、山城は先にものべたように石築・土築式山城（朝鮮式山城と怡土城）と基壇上土築式山城（神籠石式山城）に分けられる。牆構造の城は宮城（都城）と関で早くみられ、東北辺でもこの構造の柵が続いて営まれ、奈良時代後半には城として史上にみえてくる。これらは牆式の城と把らえられる。これらが形成されてくる経過を整理すると、図42にみるように柵構造の柵が先行するものとみられるのであり、柵から牆へという構造の変化は東北辺の城柵ではかなり併存するあり方を示すが、一応の大勢としてはみとめられる所であろう。この移行は宮の外囲でも藤原宮の柵から平城宮の牆へという動きと対応しているものとみられる。東北辺の柵構造を秋田城等にみるように、後々まで構築されており、平安時代には徳丹城にみるように構造を区別せずに呼ばれている。また多賀柵でも両者が混用されたであろうことは先にふれた所である。この実態は奈良時代前半期の東北辺の施設が柵で呼ばれ、後半期から城が多くなるにもかかわらず、両者が両様に呼称される事例が多々あることの背景となっている。この点から東北辺はこの経過も含めて一連の流れの内にあるので牆・柵式城柵としてまとめられるのである。都城でも城柵でも八世紀初め以降に牆式に切り換るもので、その動きは都城（関）が先行しているものとみられる。この時点からこの構造を日本で城の外囲として採用したといってもよかろう。それは寺院等でも用いられていた垣を大規模で分厚いものとし、附属地や附帯施設を有す

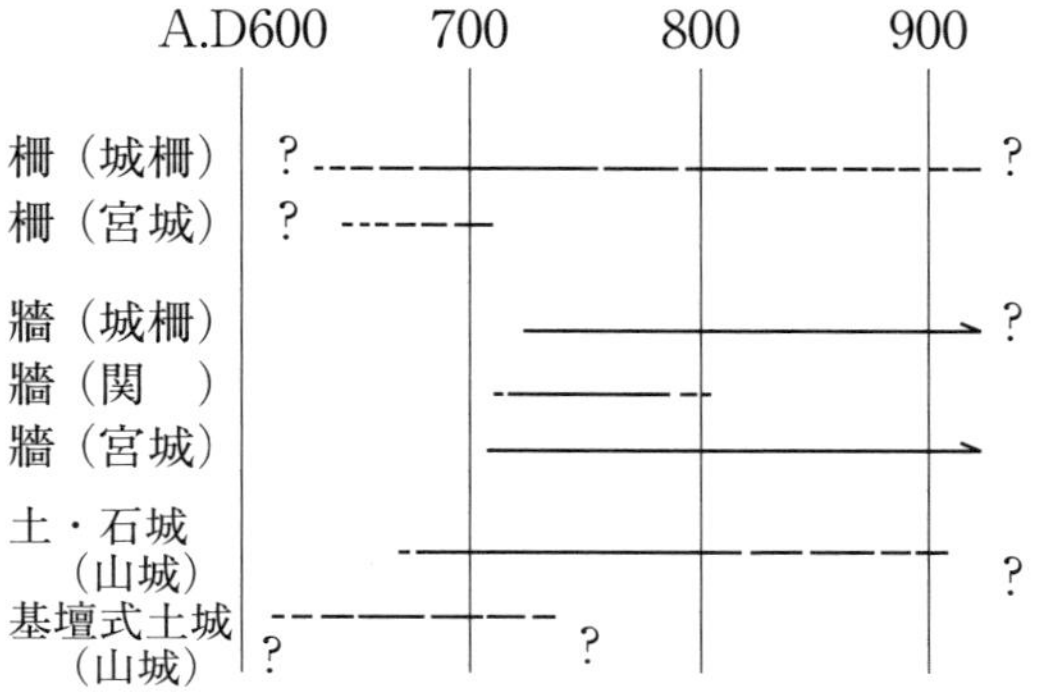

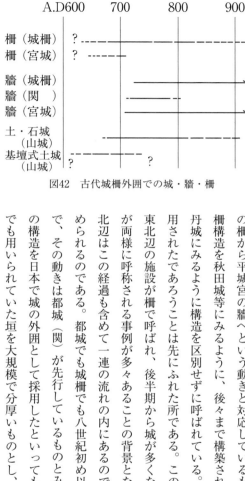

図42　古代城柵外囲での城・牆・柵

る軍事的な機能をもつようにしたものであり、実際そのような効果を持ち、持つものとして維持されたことが東北辺の城柵をめぐる歴史的経過から見ても判明する所である。

東北辺の城柵では、発掘調査が進展したにもかかわらず、文献上のどれに当るか不明の遺跡がいくつかある。とくに築地という判断や城柵と官衙が同じとする視点からその総合的判断が保留されたままになっているものもある。遺構の判断をこれまでのべた所に拠る場合、宮沢遺跡、城生柵跡、城輪柵跡、払田柵跡も明確に城柵と考えなくてはならないであろう。すでに若干の説も提出されている所ではあるが、城柵は郡の設置、分割に基本的に先行し、その主要なものは同時併存するとし、城柵の名称がその地域の総称なり具体的地名等をとるとすると、郡名に一致する必要はなくなる。払田柵跡は高橋富雄氏の論じたように雄勝城であることが、(99) 規模、出土品、木簡、構造からも裏付けられているものと考える。同時に宮沢遺跡は規模、附近の出土品、伊治城から三五里の所にあるはずの位置関係から玉造柵（城・塞）とみることができる。城生柵跡は出土品、位置等から色麻柵と考えられる。城輪柵は出羽国府の機能を有したことが規模等から妥当とみるが、その名称は別に固有名を持っていたものとみられる。多賀城以前の陸奥の国府も郭をなしていたことが記されていて、(100) 東北辺の国府が多賀城以外でも城柵として営まれたことは一般的なのであろう。城輪柵の具体名はまだ判明しないが、秋田城にあった国府の移転先にされた河辺府等を一応の案と考えてよいであろう。(101) このような城柵の設立されていく歴史的経過なり背景については、越後、出羽、陸奥とこれまで多くの記述が試みられてきているが、以上の城柵観から今後再整理を行う必要があるように思われる。城柵内の所謂政庁の機能なり、配置についても、国府とは異なる点があると筆者はみており、今後それらも含めた城柵の全体像を検討してみたい。

西日本の山城の最も大きな問題点は、やはり基壇上土築式山城である。これらは朝鮮式山城より遡る年代を与えられてきており、その年代は葛原氏が論証したように六世紀末以降七世紀中葉までに置かれるものとみてよいであろう。その城構造も基底幅が広く、高さがあまり高くなり、掘立柱を用いること、基壇を有する土城である点に極めて強い様式化をみせている。その一方で鬼城山等にみるように通常の土築・石築式の山城に近い城の規模をみせたり、石垣や内部構造で近接する点を有するとみられるものもある。葛原氏がいうように、塁線が平野から直続して尾根線をとりこみ、総長三キロメートル以下のもの（鹿毛馬・帯隈山・おつぼ山など）が、塁線が頂部付近をめぐり、全周が二キロメートル台のものから三キロメートル以下のもの（石城山・雷山・鬼ノ城など）に先行するか否かは先にふれた城門の形態差への疑問も含め、今後解明を期待したい所である。内部に建物等がみられないながらも、城としての機能を保持するものとして形成されていて、国府や国制と何らかの関連性がみられそうな点もある。裴世清の報告等と考え合せ、その造営年代は六世紀まで遡ることはないと思われる。内部構造がない点からは永続的な根拠地と思われず、一方で国制との関連があるらしいことや、配置がどちらかといえば逃込城的、防禦的配置である。その造営にはやはり国家的な配備計画をみざるをえないのではなかろうか。西方との対外関係を軸に、国家が地方の要点に、一定様式で造らせ、地方の民の動員がされたが、地方に恒常的な維持拠点をもたず、地方政府にその一部が引きつがれたものと考えておきたい。地方政府もそこに兵糧を恒常的に確保するほどの力を注がず、外囲等の維持に終ったものであろう。これが大宰等によるのか、屯倉などの政府直轄地を背景とするのか、国造の編成なり動員によるのか、国制によるのかはまだ判明しないが、山城の存在を一つの基盤に各国に城の運営・維持の任務が法的に明文化されたことはまちがいないであろう。もちろん朝鮮式山城の一連の造営もその有力な基盤であり、合せて国府の近傍の山塊の一端あるいは国内の他の要所に山城が維持されたことであろうし、その状況はこれら山城の所在や文献にみえる城名からすると意外に広く各国に広がり、律令制に規定されている国の城制が普遍的に実態化されようとしたことは考えなくてはならない。山城の存在は国司が軍政両権を把っていることの一端でもある。西日本の山城は対外関係という点では早くその役割を終え、対内的にも壬申の乱で登場した以外はその有効性を顕すこともなく、律令制の内でも早く崩壊したものに属し、軍団や兵制の崩壊とともにその基盤を全く失ったといえよう。しかし国府の所在は恐らくこれら山城と一体的なものとしてその権威を維持しようとしたものとみなくてはならないであろう。

牆式城は山城の造営と維持活動の経験を一つの基礎とし、その日本的適用・合理化の側面をみることができる。[102]西方の山城と行政拠点という二つの機能が一つのものとなっている。その創出には土築の城に加え、官大寺等の大垣の造築を一つの経験とし、有効かつ造営維持が可能な城の様式として設定されたものであるが、その具体的契機としては、牆式の宮城・関・城の成立時点からみて平城宮の造営を注目すべきであろう。これ以前が一種の柵式であったとみられる点から、牆式の城が平城宮・京の造営に際して採用され、これが東北辺での牆式城柵の成立の出発点でもあったのである。この牆の採用には、中国式の都市城郭を日本で建設するに際し、彼地での城郭のあり方も当然知られた上で規模等が決められたであろう。[103]牆式の城の高さは四〜五メートルをこし、山城等の城の高さに十分匹敵し、しかも平地における造営として維持可能で有効なものとなっていたのであろう。この高さ等はあくまで日本での経験の集成として把らえられる。柵はそれより古く、日本での伝統を持つものであろうが、その遡る年代について具体例をまだ指摘できない。群馬県群馬町の三ツ寺遺跡で見聞した所では、六世紀初めころの掘立柱による大規模な外囲施設があるもようであり、今後各地での報告例を期待したい所である。掘立式の柵木は築垣にくらべて仮設的とみられがちであるが、掘立柱の存続年代も三〇年程度とみられる例もあり、[104]一方築垣も雨水等による崩壊に伴う維持が恒常的に行われる必要があるものであり、城湟の修理は令制にも明示されるものであった。柵式の柵はその素材が比較的得やすかった可能性が一般的にはいいうるが、仮設的であるという根拠は見い出しがたく、むしろ牆と同様な機能をもったし、永続性ももったものとみておこう。その柵の様式の成立については、今後に課題がある。また東北辺の城柵の下降年代についても今後の追求を期待したい。(105)

七　まとめと展望（図43・44）

前項まで、日本古代の城柵について検討してきた所で、西日本の山城等、畿内の都城、東日本の城柵を城と牆という観点からみてきた。そしてそれらを土築・石築式山城、基壇上土築式山城、牆柵式都（宮）城、牆（柵）式城柵としその年代等も一応みてきた。しかしこれらの成立なり、その後の城郭への関連で占める位置、あるいは古代の西日本なり東日本、あるいは中央での歴史で果した役割についてはほとんどふれてこなかった。基礎的作業としては当然でもあり、今後更に検討が深められ、批判されると共に、歴史への位置づけがされていかねばならないと考える。少なくとも、城は日本の古代においても多くの場を提供し、かつその目的にとって有効なものとして、必要十分な構造をもって形成・維持され、その必然（要）性を失った時、城も廃絶した。しかしそこに実現された技術なりは前代からの多くの引きつぎがあり、又後世に伝えられたのではなかろうか。これまでの論証を含めた見通しとして述べるならば、まず律令制の内で城は国の所管となっていたことは先にふれた。本論に関係する城柵の所在国は、対馬、筑前、筑後、肥前、肥後、豊前（柵、あるいは稲積城、三野城の一案を含めて大隅、薩摩、日向）、長門、周防、備後、備中、備前、伊予、讃岐、河内、大和、近江、伊勢、美濃、越前、陸奥、出羽、越後が上げられ、律令制の国の大半にあって国城制ともいうべき体制がありえたのではないかと考えさせられる。都城制もこの一環として考えられるものであるが、羅城は早くから形式化というより儀装用として意識され、それに十分機能するものとしてしか実現されていな

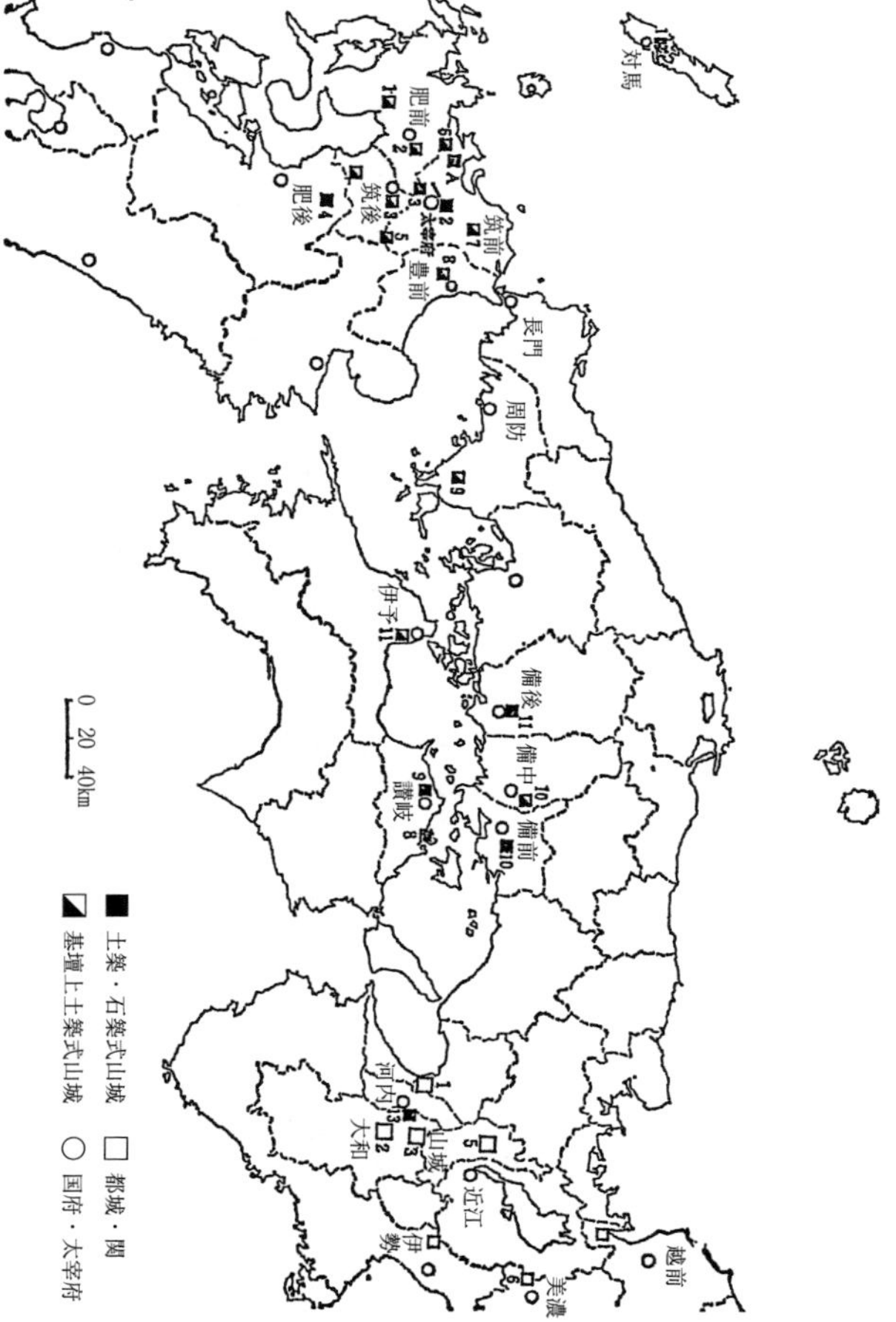

図43　西日本の山城等位置図

い。国府はミニ都城として、古代の都市の一種、あるいは都市的なものといえるのであり、(106)政庁を築垣で囲むこととその周囲に官衙、そして国分寺等を計画的に配置していることが知られるが、近江国等の例では地割を残す都市計画をもつものとされている。都城制の下部にあるものとして、一種の城郭都市であってよいものであるが、今のところ政庁や官衙以外の都市計画部分を城郭で囲いこんでいる例はなく、一方では逃込城としての山城を近くに伴うこともあったものとみられる。早く軍団制が崩れていく点から、辺要地を除いては現在の知見のように、国府の外囲は溝程度の囲みでしかなかったことも充分考えられる。これに対して、東北辺の国府が城郭内にあることは先述した所であり、この内部には兵士の兵舎も営まれている。城柵内に実に多くの住居が存在し、兵士だけのものか疑われる例も志波城等でみられる所である。都市城郭は、全国の国府等で普遍的にもくろまれたのではなく、その必要性もなかったもので、東北辺でのみ必然性をもって設営されたものであろう。

中世の城館と関連して、その選地や造営主体等では相当の違いがまずみられる。しかし外部の地形の切落しや石垣、

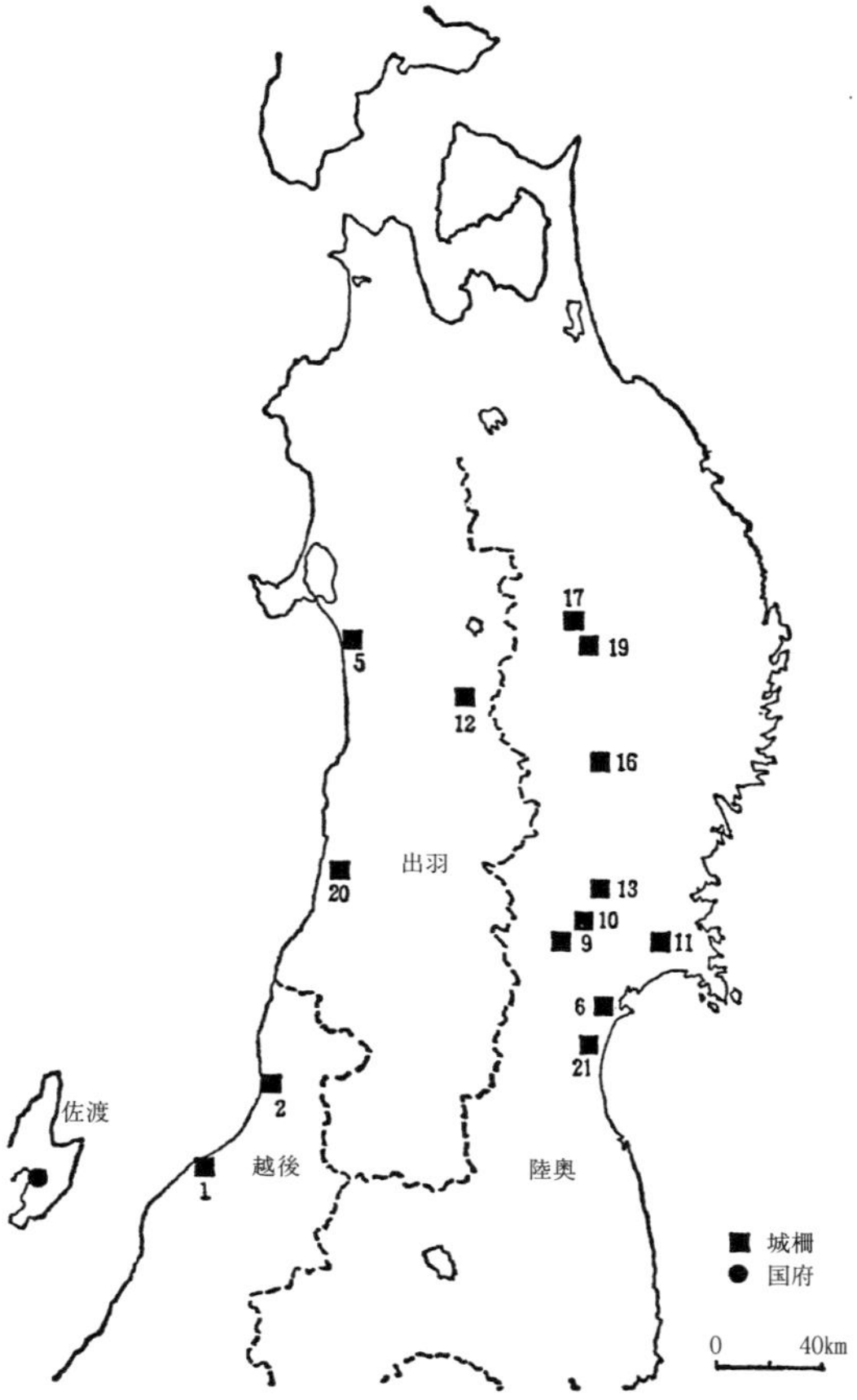

図44　東日本の城柵等位置図
1渟足柵　2磐船柵　5秋田城　6多賀城　9城生
10宮沢柵　11桃生城　12払田柵　13伊治城　16胆沢城
17志波城　19徳丹城　20城輪柵　21郡山遺跡

あるいは複郭とする点等は今後関連性について検討を要する。掘立式の柵木列については、布掘りの掘り方として中世の館でも多く報告されるもの[107]と同じ構造の先駆といえるもので、その柵の外に濠を伴ったり、台地端を複郭式にとりこむ等の点で、特に東北地方の平安時代末期の館・柵が[108]注目され、今後古代と中世との間を明らかにしていく必要がある。古代の城柵は基本的に防衛ラインは一線であり、多人数を動員して築造し、多人数が防備につくという古代の動員、軍事組織体制と合致している。中世以降は軍事組織の編成も異なるが、造営技術については更に今後解明された、両者の関連（あるいは不関連）が明らかにされるであろう。

古墳時代の遺跡（六世紀以前）を見ると、今のところ、あの数多くまた大規模な古墳の築造、封土の築成や濠の掘削、石室の構築にもかかわらず、城柵をみることはほとんどない。これは大勢として古墳時代の一特色といえることである。しかし、後世城柵が設定される地域で若干の注目すべき遺跡がある。宮城県山前遺跡[109]は多賀城より北方にあるが、丘陵端をめぐって直角に折れる溝で囲まれた防衛村落となっている。溝は上面四メートル以上の幅と二メートル以上の深さで箱掘り状となり、延長三〇〇メートルにも及ぶ長さが確実にあるが、丘陵側での囲みは不明である。五世紀前半代に属するという。溝に囲まれた地域は突出部も形成している。熊本県でも同様な時期と様相を示す遺跡が報じられている。前述の群馬県の三ツ寺遺跡[110]も、柵外の地形を直線的に切り落し、この斜面に葺石を張りつける。凸字形の突出部をもつなど、山前遺跡と近似した点もみられる。このような防衛的村落なり城郭的施設については、今後さらに追求が必要なものである。また弥生時代の環濠集落の下限年代とも関連し[111]、古墳時代全体を通じて古代城柵以前の状況を把握したい所である。現在では具体的な展望をのべるに至らない状況で、考古学的調査の進展と集積をまちたい。

以上、山城、都城、城柵等の検討を通じて現在の城柵研究の方向をみてきた。古代の城柵はあくまで外囲の城・牆又は柵がその本質的部分であり、都城や国等の機能が納められる。それらはその目的に従って各地に建設されていることを記した。城柵の成立は、中国、朝鮮からの影響があるとしても、日本での前史なり、日本的な受容があったもので、とくに牆式の城柵は日本化した城柵といってよいであろう。牆式城柵の牆は城垣というべきものであった。これらの城牆は軍事的な効果を有するものとして構築されたものであり、この観点から主に東北地方でいわれている城柵＝官衙＝非軍事施設という論は再検討されてしかるべきである。今回は城柵を外囲施設を中心に管見したが[112]、更にその中心部分についても官衙・住居についても総合的点検が必要であり、城柵からさらに視点を広げた共同的な研究分野が開けていくものと期待したい。

註

（1）中国での報文に多くみえる。一例は「汉魏洛陽城初歩勘査」『考古』一九七三―四。

（2）竹島卓一『営造法式の研究』一、二、中央公論美術出版、一九七〇年。

（3）『世界考古学大系』6の四六頁に紹介され、図示されている、平凡社、一九五八年。『輝県発掘報告』中国科学院考古研究所、一九五六年。

（4）河南洛陽遺跡の周王城で基底幅五メートル位、山西侯馬遺跡で幅六メートルという報告がある。また漢の長安城の城壁は高さ三五尺、底一五尺、上の広さ九尺との記事（三輔黄図）がみられ、隋の大興城は城高一八尺（隋書）とみえるという。長安の外郭城も基底が九～一二メートル、所により三～五メートルの所もあると報ぜられる。他に多くの一〇メートルをこす幅の広い基底部が報ぜられている。「考古学よりみた中国古代」『雄山閣考古学選書』17、一九七七年。佐藤武敏『長安』近藤出版社、一九七〇年。

（5）『倭名類聚鈔』にも城の説明がみえない。

（6）『延喜式』巻第三四、木工寮（『国史大系』二六、吉川弘文館）。

（7）一人当り三〇～四〇立方尺となっている計算となり、大陸の場合より若干多いといえよう。これについては瀧川政次郎「京制並に都城制の研究」（『法政史論叢』第二冊、角川書店、一九六七年）の一四二頁以下でも検討されている。
（8）以下平安京における築垣等については『大内裏図考証』（『新訂増補故実叢書』明治図書）によるのが便利である。
（9）奈良国立文化財研究所「平城宮発掘調査報告」Ⅲ『奈良国立文化財研究所学報』第十六冊、一九六三年。
（10）奈良県教育委員会『重要文化財法隆寺西院大垣南面（南大門東方）修理工事報告書』一九七四年。『重要文化財法隆寺西院大垣（東面・南面西方・西面）修理工事報告書』奈良県教育委員会、一九八〇年。
（11）法隆寺西園院上土門は重要文化財に指定されている。同様な上土門としては法輪寺西門（奈良県指定文化財）がある。
（12）東北地方の多くの調査例に城柵の築地の寄柱とされるものは丸柱で築地本体外側に立ち、添柱・仮枠柱穴であって、多くの例は瓦葺とはみられない。しかし秋田城では寄柱はないが瓦葺の屋根とみられる状況で瓦が検出されている。平城宮では檜皮葺も復元される。
（13）『日本絵巻物全集』中央公論美術出版等。年中行事絵巻、伴大納言絵詞、信貴山縁起他に二つの築垣の区別は明瞭に描かれている。
（14）武雄市『おつぼ山神籠石―佐賀県武雄市史蹟調査報告』一九六五年。
（15）佐賀県教育委員会『帯隈山神籠石とその周辺―佐賀県文化財調査報告書第十六集』一九六七年。
（16）鬼ノ城学術調査委員会『鬼ノ城』一九八〇年。
（17）文化財保護委員会『石城山神籠石第一次調査概要』一九六三年。『同第二次調査概要』一九六四年。なお「朝鮮式山城の検討」古代を考える15―古代を考える会、一九七八年で小野忠凞氏がこの点について詳細を報じている。
（18）文部省「払田柵阯・城輪柵阯」『史蹟精査報告』第三、一九三八年。
（19）関係調査次数を上げておく。第一〇次発掘調査、『宮城県多賀城跡調査研究年報一九七〇』。第一一次発掘調査、『同年報一九七〇』。第二四次発掘調査、『同年報一九七四』。他に進藤秋輝・工藤雅樹「多賀城外郭線の調査」『考古学雑誌』第五六巻第四号、一九七一年。桑原滋郎「東北地方における城柵の外郭線の構造」『宮城県多賀城跡調査研究所研究紀要』Ⅲ、一九七六年。
（20）鎌田俊昭「多賀城跡外郭線の変遷と時期について」『宮城県多賀城跡調査研究所研究紀要』Ⅳ、一九七七年。四二頁。
（21）岩手県教育委員会・矢巾町教育委員会『陸奥国徳丹城』一九七二年。
（22）水沢市教育委員会『胆沢城跡―昭和五十年度発掘調査概報』一九七六年。胆沢城では外郭の一部、第二〇次調査の範囲に限られている。

(23) 仙台市教育委員会『郡山遺跡Ⅰ』一九八一年。同教育委員会「仙台市郡山遺跡略報告資料」一九七九年。

(24) 『払田柵跡』払田柵跡調査事務所年報の一九七四、一九七五、一九七六、一九七七、一九七九、一九八〇参照。調査次数では二、四、七、九、一一、二五、三〇、三三次調査。

(25) 酒田市教育委員会『史跡城輪柵跡』昭和五十・五十二・五十三・五十四・五十五年度発掘調査略報。

(26) 秋田市教育委員会等『秋田城跡』昭和四十八・四十九・五十・五十一・五十二・五十五年度秋田城跡発掘調査概報。

(27) 多賀城外囲南面の基礎土盛の内外面で確認され、西面でも同様である。また宮沢遺跡の打込の杭は、「宮沢遺跡―長者原地区」昭和五十一年八月二十八日、宮城県教育委員会他。

(28) 平城宮内裏の古い時期の柵列による区画、また飛鳥宮跡で報ぜられる柵列がある。

(29) 例として、山形県堂の前遺跡他でみられる。山形県教育委員会「堂の前遺跡」『昭和五十一年度調査略報』。

(30) 衛禁律には「凡越二兵庫垣。及筑紫城一。徒一年。陸奥越後出羽等柵亦同。曹司垣杖一百。大宰府垣亦同。国垣杖九十。郡垣杖七十。坊市垣笞五十。皆謂。有二門禁一者。縦無二垣墻一。唯有二柵籬一亦是。」とある。同文中に城や垣籬、あるいは溝瀆の中間にいた場合の規定まであり、明らかに区画、外囲施設をさしている。上記には宮城垣、京城垣の別もみられるので、城柵に用いる垣も城垣と呼んでいたことが論理的には考えられるが、具体例に乏しく、わずかに貞観十一年五月(『三代実録』)の記事に「城槨倉庫」が「門櫓墻壁」と併称され、城の外囲が牆であることが伺われる。この律で想定された東北辺の柵は、筑紫の城と対置されるものであることも注目される。

(31) 奈良国立文化財研究所「平城宮発掘調査報告」Ⅸ 一九七八年。この報告では築垣としての視点でまとめられている。

(32) 払田柵の柵木の例や平城宮垣の復元は四~五メートル程度の高さに一致する。宮城垣としての基底厚と高さの比率は一・八前後となろう。

(33) 志波城跡では築垣からの心々距離四四・四メートルにある幅五~六メートルの外濠までが空間地である。盛岡市教育委員会『太田方八丁遺跡昭和五十四年度発掘調査概報』。宮沢遺跡については註(27)の文献参照。幅四四メートルの空間地に加え、壖地部分の幅約一〇メートルがある。

(34) 古川雅清「東北地方古代城柵官衙の外郭施設―所謂「櫓」跡について―」『宮城県多賀城跡調査研究所研究紀要』Ⅵ、一九七九年。

(35)『三代実録』元慶五年四月廿五日条に「城櫓廿八宇、城棚櫓廿七基。郭棚櫓六十一基」とみえる。

(36) 水沢市教育委員会『胆沢城跡—昭和五十一年度発掘調査概報』一九七二年。盛岡市教育委員会『志波城跡—昭和五十五年度発掘調査概報』一九八一年。なお多賀城内郭（政庁）でもデザイン上の見地から楼門が復元されている。

(37) 宮城県小牛田町教育委員会『山前遺跡』一九七六年。熊本県下の例として『宇土城跡—西岡台』熊本県宇土市教育委員会、一九七七年。

(38) これらの文献に出る施設については、出宮徳尚「吉備の古代山城試論」（『考古学研究』第二五巻第二号、一九七八年）に簡潔なまとめがある。

(39) 奈良国立文化財研究所「飛鳥寺発掘調査報告」『奈良国立文化財研究所学報』第五冊、一九五八年。花崗岩切石の地覆石は他に川原寺・山田寺、さらに西ノ京薬師寺西塔にもみられるが、奈良時代にはほとんどみられない。

(40) 大化元年八月庚子条。国による地方の武力の把握は、軍団制の成立まで完成しなかったことは原秀三郎「郡司と地方豪族」『岩波講座日本歴史』3の指摘する所であるが、それ以前から軍事力の編成、施設建設がありえたことは越の例からも考えてよいであろう。

(41) 天野哲也「極東民族史におけるオホーツク文化の位置」『考古学研究』第二三巻第四号、第二五巻第一号。石附喜三男「考古学からみた〝粛慎〟」『蝦夷』社会思想社、一九七九年。

(42) 奈良国立文化財研究所「日本古代の墓誌」『飛鳥資料館図録』第四冊、一九七八年、他。註（53）文献でも論じている。

(43) 延暦十一年、陸奥・大宰など辺要地を除く京畿七道の兵士を停廃し、また健児をおいている。養老三年に諸国の軍団兵士の数の減定、天平二年諸国の防人を止め、天平十一年諸国の兵士の徴集を停止したので国府の兵庫を白丁に守らせたりしている。

(44) 平川南「古代東北城柵再論」『東北歴史資料館研究紀要』第五巻、一九七九年。

(45) 新訂増補国史大系『律』吉川弘文館。

(46) 武藤直治・石野義助「高良山神籠石」『福岡県史蹟名勝天然記念物調査報告』一〇、一九三五年。島田寅次郎「大野城址」『同調査報告』二、一九二六年。長沼賢海「水城の大樋の調査」『同調査報告』七、一九三二年。及び註（72）文献等。

(47)『日本城郭全集』別巻、一九六八年初版。

(48) 坪井清足「城柵の設置」『世界考古学大系』4、平凡社、一九六一年。

(49) 古代の城塞　伊東信雄「東日本」、鏡山猛「西日本」『日本の考古学』Ⅶ　歴史時代（下）、河出書房、一九六七年。

(50)「城塞・居館跡」、鏡山猛（西日本）板橋源（東日本）『新版考古学講座』6、雄山閣、一九七〇年。

(51) 註（18）文献。

(52) 岩手県教育委員会『胆沢城跡』一九五七年。この報文の地域は昭和五十五・五十六年に水沢市教育委員会が再調査し、検討を加えている。

(53) 新潟県教育委員会「磐舟」『新潟県文化財調査報告』第九　一九六二年。この報文の具体的遺構は城柵関連施設とみるより、古墳との共通性が考えられる。

(54) この秋田城の調査成果は未報告であるが、その後の秋田市教育委員会による調査で、大部分の地区が再検証されている。

(55) 工藤雅樹「多賀城の起源とその性格」『古代の日本』8（東北）、角川書店、一九七〇年。

(56) 進藤秋輝・工藤雅樹「多賀城外郭線の調査」『考古学雑誌』第五六巻第四号、一九七一年。

(57) 工藤雅樹「東北古代史と城柵」『日本史研究』一三六号、一九七三年。「東北古代史の再検討―その学説史的整理」『歴史』第四三・四四。

(58) 桑原滋郎「東北地方における城柵の外郭線の構造―特にいわゆる柵木について―」『研究紀要』Ⅲ　宮城県多賀城跡調査研究所、一九七六年。

(59) 桑原滋郎「東北の古代城柵」『日本城郭大系』別巻1、一九八一年。同様の趣旨で「陸奥・出羽の官衙遺跡」（『仏教芸術』一二四号、一九七九年）等がある。

(60) 政庁または正庁が所在することは、伊東信雄、坪井清足および高橋富雄等の論にみられる所であり、これらが調査が進展しない段階に出されていることが注目される。官衙的部分があり、行政機能をもつことが普遍的な性格であると証明されたにしろ、それが具体的にどのようなものであり、国府や郡家との異同が問題点とならねばならないはずである。その点が明確でない所に、遺構の検討、学史的再整理の余地があるかにみられる。

(61) 土塁を西日本の山城で考えられる規模に対応するとした場合、桃生城では規模と構造に疑点があり、伊治城でも年代や位置や構造に疑点がある。註（91）、（92）文献。

(62) 平川南「東北古代城柵再論」『東北歴史資料館研究紀要』五、一九七九年。
(63) 岡田茂弘「東北日本における古代城柵の外郭施設」『自然と文化』一九七八年。「多賀城」『美術文化シリーズ』四四、中央公論美術出版、一九七七年。
(64) 上田正昭編『城』社会思想社、一九七七年。
(65) 金錫亨『古代朝日関係史―大和政権と任那―』勁草書房、一九六九年。
(66) 葛原克人「古代山城の特色」『日本城郭大系』別巻Ⅰ　城郭研究入門、新人物往来社、一九八一年。
(67) 九州歴史資料館『大宰府史跡・昭和五十四年度発掘調査概報』一九七〇年の内に官衙南面の築垣の報文がある。
(68) 鏡山猛『大宰府都城の研究』一九六八年。『水城―昭和五十一・五十二・五十三年度の発掘調査概報と史跡環境整備事業実施概要』福岡県教育委員会、一九七九年。
(69) 註(66)(68)文献。
(70) 福岡県教育委員会『特別史跡大野城跡』一九七六・一九七七・昭和五十三・一九七九・昭和五十五年等。土塁を含めた概括が『日本城郭大系』18福岡・熊本・鹿児島（磯村幸男他）一九七九年にみえる。
(71) 基山町教育委員会ほか『特別史跡基肄城跡―林道建設計画に伴う確認発掘調査報告書』一九七七年。『特別史跡基肄城跡―保存管理計画策定書』一九七九年。
(72) 鏡山猛『怡土城阯の調査』日本古文化研究所、一九三七年の図版第五等参照。
(73) 「特集〝神籠石〟研究の現状」『月刊考古学ジャーナル』一一七号。他にもこれを水門や規模等から神籠石式に含める例が多くみられる。
(74) 瀬高町教育委員会『史跡女山神籠石、保存管理計画策定報告書』一九七八年。
(75) 東予市教育委員会『東予市永納山古代城柵遺構概況報告（第一次）』一九七八年。『永納山山城遺跡調査報告書』東予市教育委員会、一九八〇年。列石の屈折には五・七メートルの単位が多用されている。このような直線構造は鬼城山山城でも（註（16）文献）みられる。永納山では山の稜線から九メートル位外側に列石を配する。
(76) 葛原克人が註（66）文献で言及している。
(77) 瀧川政次郎「羅城・羅城門を中心とした我が国都城制の研究」『京制並に都城制の研究』角川書店、一九六七年。

(78) 大和郡山市教育委員会『平城京羅城門跡発掘調査報告』(第一次〜第三次発掘調査)一九七二年。

(79) 奈良県教育委員会「藤原宮」『奈良県史跡名勝天然記念物調査報告』第二五冊、一九六九年。奈良国立文化財研究所「飛鳥・藤原宮発掘調査報告Ⅰ」一九七六年。「同報告Ⅱ」一九七八年。

(80) 註(31)文献。本宮城垣には寄柱礎石がみられず、基礎地業に特殊な工程があったとみられる場所(南面東門附近)の現地報告がある。

(81) 財団法人春日顕彰会『春日大社奈良朝築地遺構発掘調査報告』一九七七年。

(82) 大岡実他「薬師寺南大門及び中門の発掘」『日本建築学会論文集』五〇、一九五五年。「大安寺南大門、中門及び回路の発掘」同上。

(83) 註(9)文献。但し実際の築垣版築の幅は一・八〇メートルに及ぶことが第一二次調査補足で判明している(『奈良国立文化財研究所年報』一九六六)。

(84) 平城京の西南約一五キロメートル、藤原京の西北一八キロメートルにある。倉庫群が最近発見されているが外周の施設はまだ不明である。稜線のとり方を九州等の例にならって大体の予想をした部分がある。天智六年に築き、大宝元年に廃しているが、和銅五年にも行幸記事がある。棚橋利光「幻の高安城を発見」『歴史読本』五十三年十月号。

(85) 岐阜県教育委員会『美濃不破関』一九七八年。文献上は壬申の乱後から設置の可能性があるが、検出した施設は奈良時代に築造されたものと判定されている。外囲を土塁と報ずるが、構造・規模から築垣＝城垣とみてよいであろう。築垣をまたぐ施設らしいものもある。内郭も追述され、東北辺の城柵と対比される点が多く、国府外の要地に置かれた国城としてみられる点、興味深い。

(86) 中新田町教育委員会『城生遺跡』一九七八・一九七九・一九八〇年。

(87) 宮城県古川市教育委員会『宮沢遺跡』一九七六年。宮城県教育委員会『宮沢遺跡発掘調査概報』一九七六年他。宮沢遺跡を覚鱉城に比定する説が提示されているが、その根拠は明白ではない。調査地点(城の西北外囲部分)では遡る出土品はないが、南辺附近から多賀城より先行する様式の瓦が報ぜられ、規模や位置から多賀城に匹敵する城柵と考えざるをえない遺跡である。

(88) 註(19)文献他。各年次の調査概報が研究所年報として報ぜられている。

(89) 第三四次調査出土。『多賀城跡調査研究所年報』一九七九年。大垣の呼称は宮城垣や寺垣でもみられ、それら築垣の内でも大規模なものをさす一般的な呼称とみられる。

(90) 宮城県多賀城跡調査研究所『桃生城跡』Ⅰ　一九七五年、『同Ⅱ』同、一九七六年。
(91) 宮城県多賀城跡調査研究所『伊治城跡』Ⅰ『同Ⅱ』『同Ⅲ』一九七八・一九七九・一九八〇年。土塁としている部分に幅四メートル位の箱堀が走り、外に全面整地部分があったり、その内側に幅六〜七メートルに及ぶ箱堀があったりする。古代の出土品もあるが、本来の年代は再検討と思われる。
(92) 註（87）及び註（27）文献。宮沢遺跡で土塁かとされているのは、築垣の間にある幅三・四メートル、高さ一メートルほどの高まりで、築成もみられない。
(93) 註（22）文献。布掘り内に板が敷かれ、切られた丸柱の残存がある。大半の柱はとり去られていて、築垣との間に時間差を考えるべきであろう。
(94) 註（21）文献。
(95) 註（18）（24）（25）文献。
(96) 内外の年代について、外を先行さす説もあるが、出土土器、木簡の年代、門等の造営尺度からみて内重の古い時期は奈良時代後半に遡り、外重は九世紀半ばころとみられる。
(97) 多賀城の東門、西門で掘立柱の門が検出され、東門では礎石建の門に変ったことが知られている。
(98) 厳密には知られている城柵総てに内郭が確認されているわけでなく、内郭とされるものに兵庫等の官衙かとみられるものもある。多賀城を代表とする一定の様式がみられるがそれと国府が郡衙の政庁とは必ずしも同一ではない。
(99) 高橋富雄「払田柵と雄勝城」『日本歴史』三〇二号、一九七三年。雄勝城は総称といったもので、第合城という具体名ももっていたとみられる。
(100) 『続日本紀』霊亀元年十月丁丑条に、国府郭下とあり、国府が郭内にあって外囲施設を有することを示している。
(101) 『日本後紀』延暦廿三年十一月己丑条に秋田城を停め、河辺府を保たんとして出てくる。この所在についても説が多い。
(102) 羅城のあり方を日本的矮小化とみる見方と必要条件に合せた合理性とみる見方が成立する。京内の坊城についても同様で、坊城の維持努力と考え合せると、対外的な必要という条件に合致しているとされよう。坊城については岸俊男「古代宮都の構造」『NHK大学講座』一九八一年。
(103) 大宝度の遣唐使は、その前の中断期間や律令制の成立と考え合せて大きな意図があったとみられ、都城制についても影響があった可能性があろう。長安京の羅城の高さは平城宮等の城垣にほぼ似たものとなっていることも注目される。

(104) 例えば前期難波宮の中枢部分の建物は、その造営年代からみて、平城宮等の場合より長い存続年代を考えなくてはならない。平城宮での建替は必ずしも掘立柱の存続・耐用年数と結合せず、特殊な事情も考えうる。

(105) 秋田城等で一〇世紀後半代までの存続が言及されているが、降って前九年役等の関係でみられる鎮守府がどのようなものであったか、秋田城ともども注目される所である。

(106) 国府を計画都市としてみることは各地で試みられている。藤岡謙二郎『国府』一九六九年他。しかし行政中枢としての機構以外の都市としての機能については今後に多くの課題を残している。

(107) 一例として能代市教育委員会『大館遺跡発掘調査報告』一九七八年、「同左概報」一九七四・一九七五・一九七六年。青森県教育委員会『大鰐町砂沢平遺跡』一九七九年。

(108) 註(50)文献等。

(109) 註(37)文献。

(110) 群馬県群馬町井出の三ツ寺遺跡は、上越道工事に関る調査を群馬県教委指導で行っている。詳細は未報告。

(111) 基山町遺跡発掘調査団『千塔山』(一九七七年)に弥生時代の環濠が集成されていて、その環濠は内外に柵、土塁をめぐらせ、濠の内側を急にした空堀だとしている。それらの下限にも注目したい。

(112) 城柵の政庁、特に多賀城のそれが国府の政庁の手本となったのではないか、あるいはこれら政庁が、都城の朝堂院の簡略化ではなく、中央官衙の機能的配置をひいているのでないかとの視点も提供されている(桑原・岡田)。しかし建物配置でロの字やコの字型は古くから中国にもあり、これを重積させる手法は国内でも見られるものである。予察としては、国庁と城柵の庁では規模、配置、機能に相当な差異を指摘することができる。政庁の比較についての一例として、阿部義平「古代国家の実像を求めて—古代遺跡の旅」『日本の博物館』4(講談社、一九八一年)を参照。

第二章　古代城柵の研究（一）

――城柵官衙説の批判と展望――

一　研究の経過と課題

日本の古代の城柵は、七～一〇世紀の統一国家日本が、列島の東や北の辺要国の内外に配置した防備性を要件とする多数の広大な施設を指し(1)、西方の山城、畿内中心の都城、その内外の関などと並ぶ大遺跡として遺存していて、軍事的・政治的事件や制度に関わって史書に記録が残されている。古代城柵の実態の研究は、文献記録で知られる遺跡を越えて考古学的調査が及んでおり、それらの調査成果は歴年の古代城柵官衙遺跡検討会という学会で発表され(2)、同時代の官衙・居宅・集落・生産遺跡等の調査成果と合わせて、地域的かつ総合的な古代史の研究として掘り下げられてきた。城柵の分布する地域のみならず、城柵が対象とした北方の人々の歴史、あるいは城柵を必要とした古代国家全体の歴史の内でも注目されており、また今後の国外の同種遺跡との比較研究の進展も期待される。

古代城柵の研究は、明治時代以前からの研究史をもっている(3)。昭和初期に払田柵跡や城輪柵跡が発見され、史書にみられる柵の外郭施設や櫓や門に当る遺構として注目された。太平洋戦争後は秋田城や胆沢城、徳丹城等の発掘調査が断続的に行われてきた。研究史の上では、一九六三年以降現在に続く多賀城の調査が(4)、継続的で大規模な計画調査の先例として大きな成果を上げ、他の城柵遺跡でも継続調査が展開していく契機となった(5)。継続的な発掘調査により、それまでの地理学的な調査や採集遺物の研究や小規模な発掘の成果を越えた研究の展開とそれによる城柵実態を論ずることが可能になったものであり、この期間に出合うことのできた者として慶ばしい成果であった(6)。多賀城の調査主体が委員会方式から切り換わる一九六七年までの時点でみると、城柵の発掘調査は一部の城柵にまだ限られていたが、柵列や土塁からなるとみられていた外郭施設、及び中枢部分の礎石式や掘立柱式の建物群の存在が予想され、配置が追及されてきたことがわかる。特に中心部分は、多賀城の遺存遺構等から、宮都での朝堂院等に相当する存在と意識されており、多賀城の中心部分の調査成果をまとめた伊東信雄氏は、一九六六年(7)に多賀城を国府と鎮守府を収容する大宰府と並ぶような重要施設として調査して成果が挙ったと公表している（図45）。ここまでの段階の調査が広大な外郭線施設の存在や中心部の施設の存在を意識していたことと、辺要の地における国府・鎮守府等の機構を収容する防備された軍事・政治的な施設として研究していたことが明らかである。特に多賀城の政庁は、大宰府と並ぶ大規模な中心施設—礎石式の基壇建物群や石敷の庭や石積排水溝などで華美に構成されていたことが報告された。近江国府などで国府の調査結果(8)も出始めていたが、まだ比較対象には上っていなかった。

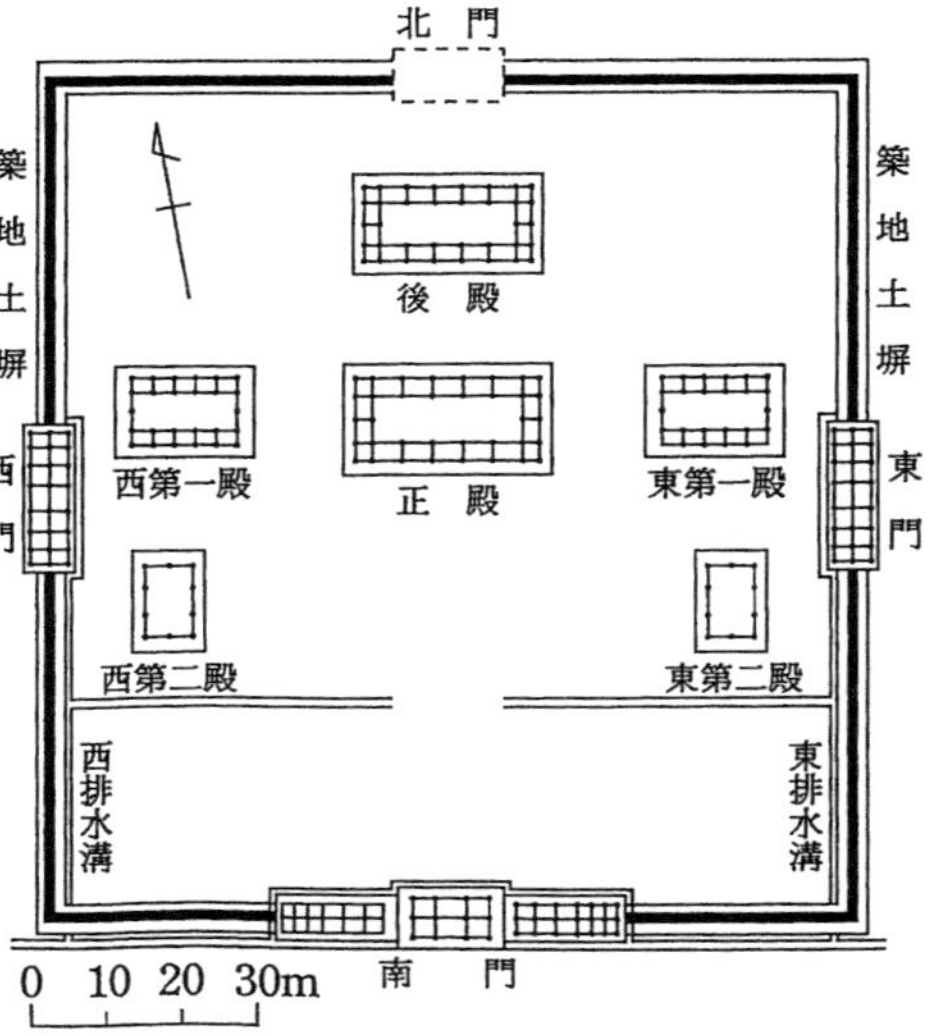

図45　伊東信雄「多賀城の発掘」1966（註7）文献付図の多賀城政庁復元

　一九六九年から、多賀城の調査が、この年に創立された宮城県多賀城跡調査研究所（以下研究所と呼ぶ）に受けつがれ、調査対象地も拡大され、さらに多くの成果が報告されて現在に至っている。前年に実施した多賀城町の調査を含めて、研究所の発掘調査は、それまでの多賀城調査や他の城柵調査の成果、あるいは研究総括と異なる画期的で新しい城柵像の実態を明らかにしたと公表されており、城柵研究が新しい段階に入ったという(9)。多賀城が陸奥国府と関係をもつことは、それまでも必ず指摘されてきたのであるが、この段階で発掘で明らかになった多賀城は、政庁並びに外郭線施設のあり方からみて、終始陸奥国府を実態としており、中心部分は内国の国府政庁と比較される国府政庁であって、むしろその内の年代の遡る実例であるとした。他の城柵も国府かそれ以下の地方官衙であり、大宰府などと対比されるものではないとする。城柵の外囲施設は軍事性をもたない単なる区画施設であり、城柵内は当然官衙施設で占められる。これまで地方官衙であることが分からず、軍事面を多く取り上げてきた研究者達の研究姿勢こそが問題であったとするのであった。このころには、国府政庁の調査事例も増えており、多賀城政庁は正殿と前庭と両脇殿の三殿を基本構成要素とする国府政庁の遡る例であるとしたので、当然ながら大宰府政庁との比較は取り上げられなくなった。

城柵官衙説は、新しい立論の常として、前段階との違いが強調され、勢いのおもむく所は、城柵の軍事面を名目のものだけとし、一般地方官衙である国府や郡家の政庁との類似性や同質性が探される研究方向がとられた。城柵官衙説は、多少の修正を含みながらも（図46）、二〇〇四年の第三〇回古代城柵官衙遺跡検討会の記念講演で、岡田茂弘・進藤秋輝の両氏が新しい成果として強調した所である。注意したいのは、この新説が伊東氏を含めた前段階の研究成果・研究方法に対するアンチ・テーゼとして出され、先行学説が事あるたびに批判されたことである。発掘で新しい知見を得ることは当然であるのに、先行研究がその発展の基礎としてでなく、遅れた研究、誤った成果として追求され、その主張をすてるよう論難されたのは何故であろうか。

城柵官衙説の登場に対して、古代の文献史研究者からは、城柵が郡家などの官衙の成立をうながし、官衙成立後も広域の地方官衙の分置として行政領域や機能を分担したとする補強説、城柵が官衙であったなら何故正史に官衙と別に城柵が記録されているのかという疑問説、発掘成果の評価や史書の点検をした上で、地方官衙の側面とともに、軍事施設としての側面は否定できないとの総合的な見方なども提示された[10]。一方で考古学的な論拠自体に対する疑問を筆者が提示してきたことは既に記した所である[11]。これらの補強や批判を受けて、現在の城柵官衙説は、城柵は国レベ

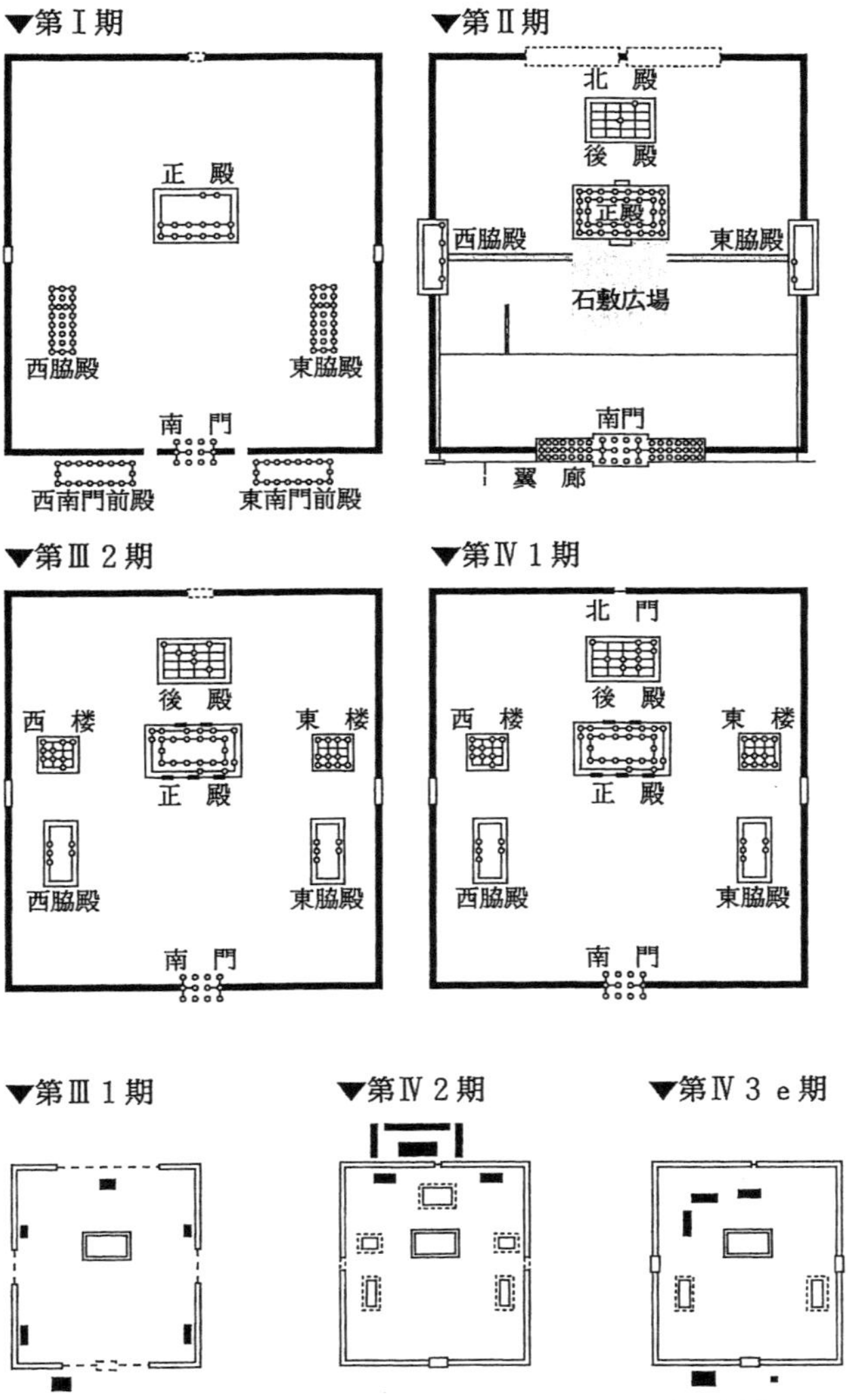

図46　城柵官衙における多賀城政庁の建物配置の変遷
(研究所正報告書1982以降の研究所最終整理案．図は丹羽茂「多賀城の官衙地域」第23回古代城柵官衙遺蹟検討会資料1977による)
＊下段は上段の半分に縮尺，政庁の東西幅は約１町（106m）

ルの官衙施設で軍事的にも使用された史実は否定しないものの、外郭施設並びに中心施設の実態は国府レベルの官衙をこえないとする立場を強化しているように見られる。中心部分の配置も、平城宮内の国家中央の官衙の一例とされる太政官曹司の規模や配置との比較がとり上げられてきている。[12] 歴年の成果発表からこの新説は一定の定説として定着しているように見えることであろう。しかしこの新説の評価は城柵の全体評価や律令国家体制の内での辺要の評価、南や北の文化領域の問題に波及する学問的課題の始まりの論争中の一点であり、学問的には全く決着していない問題である。

城柵官衙説の提示に対して、筆者は外郭施設に軍事機能がないとする点や政庁が終始国府政庁と同じ類型であるとする立論の根拠が疑わしい点を指摘し、外郭施設は現代的用語である築地でまとめるものではなく城垣と呼ぶべきで、櫓を伴なう軍事施設であり、その政庁は国府とは別の配置類型である点を論文でまとめた（図47）が、何の反論もないままにすぎた。[13] この経緯については既にまとめた所もあるが、[14] 政庁遺構が同一類型でないことや、各期を通じて同タイプではありえないことが一目瞭然なのに、同類型にみえるのは、伊東信雄氏がまとめた前段階の多賀城中枢部の成果の否定を急務とする立場に立つからであり、そこには別の要因も加わる理由があった[15]と筆者は見ている。

二　多賀城政庁復元の問題点

研究所発足前年からの一連となる調査を抱えこんで、新しい研究所が政庁発掘の成果をとりまとめる段階で生じた問題点に、次の事柄が含まれる。

研究所設立と連動する多賀城町主催の一九六八年の第四次調査は、桑原滋郎氏を担当に、奈良国立文化財研究所の

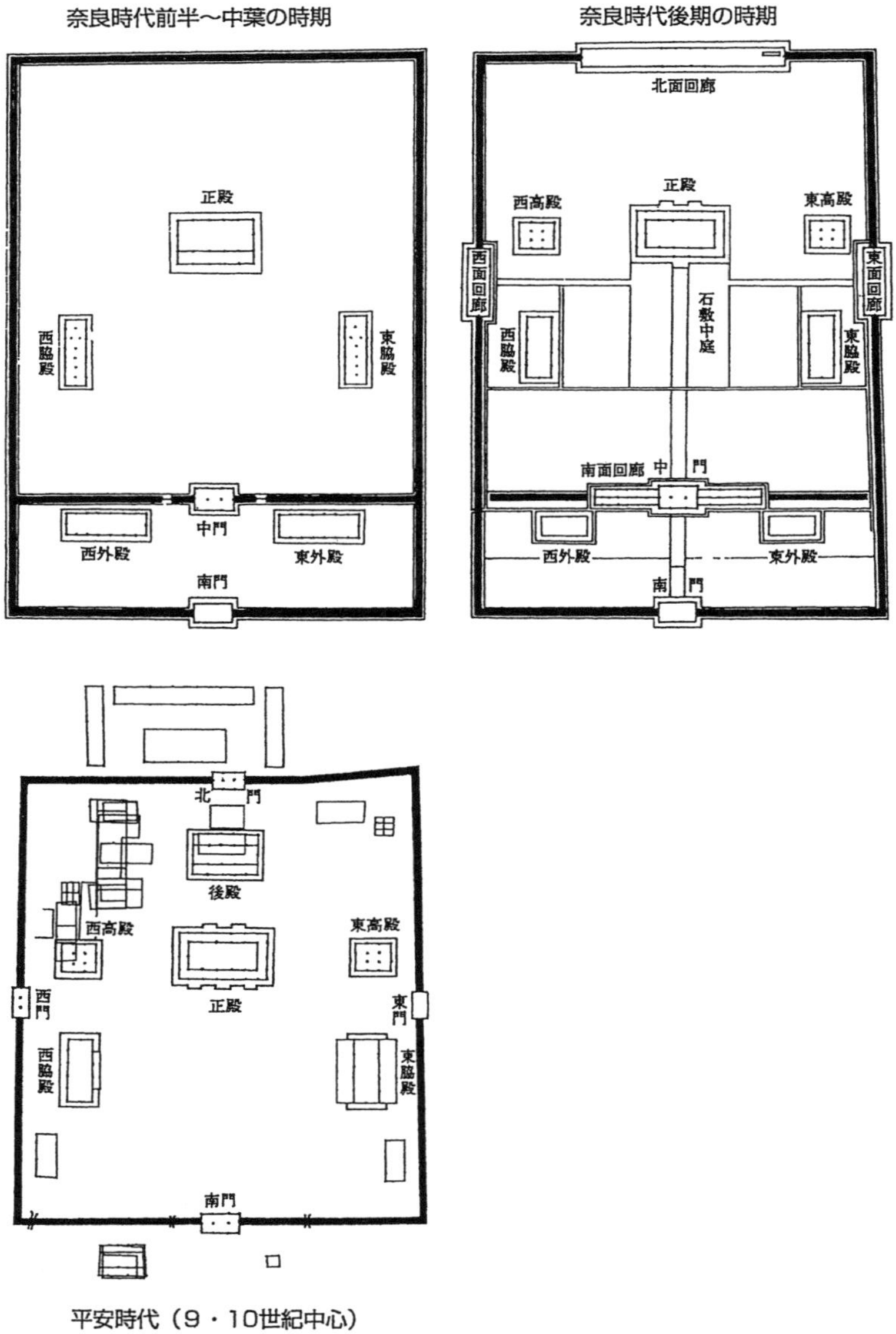

図47　阿部「古代城柵政庁の基礎的考察」（註９）1983で提案の基本変遷図（図46より先に公表）．後殿については発掘成果により後に一部修正する点を含む．

技術援助を受け、政庁の東脇殿の再調査から始まった。以前の委員会の時の調査で、東脇殿の基壇は全く削平されていることが知られていた。この先駆調査では幅二メートルのトレンチ一本だった調査地を全面調査して、掘立柱式の七間×二間の南北棟掘立柱建物跡及びこれと別の並びの柱穴等を掘り出した。(16)掘立柱建物による正殿や両脇殿の配置が先行して存在し、伊東氏らの調査成果を越す成果が出ると見通されたのである。先行調査は、政庁内で焼土の入った柱穴や掘方などにも当っていて掘立柱建物の存在自体は知られていたが、礎石建物群の見事な配置面で発掘がとめられて保存され、その遺構の時期については、重圏文軒丸瓦等の使用がこの面と関わると指摘されていた。委員会方式での弱点はあろうが、その部分的な発掘範囲と技術的な未熟を越す遺構の見事なあり方から、特別史跡への昇格も進められるに至った。

次の研究所の段階で下層の掘立柱建物が発見されたことは重要な成果であったが、問題はその次である。東脇殿の成果をうけ、早速西脇殿も再調査されたが、その時点で西脇殿の先行調査で基壇建物の基壇やその周辺の石積溝や根固め石による礎石痕跡の遺構が検出されていたことが失念され、保存されていた基壇を一挙に東脇殿での掘立柱掘方検出レベルまで掘り下げてしまった。(17)しかもこの事は後に伊東氏が指摘するまで発掘者が気付くことはなかった。

その結果のとりまとめでも掘立柱式脇殿の存在が大成果とされるのみであった。この経過もふれたことがあるので再論しないが、この掘立柱建物群はどう評価されていったのであろうか。結果としては、国府政庁との類似が大きくとりあげられた。まだ平城宮中枢部で先行する掘立柱建物の朝堂配置等の存在が周知されなかった段階であり、単郭の三棟配置式政庁へと意識が集中していった事がわかる。とすれば次の問題はその後の礎石建物の存否や時期や規模であった。研究所の配置変遷図でも脇殿の礎石建物は段階的に認知されていったが、その経過は明らかにその存在時期をなるべく遅く、小規模にしようと意識していたことを示している。その方が損壊の事実が小さく扱われ、掘立柱建物検出の意義が大きく扱われる。東脇殿の礎石建物の復活は、実際には建築史の側からの土庇の存在の指摘からようやく五間×二間の柱間の大きな建物と判明したものである。しかしこの建物は伊東氏がまとめた整備された時期にあったとする事を研究所は否定している。このように年代が遡らない根拠は、遺構を失った以上は実の所、後付けの根拠薄弱なものである他はない。その根拠は、遺存状況が全く不明となった基壇や周辺出土の瓦である。伊東氏には研究所から、掘立柱建物の上の整地層から掘られた瓦の内に焼瓦が少量含まれることが年代判定の根拠であると告げられていたという。[18] 基壇を主体とする失われた土層を一層の土として、整地層と呼ぶのもなかなかの荒技だが、瓦の出土状況や基壇の構築とその後の修補や各種の遺構構築の及ぶ状況が失われた後、本来の基壇土にはつきこまれるはずがない各期の瓦の存在を、建物の修補を含む存続年代の根拠となる可能性として考えるのでなく、その内の特に古い方でもない特定の瓦を年代判定用にとりあげている。しかも瓦が、多賀城落城による焼亡時やその後の片づけのとり残しでなく、後の平安時代初期の創建という基壇に少量の瓦を混ぜて築きこんで、後世の考古学者に年代が判明するようにしたとは、とうてい考えられないではないか。とにかく焼瓦が混ざっていたことで、この整地層は落城後の初期に盛土されたと研究所のまとめで考えたのである。しかし焼瓦の少量の存在は、焼ける以前からの瓦葺建物の存在とその片付け作業の不徹底を反映している可能性の方が大であることは否定できないであろう。これが研究所にとって多賀城政庁復元の根源をなす後付け判断であり、Ⅱ期の基壇建物がないとする根拠である。一度整地層なる判断とその年代判定の先例をたてるとそれが次々に踏襲される。それは政庁の南辺の大整地盛土層による段の形成時期判定の件等であり、またこの地域に想定される門外の東西棟建物の有無と評価の点である。この点について次に述べたい。

三　政庁南郭の点検と立証

問題点の第二は、政庁の南方にもう一つの郭＝南郭が存在するか否かという点と、そこでの基本的建物の有無である。伊東氏らの調査では、地形上の根拠から南の郭が連続して存在することを予想し、トレンチ一本を南にのばしたが門等は当らなかったとする。調査中に中門かとされていた翼廊付の門はこうして政庁南門に納まった。伊東氏らが南門地区を想定した根拠をふりかえると、現在遺存する地形上から、政庁の南辺に同じ幅の中段面が、段上で四〇メートル、段下で七〇メートル近くまで続き、その東方は南にのびる自然地形の高まりが主であるが、西方は人工的な盛土整地を行って方形の中段を作っているとみられる点がまずあげられる。実際にここでの研究所の調査で、西方に厚い盛土層が後に確認された所がある。[19] 南の区画の北寄りには、北の政庁内からの石積溝が延長して、南の区画の西辺にそって溝が存在した状況が、南方に土砂が流出する地形のなかでかろうじて認められている。この区画の北辺は政庁の南辺の築垣並びに翼廊付の門に当るが、その南縁にも立派な石積みの溝が設けられて化粧されており、この東西方向の化粧溝から途中に南方に分岐する溝、あるいは溝の一部かとみられる石やその延長の溝等がみられ、Ⅰ期の東西棟の掘立柱建物位置をほぼ踏襲してⅡ期に基壇建物の存在が推定された所である。[20] この推定は研究所自身で後に撤回したが、[21] 筆者は南郭の存在とともに、ここにⅡ期に礎石建物として外脇殿が引続いて造営されていたと考え、若干の根拠をあげて図示した（図48）ことがある。[22] 南郭と礎石建物の復元は、建築史学の立場から政庁復元を試みた宮本長二郎氏も認めている所であるが、礎石建物の存在がないと、南に分岐する溝の存在、盛土の存在の必然性が説明できず、また南郭の証明となる西方の石積溝の延長やそこから西へ築垣幅を暗渠の石組にして水を落としている点な

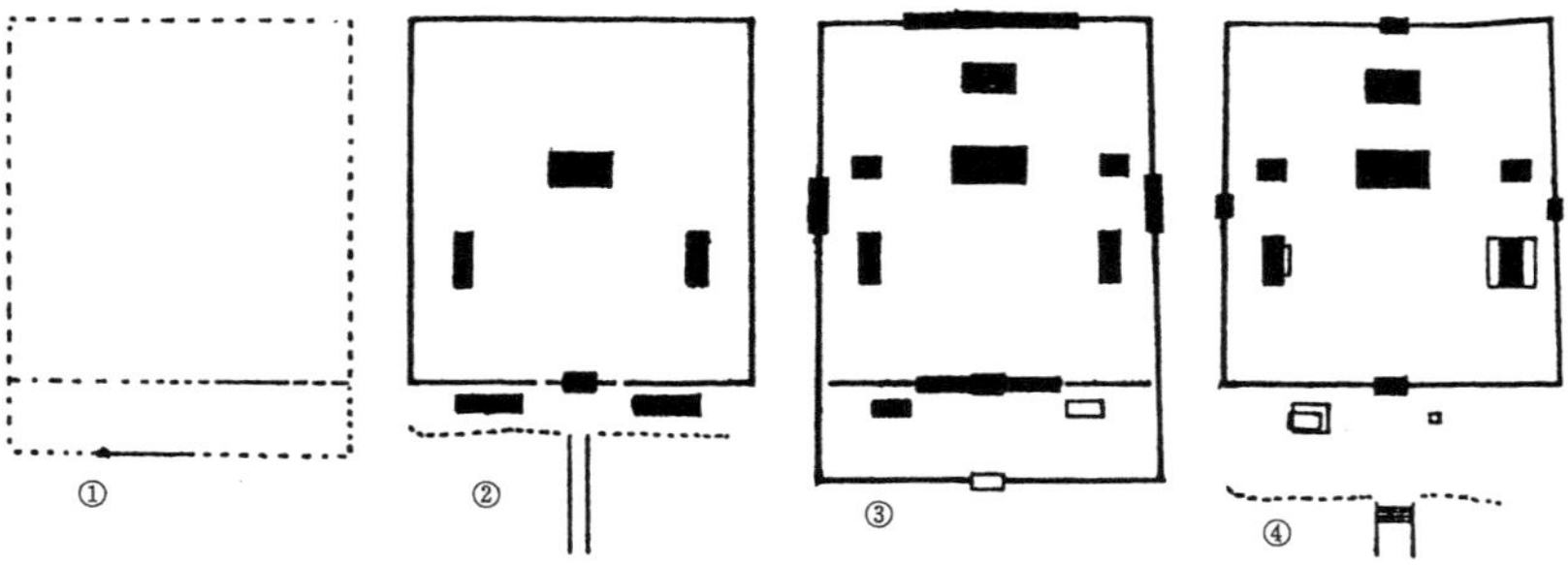

図48　阿部「城柵と国府・郡家の関連」1989の第６図における多賀城政庁変遷案
図47の変遷案の段階に対しては，②段階での南郭の削除，③の後殿及び①の段階認定が大きな修正点である．

どが説明不能となる。実際に説明不能の遺構であると堂々と記述しているのである。この建物位置は、落城以降とみられる焼土の入った掘立柱穴の建物が何度か重複するので、平安期にも簡単な建物が存続（東側建物は不明で、西側も建物足場穴の不能性もあり）したことが伺われる。Ⅲ期以降はこの地区が大改変されているもようなので、その影響を除いて遡る時期を復元するのは細心の注意を要する。以下で検討するように、中段で南郭の施設や門が存在した痕跡があれば伊東氏らの想定は再度検討の要があることになるはずである。ここで正にその点の立証についてみていきたい。特に南郭における削平された南門の存在については、筆者はその根拠の若干を指摘したことがある(23)が、今回訂正を要する点も明らかになったのでこの点も再論したい。

イ　政庁四辺の築垣

約一町四方の郭をなし、その南方では遺存していないが、南方には築かれなかったのか、ある時期に撤去されたのか。西辺の築垣が政庁南方に延長していたとみる根拠は、政庁西南隅への排水の集中と築垣下の暗渠での処理後、石積溝がさらに中段の盛土整地の西縁をたどって南下していた点である。石積溝は東西方向の石積溝の合流点から西へ三メートルほど暗渠となる。暗渠の出口の南北ラインは石積みされている。この遺構は政庁の北郭内部と内郭北縁の水を処理して、西辺築垣を延長して存在した築垣下を通すという明瞭な用途を示し、上部を南北に築垣が走っていた証拠となると指摘した。これに対し、研究所の正報告は、暗渠入口部は集水桝であると記載するが、天井石を残す一定幅の暗渠には目をつぶり、意味不明とする。集水桝状の暗渠入口は平城宮内でもよくみられる暗渠と一体の遺構であるが、多賀城では意味不明となった。暗渠は存在しないも同然の扱いとなっている。これは西脇殿の東縁の石積溝、想定の西外脇殿の西縁の石積溝と同じ扱いである。基壇建物の削平例は、既に東脇殿でみたように徹底した事例があるもので、そこでは礎石据付等の痕跡も残さない。多賀城政庁の築垣を切り開いた廊付の門の遺構では、各面ともに根石等の遺構が認識可能なレベルに遺存するが、これは低基壇の建物であるが故であり[24]、本来の基壇建物の基壇を同様に低いものと考える根拠にならないと考えられる。調査可能地は広く残って居り、盛土やその端の処理や削平がどう行われているかの今後の追加調査が待たれる。

ロ　Ⅱ期南門の復元

一九八七年の第五〇次調査成果[25]では重要な記載がみられる。それは南門の立証に関わることである。南門についでは一九六五年のトレンチで当らなかった。一九八二年の政庁跡の正報告では、南門（阿部は中門とみる）から三〇メートルほど南の地山面に東西方向の柵木を並べた溝が、西に降る地山地形上で検出されている（図49）。先にのべたように、これは宮本氏が一度は基壇建物と関連する土留めかと考え、その基壇等はこれ以外は削平されたと見たのである。その溝の折返し地区を含む南門外の西半が第五〇次として調査され、報告された（図50）。まず盛土下の地山面で、東西方向の柵木列（ＳＡ一六〇〇と一六〇一）とその西寄りに開く簡単な棟門（ＳＢ一五九九）を検出した。これらは政庁の建物整備にさきがけて、地山面で区画施設や門が造られた事を示していた。中軸付近より東方は柵木列も地山も削平されて失われてしまっている。政庁整備に伴ない、この地区で三回の盛土整地が認められ、盛土は柵木列の遺構を覆っていた。整地層Ⅰ～Ⅲと呼ばれ、Ⅰは北にある門から南方にのびる幅一二メートルほどの中軸道路の西半に薄く積まれている。道の西側（検出は西側のみ）に二度にわたり側溝が掘られている。整地層Ⅱは、道路側溝が内寄りに掘り直される時、道路部分及びその西方にも及んで盛られた薄い整地層である。[26] 西側溝は道路幅約一三メートルの所に当り、整地層Ⅱの上に一部に側溝石等の化粧石を残しており、掘り上げ写真から見ると箱状断面の掘方状の溝である。流水痕跡等は記されていない。このＳＤ一六〇八を含めて、広範囲が次の整地層Ⅲに覆われる。Ⅲは道路だけでなく、その西方に広く及び、西方に厚く積まれ、発掘区の南から北まで、東は中軸線あたりまで及んでいて、現地形の中段状をなす盛土整地の基本層をなすものとみられる。Ⅲの整地下の遺構は、一応の旧状を残していることになる。盛土層は西方で厚さ一・八メートルに及ぶ。Ⅲ層上には、発掘区南方で、中段の南縁附近に当って石で蹴上げ面を化粧した幅約二三メートルの階段が設けられていることがわかった。階段は平安初期に造られたと判断された。ところでこの整地層Ⅲの階段より少し北方の平坦面では注目すべき遺構が検出された（図51）。それはＳＫ一六一〇と

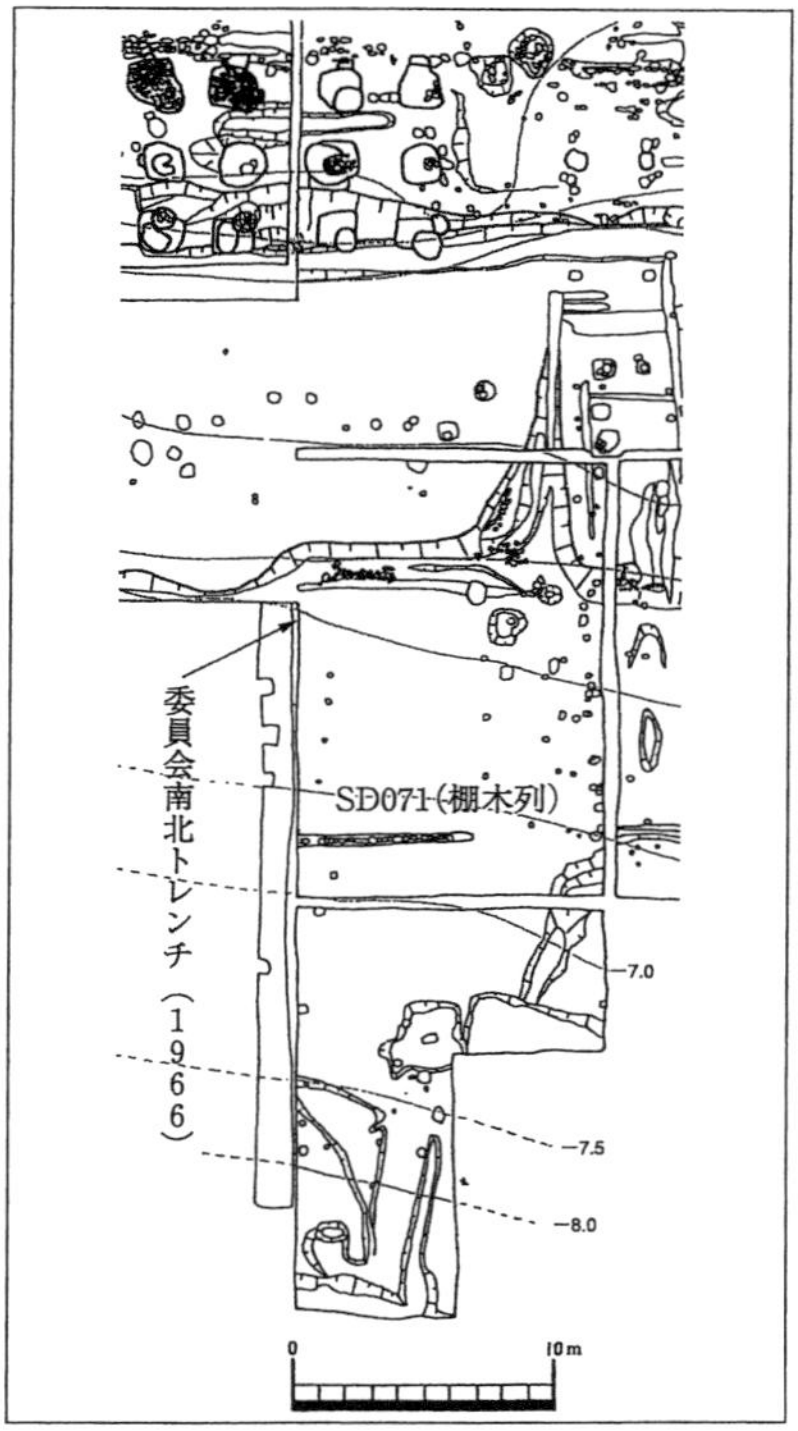

図49　南郭南門推定地での発掘
多賀城跡正報告書1982による（阿部文字記入）

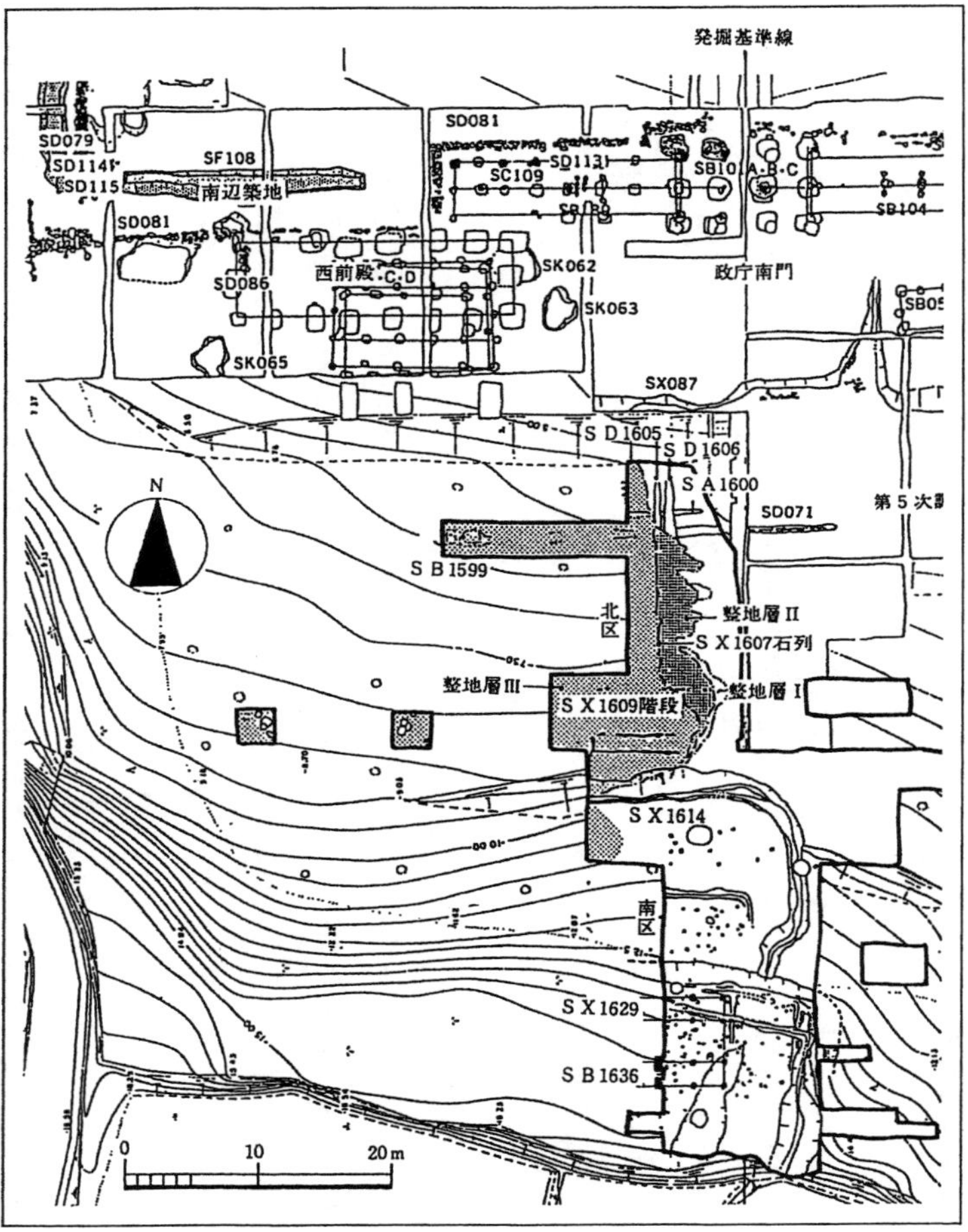

図50　第50次調査地区と周辺の地形

研究所年報1987による．中段地形西側が盛土工事で造成されていることも読み取れる．スクリーントーン部分は盛土確認部分．

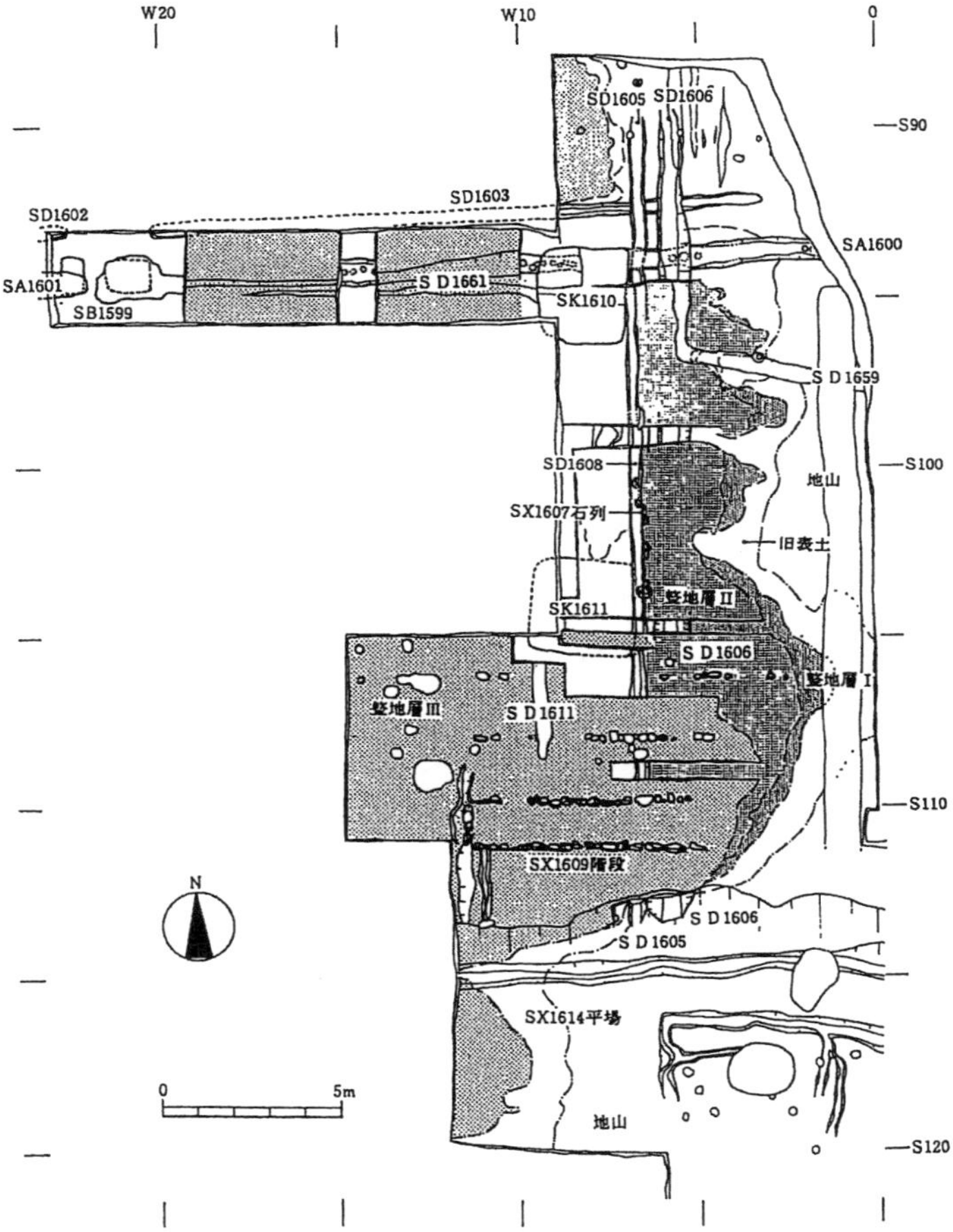

図51　第50次北区の検出状況（註25文献付図による）

SK一六一一の似た規模の二土坑で、六メートル離れて掘られた径二〜三メートルのほぼ方形で深さ一メートルほどに垂直に掘られた土坑である。整地層Ⅲとの関係は、SK一六一〇はその分布域にある（図52）が前後関係は判定されず、坑上に三個の大型の山石がある。道路側溝SD一六〇八（整地層Ⅱと関わる）との位置関係は明瞭ではなく、SD一六〇八はこの土坑の途中あたりで切れるらしく、北に現れない。溝と土坑の関係は溝に一部

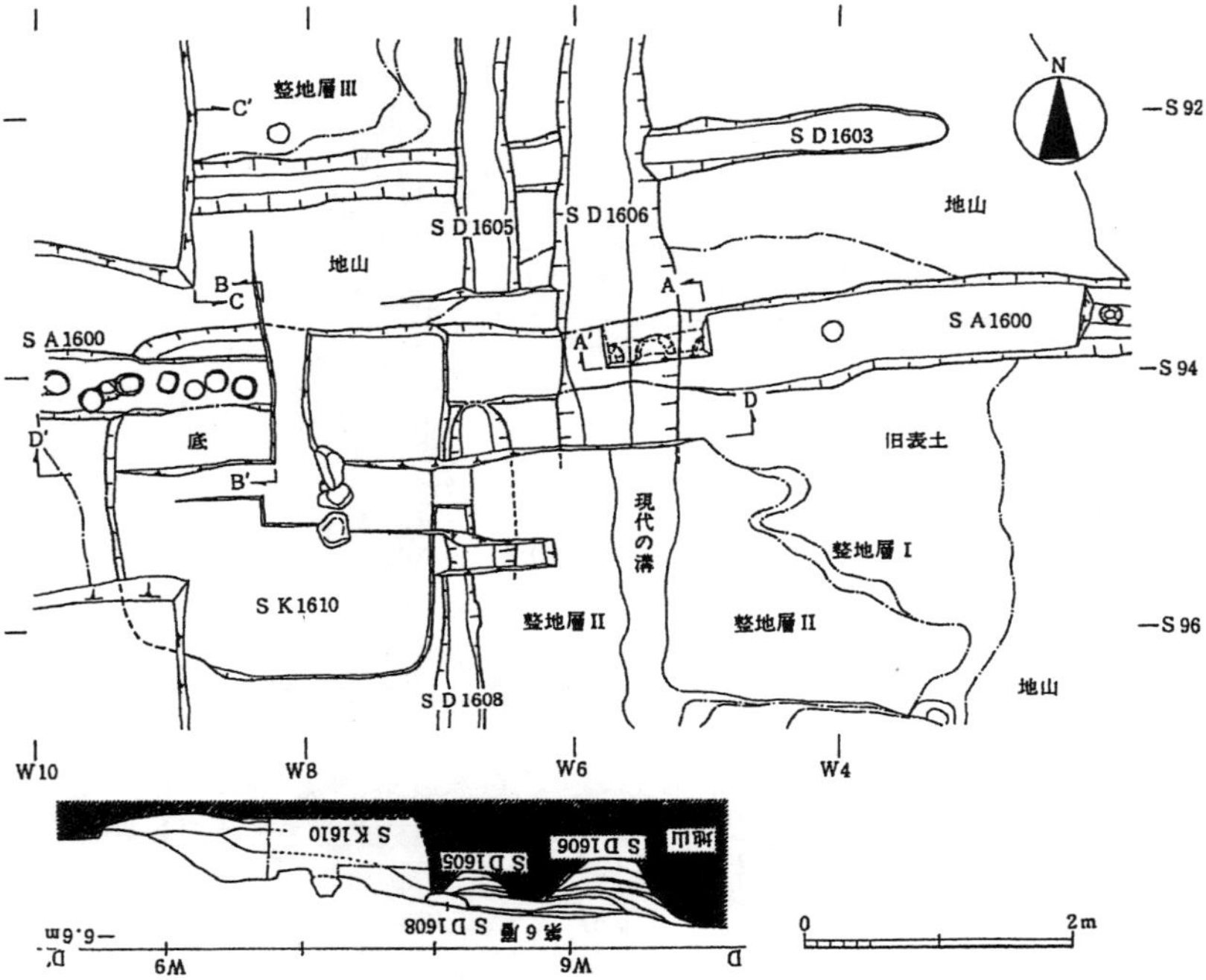

図52　SK1610と断面図（註25文献付図による）

かかる位置から土坑が垂直に切りこんでいる。南のＳＫ一六一一は更に微妙な断面図がみられる（図53）。下層のＳＤ一六〇五を半分切ってＳＫ一六一一が掘られるだけでなく、ＳＤ一六〇八も半分に切られているように表現されており、ＳＤ一六〇八の上部から西方に整地層Ⅲが突然盛土される。このラインはＳＫ一六一一土坑の斜面の延長上にもあたる。ＳＫ一六一一はＳＤ一六〇八の石を残してぎりぎりに掘られ、その上まで整地層が及んでいると表現されている。ここでは整地層ⅢはＳＫ一六一一上部から西方に積まれているのである。このような状況に対して、年報ではＳＫ一六一〇と一六一一が地山上に設けられた柵木列一六〇〇より新しいのは当然として、ＳＤ一六〇八に切られ、整地層Ⅲに全体が覆われていると判断した。

　しかし、図と報文でみるかぎり、ＳＤ一六〇八と両土坑の前後関係は明瞭でなく、ＳＫ一六

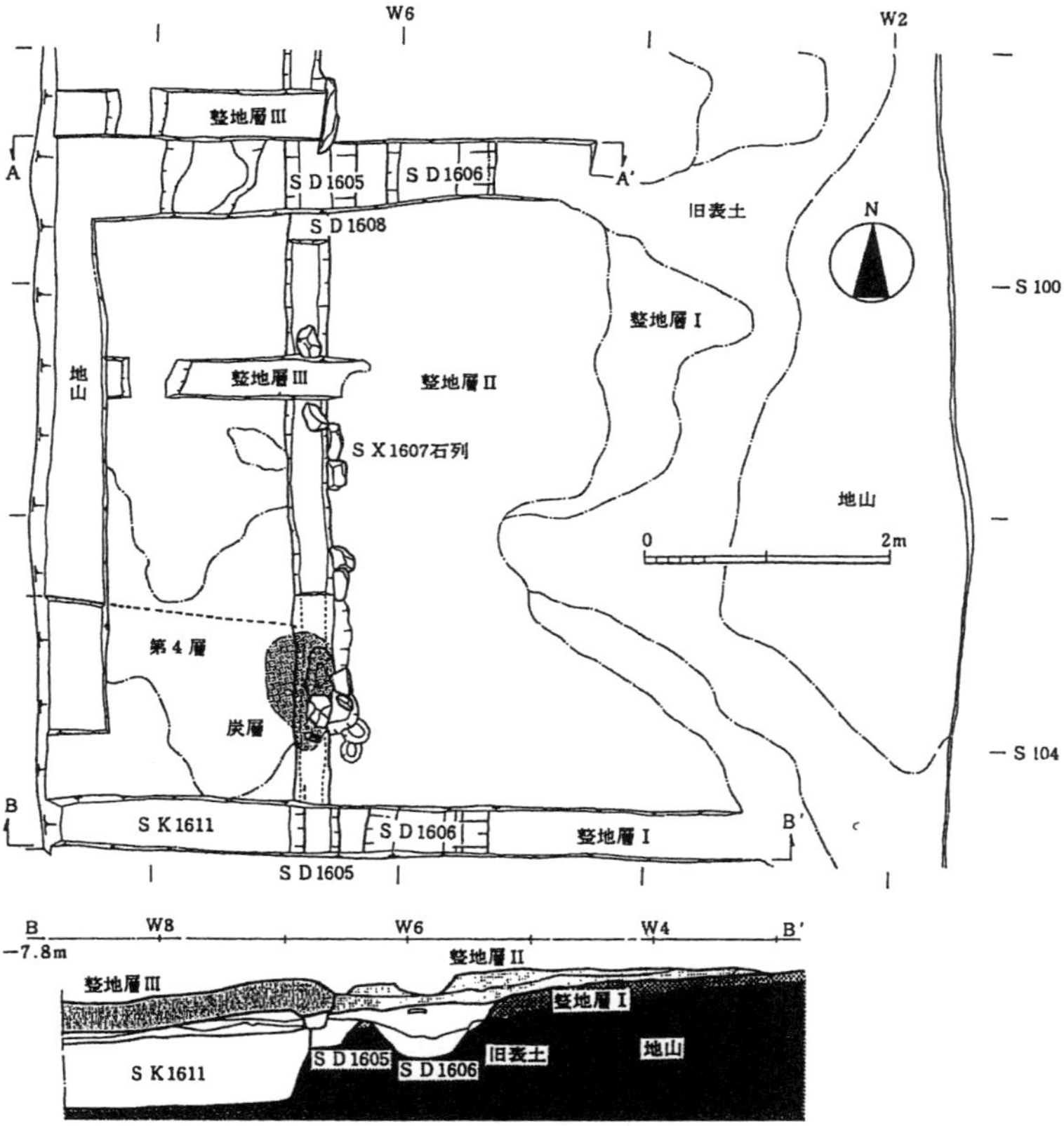

図53　SK1611と断面図（註25文献付図による）

一一は溝を切っている可能性がある。整地層Ⅲが、土坑の上ではその覆土からスタートしていることと、両土坑の覆土が整地層Ⅲと同質の土で覆われていることは、即ち両土坑が整地層Ⅲで一部が直接覆われる形で同時に埋められていたのではないかとの疑いを生じる。両土坑は相当な大きさと深さで意図的に掘られ、岩盤粒や黒褐色シルトブロックで埋め戻されたもので、特にSK一六一一の断面図は、一六一一が整地層Ⅲと同時か、あるいは同質の土で埋土され、整地層Ⅱと関連遺構を切る関係であることを示しており、整地層Ⅲとの関わりを考えるべきことを明示している。両土坑からは遺物も出土

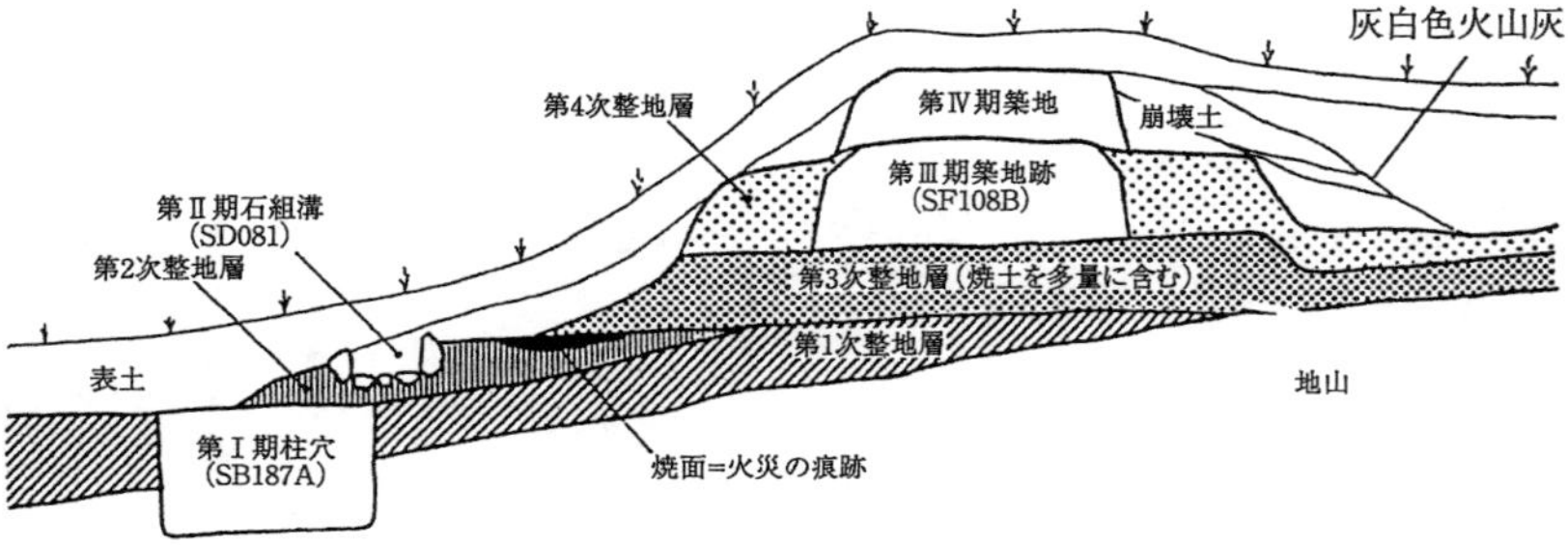

図54　政庁西南部の整地層模式図（研究所による）

丹羽茂「多賀城の官衙地域」第23回古代城柵官衙遺蹟検討会資料による．正報告より詳しい模式図で，左側第２次整地層上に石組溝が築かれている．流出基壇を含め，南方に盛土層が拡大していたものとみられる．第50次整地層との関係が問題となる．本図の第１次整地層は，範囲が限られるものか追究されていない．

せず、性格不明として片付けられているが、これは一体何の遺構なのか。整地層Ⅲは西に厚く、上面に凸凹を残し、さらに新しい時期の土層で覆われている。この盛土は瓦を出土していて、その瓦は大部分がⅠ期とⅡ期（奈良時代）のもので、ここでは焼瓦を観察していないが、その内に一点だけⅢ期（平安時代初期）の瓦が含まれているという。この一点を重視すれば盛土整地工事は八世紀末以降となるという。整地層Ⅲの上に営まれた幅二三メートルの自然石で化粧した階段は、須恵系土器の小破片を多量に含む第二層に覆われていることから、一〇世紀の内の廃絶と考えられている。こうして整地層Ⅲの工事は平安時代初期とされたのだが、その根拠はⅢ期の瓦一点によっている。平安期の階段が遺存したことは認められるが、古い盛土上に各期の遺構が削平を伴ったり掘りこみを伴ったりして営まれることはどこでもみられるので、この重要な造成期の判断は瓦一点では軽すぎると言って過言ではなかろう。この整地層Ⅲは、西外郭殿地区での削平が著しいが、石積溝等をのせた奈良時代盛土整地（第一期は中軸付近の盛土に限定的）につながる可能性も残っている（図54）。そこでは、中段の一部ながら、平安期の盛土整地を認めていないからである。

　このような東方の削平や西方の大盛土を含む工事は、多賀城でいつの時期に興されるのか。それは果たして鎮守府が分離北進したか、その予定があったはずの平安初期になされたのであろうか。発掘を拡大して総合判断を要するが、ここでは二つの土坑の意味についてさらに掘り下げたい。

この二土坑は、柵木列より新しく、整地層Ⅰ・Ⅱより新しくて整地層Ⅲとの関係が必ずしも先行時期と判断できないことは先述した。この二土坑は宮本氏や阿部が南門を想定した位置にあり、ＳＤ一六〇八を切って設けられた可能性が高く、整地層Ⅲで覆われるように記述してはいるが、断面図からは整地層Ⅲと同時、あるいは時間的に先行する一連の事業としての可能性があり、客観的事実をいえば、両土坑は、政庁中軸線から西へ約七～一〇メートルの範囲に六メートルへだてて南北に並んで一挙に掘られており、しかもＳＫ一六一〇ではその上に山石が遺存し、ＳＫ一六一一付近にも多くの凹所が存在したことが写真に見られる。大盛土整地をして中段の大平坦面を造成するに当り、旧道路側溝付近の盛土の始まる薄い旧整地の所に、地山まで掘り抜く規格的で垂直な大土抗が二〇尺の間を置いて設けられ、礫を含めて埋土されている。この件について筆者は多賀城東北隅の城壁付近での人骨埋納の土壙例や平安宮内裏南門付近の祭祀土坑例を比較対象に考え、両土坑間に西方から築垣が門にとりつく可能性を考えたことがあった。

しかし今回はこれを撤回し、多賀城政庁の最も整ったⅡ期の翼廊付南門（中門）では、礎石位置の石抜き取り痕跡下に、根石等の他に坪掘地業がなされている点を取り上げたい(27)。この地業は正報告によると隅丸方形で径一・五～二メートル近くあり、門の北側二列では全面的にみられ、南一列は掘立柱の抜き取り穴を拡大して固める地業をしている（図55）。北列では地業途中の小礫層や山石層がみられる。この門の付近は先行柱穴や抜き取りだけでなく、斜面への基壇盛土もあった要注意地点として、地山の高い所には必要ない坪掘りの地業がなされているのである。ではＳＫ一六一〇と一六一一ではどう考えたらよいのだろうか。整地層Ⅲを盛った所で掘られたこの土坑は、この位置で予定された基壇と礎石をもつ建物の内、盛土層が厚くなる隅の部分の柱位置に行われた坪掘りの掘込地業と考えられる

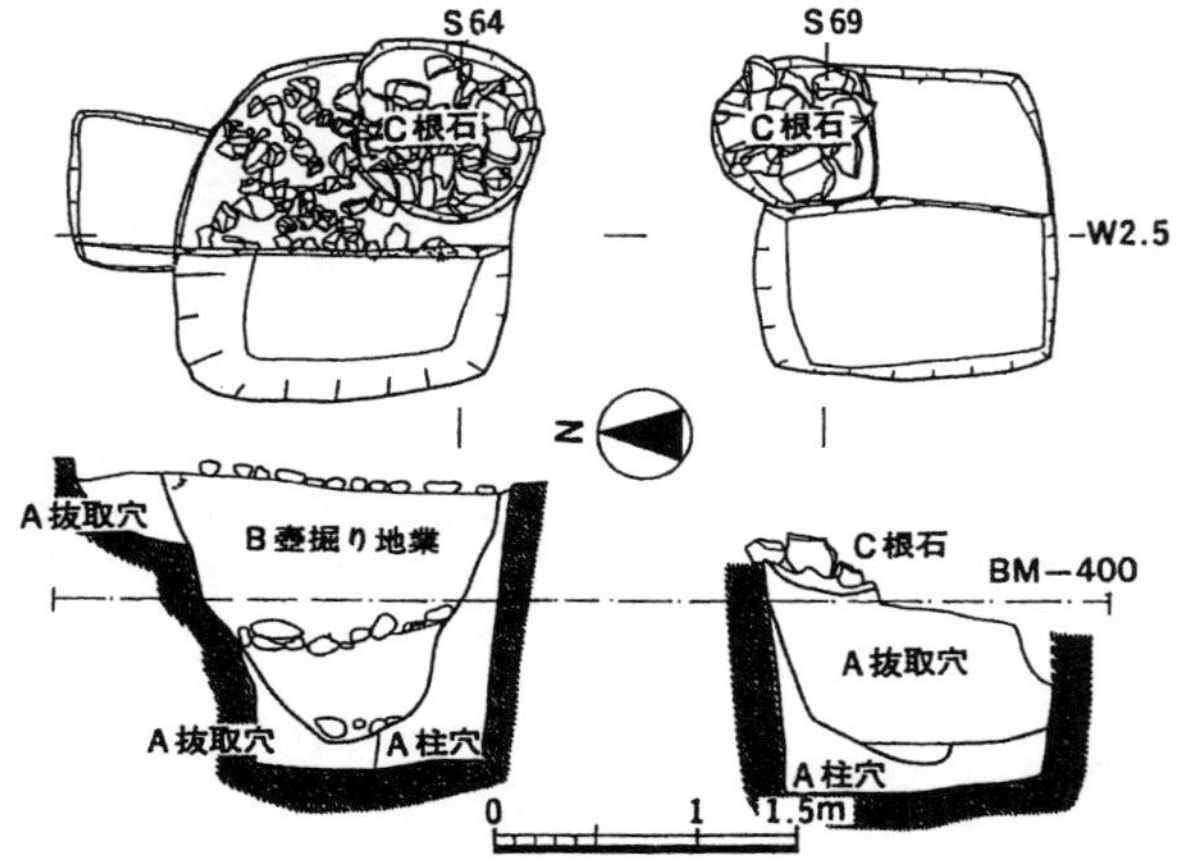

図55　政庁北郭の南門柱位置の壺掘り地業と抜取穴拡大つき固め例．壺掘りは2×1.7mに及び，玉石層等がある．『多賀城跡正報告書』1982による．

のではないか。このような坪掘り地業が飛び飛びにある側は西面の門廊の礎石建物でもみられる。坪掘り地業は、地山が高いことが事前に判っていた所では不要だったのであろう。

　このように建物隅での坪掘り地業と考えた時、この土坑を西端に、東西一六メートル内外、南北八メートル内外（七〜九メートルの範囲）の建物が予定され、工事に着手していたことになる。これは門の規模としては間口五間、奥行二〜三間のいわゆる五間の門にあたる[28]。そして整地層Ⅲは、正にこのような建物とそれに続く区画施設を設けるため、政庁南面に改めて高い平坦面を造成するために必要になったものと考えられ、それは政庁北部の大整備と一連の全体構想の内で考えられることになる。この平坦面は、北の政庁と同じ幅で南に拡大し、南門と中門と築垣で囲まれ、内に外脇殿を設置したものとなるであろう。そのわずかに残された痕跡が以上にあげた各所に残されていたのである（図56）。これらⅡ期までの遺構がⅢ期にどうなったかは既にふれたことがあり、くりかえさない。

ハ　Ⅰ期南郭と南門の発見

政庁のプレⅠ期というべき地山上の柵木列による区画及びⅡ期の複郭のあり方は、かろうじて報告の報文の内から

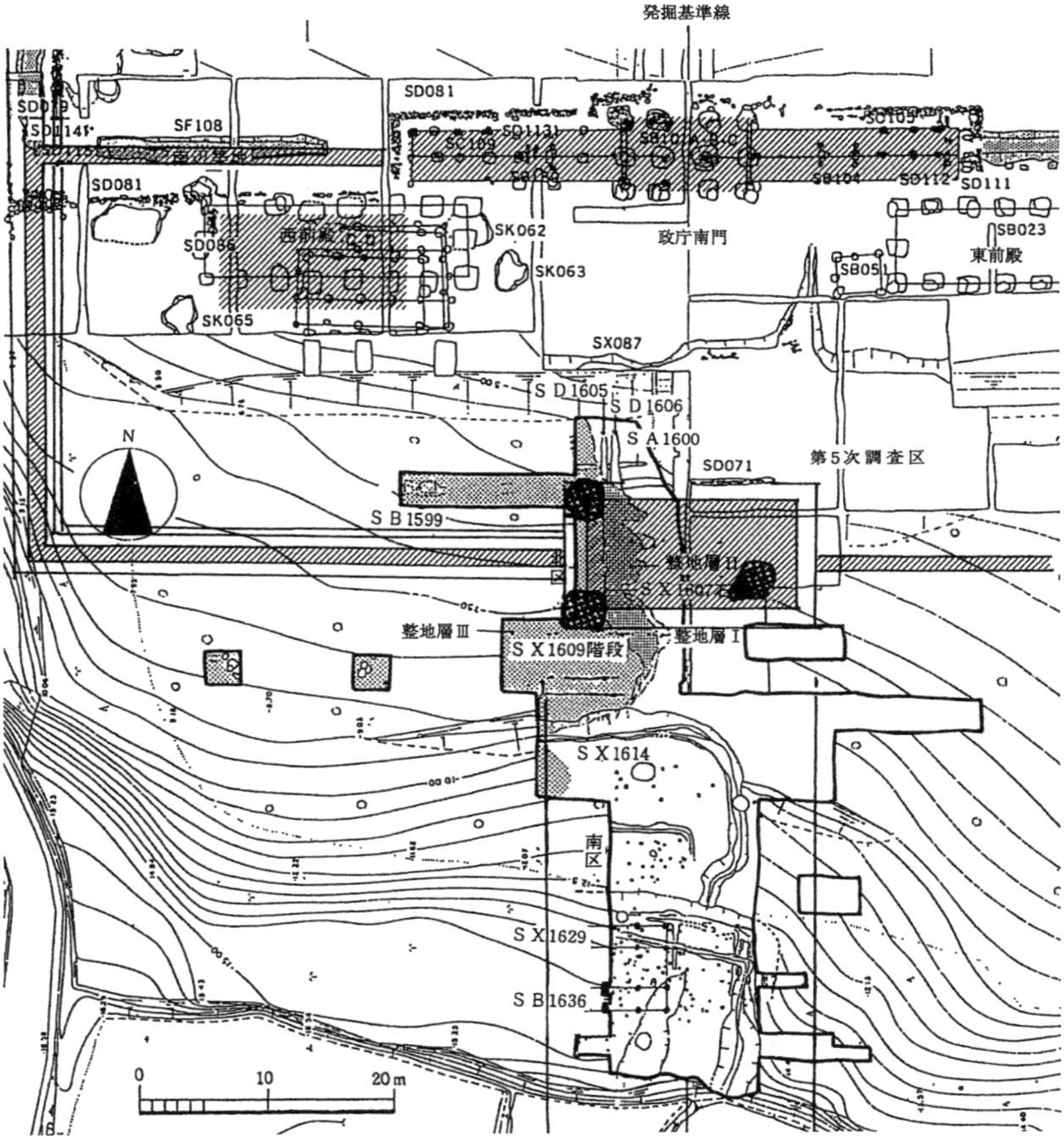

図56　政庁Ⅱ期南部と南門の想定図　図50に加筆（阿部）

拾い出すことができた。プレⅠ期の遺構には、瓦が伴っており、多賀城創建期の瓦や造営過程を考える上での重要資料となる。プレⅠ期も政庁整備につながる流れの内で政庁が整備される直前の推移を語るものであった[29]。ここでは多賀城Ⅰ期のあり方を点検したい。筆者が以前に複郭式の南門存在の手がかりとした柵木列は、プレⅠ期の南の郭の区画施設と判明した。このことから筆者は南郭の存在をⅠ期では保留し、開放された空間として図示したことがあった[30]。中段盛土下では狭い南北道路と側溝と道路部分中心の盛土

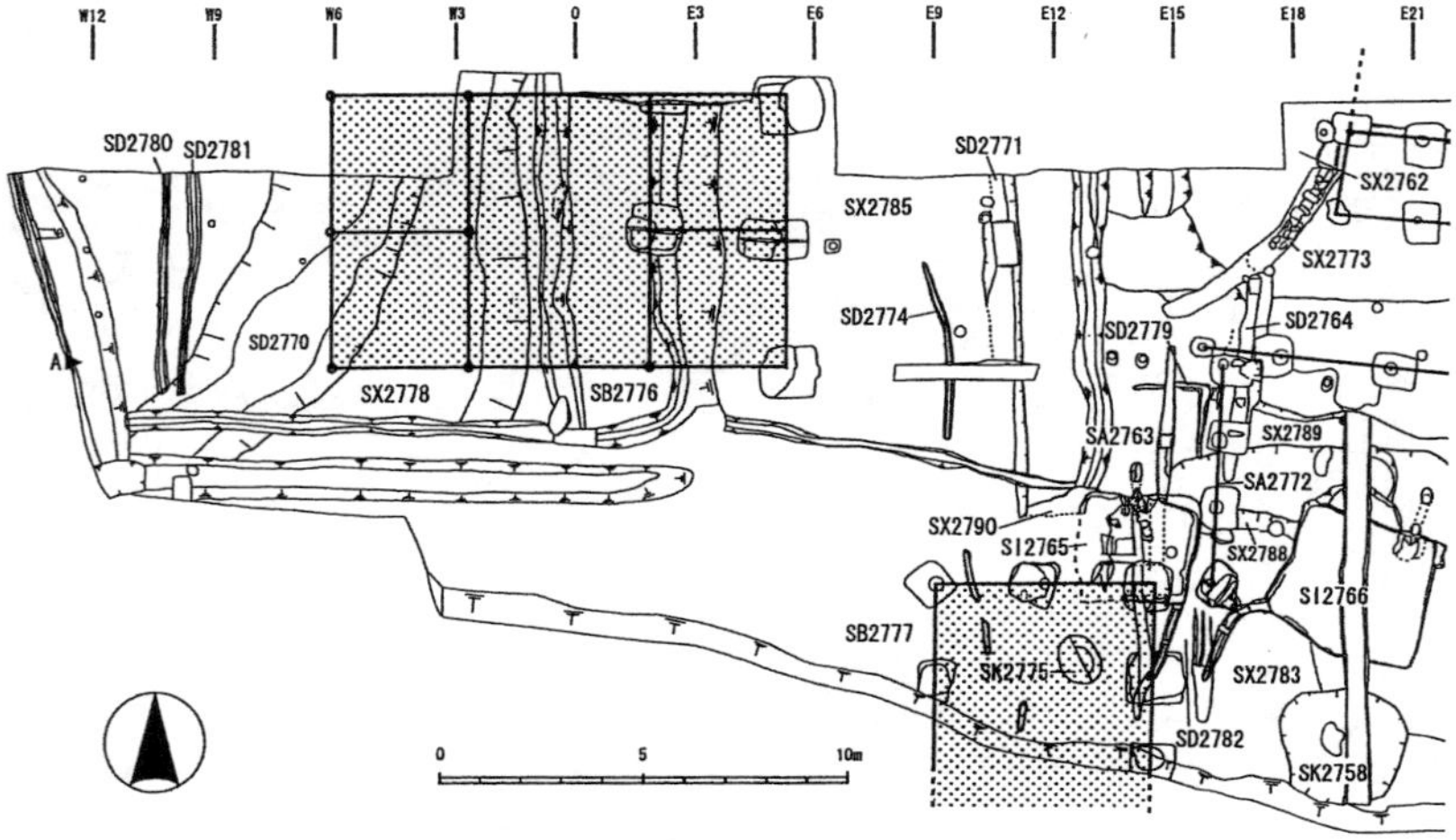

図57　第74次調査区（一部）平面図（註31文献付図による）一部加筆（阿部）
多賀城中軸上に設けられた最大の八脚門と門前の南北棟建物の配置（正面左右に配置の可能性がある）がみられる．

が認められるだけであることが、第五〇次調査で判明したからである。幅一二〜一三メートルの道路は、I期の発掘された政庁の八脚門の幅とほぼ対応するものでもあったのである。

ところが二〇〇三年の多賀城跡調査研究所の第七四次調査で、驚くべき事実が報告された。多賀城I期政庁の南郭の存在とそれが思いがけず広大であったことを示すI期南郭の南門相当遺構の検出である。第七四次調査は政庁と外郭南門の間の一連の道路等の調査として実施された[31]（図57）。

まず、この調査は、多賀城外での道路の調査成果と城内の道路の関連が課題となったことによるもので、城外では外郭南門の南方に南北主軸道路が検出され、路幅一九メートル程の道路が九世紀頃には二三メートルほどに拡大されたと考えられている[32]。城内では幅一二〜一三メートル、一九メートル、二三メートル程と三段階の変遷が想定されたことがあったが、第七四次調査ではその再検討を課題としていた所、道路は広い方の平安期の遺構の一部が調査されたにとどまったが、道路中央部に政庁I期に相当する多賀城内で今までで最も大規模な掘立柱の八脚門が存在したことが判明したのである。政庁南門から南に一九二メートルの所に当り、外郭南門からは一〇〇メートル余の所にあたる（図58）。東西棟で中央間が三・四メートル、東の門が三・一メートル、南北は二間で各三・四メートルを計る。西半は遺構面が流出して失われており、その後の地形変更も激しかったことがみてとれる。この掘立柱の門が確認された付近までの政庁からの道の状況は、研究所の見解でⅠ期が幅一三メートル前後、政庁Ⅲ期で約二三メートルに拡幅されたとの見解で、特に奈良時代後半にはそれまで遺構がほとんどなかった政庁の前方・南方道路の東側の高所面に官衙ブロックが整然と並んで建設されていたことがわかった[33]。その官衙ブロックもこの門の付近まで及んできて状況が変わることもわかった。

研究所の報告は、門であるかも含め、その東西の区画施設の有無、時期判定等について追加調査が必要とまとめている。政庁本体とこの門（SB二七七六）の間でも調査が既に行われており、この間は前記の狭い幅の道とその東西

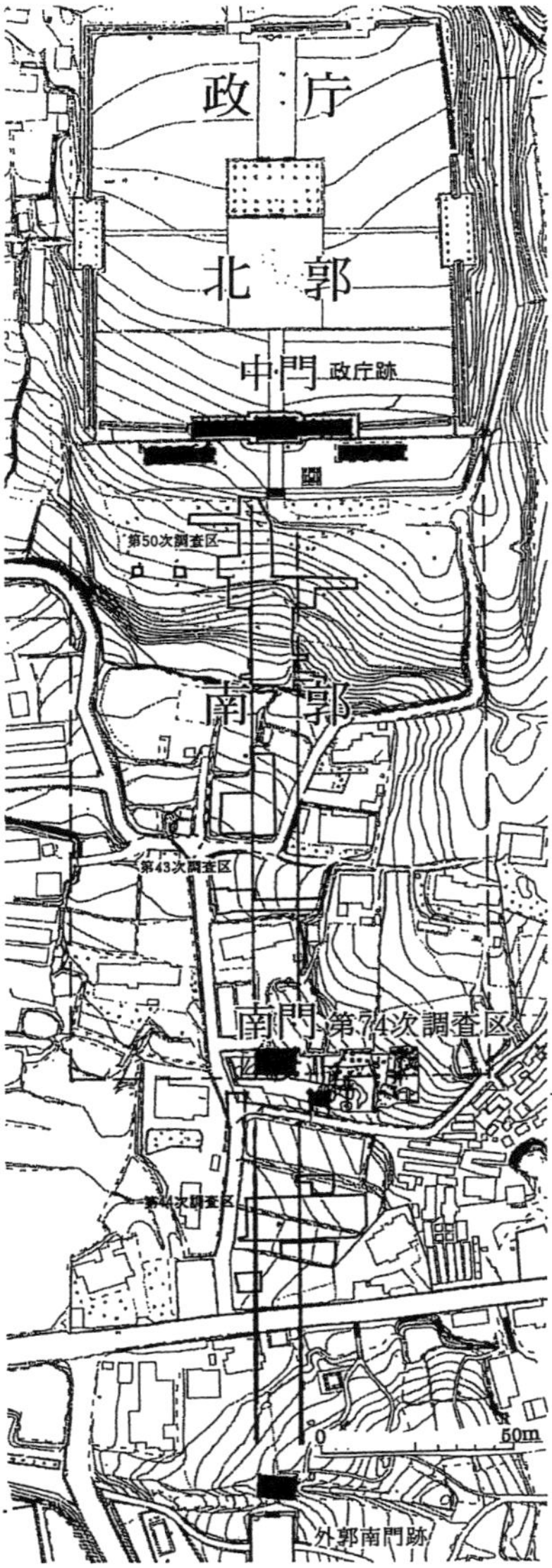

図58　多賀城政庁第１期の南部
註31文献付図に加筆（阿部）．後世の土取り等の変更が著しいが，南郭南門より北に一応の地形とりこみによる区画があったことが伺われる．北郭の整備は研究所案によっている．

に空間が奈良時代後半に至るまで広がっていたことが知られていることになる。追加調査の必要性は当然のこととして、門施設とその内外について予察を加えてみたい。ＳＢ二七七六門までは政庁南門から第五〇次調査の整地層１・２と呼ぶ道路幅中心の低い盛土が幅約一三メートルの道を形成して続く。この道路は第五〇次の整地層Ⅲの時期に北端附近は先述の大盛土整地土で覆われてしまうものであるが、政庁Ⅰ期の時期は政庁南辺には南門からＳＢ二七七六まで一定幅の道路が続いており、その左右には、まだ自然地形を大きく残して東方が高く、西方が低い空間地が置かれていたことになる。この空間地の中間部に当る第四三次調査地区では、この付近まで薄く初期の整地が道路外にまで広がっていて、以南は道路幅以外の整地が進まず、即ち南門より以北の南郭相当部分も北半と南半で若干状況が異なることが知られた(34)。さらに今回のＳＢ二七七六門の南方にあたる門の外側には外郭南門との間の第四四次調査で、東方からの水を処理する暗渠が道路を横切って何度も設けられたことが知られており、門の南に東からの水の処理施設の建設、あるいはその暗渠修繕時に木簡等がすてられる状況があったことが判り、その木簡から、この道路(35)、ひいては門等の一連の工事の年代までが推察できる資料が出土している。南北一町余の政庁北郭が外郭南門からほぼ四町北を北辺として造成され、政庁北郭の南には約一九〇メートルほどおいて大規模な門が設けられ、その間が一連の道路と空間地になっている。これは予想外に大規模な政庁第Ⅰ期の南郭に相当するものであり、その北端の門の前の左右に、掘立柱の外脇殿が控える配置であったことになる。南郭南門（ＳＢ二七七六）の門前にも本来東西に掘立柱建物が配置されていたとみられる状況がある。政庁とこの門との間は、第Ⅰ期は、東方には高所、西方には低地が続く部分がとりこまれた一連の地形の地域に当り、この政庁南郭がいわば切り縮められて大造成された政庁Ⅱ期以降には、それ以南が旧南門附近まで若干の土地整形を伴いながら、一連の官衙域に転換し、実際に官衙街が高所に並んだとみられるわけである。平安時代のⅢ期には、政庁の南郭は基本的に廃され、旧南郭地の中段は門を含む基壇建物や築垣は削平され、残された旧造成段の端に幅の広い城外と対応する道路が連結され、階段が付されて終ったことになる。

Ⅰ期の政庁は総計三〇八メートル程度の南北距離で、東西は北郭は一町幅、南郭も後の造成壇からみてほぼ同じか少し広い幅とみておくことができるが、Ⅰ期の南郭の外部区画施設等の実態はまだ知られていない。これは南門とのとり付き部分でも同様であるが、このラインの南限での南と北で地形のとりこみ状況が異なることは南の木簡出土の暗渠の工事地等からも伺うことができた。Ⅰ期南部の空間地は、永い道の左右の空間に、例えば山地や低地の象徴的な迎賓空間化、あるいはそこに騎兵が陳列するなど、蝦夷を迎える上で建物群に至るまでに城柵として必要な高地と低地からなる空間が設けられていたことが考えられる（図59参照）。多賀城Ⅰ期政庁が南北郭で総長一〇〇〇尺をこしている点からは、平城宮第一次大極殿院相当施設が南北三町＝一〇八〇尺×東西六〇〇尺の規模で、北三分の一を高壇地として大極殿や後方の大殿を設け、その前面の一段低いところを南庭の広い空間地とし、南の門とその両側に楼状の重層建物を配していたことが想起される(36)。南郭の造成度や囲郭等で、都城と異なる所は大きいが、城の中心にこのような異なる空間を並べて配する点は、何らかの似た意識・意図を読みとることができると考える。また先行する陸奥国の柵とみられる仙台市郡山遺跡Ⅱ期の中心部分との関連も指摘できる(37)。仙台市郡山遺跡Ⅱ期の方四町の柵の内は、中央部三分の一を占める幅で、南北三町余が中枢施設用地とみられ、柵の外郭南門から一町ほどで東西棟の建物（恐らく門施設を含む）に達し、この間に長大な南北棟の建物が庭部を挟んで東西に存在する。北の四面廂付の正殿建物の南にもう一つの中庭があり、脇殿や楼状建物で囲み、正殿の北にも空間があって石敷きが施され、方形池などが設けられ、さらに北には平地式の大きな建物が恐らく迎賓の施設の一部として建てられている。南北三町をこす中枢部は郡山Ⅱ期では南と北の二部分、さらにこの北空間は正殿から南向きと北向きの二空間に分かれるようであり、広大な空間に建物と庭園施設や中庭からなる宮殿風の空間が形成されていた（図59）。この内の南よりの二つの空間

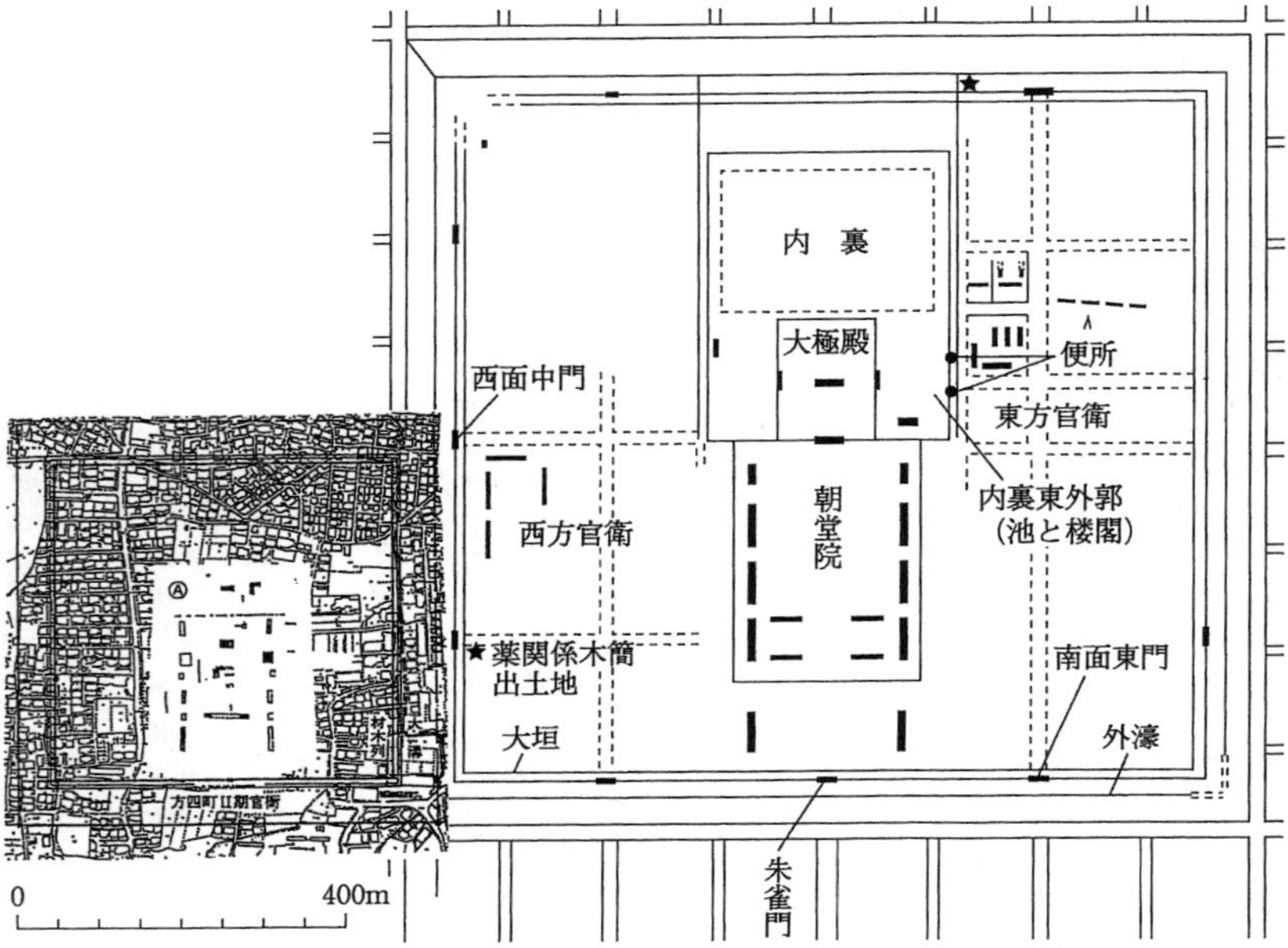

図59　郡山遺跡Ⅱ期の柵と藤原宮の比較略図　木下正史『藤原宮』付図に加筆（阿部）

の基本が多賀城に引きつがれ、南の空間の南北棟建物が東西棟建物になるなどの変更点も見られるが、基本は引きつがれていることがみてとれる。しかし多賀城では地形を利用した立体的な段状配置や区画の外側を築垣区画等に様相を変えた側面も存在する。

二　Ⅱ期南郭と五間門をめぐって

多賀城政庁Ⅱ期のあり方のうち、五間門の想定については前述した所である。南北郭を合わせて第Ⅰ期南北郭の全体の約半分の規模に縮小する。全体的な規模等は既に筆者が図示してきたものと大差がない。Ⅱ期政庁は東西三六〇尺、南北五〇〇尺内外となり、Ⅰ期の政庁南郭が有した空間地が縮約しただけでなく、中段地として大規模な盛土整地を伴って南から見上げる形で造成が完成し、ここに建物が林立した配置がみられる。その内で、これまで想定していなかった規模で復元される南門の五間門は、これまで国府や郡家等でみることのない格式を表すものであった[38]。この南門を入った空間の左右北寄りに外の脇殿、北郭との間に翼廊付の重層の装飾性の高い中門、四面廊らしく建物の間の空間から見させる門付の各面の廊、郭内の正殿と左右脇殿の他に、郡山遺跡Ⅱ期をよみがえらせたかと見られる左右の楼など、郡山遺跡Ⅱ期でかつてあった宮殿風の建物の建て混んだ空間が再現されたといえる。建物間には石敷きの庭や建物まわりの石積溝などが広がり、築垣も寄柱をもつ装飾性高いものに替った。

以上の配置は、郡山Ⅱ期や多賀城Ⅰ期の政庁配置を集大成していて、南北二郭からなる様式は踏襲しており、政庁外には恐らく五間門より広い幅の道（ただし二三メートルか一九メートルかなど要検討）が外郭南門までのび、その両側には並列する官衙群などが来訪者を圧倒する空間を構成していたのである。このⅡ期の配置はⅠ期をひくことはもちろんであるが、四面の廊の存在や楼状建物からすれば、平城宮の第二次内裏での築地回廊や門や楼の整備、あるいは第一次大極殿院を改造した中宮院とみられる内裏規模の施設（これは藤原仲麻呂の主導で作られた）等が比較しうる先例となるであろう[39]。

五間門の存在は、大宰府政庁の他、東北辺では若干の城柵での比較例もあげられる。平安時代の多賀城Ⅲ期には、政庁南郭は失われるが、この時期の内には、鎮守府が北進して多賀城から遷され、最終的には国内最北端の国並みの行政領域をもつ機関・鎮守府に納まる。まず延暦期の坂上田村麿等の征夷行動の成功により、胆沢城と志波城が造営される。その内の注目される第一点として、この両城の外郭南門は五間門であり、外郭南門の内外の南北中軸道路も幅一八メートル前後の幅広いものであったことが判明している。特に胆沢城の外郭南門は、梁行三間の重層の門が復元されている（図60）。鎮守府が多賀城から移転したこの胆沢城では政庁の規模は方三〇〇尺程と小さく、南門も当初の柵列に開く簡単な棟門から八脚門に変更されていた。南門の南には三〇メートルほどの空白地を含む空間があってその南にもう一つの五間二間の門がやや遅れて造成され、維持されていたことが判った。殿門という呼び名を発掘

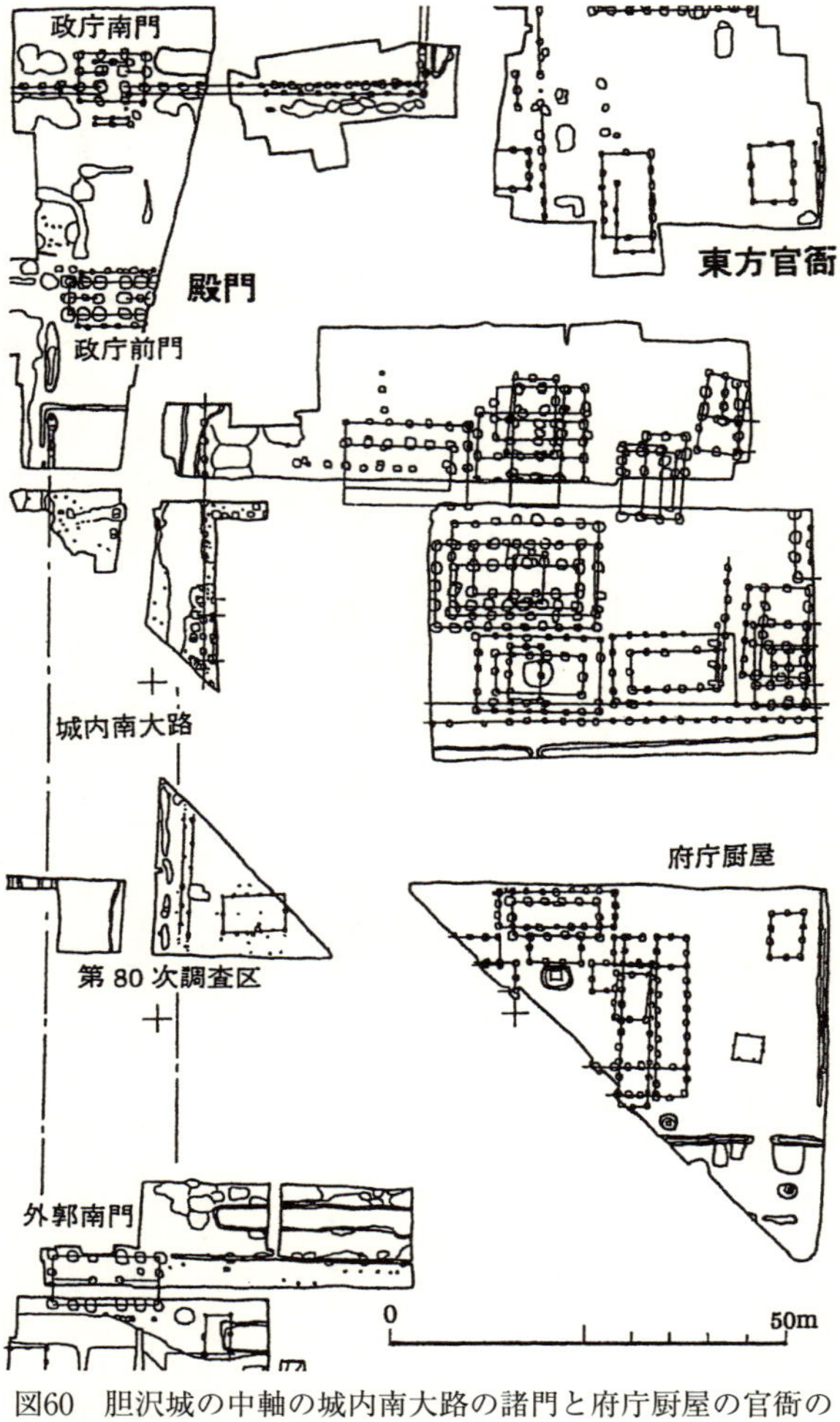

図60　胆沢城の中軸の城内南大路の諸門と府庁厨屋の官衙の関係図

者が復元提案してみているが、この門は政庁との間に空間地を北方に置いて、単独に立っていて、その南方には官衙が道のそばまで展開していたと調査者は解している。しかし門の南方ぎりぎりで中軸の南北道の側溝も停まっており、門の左右に区画施設が付随して東西にのびていたことを考えさせる状況がある。胆沢城のこの中軸道路をふさぐ門は、多賀城Ⅱ期までの南郭の門からの継承として初めて説明可能となる。胆沢城もまた複郭式の構造配置と政庁南郭の正面に五間門を有したのであり、しかもその造営は胆沢城創設より若干の時間をへて着手されていた。政庁南門といわゆる殿門との間の空白地の内に、外脇殿が存在する余地があり、発掘確認を要するであろう。

次に志波城は、一〇年間ほどの存続で廃されるが、当初から築垣で囲んだ単郭式の政庁として完成しており（図61）、城の外郭南門は五間門である。しかも政庁の一辺は約五〇〇尺と特大級である。これは多賀城Ⅱ期の複郭の南北長に相当することも注目される。政庁の配置は、正殿と両脇殿の他、後殿はないが居住性のある殿舎ブロックや脇殿後列の殿舎等、集中した配置がみられる。このように、志波城政庁は、複郭式を予定していたとはみられず、多賀城Ⅲ期の配置と通じる点ももっている。筆者は、国府と鎮守府の分割移転構想は当初志波城を対象としていたが、具体的な徳政論争後の移転先は胆沢城に決着したと考えたことがある[40]。この点で、今回志波城政庁は、鎮守府でみられる配置を予定していなかったことになるので、鎮守府移転先は未定であったものが、少し遅れて胆沢城に選定されたと訂正しておきたい。志波城は、規模や造営状況からみて、多賀城に匹敵し、あるいは越える大国府を収容する城として造営されたとみるのが正しいであろう。志波城を引継いだ徳丹城は、胆沢城を支える城柵型政庁をもつ小規模な城になっており、胆沢鎮守府を支える体制を明瞭に示している。

以上のように北上川河谷の三城をみていくと、胆沢鎮守府は多賀城Ⅱ期のあり方を引き継いで平安初期に整備されたと見る他はない。このような複郭式の城柵政庁は、筆者のみる所では秋田城でもその可能性を残しているが、もう一ヶ所、奈良時代後半期の伊治城政庁でもその可能性が残っている。ここでは政庁南辺の南に接近してもう一本の築垣（加えて築垣で囲い込まれた空間）があり、外脇殿が存在する余地も未発掘地に残っている[41]。さらに政庁北面で塀を切り開いて建物が設けられる点は多賀城Ⅱ期の政庁北辺と似た点があり、その他に正殿の南に前殿を持つという出羽の国府政庁との類似点ももつなど、注目すべき遺構がみられる。

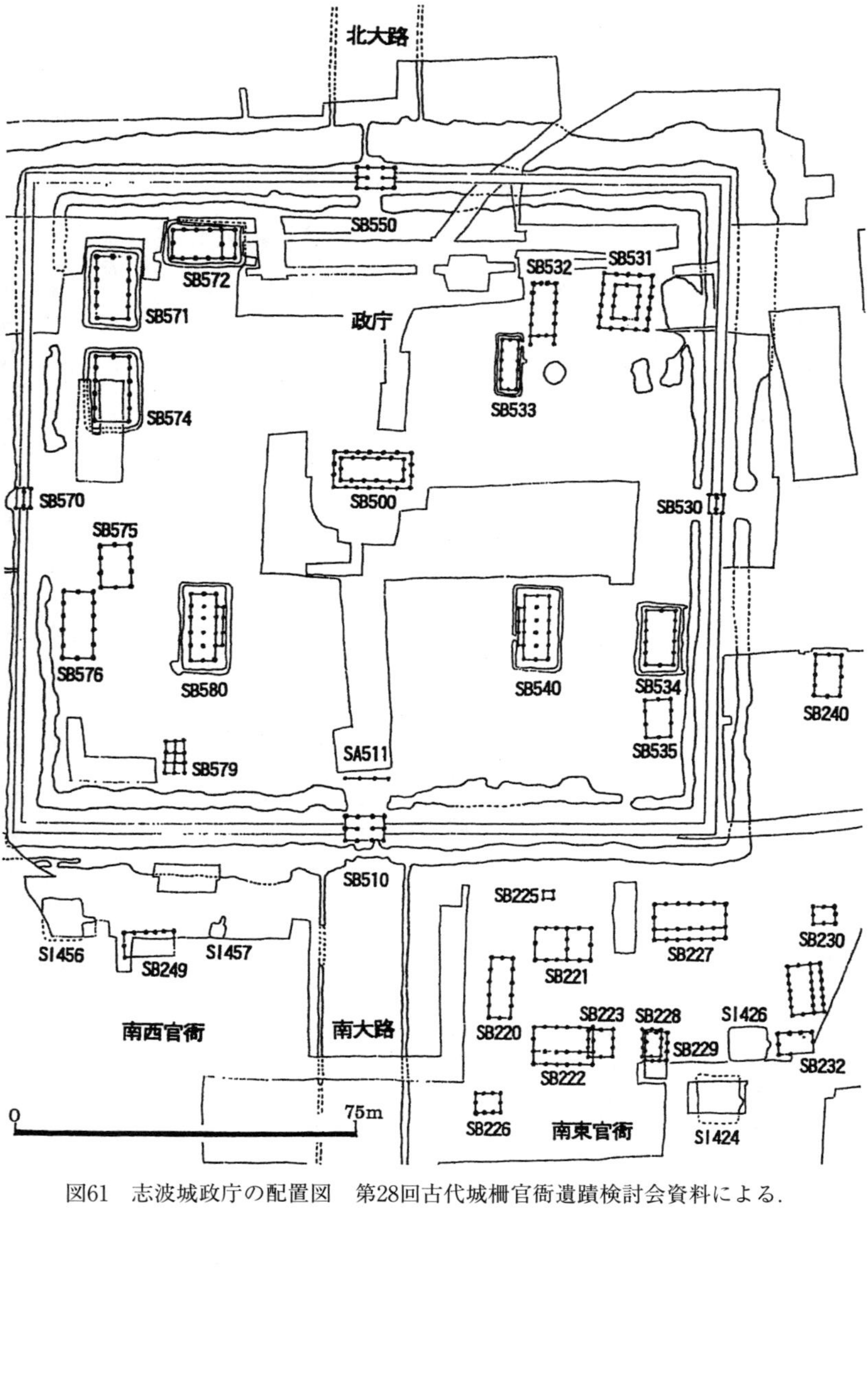

図61　志波城政庁の配置図　第28回古代城柵官衙遺蹟検討会資料による.

四　小　結―政庁の基本配置を中心に―

多賀城政庁では、Ⅲ期にはⅡ期までの南郭が失われ、門の外の東西の外脇殿も礎石建物がその位置に再建された証拠がなく、西側で焼土の入った足場穴もしくは小規模建物が知られるに過ぎない。このように、政庁が単郭となり、外脇殿が失われるのは、実に多賀城政庁第Ⅲ期にようやく実現したことであった。この配置はそれまでの多賀城政庁の基本的あり方と大きく異なるものになったことはあきらかであろう。多賀城政庁が国府型とする見解はこの時期以降には規模を別にすると一応適合するものだった。多賀城政庁配置を国府型と判断する根拠は、研究所はこの第Ⅲ期政庁から遡ってそれ以前も配置や性格が変わらないとしたが、その点の図上整理と根拠となる遺構評価も各々問題があり、このⅢ期が国府政庁と通じるとする点すらも手放しで賛同できないことになる可能性を含むと考える。

まず、多賀城のプレⅠ期・Ⅰ期・Ⅱ期は複郭式とみられ、七八〇年の落城後の緊急的な建物配置の時期、Ⅲ期以降の時期と各々が顕著な様相と変遷を見せる。さらに城外東南の丘上の館前遺跡（図62）でも前殿を伴なう掘立柱建物のまとまった配置が認められている。Ⅲ―2期以降は多賀城から鎮守府が北進して特大の国府が残ること、通じて多賀城の政庁自体には前殿が認められていないこと、Ⅰ・Ⅱ期には複郭式であるという特色があり、城柵型の政庁としての基本形が示されていることに注目してみたい。筆者の言う城柵型は五棟配置の型であり、その基本形は多賀城Ⅰ・Ⅱ期に通じてみられる(42)（図63）。この複郭式のあり方は、中央での都城における大極殿院と朝堂院あるいは朝集殿院などのあり方と類似する所があって、藤原宮・平城宮第一次・平城宮第二次中枢部の整備された形を参考に機能を論じうる所がある。それはまず一般の地方行政にはない国内外の人々の迎接と関わり、また軍事的な威圧もまたこ

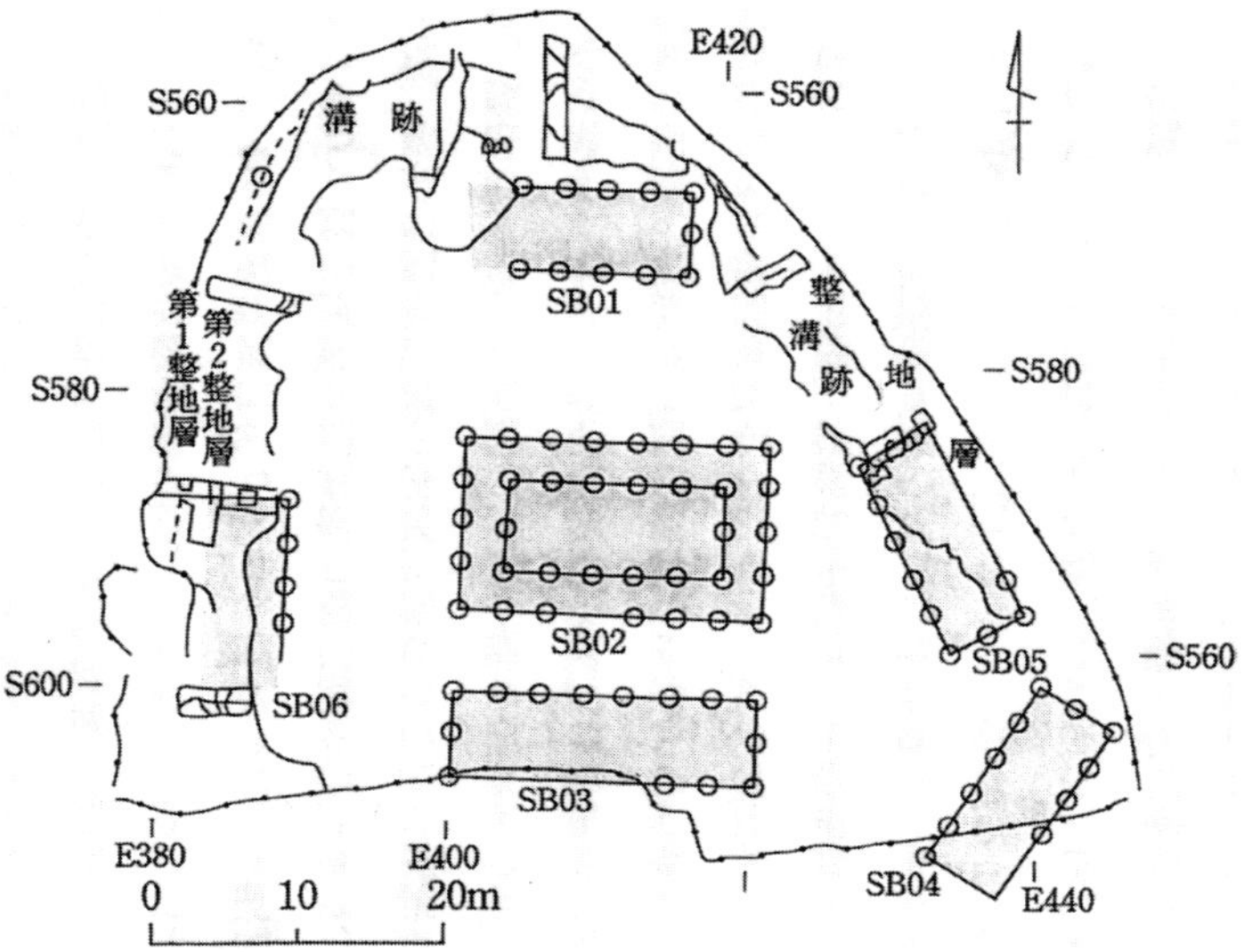

図62　館前遺跡建物配置図
高野芳弘・菅原弘樹「古代都市多賀城」『多賀城の世界』2000より

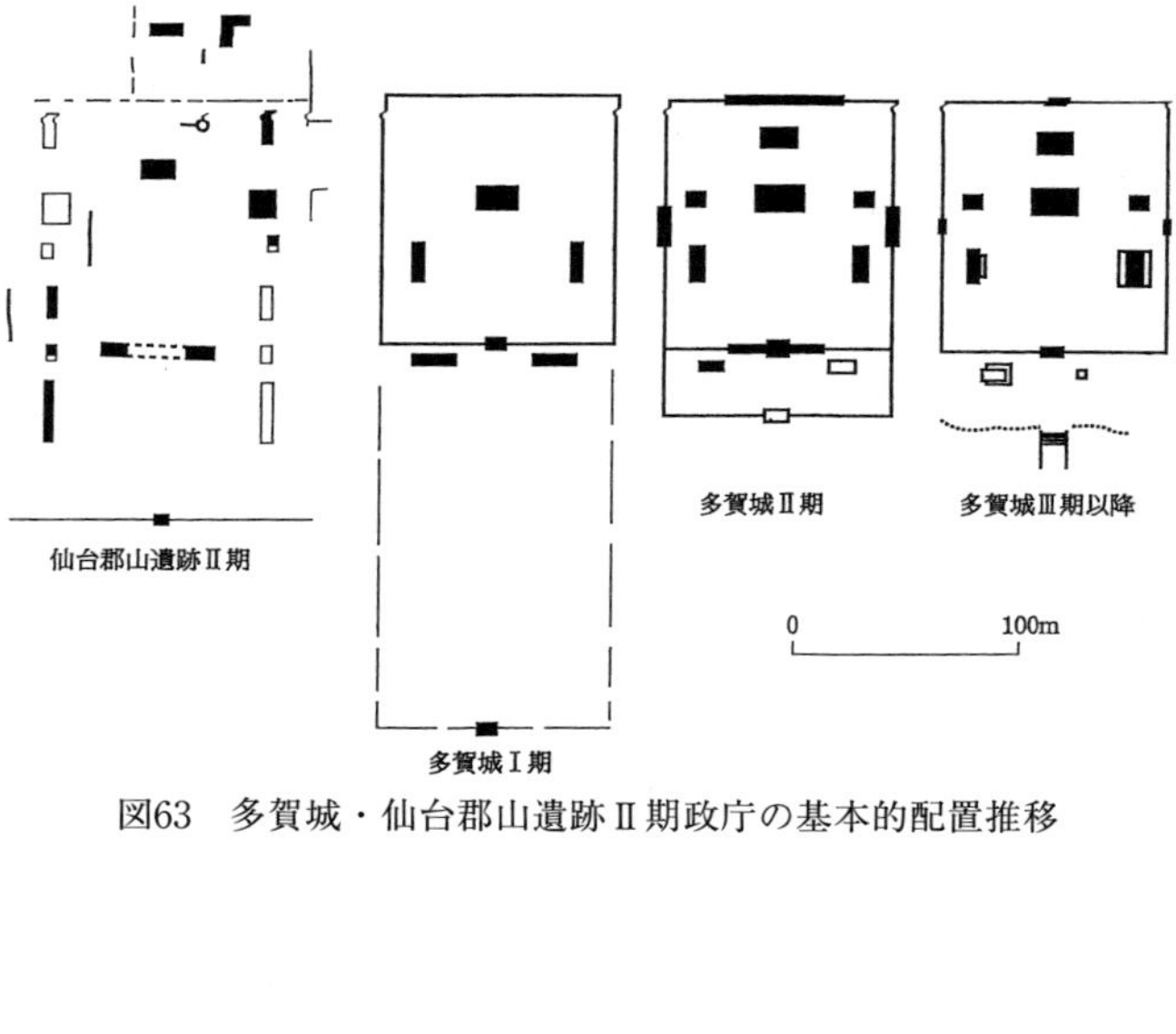

図63　多賀城・仙台郡山遺跡Ⅱ期政庁の基本的配置推移

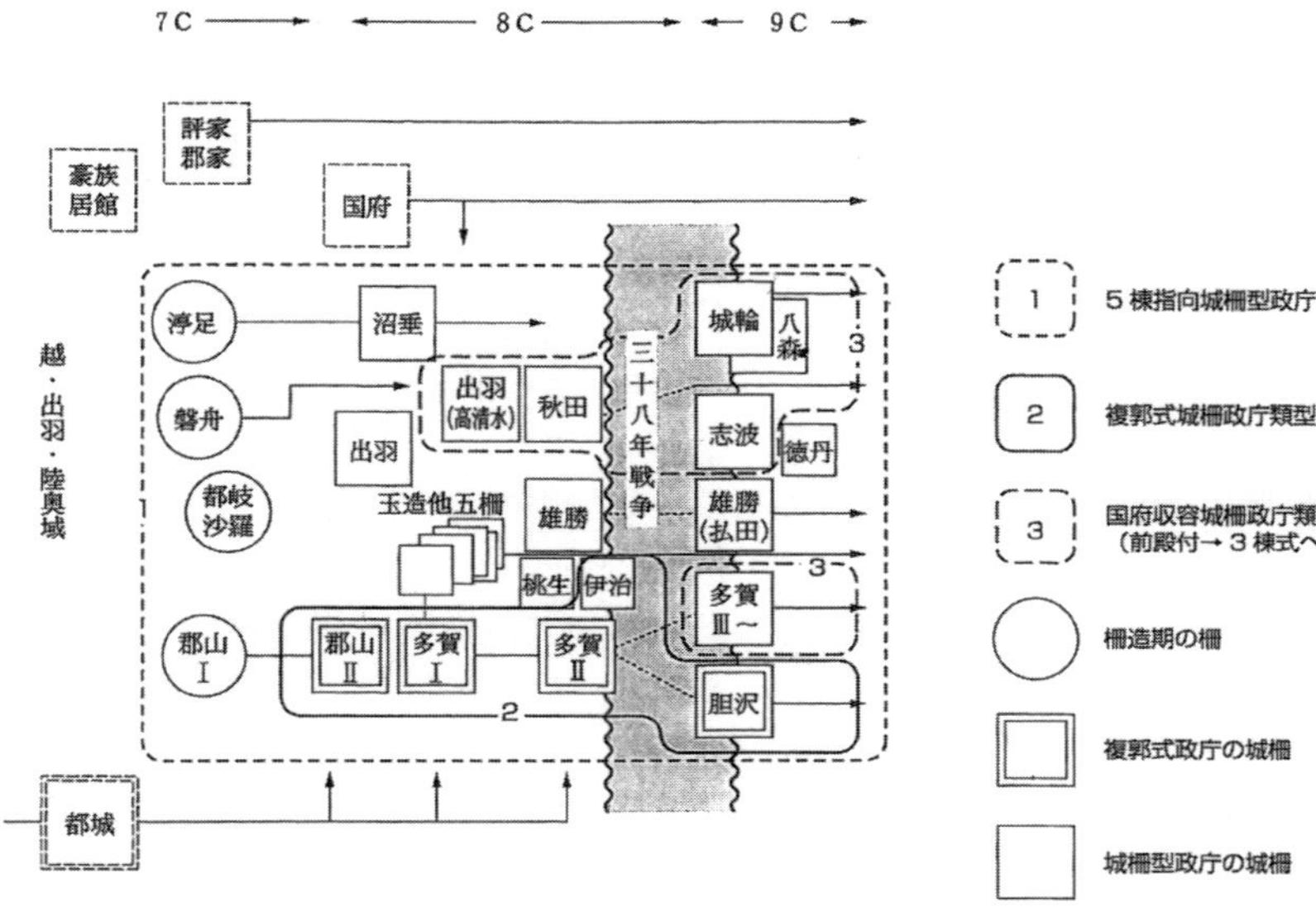

図64　主要城柵政庁の類型図

の場で行われるべく用意されたものである。複郭式そのものの配置は、鎮守府をも収容した多賀城や胆沢城等に限られるが、五棟配置は秋田城や払田柵跡をはじめ、その終末型が徳丹城でみられるので、他でも外脇殿の調査の余地がある点を加えて、城柵型を設定したものである（図64）。

このような城柵型政庁の流れの内に、内国国府と一定の関連性をみせるグループがある。国府政庁の関連性として指摘されるのは、正殿の南方の政庁中心部に置かれる前殿の存在である。これは出羽国では国府が置かれたと考える説のある奈良時代の秋田城、平安期の出羽国府とみられる城輪柵跡でみられる所であるが、出羽国府が遷移したとみられる八森遺跡では前殿は認められていない。

平安時代には、多賀城政庁Ⅲ期、志波城政庁でも前殿がみられない。更に精査を要するが、多賀城周辺の館前遺跡、伊治城跡を含めて前殿の存在事例もあげられ、前殿の存在が国府、あるいは国府と関連する重要施設に設けられた一類型として認定することができると考える[43]。こうしてみると城柵型政庁は、仙台市郡山遺跡Ⅱ期、多賀城や胆沢城のあり方を類型の内での特別枠に置くと、平安初期の払田柵跡で典型的にみられるタイプで、他の城柵にも普遍的に設けられるものと筆者は考えており、その基本は仙台市郡山遺跡Ⅱ期から奈良時代の多賀城政庁を手本として成立したと考えた。そのポイントとなる地点が未調査のままの城柵が多いので、今後に早急な確認調査を待ちたい。

新しい多賀城の調査成果、及びこれまでの筆者の検証の追加により、多賀城政庁の変遷が見通されることになった。城柵の政庁の配置は、元来国家中央での宮殿中枢部の国家権力の発現の場や、外国使節等の迎接的空間の表現の要素をうけた五棟タイプに本来の要素がみられる。内国国府と通じる点がその一部の要素としてあるとはいえ、また邸宅等も含めた各種の中枢空間での三棟配置との類似といったごく一般的要素も含むものの、城柵政庁は地方官衙とは別のタイプの政庁配置として慎重に評価すべきものである。そこには意外にも宮殿中枢部の配置変遷の影響があるものであって、多賀城Ⅰ・Ⅱ期や郡山遺跡Ⅱ期の城柵を頂点とするピラミッド状の配置体系をもつ城柵と関連施設網が、地方官衙網とは別に、辺要地に広域な北方地帯をにらんで設定される必要性が歴史的に存在したことを主張したい。

城柵が官衙と別系統であっても、法的に任務を規定され、地域を分担して配置されるようにみえる点については、実態として、特別行政機能を分掌したという官衙評価にとどまるものなのか、陸奥国府機能の分散配置にとどまるものなのか、あるいは有力な別の国家形成可能な地帯における軍事と外向的な機能をもつ宮殿風の軍事施設の具現化として、統一国家外の人々をひきつけるために、国家権力の一部の分置、あるいはそのような外観をもつ施設を常備するといったレベルなのかなど、地方官衙という評価で納まらない歴史的な施設群の展開などの実質的把握と評価の可能性を含めて十分に考えてみたい。

その第一点は、城柵は都城的規模、宮殿規模に近い施設として展開しており、時期的に都城に次いで、国府に先がけて形成された。城柵官衙説批判との関わりで明らかな事柄としては、城柵政庁は、国府や郡家の政庁とは建物配置の一部要素で似た点もあるが、基本的に異なった配置の類型をなし、即ち異なる機能を果たすものであるので、通常の地方官衙であるという評価（即ち辺要国でも内国と同様の歴史が経過したとの史観・アイヌ民族成立以前の毛人評価抜きの再版の辺民説）は誤りである。そのような説明や史跡整備は訂正されるべきである。

ではどのような機能を果したかは、辺要国に特別に付加された国の任務を中心にまず考えるべきことである。蝦夷を対象とした征討や饗給や斥候は国内行政の範囲をこえるものであり、城柵網の展開や鎮守府体制の常設化、節刀をもった将軍や大使に率いられた征討軍の断続的派遣といった国家権力の発揮を前提にするものであるが、毛人域からみれば、毛人域南方を中心に毛人と移住民の領域がゆるく編成され、倭人の力を背景としながらも、権力核が毛人の参加を含みながら形成されたことになるのではなかろうか。城の管理等の行政関連事項の整備が国司の任に課されているものであっても、城の建設や征討活動は、軍事行動に属し、饗給や蝦夷動向の把握は国外主体の化外人の迎接であって国家の外務に属することを主体とする。特別任務にも伴うはずの日常的事務部分も付随して存在する所はあるが、その本体業務は一般行政レベルに含まれるものではない。即ち城柵に具現されるのは、一般行政レベルの事務や活動を超すものである。法的な国内の事務処理体制・施設管理は辺要国の国務と規定できる部分はあっても、辺要の国家における特殊任務は大部分が国家の権力の発揮であり、天皇の権限に属する機能を果すものであった。この点で城を管理する城司は日常的には国司の分担である場合がありえても、本来の城司任務は辺要の場合は派遣軍人や官人、鎮守府官人等の軍務外務を主務とする人の任でもあったとみるべきであろう。国府でもある多賀城以外の城柵一般で、兵や軍備、糧食、城柵等に関する事項以外に、一般地方行政を広域行政の分割として分担していたとの一部の見方は、この点で疑問が多く、例えば旧国造域等では城柵自体の存在がみられないものであり、陸奥の国が行政地域区分を自ら持つことはあっても城柵が陸奥の国府の分置であるとの見方はこの点で成立しないものである。

城柵も本来は外囲の防備施設をさす場合もあるが、施設全体としての城柵は軍事施設としての一貫した体系と論理性を持つ施設であることは、政庁に続いて予定している櫓や外囲施設自体などの点検で詳論したい。見通しとしては城柵は正に城柵なのであって、官衙を言い換える必要は全くなく、実態もそうではない。城柵は古代律令国家がこの時代に必要とした歴史的実態であって、その内容は倭と夷を包括する軍事組織と外務を中心に様々な機能（都市性、宮殿性、外迎施設性、付随事務処理、備蓄性、生産基地性等）を内包し、辺要地におけるもう一つの国家的外貌を呈することもあったのである。辺要地にこそ実現された各城柵の実態、そして別系統としての地方官衙の典型的展開、仏教寺院の付随性などの解明は、各城柵施設の個別の問題意識的調査に待つ所が大きいのである。例えば仙台市郡山遺跡Ⅰ期の柵の全体像や政庁のあり方の解明などは、これらの問題と直接的に関わる所が大きい。城柵を官衙説から解き放してみる時、列島内の統一国家形成や、その辺要を起点に北や南の広域文化域への働きかけをするショーウインドウ的特別地区出現等の実際の歴史展開のあり方に切迫することが可能となるものと考える。律令の法的外枠をもこえて、列島内の統一国家がその外方の地帯に出現させた歴史的実態として城柵に迫っていく立場で、城柵を巡る事柄を更に再検討していくこととしたい。

註

（1）城柵・都城・山城等の既知例の一覧表は、阿部義平「日本列島古代の城郭と都市」（『国立歴史民俗博物館研究報告』一〇八、二〇〇三年）の第1表に、朝鮮式山城一二、神籠石式山城一六、城鎮戍等一二、宮・京・関等一四、城柵二二、営・塞等遺跡一三を掲げた。

（2）古代城柵官衙遺跡検討会は、東北地方を中心に三〇年の活動成果を持つ学会で、歴年大会の開催と発表時の資料発行を行っている。

（3）城柵に限らないこの地域の論文目録は、平川南他「東北古代史関係文献目録」『多賀城跡調査研究所研究紀要』四、一九七七年。熊田亮介「北方古代史関係論文目録（稿）」『国立歴史民俗博物館研究報告』八四、二〇〇〇年。学説史的整理は、工藤雅樹「東北古代史と城柵」（『日本史研究』一三六号、一九七三年）、以降は同氏による一連の成果がある。城柵や官衙発掘の大略について、阿部義平『官衙』（ニューサイエンス社、一九八九年）でまとめた。

（4）多賀城の調査は、宮城県多賀城跡調査研究所『多賀城跡本文編』（宮城県教育委員会ほか、一九八二年）にそれまでの研究史並びに調査の経過等としてまとめがあり、その後も現在に至るまで調査が継続している。多賀城の発掘は、一九五五～五九年までの陸奥国分寺跡の調査に引き続いて計画され、一九六〇年の測量図面作成、六一～六二年の多賀城（高崎）廃寺の調査に引き続いて、六三年から六六年まで宮城県教育委員会と多賀城町と河北文化事業団の主催で実施された。調査担当者は、伊東信雄・飯田須賀斯・斎藤忠・高橋富雄・加藤孝・氏家和典・志間泰治・伊藤玄三・坂田泉の諸氏で当初編成され、多賀城の政庁を対象に実施された。これに続く調査は、多賀城町の主催事業として、一九六六～六七年の多賀城廃寺の調査を経た上で、一九六八年から城跡に戻り、多賀城の第四次調査として一九六八年に伊東信雄・工藤雅樹・林謙作・進藤秋輝・八巻正文及び奈良国立文化財研究所の河原純之・牛川喜幸・細見啓三・佐藤興治の各氏と、多賀城町嘱託の桑原滋郎氏を実質責任者として実施された。次年度の第五次調査以降は、宮城県多賀城跡調査研究所が設置され、調査を実施してきている。調査主体は、調査委員会から町の事業、さらに研究所の事業の三段階があり、町の事業は研究所の一連の調査の第一段として正式報告に収録されている。正報告で委員会段階の調査関係者リストは欠落があり、その段階の調査成果や野帳等の記録が集約されておらず、ダメ押し等を含む成果を報告書に反映できていない部分がある。この正報告書は前段階の委員会調査成果を大変更し、覆すものであるが、以前の調査を引き継いでいない点や収録していない部分があることになる。

（5）多賀城跡調査研究所の設立以降、秋田城跡、払田柵跡、城輪柵跡、志波城跡、徳丹城跡、胆沢城跡、伊治城跡、新田柵跡等や他の城柵相当遺跡に継続的な調査組織が編成されている。多賀城跡調査研究所は、大宰府や一乗谷と並ぶ文化庁肝いりの調査組織として、自治体の調査体制編成の手本となった。

（6）筆者は一九六二年の多賀城廃寺の調査から一九六四年の多賀城政庁跡の調査まで、委員会の調査に参加した。

（7）伊東信雄「多賀城の発掘」『月刊文化財』三九号、一九六六年。これに通じる城跡に対する見通しは、一九六一年の概報から見られる。

(8) 国府の調査の概要も、阿部義平『官衙』でまとめている。

(9) この経過は、阿部義平「古代城柵政庁の基礎的考察」(『考古学論叢』一九八三年)でB段階として詳述している。研究所の『多賀城跡本文編』(一九八二年)の正報告では、更に進化した変遷図がみられるが、この本の実際の出版は、上記の阿部報告及び同「古代の城柵跡について」(『国立歴史民俗博物館研究報告』1、一九八二年)における批判的まとめより遅れる。阿部の二編のまとめは、歴博における律令国家の展示の企画と対応したものであった。

(10) 平川南「古代における東北の城柵について」(『日本史研究』二三六号、一九八二年)では城柵が、建郡にさきんじて、造営され、令制の郡への移行過程における一種の行政単位であるという。また広域行政府としての領域を分ち持ち、令制郡の成立後も存続し、複数の郡域を包括して機能したとする。城柵は国府並びに準国府的性格を帯びていたとした。これは城柵官衙説への文献史側からの裏付け説であったとみられる。虎尾俊哉「律令行政の諸相」(『古代の地方史』6、一九七八年)他では城柵を更に官衙であると定義することに基本的疑問を提示している。その後、古代史の研究では、今泉隆雄「第二節　陸奥国と仙台平野」(『仙台市史古代中世』二〇〇〇年)で、城柵の施設は軍事的性格をもつ機構と施設であり、国府型の政庁は服属儀礼や政務の場としてのもので、政庁は郡家型ではなく、国府型とみる。このような見解は、他の古代史研究者からも提示されている。

(11) 城柵官衙説に対する批判は、阿部義平「古代の城柵跡について」(『国立歴史民俗博物館研究報告』1、一九八二年)で主に外郭施設について、同「古代城柵政庁の基礎的考察」(『考古学論叢』一九八三年)で政庁の発掘と復元について論じて以降、たびたび城柵官衙説に問題があることにふれてきている。

(12) 太政官曹司の下層の掘立柱建物の配置は、北部に付属郭を持ち、南の郭に正殿・前殿・両脇殿を配する点で、国府政庁と基本的要素が似ていて、先行例に当りうる点は、筆者の『官衙』(一九八八年)で図示した。しかしこれは多賀城の1・Ⅱ期の配置とは異なるもので、内国の国府政庁との比較であり、城柵の内では出羽の国府収納例等の一部類型と通じる点なので、注意を要する。

(13) 発掘主体の統一見解は無謬で、発掘者でない外部の雑音に対しては反論も反応も要しないとの立場らしいが、筆者が見るに、城柵官衙説は当初から多くの弱点をもっており、ある点をカバーするため強調された経緯があると考えられる。国府政庁の三棟基本の配置に対して城柵政庁の五棟基本の配置案を提示済で、これに対する学問的反応も聞く所がないが、肝心の建物の有無に、他の城柵でも調査が及ばない所が多いのは注目される。胆沢城、桃生城、伊治城等を含めて、追加調査が可能であり、必要である。再調査可能な所も封印されているのは、将来のためであろうか。

(14) 阿部「古代城柵政庁の基礎的考察」(一九八三年)で経過を研究所の資料により段階的に把握した。

(15) 政庁の建物配置が三棟式か五棟式かは、多賀城のⅠ期が五棟式なことは明瞭で、Ⅱ期の基壇式の両脇殿及び門の外の両脇殿の有無が問われる。仮に門外の建物を外脇殿と呼んでおく。外脇殿は研究所の調査が門外に及んで存在が明らかとなり、Ⅰ期は掘立柱建物であった。問題はⅡ期の建物の有無であり、一度は研究所自体により存在が認定された建物が後には存在しなかったとされるに至っている。これらがⅡ期にないとすれば、政庁内は基本的に脇殿を配置しない正殿と南庭のみからなる平城宮第一次大極殿院的配置を復元していることになるはずである。研究所は、Ⅰ期の掘立柱両脇殿が、Ⅱ期に東と西の築垣を切り開いて造営された門付きの廊に役目を移したともいう。しかし門付の廊は基壇を持たない礎石式建物で、その前身に擬された建物は高さや彩色や建物様式が全く違うものであった。転用はありえないであろう。とすれば、多賀城政庁は、前後の長期変遷と全く異なってⅡ期のみ脇殿を欠く新様式を採用したことになるはずであるが、その認識自体が見られない。この事と別に平城宮第一次大極殿院地区と多賀城Ⅰ期の政庁配置の関連を考えさせる点があることは小論で後に論じている。Ⅱ期の外脇殿の存在は統一見解で否定されるが、その根拠は基壇と礎石痕跡の欠落による。この点は基壇まわりの石積溝、一部根石状の残存、南郭の整地段と化粧石等の存在等から、基壇建物存在の可能性が十分に認められるものである。西脇殿の遺構残存を認めないとすれば、西外脇殿の存在も否定される連動的な認定の結果であるが、削平の現実は、上部を全く失うものであることは、昭和四十三年の東脇殿での実例が良く示しており、立論根拠を意味不明として抹殺することは、重責を負うはずの発掘従事者の姿勢として安易に過ぎる。発掘は、功名主義で誤ってはならない。

(16) 註(14)で政庁研究経過をまとめた後、研究所の『多賀城　政庁跡本文編』が出された内に、基壇式の脇殿はⅡ期を除いて復活した。これは、削平された東脇殿の付属土庇の柱穴重複から、建築史学の整理により復元できたものである。土庇は当初の建物には付いていなかったとみられている。なおⅡ期の後殿も研究所の成果として後に補正を加えつつ復活しており、この成果にしたがって筆者もほぼ伊東説に近い後殿を考えるにいたった。

(17) SB一一五一(西脇殿)で残っていた五例の根固め石は、写真(多賀城跡図録編PL38)にあるように、小角礫の集合で、坪掘り地業の途中層の可能性が高く、基壇高はさらに高く復元される。本来の基壇外に柱筋を揃えた工事用柱穴等も拾われる。

(18) 正報告本文編五五頁に、整地層中からの瓦の出土が報ぜられている。建物の焼亡や片付けに伴なう瓦でなく、その後に新しく築かれた建物の基壇へのつきこみという極めて特殊な事象を想定しており、これにより多賀城政庁変遷の内の特定時期にだけ脇殿がないとの主張をしていることになっている。脇殿以外の各建物の存続期等についても各論が必要であるが、既にのべた所もある。註（9）の阿部文献等を参照。

(19) 研究所の「多賀城跡」（『宮城県多賀城跡調査研究所年報』一九八七）で、整地層Ⅲとしている盛土層は、東西三六メートル、南北三二メートルに及ぶが西へさらにのびており、厚さは調査区内で最深一・八メートルに及ぶ。固くしまった盛土層で、政庁南方の中段部分を形成した基本的工事盛土とみられ、東側の自然丘陵の高まりも削平して平坦地を形成したとみられる。整地層Ⅲに先行する政庁中軸線付近の盛土層も確認されている。

(20) 正報告のSB一八七、SB〇二三は中軸に対して左右対称の七間×二間の掘立柱建物である。東西脇殿より若干総長が長い。中段でもやや高所に設けられていて、柱穴は1期の盛土上から掘られているという。

(21) SB一八七―Bとその対称地の推定建物として変遷模式図等に示されていたが、正報告で存在しないことになった。

(22) 南郭の存在は、造成地形の延長上に、正報告のSX一九〇付近で、暗渠集水口とそこから西方への築垣幅の暗渠が図に示され、上部を通る南郭の築垣の存在を語っている。東西棟礎石建物の論拠は本文に記した。

(23) 南門を考える根拠として、まずあげたのは正報告図73のSD〇七一の存在である。南郭の中軸付近で、想定中軸より東へ七メートルまでのびて、杭列を示す布掘り溝があり、宮本氏はこれを基壇北端の工事の一部と考えたが、後の発掘知見（年報一九八七）で、溝が西に延長して、北を区切る柵木列となり、そこに門があいていることが判明した。それらは掘立柱建物配置以前の遺構の一部である。次に論点としたのは、中段地における門想定位置にある南北に並ぶ二例の大型土坑（SK一六一〇、一六一七）の存在である。阿部「城柵と国府・郡家の関連」（『歴博研究報告』二〇集、一九八九年）の註（36）で南門とりつき部の祭祀土坑の可能性を指摘したことがある。この類例は平安宮内裏の承明門（内裏南門）の北寄りで、方形他の祭祀土坑や遺物を検出していることなどを参考としたが、多賀城の本地点では出土遺物がなく、門位置自体の西寄りに当ると考えられるに至ったのでこの考えを撤回したい。梅川光隆「Ⅳ平安宮内裏」『平安京跡遺跡発掘調査概報』京都市文化観光局、一九八五年参照。

(24) 南郭想定部分も、東西棟の外脇殿のある所とそれ以南で遺構面が段状となっている。石積溝の残る西外脇殿地区は、建物想定地区は一部で良質の土の盛り上りが写真にみられる。外東脇殿地区は、石積溝も残らないまでに削平されている。掘立柱建物（SB〇二三）の柱抜き取り穴は丁寧に突き固められ、埋土は赤褐色粘質土の互層であるという。棟通に三・五メートル間隔の小柱穴がある。丁寧な撤去は政庁の門での撤去と合せ考えると、後続工事と一連の工事の可能性を残すかもしれない。

(25)「多賀城跡」『宮城県多賀城跡調査研究年報』一九八七。
(26)註(25)の図版5上の写真状況
(27)多賀城跡の『正報告・政庁跡本文編』の図50及び解説参照。
(28)五間門は、東北地方の城柵で他に胆沢城と志波城に三例みられる。但し、五間の内、扉は中央一間だけかとみる考察がなされている。また胆沢城の外郭南門の梁行三間の五間門を始め、内郭南門前のいわゆる殿門もあり、楼門であったと考える説がみられる。また五間門と異なるが、須賀川市教育委員会『上人壇廃寺跡―発掘調査概報―』(一九八一年)に、寺院の南面に九間×二間の門長屋風の掘立柱建物がみられ、中央三間が門で左右に各三間の廊状施設が同じ梁行で付く建物遺構がみられ、注目される。上人壇廃寺では中枢部を囲む柵等の施設の東と西に門が開き、北面ではそれを切り開いた形で東西棟の身舎建物が設けられており、城柵政庁との類似点が区画施設でみられることが注目される。
　山中敏史ほか『古代の官衙遺跡1遺構編』(奈良文化財研究所、二〇〇三年)に、Ⅵ―7門の項で各種の門が紹介されている。五間門として平城宮朱雀門、大宰府政庁南門、平城宮第二次朝堂院南門復元図、胆沢城政庁南門とその変遷図、胆沢城外郭南門、前期難波宮NB二〇〇一が例示されている。多賀城Ⅱ期の南門は西側隅の坪掘り地業以外は削平されているが、比較的規模の大きな事例に当る。五間門自体は官の大寺等でもみられるが、城柵では他に多くの類例は望めないであろう。
(29)プレ1期の遺構から格子叩目文の瓦片等が採集されて居り、本格的な政庁整備の端境期の瓦を知る手がかりになる。関連文献に多賀城跡調査研究所『下伊場野窯跡群』一九九四年。平川南「多賀城の創建年代」(『研究報告』五〇集、一九九三年)では、今回のⅠ期南郭南方出土の木簡の検討を経て、政庁の中軸の道路工事は養老五年四月以降で養老六年にかけて行われたとする。この道路は政庁1期のもので、プレⅠ期はこれ以前に属する。鎮所は養老六年に米の搬入先としてみえるので、これ以前に完成しており、鎮の展開や陸奥の分国構想等と対応して、養老二年以降の時期には多賀城地での工事が始まっていた可能性がある。プレⅠ期の柵木列は中軸上に門がなく、棟門が西方でみられ、整地層との関係でも養老五~六年の整備以前で、多賀城で最も古い瓦の時期にプレⅠ期の工事があったことになろう。郡山遺跡のⅡ期の存続の下限・寺院の下限は、多賀城の工事や存続期と併行しうるものでもあり、両遺跡の使用瓦系統が別とする事は新施設への集中として、特に異とする事ではない。
(30)阿部「城柵と国府・郡家の関連」(『研究報告』二〇集、一九八九年)の第8図では多賀城跡政庁Ⅰ期の南郭を除外して示した。
(31)佐藤則之「Ⅱ　第74次調査」『宮城県多賀城跡調査研究所年報』二〇〇三、二〇〇四年。古川一明「多賀城跡第七四・七五次調査の概要」第三〇回古代城柵官衙遺跡検討会、二〇〇四年。

(32) 多賀城外では、奈良時代後半を上限として幅約一二メートル級の東西大路とあわせ、南北大路では一九メートル、二三メートルと三段階の幅の大路がみられる。高野芳宏・菅原弘樹「第二章古代都市多賀城」桑原滋郎編『多賀城の世界』株式会社ヨークベニマル、二〇〇〇年。一二～一三メートル幅は、八脚門級の基壇幅に当り、一九メートル幅は五間門級の基壇幅に当る。二三メートルの幅は、城外の東西大路の約二倍で、胆沢城や志波城の城中軸の内外道路の幅一八～一九メートルより大規模となり、平城京での都大路でも東一坊大路クラスと広い方に属する。城内での一九メートル級道路の有無は更に調査を待ちたい。

(33) 後藤秀一ほか「多賀城跡第七一次発掘調査の概要」『第二七回古代城柵官衙遺跡検討会資料』二〇〇一・二。A1期は地形も遺構も削平されているが遺構はあまりなく、A2期は奈良時代後半で整地も伴なう整然とした配置が出現する。以下D期の一〇世紀前半まで変遷があるが、官衙群の所在は、1期の南郭内にはなく、Ⅱ期の南郭以南でⅠ期の旧門位置までに展開していることが注目される。

(34) 『研究所年報』一九八三にみえる第四三次調査成果によると、Ⅰ期の政庁南郭内は、中段整地はまだなされてないが、四三次北地区あたりまでの北半は古い段階の薄い盛土整地が道路敷をこえて西まで広がっている。以南では道路部分の盛土に基本的に納まっているらしく様相が二分される。南郭内も東方に高く、西方に低いが、内部に顕著な官衙等はみられない。必要な範囲内で削平と薄い整地がなされていた可能性もある。南郭南門以南は年報一九八三の第四四次調査地区が南郭南門のすぐ南に当り、暗渠の集中は東方の水の処理の集中拠点に当り、門内と門外で地形状況が異なり、利用状況が異なることを示している。

(35) 平川南註（29）論文。

(36) 奈良国立文化財研究所『平城宮発掘調査報告』Ⅺ、一九八二年。

(37) 長島栄一ほか「郡山遺跡」『第二四回古代城柵官衙遺跡検討会資料』一九九八ほか。毎年の報告と概報がある。平地式の建物が、中軸上の正殿後方に、方形の石積の池や曲屋風の平地式建物が東側にある。官人の居住棟とは考えにくいが、内裏的位置にも当り、注目される。正殿の北方に迎賓施設を設けていたことは確かである。

(38) 註（28）文献参照。他に官大寺等の一級寺院でみられる。

(39) 註（36）文献。同『平城宮発掘調査報告』XIII、一九九一年。

(40) 阿部「徳丹城とその施釉瓦について」『研究報告』六集、一九八五年。

(41) 千葉長彦ほか「伊治城跡発掘調査の成果」『第二七回古代城柵官衙遺跡検討会資料』二〇〇一。

(42) 阿部前掲註(11)。

(43) 阿部「国府と郡衙」(『古代を考える　宮都発掘』吉川弘文館、一九八七年)では通常の内国の国府政庁と西海道、陸奥・出羽の三類型の存在にふれているが、前殿の存在に特に注目しているもので、多賀城政庁の特異性をふれた後、城輪柵の政庁をあげて城柵型の国府政庁の類例として示した。城柵政庁一般を陸奥・出羽型の共通した国府政庁様式としているのではないことに注意してほしい。

第三章　古代城柵の研究（二）

——城郭の成立と機能——

一　古代城柵の研究（一）との関連と小論の課題

古代城柵の研究（一）として、政庁復原の問題点をとりあげ、城柵の政庁研究の原点となった多賀城政庁の研究成果についての検証と批判と展望を行った(1)。その結果、多賀城の政庁は一般的な内国域での国府政庁やまして郡家政庁と同一類型の官衙などでなく、城柵政庁一般も地方官衙とは別の体系的展開を示す政庁として把握すべきものであることを提言したのである。その類型成立の評価や歴史的位置付けについては、さらに論ずべき点があったが、その点に入る前にもっと城柵全般の成立や機能の基本的問題について掘り下げ、その後に総合的に城柵について判断すべき点が多いと考えられた。そこで、小論では、城柵の外郭施設についての論点や城柵の成立に関わる問題、城柵の前史あるいは前史と城柵成立過程について、また城との類似施設などについてみていくことにした。

ところで課題に入るまえに、城柵の研究（一）の論でまとめようとした政庁研究の経過と立証を最も端的に示す写真と図があるので、初めに紹介しておきたい。

多賀城政庁の研究所の正報告でのまとめでは、十分に復元できていないと筆者が批判するⅡ期（奈良時代後半）の最も整備された政庁を、具体的に証明しうるポイントが、別の時期の遺構として掘り出され、既に図示されている。

これは筆者が古く指摘したこともあるが、関係者に注目されることもなかったので再度とりあげてみたい(2)。

宝亀十一年（七八〇）の蝦夷の大反乱により、城柵網は壊滅し、多賀城までが焼き落とされた。恵美朝獵らが意欲的に造建した宮殿風の第Ⅱ期政庁も焼き払われてしまった。その政庁が複郭式であることや南北の両郭内に建物群が密接して建てられていたことは、私見ではすでに明らかであると考えるが、その配置の復元が学問的に問題となり、それは城柵の性格論にまで及ぶものであることを論じてきたのである。このⅡ期の焼却された建物配置は、政庁内は基壇式の建物群であり、また築垣を切り開いた廊付きの門や寄柱で飾られた築垣などが各面に設けられていたのだが、これらの地上で焼かれうる施設は全て火災にあったものとみられる。この点で正殿のみは焼け残ったとの見方が発掘者側から言われているが(3)、攻め落すべき本体の正殿のみを大火災の内で残すことは不可能であり、ありえなかったとみられるもので、火災後の復興が正殿のみは火災痕跡を全てぬぐい去るほど徹底的に行われたとみるべきである。

それはさておき、火災後の政庁で起きた事例として、本格的な瓦葺き基壇建物の再興に至る以前に、仮屋として焼土面から切りこんだ掘立柱建物群の配置がみられる。その建物はⅡ期の基壇建物各棟との対応性をみせながらも、その焼失した基壇そのものを少し外して外側に建てられている配置が、火災後で本格的復興以前のⅢ—1期として研究所の正報告に図示されている（図65）。これによると、まず正殿には仮屋はみられていない。政庁北郭の四面の築垣を切って開いていた門付の廊は建物として失われて、基本的に焼土をつんだり、柵木列でふさいで、緊急に閉鎖されている。南辺と北辺の中央部だけ簡易な出入り口が設けられていたらしい。築垣で囲まれた北郭内で、後殿、東と西の楼閣、庭をはさんだ東西の脇殿の五棟の場所には、焼けた材や瓦が山をなしていたはずであるが、この位置をさけて、庭の中央からみてその斜め後方に当る所に簡易な掘立柱建物（脇殿仮屋では五間×二間、楼は二間×三間程度、後殿では二間×三間の焼土をいっぱい含んだ柱穴の小規模な掘立式の建物）が配されている。先に指摘した基壇建物をさけ

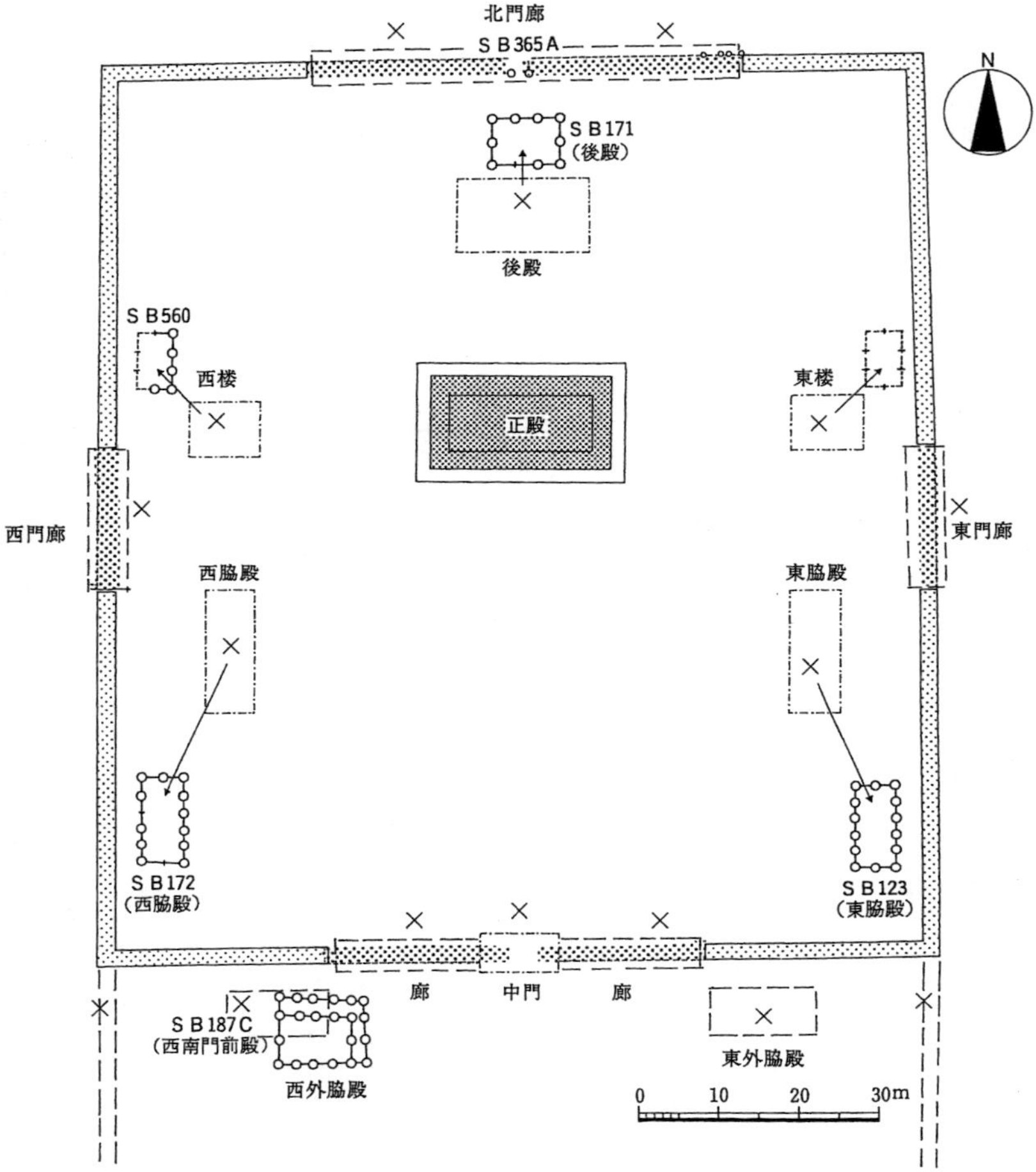

図65　宝亀年間落城後の多賀城政庁（仮屋等配置図）
多賀城跡正報告書の第Ⅲ—1期の配置図に加筆（阿部）
×はⅡ期建物等での焼亡施設．廃絶施設の矢印は仮屋対応方向．門廊は，焼土積築垣で閉鎖される．南郭は廃絶．

た位置に建物方向等を配慮しながらの仮配置がなされたことがみてとれる。Ⅱ期の南郭の部分では築垣の区画そのものが放棄されたようで、継承された痕跡がなく、またⅡ期の外脇殿位置の内、東外脇殿位置には建物がみられず、西外脇殿では、柱穴に焼土の入った掘立柱建物があり、その後も掘立柱で複数回建て直されている。(4) その位置は一部がⅡ期の外脇殿位置にかかって北郭南門（中門）寄りに移り、しかも柱位置は乱れて揃わない柱列があるなど、本格的な施設でないことがみてとれるだけでなく、ここだけは基壇建物のあった位置をあまり意識しないで建てられている。

これらの建物配置について、正報告では次のⅢ—2期の本格的（但し陸奥国府政庁としての単郭の施設に縮小する）復興建物配置の先取りとしての配置だとして、Ⅲ期以降に政庁内に楼や脇殿が作られる予告編の動きだとみている。しかし火災後の緊急時に、Ⅲ期以降の本格配置として始めて楼閣の脇殿が郭中に予定され、しかも火災直後の緊急時にその新しい理想配置を示す仮屋が建てられるなどということはありうるであろうか。外脇殿の存在も一部認められるこの配置は、既に存在したⅡ期の建物配置やそこでの応急事務処理や片付け等に必要な緊急避難的な建物配置を立証する以外のなにものでもないのである。Ⅲの1期の緊急避難的配置は、雄弁にⅡ期建物の配置の存在を立証しているのであり、筆者にとってはⅡ期配置の問題は、この図面で既に決着がついていたものであると判断している。

もう一点は、このような論争の的となるⅡ期配置については、研究所の正報告にみられる配置での復元と別に、既に複郭式の復元模型が製作されて存在したことがある。このⅡ期復原の問題点は、今日突然判明したことではなく、研究所の発掘時点から、考古学及び建築史学の両面から批判された論点であった。(5) 幻の復元模型は、歴博の律令時代展示における城柵関係の展示の展示プロジェクト研究の成果として、担当の阿部の視点により、宮本長二郎氏の学問的検討と設計指導により作成されたものであるが、今日では写真しか残っていない（図66）。学問的な批判と根拠を明示してでき上がった模型について、発掘者である研究所側から、研究所の見解と異なる復元が成立するはずがない

図66　1982年作成の歴博総合展示用の多賀城Ⅱ期政庁の復元模型
（阿部『官衙』1988による）
南郭正門，後殿などに，今は補訂すべき点もある．

として非公式なクレームが続き、本館の配慮として展示を中止するに至った経過がある。今日の視点でみれば、復元は学問的に当然の研究成果を含んでいたのであるが、このような諸般の事情により、研究論文の裏付けがありながら展示できなかったものであり、実物も失われるに至っている。ここで写真のみ紹介しておきたい。南郭の門が八脚門であるのは、当時は調査がまだ及んでいなかったことによる限界も示していることに注目されたい。

さて政庁については上記にとどめるとして、城柵の外郭施設とその評価についてもまた大きな問題が横たわっている。それは城柵の機能や目的と関わるのであるが、この点が政庁と並ぶ城柵官衙説が成立するか否かの分かれ目となるものであった。研究所が成立当初に発掘したという大成果として、城柵の外郭施設が寺や官衙の区画施設でもある築地であり、軍事施設とは認められず、従って内国の官衙と同等のものであると発表して今に至っている(6)。これに対して、阿部は築地という呼び方は、構築方法に関わる建築史学上の呼び方で、学問的には今日的くくり方であり、当時は、築垣とよぶ工法によっていて、そこで造られた垣は寺垣や宮垣や城垣といった用途による呼び分けやそれに伴なう規模や付帯施設で全く異なって、当時も簡単に見分けのつく違いがあったとするものであった(7)。築地であるから全て同じというのは歴史の実際のあり方を無視した現代の見方であり、城柵イコール官衙説を成立させるためのまとめであると言ってよいであろう。城柵における最も基本的な施設は外郭施設そのものであり、そこには外郭施設本体となる版築構造物だけでなく、余人の立ち入らない壖地部分をおいての外濠やその付帯施設、本体の版築構造を保護する屋根などの施設や、それをまたいだりよせかけたりした常備監視と侵入者に対する攻撃施設である櫓、あるいは櫓門、内外の兵舎等を含む兵力の溜り場、監視や補修用の通路や木道、城内の排水体系にもとづく暗渠やその閉塞施設等、目的に沿った施設群が展開した。その性格上、全体が有効な防禦施設で囲いこまれなければ無意味であり、武力をもつ構成員が常時監視し、兵員が内に滞在しうる施設や空間が備えられていたのである(8)。これらの点について、城柵官衙説の視点からは、櫓等施設は常設的施設としては奈良時代には存在せず、特定の時点や特例の場所にのみみられるにすぎないとする。また常設されるに至った平安時代にも、櫓門の距離が一定に置かれる等の点から、装飾用の施設と考えられるとするのである。この説を主張する場合、装飾性の必要な宮殿や官衙で城柵と同様に櫓が存在した例を証拠にあげる必要があるが、実際はそのような施設は存在しなかった。櫓間の距離が一定なことは、実用や建設の設計からも当然である。この研究所のあげる論点は論外としても、櫓が奈良時代にほとんどみられないとするのは本当であろうか。さらに研究所では近年重要な発見をしたとの発言がなされている。それは奈良時代の多賀城は低地は外郭施設が造営されることがなく、立地の良い高い所だけ版築の土築外郭施設が切れ切れにあるだけだったとする城の外観に関わる大発見がまとめられている。櫓もまた平安期に付けられたというのである（図67）。この点は少し詳しくみておく必要があるので後に反証点にふれるとして、これらの問題点の経過を紹介しておこう。

一九九七年に奈良国立文化財研究所で行われた「都城における行政機関の成立と展開」の研究集会において、城柵についてまとめた多賀城跡調査研究所の進藤秋輝氏は「多賀城と遠の朝廷」(9)として次のように公表した。「伊東信雄博士を中心とする調査委員会による政庁地区の調査が……、内城も土塁という想定で進められた。（これは報告書の読

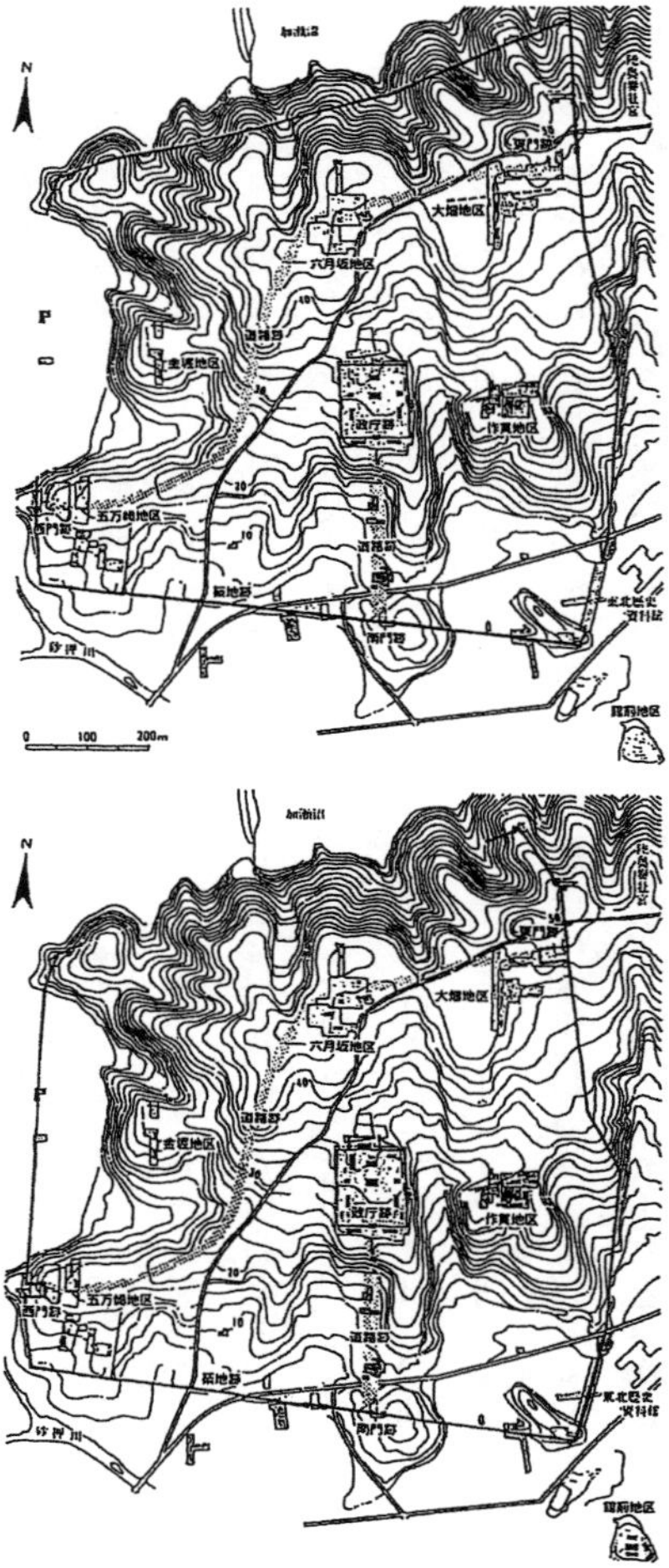

Ⅰ・Ⅱ期＝奈良時代　上
Ⅲ・Ⅳ期＝平安時代　下
図67　多賀城の外郭不完全説復元図
桑原滋郎「多賀城と東北の城柵」『多賀城の世界』2000付図による

み誤り—阿部）。平安時代に入る第Ⅲ期の段階で初めて沖積地に材木列塀（柵木列—阿部）が設置され、官衙域の四至（城の外郭のこと—阿部）が囲われ、外郭線に櫓が取り付く」と明記し、奈良時代の多賀城の城の西辺と東辺の沖積地が開放されて全体を囲む外郭施設がないとする。城の外郭の半分が囲まれないまま約一世紀を経過したとの主張で、長期にわたり調査機関に籍を置いた発掘担当者の発言として信じたい所でもあるが、実際には正史の記事からも囲郭のない城は考えられないだけでなく、考古学的にも根拠の薄い主張であると考える（図67）。高所でも奈良時代の柵木列の存在やそれに沿う櫓の存在を研究所自体が既に発掘して報告している地点があるだけでなく、多賀城に先行し、あるいは奈良時代に同時存在した城柵で櫓の存在が立証できる例が存在する。以下それらの点についてふれたい。

外郭の問題については既に論点を提示しておいた点も多いので、新しい立証点を中心にみていくこととしたい。また新しい論点として、城柵以外の集落にまで及ぶ各種施設に、各レベルでの外郭施設が付帯した事例が知られつつあり、(10)城柵の城と郭、(11)またそれ以外の村落に及ぶ外郭施設の多様なあり方が、文献で城や郭や堡と呼ぶ施設に当る可能性について論じていきたい。防備性をもつ城柵の本格的な成立は、多賀城以前に仙台市郡山遺跡で七世紀後半以降の施設の存在が知られるので、これらの七世紀に柵としての施設が成立するに至る事情についても若干検討してみることとしよう。城柵の展開以前の古墳時代には、前方後円墳等の大型古墳と、その被葬者の日常的な政事と軍事の拠点が、豪族居館として対応してその連合した領域内に広がっていたことが知られてきている。後の城柵地帯では、古墳と居館が一度展開しながらその分布域が縮小ないし変貌したことがあり、これが列島で毛人と呼ばれた人々の歴史上への登場や倭人との交渉史と関わることも判明してきた。このため、古墳変遷の地域的内容の把握と評価が、城柵展開と成立の前史として注目されるものと考えられる。そこで東北地方の古墳研究現状と毛人の問題との関わりについて少し踏みこんでみておくこととした。この点はその後の時代を通じた城柵史の視点としても、大きな視点となるのではないかと考えている。これら城柵成立やその実態の問題点もまた、城柵論のいわば前提となる基本的な論点であって、本格的な城柵の歴史的な諸問題については、それらの検討を前提に展開される点が多く、小論で論じ足りない部分も多いので、残される課題についても少し展望しておくこととしたい。

二　櫓の検証

城柵施設は、少なくても三町四方以上もの規模の占地が一定の立地要件の所に求めれる点をはじめ、内外の施設に特色を示すが、その要素の一つは外郭施設で、これは単なる占地や区画ではなく、常時監視し、事あれば兵が武力を行使するための外郭の城垣等を中心とする諸施設群の存在があった。城垣には築垣や柵木列だけでなく、その外側に掘られた濠、内側の排水等の溝、本体をまたいだりこれに寄せかけたり、あるいは近接して造った櫓などの存在があり、これらは寺や官衙ではみられない施設の一つである。他にも出入りの門が櫓門型式になった事例もみられ、城垣本体と併行する空間地や土塁列などを重ねて設ける例の他、内外の監視者の巡回路が木道などとしてみられる例まである。出入りの門の城垣を折り曲げて桝形を設けて防禦機能を実戦経験から発達させていく状況を示す例まであった。城柵は四周に城垣や柵木列を中心に軍事的にコントロールをするゾーンをもっていたのである。これらの施設の存在に対して、城柵官衙説では、築地は単なる施設範囲を示す区画施設で、これらの塀や溝により人の出入りがいわば日常レベルで規制されると見、それを新しい学説の根拠としたことは既に記した所である。筆者は城柵の外郭施設が他と異なる軍事用の防禦施設であることの簡単な区別の一つは、他には設けられない櫓の存在があげられると主張してきた。

これは単に施設の有無だけでなく、四周を監視して、必要に応じて武力を行使し、あるいは控えていた兵力を繰り出すための監視兵力の常時存在を前提とすることに注目している。決してあってもなくてもよい宴会用などの高楼の並列ではなかった。この櫓の存在は、城柵遺跡に通じて認められるものではあるが、城柵官衙説からみると、距離と時期の二つの軍事性を否定する要件が更に指摘されるという。一つは、櫓が複数検出された例からは、櫓は一定の距離で設けられる点が抽出でき、その事は櫓が軍事用でなく、装飾的に付加された施設であるとの見方が成立するという。このような視点での点検は、一九七九年に古川雅清氏が「東北地方古代城柵官衙施設―所謂「櫓」跡について―」で果たしている(12)。それによると、土築の基壇を持つ櫓が多賀城で八世紀末から、桃生城だけは八世紀後半頃にみられる。掘立柱の櫓は、柱間等でいくつかの類型があるが、創建期の城柵で外郭施設にいずれの方式の櫓も付属していない例が多賀城や秋田城で認められるとする。八世紀末から櫓が付設され始め、それも対外的防備施設とするより意匠上の役割が増大するというのである。古川氏のまとめの時点以降、仙台市郡山遺跡でまず七世紀末〜八世紀始めのⅡ期の柵ライン上に櫓がまたいで当初から建設されていたことが判明し(13)、また七世紀中葉以降のⅠ期にもいくつかの事例が知られ始めていて、それは柵木列をまたぐ一間×一間の掘立柱施設であったり、柵木列ラインに近接して存在する独立の小規模総柱建物だったりするもので、櫓が城柵の出発点から存在することはほぼ確実となってきた。しかし研究出発点でもある多賀城では奈良時代に遡る時期に櫓はみられないと現在も研究所関係者により解説されている(14)。まずこの点に絞って関連調査結果を点検しておくことにしよう。

1　多賀城での奈良時代の櫓の検出例

研究所は、一九八八年の第五五次調査で、奈良時代の東門跡とその南の延長ライン上を調査し、その南の二ヶ所のトレンチで平安時代以降の築垣ラインの存在と掘立柱式の櫓、そして築垣ラインの東方外に一〇メートルほど離れた斜面下方で布掘りの掘方を伴なう柵木列ＳＡ一八五〇及びその内側に接して設けられた掘立柱の櫓ＳＢ一八五二を発掘した(15)（図68）。柵木列はほぼ同位置で掘り直されていたと報告され、櫓は作り直した柵木列に付設された内接式の二間×一間以上のものという（図69）。布掘りの溝状掘方の重複をみると、櫓位置下だけラインが喰い違って当初の溝が設けられており、櫓位置に古い時期から何らかの施設が付属した可能性も示されていた。遺物は特に出土していないが、柵木列が平安時代の築垣列に並列（若干北方で間く）して先行し、奈良時代の東門（平安時代東門や築垣列より東方に発見）に連続する形で門の南方にのびる築垣と柵木列が接属する可能性などを報告で指摘している。一応、奈良時代に遡る櫓の存在と、丘陵地上でも谷状地での柵木列からなる外郭施設の存在があり、城の創設期に遡る可能

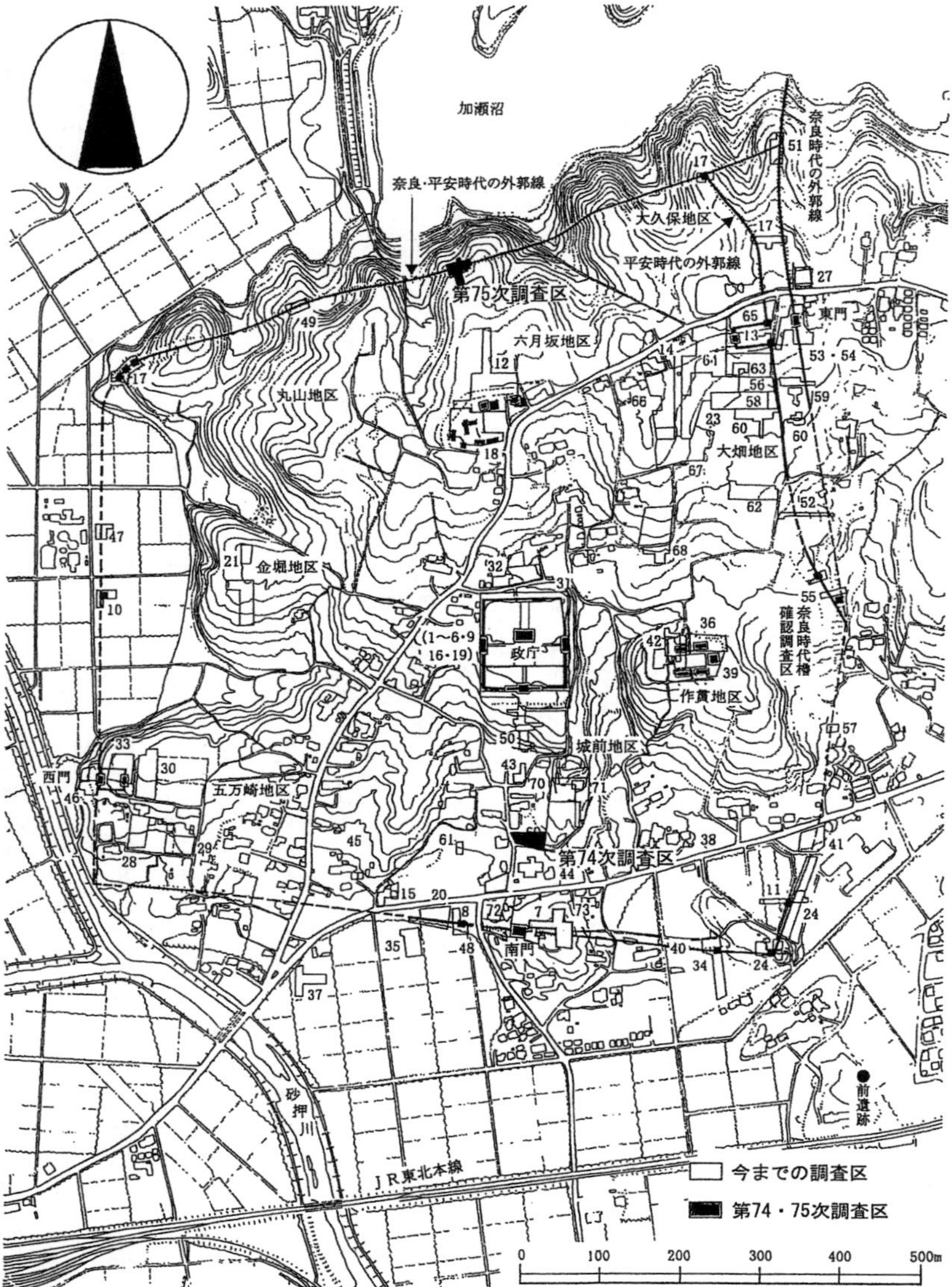

図68　多賀城と既発掘地区（数字は研究所の調査次数）
柵木列と矢柄が調査された55次は図の右辺中ほどにある．『研究所年報』2003の付図に加筆（阿部）

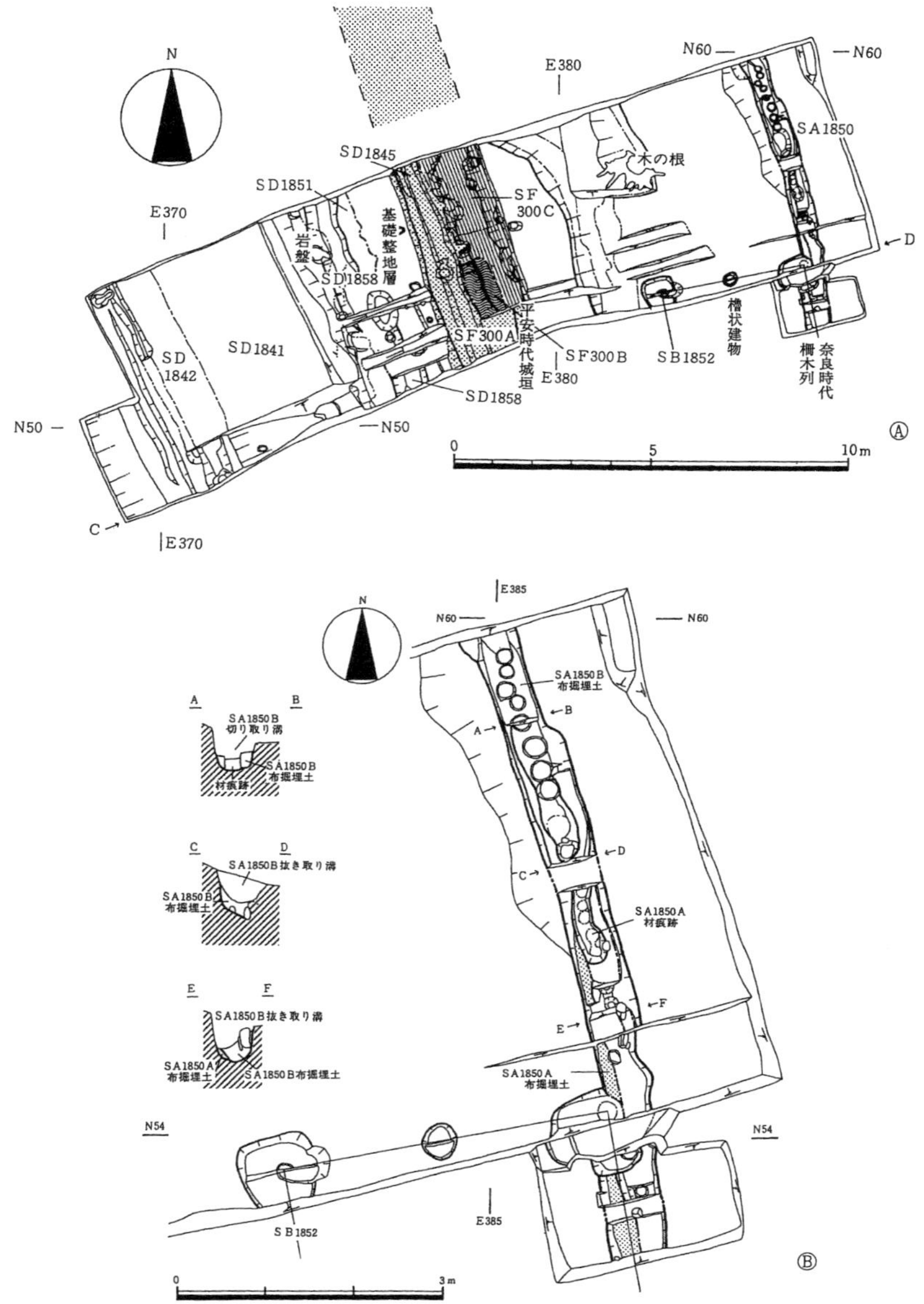

図69　多賀城外郭の奈良時代柵木列と櫓跡『研究所年報』1988付図による．加筆（阿部）Bは A（55次南調査区）の東辺の拡大図である．下図で SA1850A が，櫓部分で喰い違う（スクリーントーン参照）ことに注目．

性を認定している。これは丘陵地には築垣が築かれ、柵木列が低地に平安時代に初めて出現していて、城の外郭の区画が不完全な時期が永く続いたとする多賀城の最近の研究所総括とも抵触する事柄であるが、この点についての説明は特にみられない。多賀城の外郭施設と櫓の成立については、既に研究所側で一定の公式見解が成立しているらしいが、(16)その反論には、再発掘が可能な地点と未発掘地点が広がっていること、既報告部分でもこれと異なる事実報告があること、貞観十一年（八六九）に津波が城下を襲い、城下（城内の低地も含む可能性大）が原野と化したことがあったことなどを指摘し、思い出してもらえば充分であろう。

2　小寺遺跡の創建期櫓の検証

版築による城垣をもつ奈良時代の城柵遺跡における櫓の存在例を多賀城以外でみていく。奈良時代中葉末の桃生城の例は既によく知られており、(17)その櫓数も増加中であるが、ここでは小寺遺跡の奈良時代前半に遡る事例を点検したい。

小寺遺跡は、宮城県古川市清水字三丁目小寺地区にあって古川市教育委員会及び多賀城跡調査研究所が調査を実施している。(18)古代城柵官衙遺跡として区画施設や櫓を発掘しているが、古代における歴史上の名称比定には研究所が踏み込んでいない点でも注目すべき遺跡である。史跡大吉山瓦窯跡(19)に隣接して、大崎平野北縁の丘陵地端部に営まれていた。本遺跡は平成四年度に発掘され、奈良時代初期に創建されたことが判明した。築垣で囲まれた遺跡は、東南にのびる低丘陵末端近くにあり、前面に江合川が流れ、大崎平野を南に展望する所にある。北方一五〇メートルほどの所に多賀城創建期の瓦を焼成した史跡大吉山瓦窯跡もある。築垣で囲まれた中心部は約三〇〇×二〇〇メートル程度の規模であるが、丘陵末端部等に向かってさらに築垣を分岐させていたことが判る所もあり、全体では長径七〇〇メ

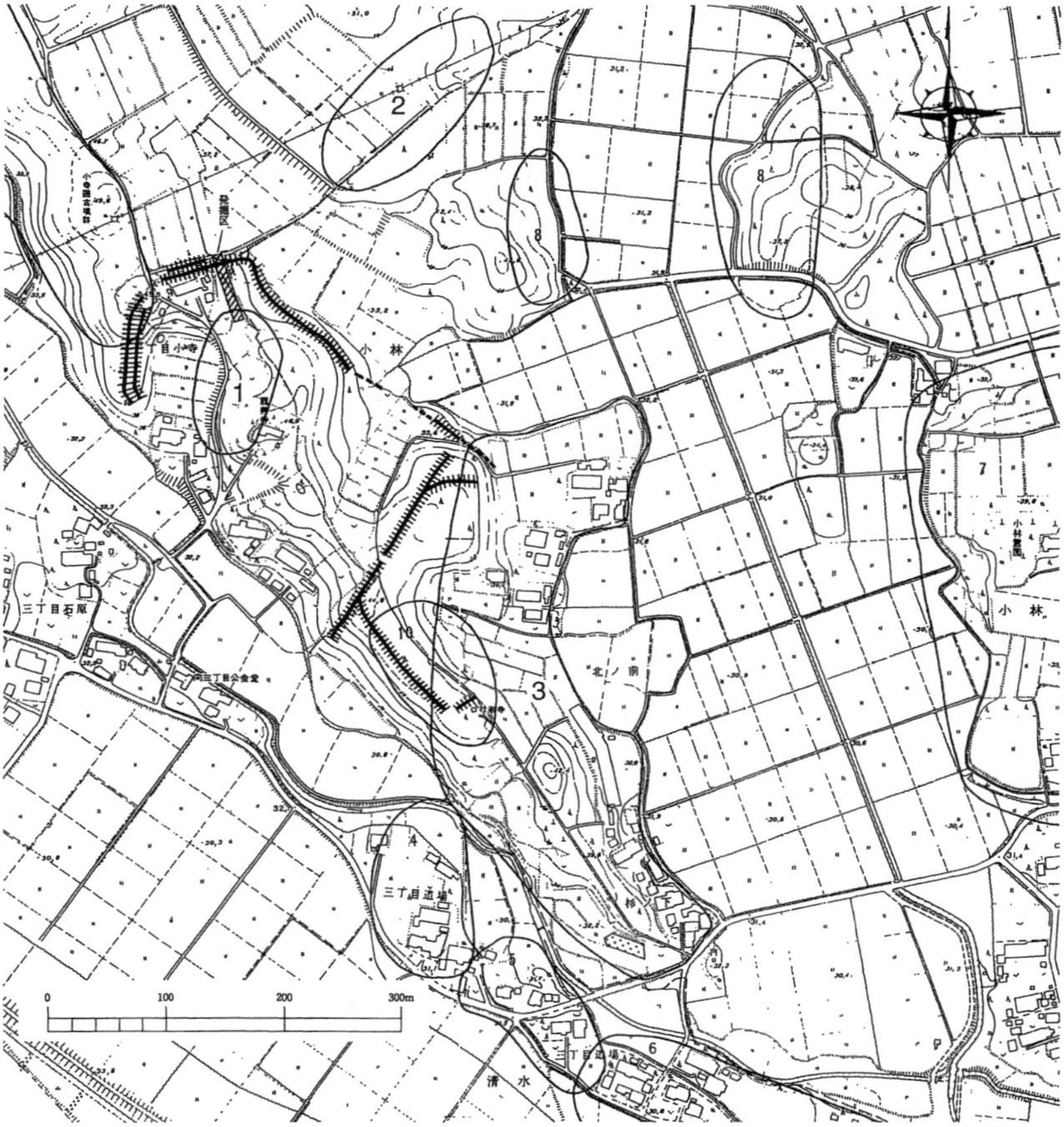

図70　小寺遺跡の土塁状遺構の広がりと周辺遺跡
1　小寺遺跡中心部　　2　国史跡大吉山瓦窯跡　　3　杉の下遺跡
古川市教育委員会『小寺遺跡』1995による

ートル余の施設となる可能性が指摘されている（図70）。なお、江合川をへだてた西方のやや南よりの約二・五キロメートルの所に玉造郡家跡とされる名生館遺跡がある。東方三キロへだてて、宮沢遺跡の広域な城柵遺跡があって[20]、平野を見下ろす遺跡がほぼ東西に並んでいる（図71）。

小寺遺跡の報告書[21]によると遺跡の外郭線は築地施設と呼ばれる版築構造物である。発掘ではその東北部の一〇

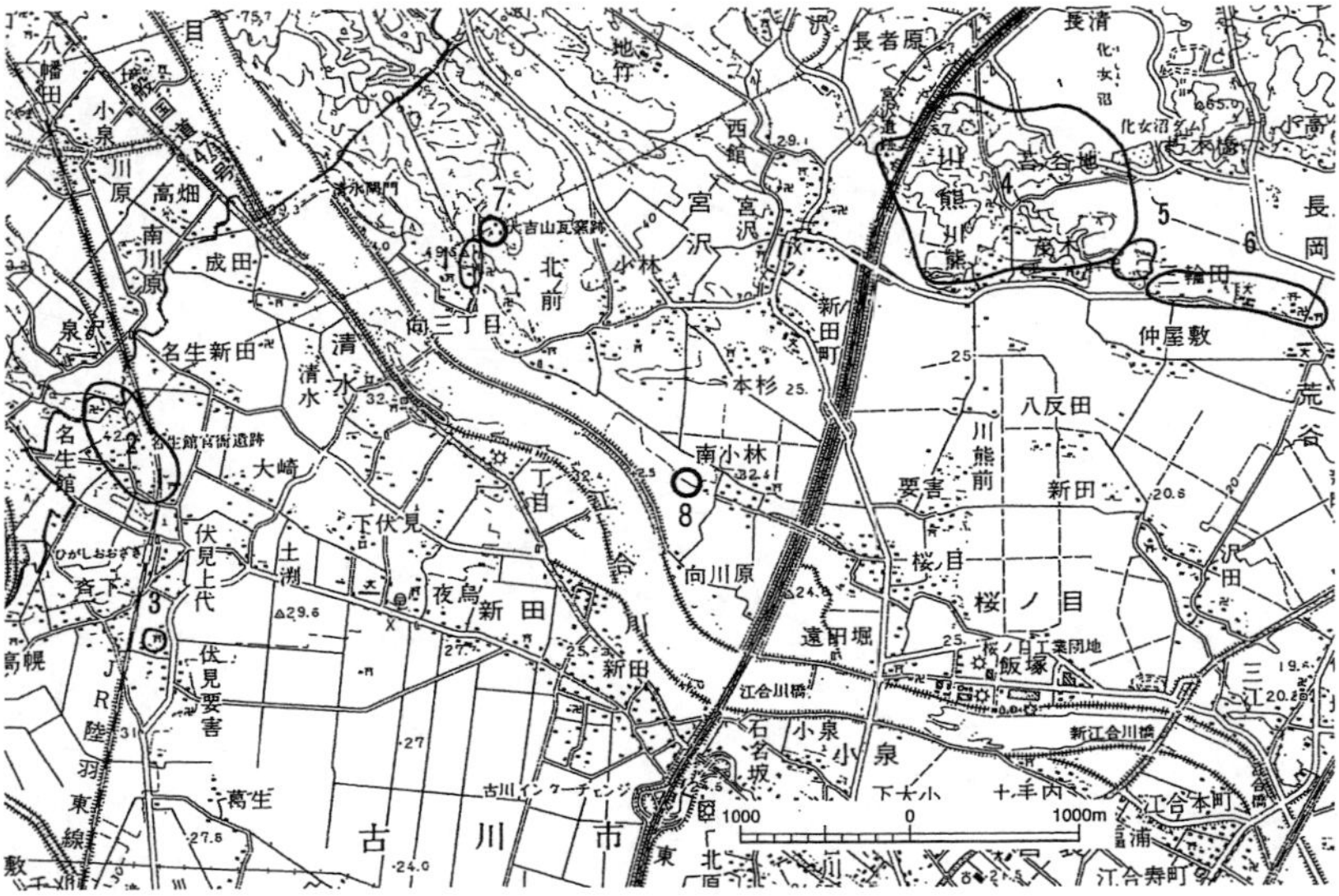

図71　小寺遺跡の立地

1　小寺遺跡　2　国史跡名生館官衙遺跡　3　伏見廃寺跡　4　国史跡宮沢遺跡
5　三輪田遺跡　6　権現山遺跡　7　国史跡大吉山瓦窯跡　8　南小林遺跡

メートル分を調査した。この築地は丘陵斜面部に築かれ、外部に地形が降っていて城内が高い立地である。築垣はＳＦ01とＳＦ02の二本がほぼ重複して築かれ、ＳＦ01が古くて、顕著な積土の違いからさらに二時期に分けられ、積み直しがあったと判定されている（図72・図73）が、この点は検討を要する。

古いＳＦ01ａｂ築地跡は、整地層の下層の断面観察を主体に調査された。築地本体の基底部は二・四メートル、最大残存高は一・二メートル程という。築地修復の際に基底部を嵩上げして、新しい築地ＳＦ01ｂを積んでいるという。嵩上げ途中面からの柱穴がみられる。ＳＦ01ｂは幅二・一メートル、最大残存高〇・六メートルであり、ａとｂの新旧の土の違いは明瞭であるという。新旧いずれかに伴なう小柱穴四を確認している（図72）。

ＳＦ02は、整地層上にあり、基底幅二・四メートル、最大残存高一・二メートルと保存が良い。積み手の違いが土に明瞭にみられる。添柱痕跡も認められる。崩

図72　小寺遺跡北棟隅の城垣と櫓の重複
古川市教育委員会『小寺遺跡』付図に加筆（阿部）
図73は図72下部の矢印間の断面拡大図である.

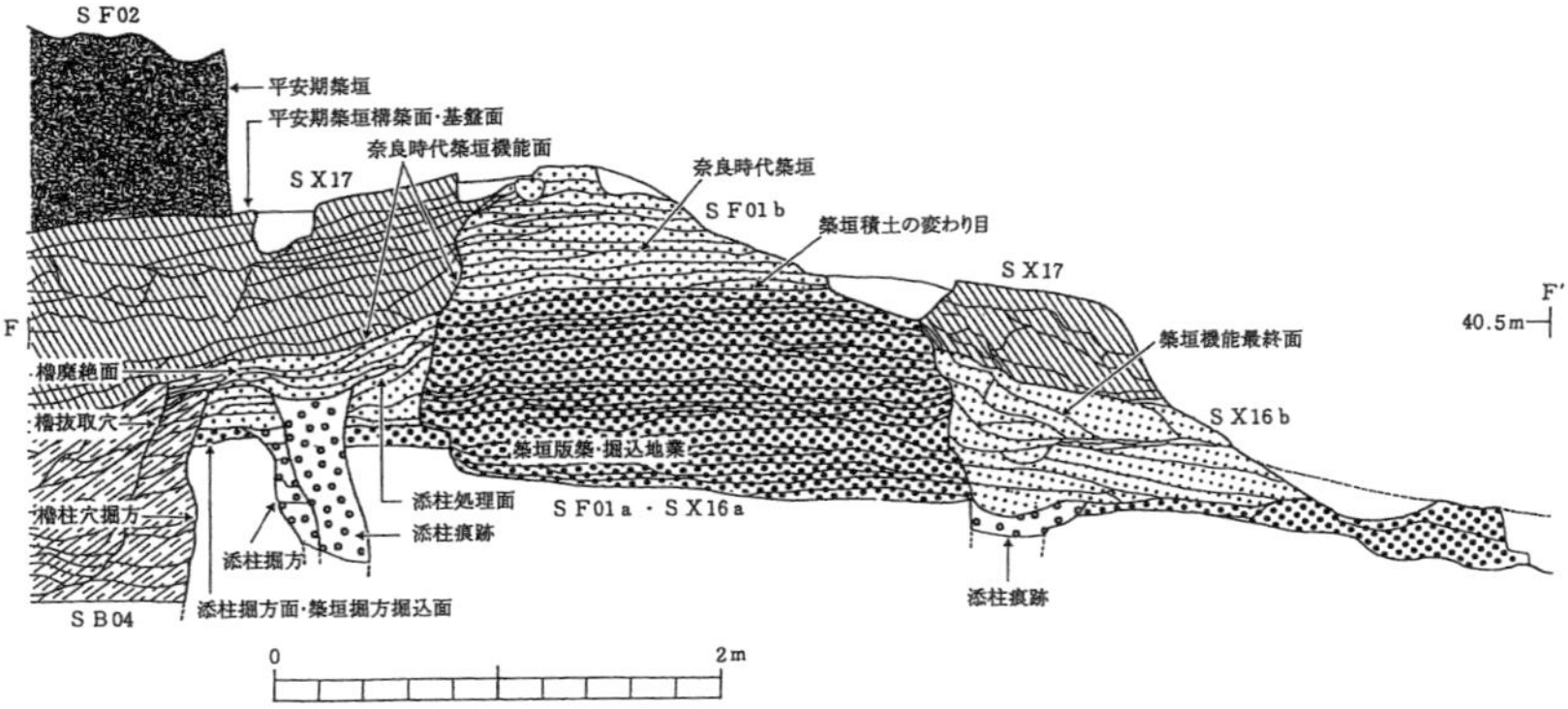

図73　奈良時代築垣と櫓の断面検証図
古川市教育委員会『小寺遺跡』付図に加筆（阿部）.

壊土から瓦や土器が出土している。

掘立柱建物跡ＳＢ15（櫓）は、ＳＦ02を横長方向に跨ぐ形で、南北が長い一間、東西二間の南北棟建物として、築垣の屈折点で検出された。ＳＦ01築垣より新しく、ＳＦ02基底部整地層面から柱穴が掘られ、ＳＦ02の崩壊土で覆われているので、ＳＦ02に伴なう櫓とみられた。このＳＢ15の柱穴は計六個確認された。建物規模は六・三メートル×四・六メートルで、築垣の内外に突出した平面となる。

ＳＢ04は同地点での断面断ち割りで発見されたもので、整地層の下層で大型の柱穴掘方と抜き取り穴を検出した。掘方は大きいが建物全体規模等はまだ不明である。一度嵩上げした土の上から抜き取り穴を掘りこんでいるという。ＳＦ01ｂと同時存在という。櫓の支柱の一部とみなされる。他に竪穴住居跡や溝も近くにあり、出土品に瓦があってそれにヘラ描文字瓦も含まれ、多賀城創建期の瓦と同種と認められる。以上は報文によるまとめである。

以上のことから、本遺跡は宮沢遺跡や新田柵跡に規模は及ばないものの、東山遺跡や色麻柵跡に比定される城生遺跡規模程度の中心部と拡大した外郭を付した遺跡と目され、八世紀前半頃にまで遡る。廃絶期は一〇世紀初頭頃とみられる。このように一連の城柵官衙の一例として報告された。

・櫓の点検

城郭官衙としての把握状況は上記のとおりであるが、築垣並びに櫓の遺構判定について、見学した知見並びに報文による図等の点検で、大幅に違った成果が判明すると筆者は考える。

図72（報告書の第8図1〜3）に示されたＳＦ01のａとｂの違い（図73）は、白色を帯びたｂの積土により区別されたが、下のａとの積土とは水平に整合した土層の重なりとなっており、同一の法面《のりめん》をなし、崩壊土も一連で同一であって、両者が一体の一連の築垣であるのに、明瞭すぎるほどの積み土の違いで2期に誤認定した可能性が大である。

図によると、薄い基底造成土と同時に積まれ始めた築垣の基部には、その面から掘った工事用の添柱が立ち、柱の立ったその状況で最大〇・四メートルほどの明色土が柱の根元を覆うまで積もり、この面から大型の櫓の掘方が掘られている。この面で添柱が切られるか抜き取られているらしく、柱痕跡が別の土として断面にみえる。この後に細かい土層の重なったやや傾斜した崩壊土があり、ここで櫓の柱が抜き取られていて、抜き取り穴が掘られている。この面では築垣が長期に露出した基部をなしていて、えぐったように風化が築垣に及んでいる。これらの上に暗色の厚い崩壊土がのり、整地された上にさらにＳＦ02の築垣が版築されている。即ち築垣本体の築成が先行し、櫓が付加され、櫓の抜き取りと築垣の廃棄に至る一連の時間経過が図に見事に示されているのである。ＳＦ02は平安初期の築垣とされるので、創建期のＳＦ01の築垣と下層の櫓は一体のものであることが図から判断される。先行櫓の規模は、一メートル以上の掘方をもつ本格的施設であること以外は判別しないが、櫓はＳＦ02を含めて各々の築垣の屈折点にまたがって設けられたものである。櫓の建設（築垣の完成後は工事）以前に、築垣構築用の添柱の建設と築垣工事、そしてそれらの廃絶が判る点でも希有の情報である。ＳＦ01ではＳＦ02のあり方からみて、築垣をまたぐ形の櫓で、発掘区の東側に施設の大部分がある一間×一間の型式と一応考えておきたい。以上により、多賀城等と共通した奈良時代前半期の瓦を伴出するこの城柵遺跡の創建期の城の土築の築垣には、当初から本格的な櫓が付属配置されていたことになり、多賀城跡研究所の公式見解（刊行物に幾度も記されている）として、奈良時代後半まで櫓が城柵遺跡で存在していないという主張（この主張は実は仙台市郡山遺跡での櫓の検出で成り立たないものになっていたのだが）の根拠は崩れた。これらは先に多賀城自体の東辺の柵木列に伴なう櫓の存在と合わせて、城柵遺跡に当初から櫓が設けられていたという、当然の事実の立証である。

ところで本遺跡は、多賀城初期の瓦を焼いた大吉山瓦窯跡とほぼ一体のところに立地し、奈良時代前半期の築垣で築いた外郭施設をもつ本格的城柵とみられる。この地は、名生館遺跡から川をへだてた東岸にある。この名生館遺跡[22]は一部から「玉厨」の墨書土器が出土しており、中心地点の変遷を示す玉造郡の郡家と目される官衙遺跡を主体とする遺跡と判定されている。この遺跡内には八世紀初頭を一時点とする丹取郡家と目される官衙跡の遺構も含まれている。この状況下で八世紀前半に対岸の丘陵地に営まれた小寺遺跡は玉造郡内に所在し、玉造郡家とも何らかの関係を持った遺跡とみてよい。また東方の丘陵地にある宮沢遺跡は、先行する時期の遺跡をも包括する広大な城柵遺跡で、主体は平安時代に地点を移して造営された玉造塞（玉造柵）とみてよいものと考える。その点で小寺遺跡は宮沢遺跡の主体に先行する奈良時代の五柵の一つである玉造柵跡と考えてよいものとみられる[23]。これは多賀城初期との共通した瓦の出土や瓦窯跡の存在や遺構の状況などからも裏付けられる。小寺遺跡には九世紀以降も施設が存続したらしいが、主体の城は他の城柵展開の条件から宮沢遺跡に移されたと筆者は見ている。名生館遺跡は丹取郡家であった時期があり[24]、丹取軍団（後に玉造軍団）も近くに所在したはずであった。初期の軍事関連施設も展開したこの地域から、多賀城体制の創出に伴ない、合計五例の柵がそれまでになかった軍事防備等の条件を付加した地形立地の条件の検討の上で、城柵遺跡として分離建造されたものであったと考える。その点から、今後城柵の内外での火災痕跡、伊治城との交通路等の確認や城柵間の距離条件等に注意が必要である[25]。

玉造柵は伊治城から律令の里制の三五里の距離にあったことが史料から知られており、小寺遺跡はこの条件に合致するが名生館遺跡は条件に合っていないうえ、名生館遺跡は城柵遺跡そのものではないのである。五柵については、既に新田柵が判明し、色麻柵も有力比定地がある。筆者は賀美町の東山遺跡も五柵の一つであると考えており[26]、小寺遺跡を玉造柵とすると、残る五柵としてこの他に海道の牡鹿柵があったことになる。牡鹿柵の所在はまだ判明しないが、牡鹿郡家とみられる赤井遺跡[27]付近の調査も進展しており、八世紀前半の多賀城や他の城柵遺跡の選定の立地条件等の研究からその所在がしぼられていくものと考えられる。

本節で検討してきた城柵での櫓の存在は、既に七世紀末や九世紀での存在を疑う者はいない。八世紀でも七五八年以降の桃生城で検出されていただけでなく、今回の多賀城と小寺遺跡の例示で奈良時代での存在を疑う根拠はなくなった。また研究所による報告で、櫓が一定の距離で設けられたから装飾的施設であり、非軍事用とする点は、櫓がそのような施設であれば都城や大宰府や国府自体で常設されてしかるべきである点からも、城柵の本質にこそ関わる施設として、地方官衙自体には本来付設されない施設とみるべきものであることが判明する。一定ピッチでの櫓の存在は、律令の規定で、監視され越えることも禁止された防備施設として筑紫の城や陸奥などの柵、兵庫の垣が例示され

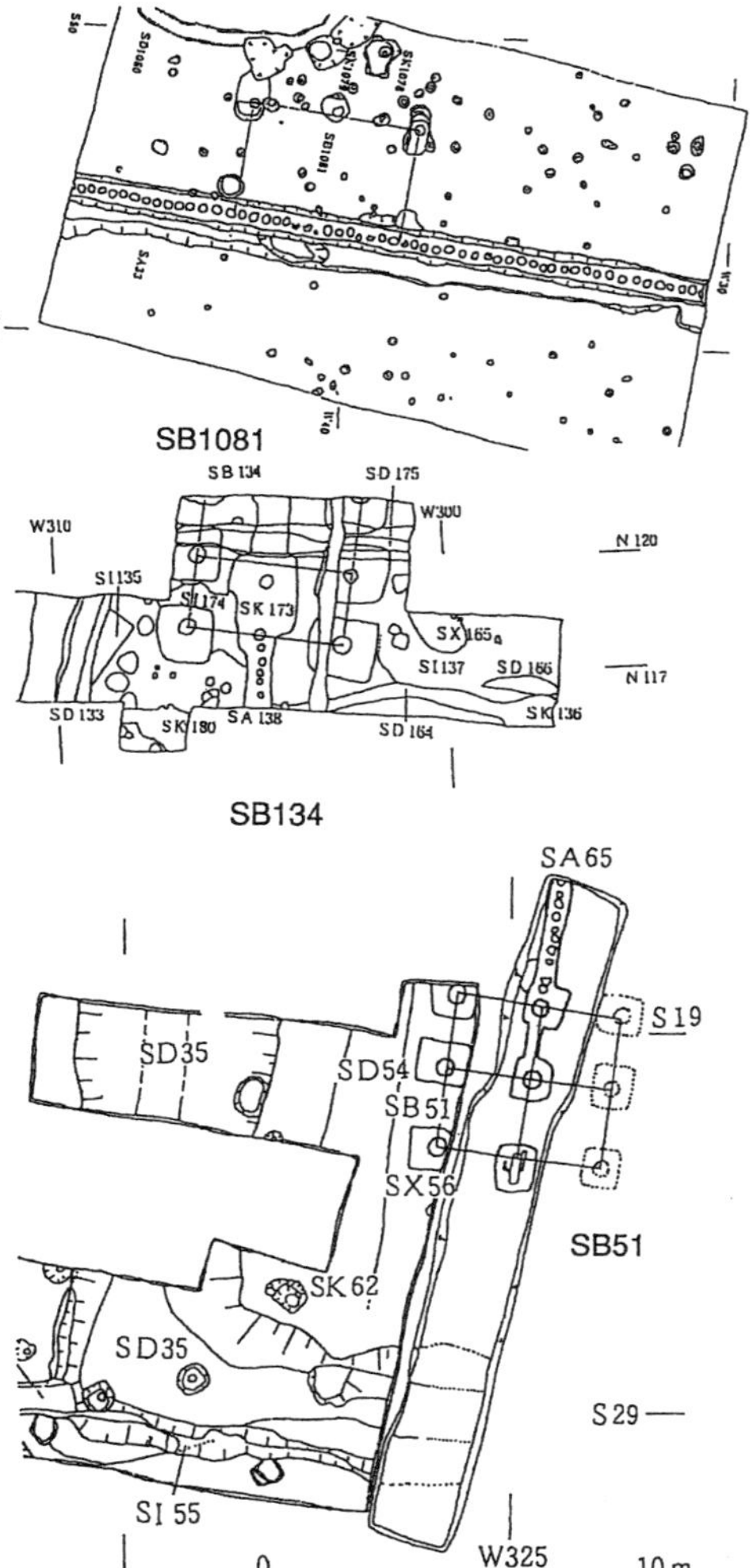

図74　仙台市郡山遺跡発掘の櫓遺構図
註（36）文献による.

ていたことと、それを実際に有効に機能させ、実効あらしめる施設として展開したことを明確に認識したい。七世紀に遡る郡山遺跡Ⅱ期の太い柱の掘立柱の櫓は、そのあり方の重要性を後世の研究者にも示していたものである（図74）。[28][29]

更にこのような櫓には、各種の呼称やあり方が存在し、また次で検討するように城柵遺跡以外でも特例としてその存在が認められる例が日本国の東方辺要地には実際に存在したようである。その場合でも櫓の設置と維持は、それに伴なう費用だけでなく、そこにはりつける監視と武力行使できる必要人員（兵士）の常備とその予備的軍事力の存在を前提としていたのである。

3　櫓のあり方と広がり

1節で多賀城の八世紀櫓の存在、2節で奈良時代玉造柵擬定地（小寺遺跡）における創建期からの櫓の存在を検証した。これらの例を加えて櫓の実際のあり方をもう少し検討してみる。櫓遺構は、仙台市郡山遺跡のⅠ期から、平安時代の九八六年の年輪年代の知られる城輪柵跡まで、[30]城柵遺跡の全てに関わって必要条件の一つとして建設されていた。内国官衙でこれに類する事例はなく、また城柵の展開する辺要地に展開した地方官衙でも城柵内に国府等を包摂した多賀城や城輪柵跡を除くと基本的に見られない。陸奥では城柵と地方官衙の両者の展開が頂点で結合した陸奥国府を包含する多賀城という特例の城柵例[31]以外の官衙には本来造営されていないと判断される。[32]その実態は一度分析されたことがあるが、今や不充分な成果で、出発点で櫓を非実用とする発想を原点として諸発掘成果を整理していたこともあり、今一度全体的な流れやあり方を概観しておくことにする。

櫓をみていく基準点は、秋田城[33]にある。文献によると天長七年の秋田城の災害で「城郭官舎」がみえ、また「城宇」が頽毀した。承和十年には陸奥からの記事に兵士を「修理城隍」に用いたいとある。貞観十一年の陸奥国の大地震では、「城郭倉庫」「門櫓墻壁」がこわれたという。元慶二年から始まる元慶の乱の中央への報告では、蝦夷が秋田城を攻略したことに伴って略奪破壊した器物・施設数が報告され、そこには官舎一六一宇と並んで「城櫓廿八宇」「城棚櫓廿七基」「郭棚櫓六十一基」がみられる。城と郭からなる秋田城は徹底的に破壊に会っているようで、櫓間の距離を郡山遺跡等の例から三分の二町程度と考えてみて、東西南北の門の存在を考慮すると、秋田城の城と郭の規模が算出される。内部の城が延べ約二一町余程度で一辺五町余（城櫓の中間に棚櫓を付設するとみる）、外郭が四二町程度となる。(34) 現存する秋田城のいわゆる外郭ラインが計算による内部の城ラインにほぼ相当することが判明する。

秋田城では城と郭の二重に防備ラインがあり、各々に櫓が付されるが、その櫓には屋根がある城櫓と、もっと簡単な施設であることがうかがわれる棚櫓の二種があることが明瞭である。実際の遺構のあり方でも自立しうる施設として城の外郭施設上に屋根をもつ施設となりうる遺構（二間×一間）の櫓と、城の外郭施設の存在を前提に、その内側もしくは施設上に設けられる寄せかけ的施設遺構が区別できる。これを城櫓と棚櫓に対応するとみたい。郡山遺跡Ⅰ期でも内部区画の柵木列をまたいで一間×一間の小規模施設が既に三例みられ、柵木列の切れる出入り口が一間×三間の狭い柱間の櫓門状となった遺構もみられる。Ⅰ期では外郭施設となる太い柱を並べた外郭柵木列ではまだ柵をまたぐ櫓施設を見ないが、このライン内側又は外側に近接して独立した総柱の二間×二間、あるいは二間×二間以上の太い掘立柱の施設が存在した可能性が掘り出されており、(35) 内部区画や外郭区画施設に既に櫓が存在したことは明らかと考えるが、その実態や用法は今後詳細に報告されることを待ちたい。郡山遺跡Ⅱ期の櫓は、四町四方の外郭の柵木列を四面で一定（二町を三分割）の距離で割って設けられていたことが知られ、門と会わせて、各面に六基以上の櫓と恐らく加えて櫓門とが林立したとみられ、さらにその間を細分した棚櫓が付されることもわかった（図74）。櫓は二間×二間で床下内部を柵木列が閉鎖して通過している。屋根をもつ自立した櫓のあり方がここにみられる。棚櫓とみられる例は、外郭中央の南門の東側で、外柵木列に接する内側に一間×二間の掘立柱建物が長軸を合わせて柵に添う形で設けられており、南門から東へ約三〇メートルほどの所にあって、城櫓のピッチの中間に設けられたことが判明する。梁間が狭い点からも、柵木列と一体化した寄せかけ施設とみられるものである。

奈良時代以降のあり方は、一九七九年の古川雅清氏の整理では、城の外郭築垣の存在を前提に、その外側に基壇を張り出す例、内側に掘立柱列一列を設ける例、外側に張り出し基壇と柱列を設ける例、方形土居桁を内部に置く例、城垣をまたぐ一間×一間、一間×二間の掘立柱やそれに伴なう基壇をもつ例、一間×二間の掘立柱施設が城垣をまたぐ例、自立する掘立柱の一間×二間の建物が柵木列をまたぐ例、一間×三間・一間×二間の建物が城垣をまたぐ例などが示され、門も外郭線をまたぐ通過施設として注目されていた。その時点で氏は、櫓は八世紀後半以降に城柵官衙遺跡の外郭に付設されていること、外郭施設より高かったと推定されること、いくつかの規格性があり、建替が行われること、技法において四類型があり、初期に土壇、後に掘立柱例が一般化するが、新しい時期に桁数が増え、平面規模も拡大するという。門もこれと一連で計画的に配置されるという。これについては、先行する郡山遺跡の事例を含めて見直すと、基本的には城櫓と棚櫓があり、内方の城ラインにも、外方の郭ラインにも設けられ、門もその一連の防備施設（恐らく櫓門となる事例が多くあること）となるとみられるのである。

一九九五年の古代城柵官衙遺跡研究会で、谷地薫氏は「櫓状建物について」の研究成果を報告している。(36) 古代城柵官衙遺跡の一一遺跡で計七〇ヶ所以上で計一二〇基もの櫓状建物が検出され、九世紀代に存在した主要な城柵官衙にはすべて設置されているという。同じ場所での建て替えも多くみられるという。戦時の臨時の防禦施設でなく、構成上の主要施設と認識されていたことが伺えるとするものである。遡るのは七世紀末～八世紀初頭の郡山遺跡Ⅱ期官衙で八世紀の例が多賀城、桃生城、秋田城に例があるが、秋田城の例は築地塀をまたぐ掘立柱の二間×一間の建物で、規模等は九世紀以降と一致する（図75）。八世紀代の櫓状建物は少数例で、不可欠な主要施設でなかったのではないかと疑っている。八世紀代の櫓の存在は、この時点で学会報告としても既に三事例が把握され始めていたが、現在ではほとんどの城柵で認められるのである。筆者が考えるに、城壁を櫓構造の一部に組みこんでその上に架構する場合と、自立した構造になる場合がみられ、特に棚櫓の場合は緊急に増設することも可能だったとみる。外部にまで建物範囲が張り出すケースが明瞭にみられ、これに伴なって溝を方形に突き出してめぐらす例もあるが、これらは中国や半島の城郭で横矢を射たりする馬面(37)、楼、敵台、雉などと同様の機能をもつ施設でもある。櫓施設は城郭ライン及びその外側までを防備する機能をもっており、棚櫓は内側に寄せかけた施設として、梁行きが狭いまま自立したり片側柱列だけの内側の寄せかけ風の遺構として認められるものであろう。注目したいのは、外郭ライン自体の近傍に自立施設として櫓があった可能性も初期に考えられる点であり、郡山遺跡での内部区画に小規模な櫓がある点を含めて、大化年代前後あるいは以降の櫓のあり方がどんなものであったかということが注目される。また櫓の実際のあり方として、正面に女墻的な常設施設が上部に付設してあったのか、登り口等の施設、また予備兵力待機施設との関連など、検討すべき点が多く残っている。

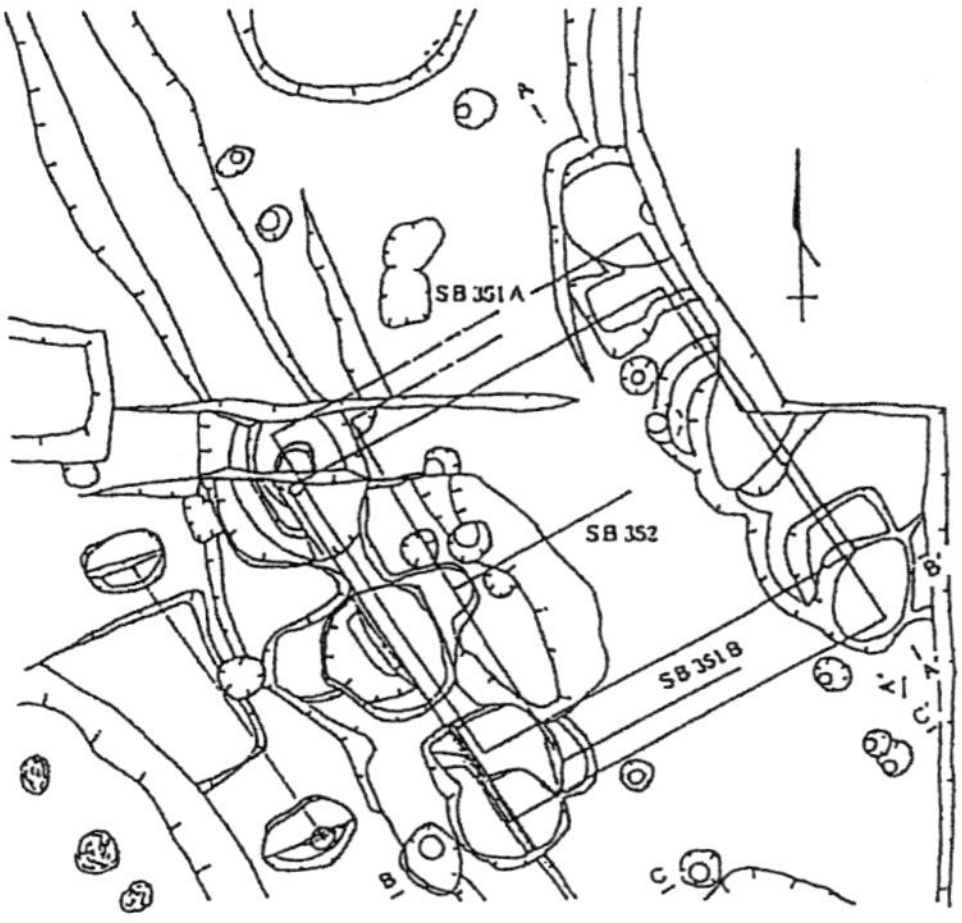

SB351AB・SB352

図75　秋田城跡の奈良時代に遡る櫓跡

註（36）による．秋田城の櫓は，平安期の柵木列をまたぐ例が多いが，本地点では奈良時代築垣をまたいだ建替のあるものとみられた．

次の問題点として、櫓施設がまさに官衙所在地の付

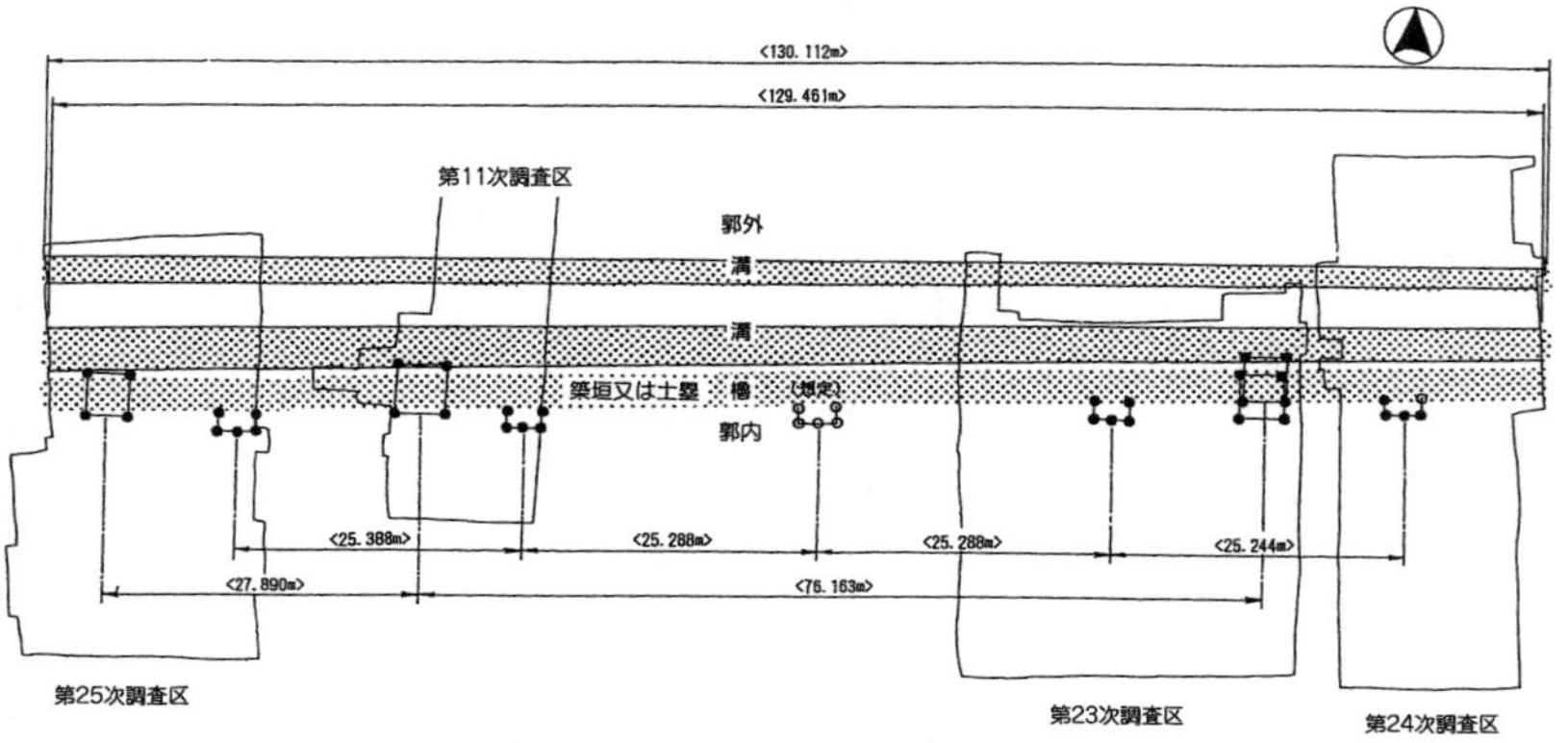

図76　名生館遺跡の奈良末の外郭施設の復元
築垣上に櫓と柵櫓と配置する例.
第30回古代城柵官衙遺蹟検討会資料による．加筆（阿部）.

近で認められる事例もあることである。これは官衙自体の防備か、軍団施設や官衙を郭内に収容した城柵施設の一部であるのかなどの問題点を含むのであるが、その事例を挙げて注目しておきたい。

古川市教育委員会が第三〇回古代城柵官衙遺跡検討会で名生館遺跡の平成十五年度の調査の概要を報じた所[38]によれば、第二五次調査等で、丹取郡庁院地点より南方の城内地区で玉造郡庁院等を含む地点を調査して、既に二三・二四次調査等で東西にのびる二条の区画溝と付設した櫓状建物、区画講に平行して存在するコ字状建物を検出している（図76）。そのまとめによれば、二条の平行する区画溝は八世紀後半からのもので、九世紀初頭頃には廃絶する短期のものである。この区画溝は時期的にみて、遺跡南側の小館地区に郡家の政庁が移動していた段階で、この北側を区画する重要な役割をもち、官衙の外郭施設と考えられるという。櫓状施設は一間×一間などの建物で、溝の内側の何らかの土築区画施設をまたいだものとみられ、コの字形の掘立柱施設はこれに片寄せた棚櫓的施設とみられる。この本体施設が築垣であるか土塁であるかは、削平により本体が失われているので不明であるが、奈良時代の政庁所在地より北へ二〇〇メートル以上離れて、相当な規模をもつ東西・南北方向の施設であること、櫓施設の改修や棚櫓の近接設置などの特色がみられる。筆者はこれら施設が玉造郡家を含む広域施設の外郭となる可能性を認め、特定時期に軍事的施設が広域に設置された事例であって、玉造郡家の主体部を防備しただけでなく、付近の施設を収容しうる強固な施設範囲の設定であると認める。常備兵力の張りつけが必要となる点から、今のところ玉造郡家と関連して存在した玉造軍団の兵力を活用した都市防備施設の一種と考え、この内部に玉造軍団関連施設もまた収容されるものだったと考えておきたい。宝亀年間以降の軍事的緊張に際して、外郭の広域土築防備施設の建設だけでなく、ここに常備の兵力、あるいは武装人員を張りつける状況が、一定の短期間出現したものと考える。

賀美郡家とされてきた東山遺跡についても筆者は五柵の一つと考え[39]、その外郭に都市部を含みこんだ壇の越遺跡の郭施設が遅れて付加され、さらにその外側にあった諸施設が収容されたとみたのであるが[40]、そこでも奈良時代の中葉からの後に設けられた築垣並びに柵木列からなる外郭施設に伴なう門と櫓が発掘されている。この例は、外郭ラインに内接する一間×一間あるいは柱間をさらに細分した櫓の建設と修築の例であり、遺跡は一〇世紀まで維持されたかとみられる。この施設の本体の東山遺跡が城柵の事例に含まれるものであることは確実とみられるので、城柵を中心に外に郭が設けられ、維持された事例で、櫓が築垣と柵木列の防備ラインに確実に設けられた事例となる。但し櫓は既に五地点、一〇棟分に及んで検出されているが、その相互の距離は一〇〇メートル余とされ、秋田城等での予想事例とは異なる。更に門の南の近い距離の所に櫓二基がみられる。外郭に郭櫓や郭棚櫓が存在した事例にもなっているらしいことに注目したい[41]。

以上でみてきたように、櫓施設は八世紀に郡山遺跡、多賀城、秋田城、五柵の内の二城柵例と桃生城や伊治城例などで認められているものであり、今のところは辺要地での地方官衙地点に接近して存在した事例もあるらしいが、これも城柵の外郭施設として設けられた例や軍団との関わりのあるらしい事例とみられる。しかし、官衙の外部施設で、櫓自体は認められなくても柵木列や壕で区画され、そこに人員を収容しうる防備された施設と認められる事例があることは(42)、先の名生館遺跡の丹取郡庁院周辺の柵木列や外郭溝のあり方(43)、あるいは特定時期の辺要地の中核的集落の外郭に可能性として認められる所であり、今後地方官衙でも辺要地区の防備用の区画施設、あるいは常備的な監視施設を何らかの条件下で地方官衙自体が保持した可能性についての検証を続けることが必要であろう。

櫓は大規模な区画の防備施設を前提に、常備的な付帯施設として展開したものであるが、これは吉野ケ里遺跡などにみるように弥生時代以来の前史をもっており(44)、古墳時代の居館でも既に様々なあり方が知られている(45)。それらが仙台市郡山遺跡Ⅰ期の櫓につらなってくる側面をみせることは確実とみられ、柵の国家的展開に当っての歴史的経過とその実態の解明が今後の課題となる。既に城柵が展開した七世紀後半から一〇世紀に至る城柵施設における櫓の付設は、その要件として必然的なものであったことは明らかであり(46)、逆に城柵が貴族の頭中の存在ではなくて実戦的な施設であることの証明でもあった。多賀城の調査では、政庁だけではなく、外郭線についてもあまり残存条件の良い事例に恵まれていない上に、限られた地点調査事例を、特定の視点からの城柵の性格論に急いで一般化したことになるであろう(47)。

なお、日本古代史上で櫓や関連施設の存在及び実例を検討すると、地方官衙では城柵設置地帯の多賀城や城輪柵などに国府が納められた例などの国府と城柵の合体例以外は通じてみられないのである。城柵には、小論で先にみてきたように、城柵全例に通じて必然的に設けられた櫓という実用の施設があった。このことを確認した上で、櫓の存在についての検討を広げると、追加すべき事柄が上げられる(48)。それは第一に、関における櫓の実例が、三関の一つであり、城としても扱われた美濃国不破関跡で発掘されていることである。版築の外郭築垣をまたぐ掘立柱の櫓とそこで

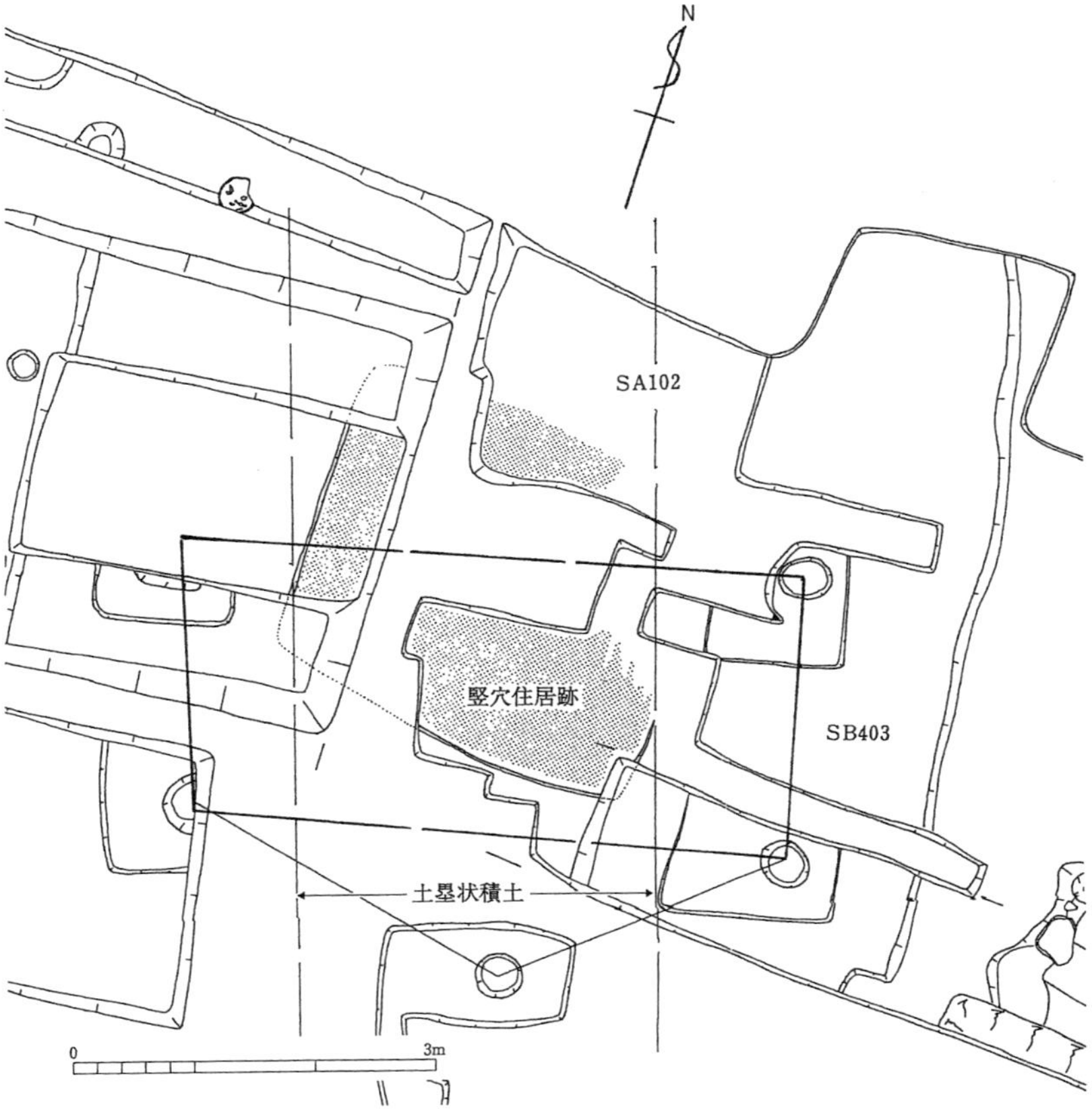

図77　美濃不破関跡外郭と櫓検出状況
岐阜市教育委員会『美濃不破関』1978付図による．加筆（阿部）．

の祭祀遺物の出土が知られている（図77）。西日本の山城でも、発掘された例はまだ少ないが、岡山県の鬼ノ城遺跡(49)で石垣を突出させて造営した櫓の存在が知られている他、怡土城の西側外郭ラインや水城西側の延長ラインなどで望楼の基壇や櫓状建物の礎石や柱穴が知られている(50)。西日本山城での櫓の存在は予想される所でもあり、これからの発掘知見を待ちたい。

　都城でも、平城宮東院東南隅で楼閣建物の存在が知られ(51)、京内の東一坊大路と二条大路交差点の西南の宅地隅にも棟持柱式の重層建物が存在した(52)

A

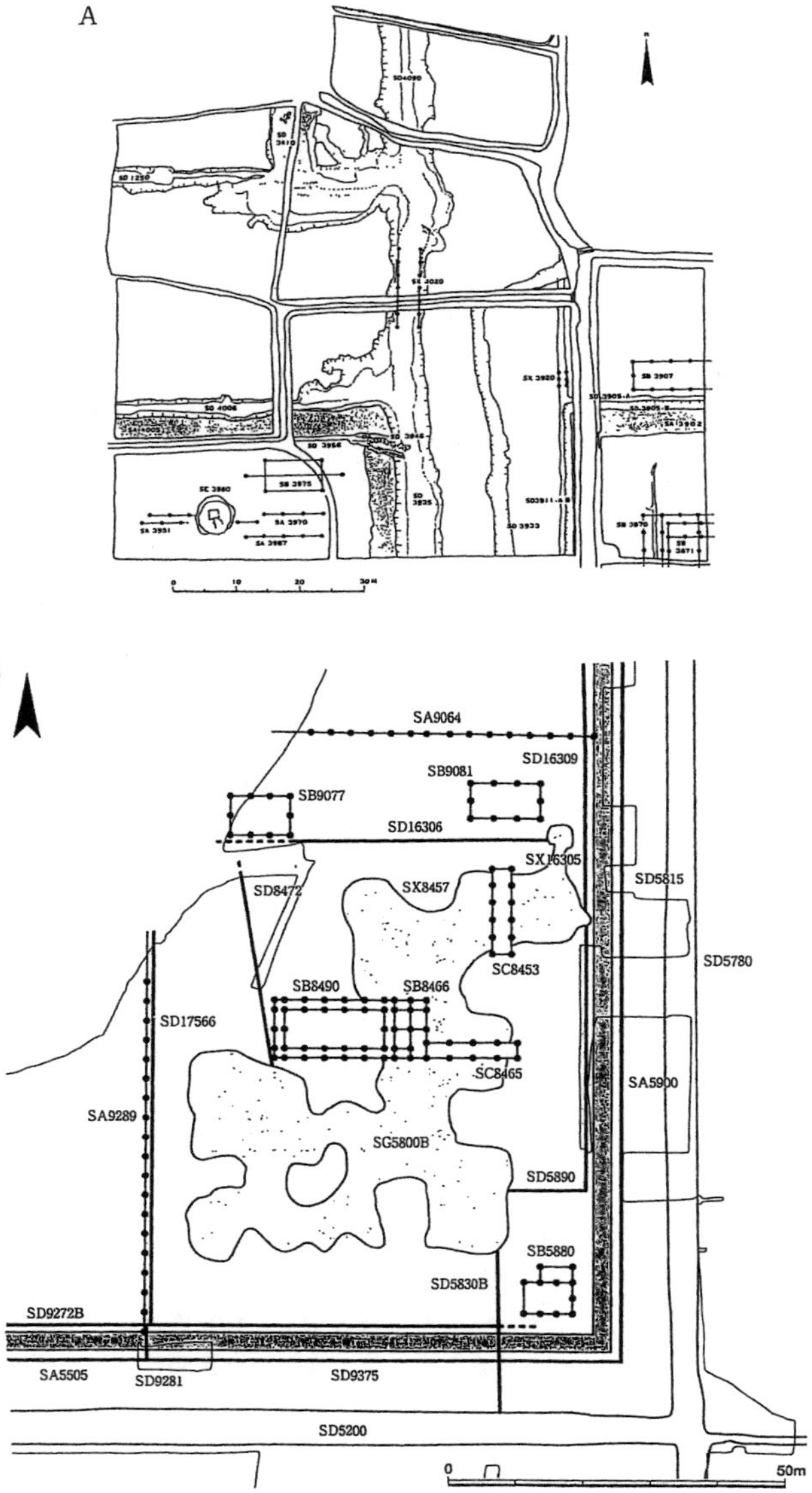

図78　平城宮と平城京内の望楼状建物跡例

A　平城宮左京二条一坊東北隅の棟持柱建物（SB3975）『奈良国立文化財研究所年報』1966による.

B　平城宮東院地区東南隅の楼閣建物（SB5880）『平城宮発掘調査報告XV』2003による.

（図78）。このように都城内では邸宅等を含め、宮内中枢部などの要所に楼閣が存在したが、城柵の櫓に相当する事例は知られていない。緊急の必要に応じて柵櫓等が設けられることがあるとされていたのであろうか。また兵庫等も厳重に防備管理される施設であり、兵器工房等を含めて、外囲施設と櫓等が存在する可能性があるが、明瞭な事例はまだ報告されていない。

城柵官衙説における櫓の位置付けからすれば、地方官衙一般、あるいは都城にこそ櫓が常設されるべき論理となるので、城柵官衙説によるその実証をぜひ待ちたい。東北辺の広大な遺構は、発掘される前には城柵もしくは官衙として、城柵官衙遺構と一括して呼ばれることはありうるが、発掘後は城柵か否かは、櫓や城柵外郭ラインの有無としても判定されうるものでもあったのである。

三　柵と城の検証

城柵は、施設全体を雅名や固有名を付して呼ぶ場合と、外郭施設自体を指す場合とがある。いずれの場合でも、官衙の遺跡と区別できる具体的施設として、まず櫓を前節で検討した。櫓は日本古代の城柵に付属して設けられ、山城にも今後認められていく可能性も有していた。ところで、櫓は城柵の本体である外郭の遮蔽施設に付属するものである。その本体である柵や城の垣については、既に一九八二年に「古代の城柵跡について」として阿部が検討を加えており[53]、古代国家が展開した日本化した軍事施設の本体として、工法や使用法、歴史的変遷の大略を論述したが、その見解は今日でも変るところはない。即ち城柵官衙説が根拠とする築垣＝築地＝官衙等の区画施設＝非軍事施設との三段論法は論理としても発掘による実証上もなりたたないものである。しかして、櫓にも列島での前史があるように、

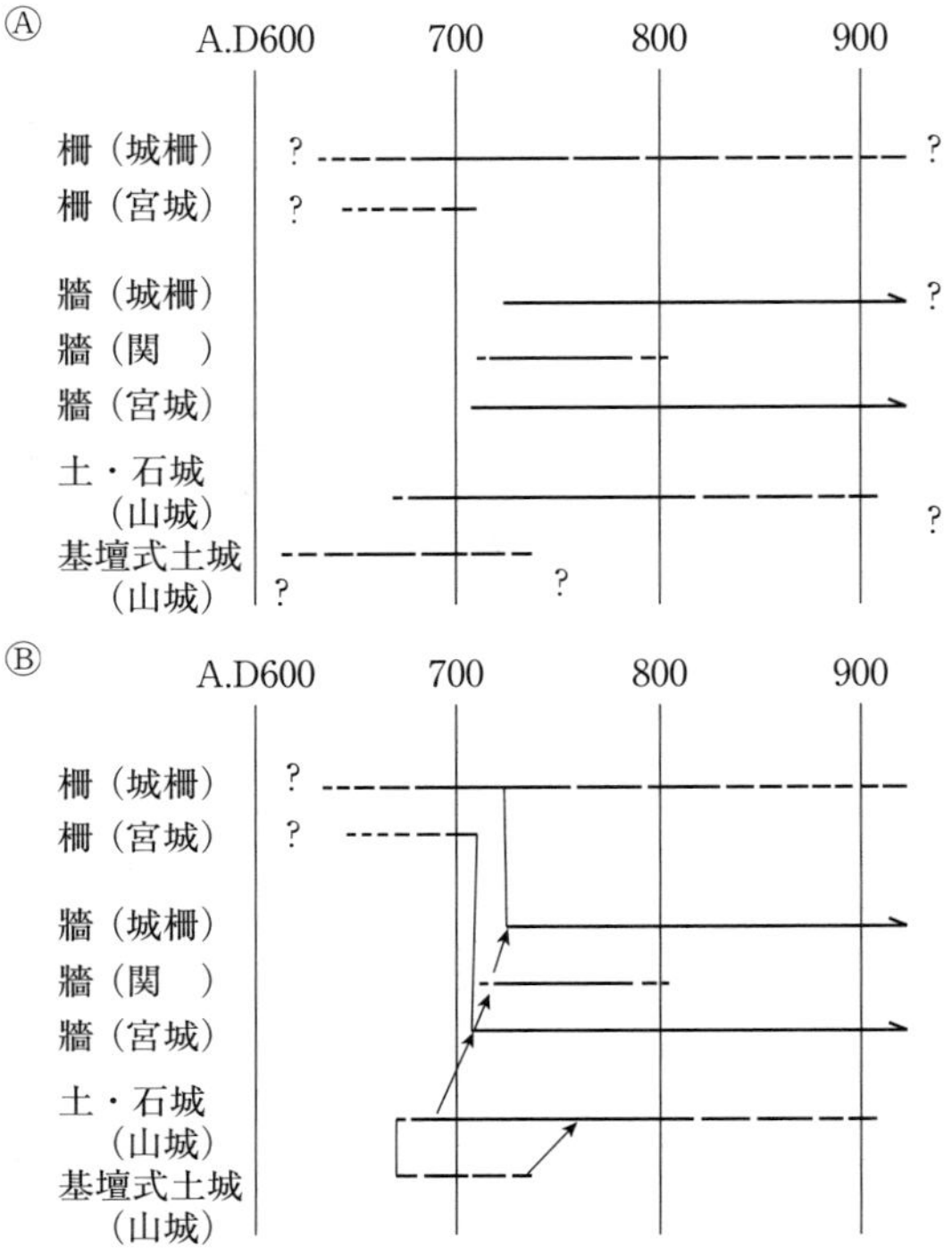

図79　古代城柵等の外囲施設
Aは1982年の阿部註（1）の古い見解．基壇式土城はいわゆる神籠石式山城をさす．
Bは2005年の阿部の見解で，土・石城について見解の発展がある．牆は築垣構造を指す．

日本古代での城柵の展開にも、歴史的変遷と論理が含まれていると考えられる。特に七世紀半ば以降、国家的な軍事施設としては、柵が先行して展開して半世紀以上もたって、ようやく東北辺要の土築の城の垣が出現し、柵と併用されたりして展開することが知られてきた。この城に用いる城の垣は、もう一つの先行施設である西日本の山城での文字通りの城＝土築防壁施設との関連もまた説明されねばならない。これについては、大陸や半島の城壁工法や規模等をうけた山城での日本化した山城網の展開や運営経験の内から、列島内で必要とされる実用的な都城や城柵の土築防備施設として、大規模な築垣がその付帯施設とともに平城宮造営開始以降に日本国内に採用され、関や城柵にも実用化されていくという見通し（図79）も既にのべた所であった。(54)

城柵について考える時、七世紀中頃から始まる柵の展開の画期、奈良時代初期に展開する城垣の画期、そして阿部の視点では六六〇年前後から展開した西日本の山城の諸画期が歴史的に存在したのであり、各々の展開及び相互の関係、そしてそれらの歴史的由来や時代での役割が述べられねばならないと考える。この点については時々の論文にふれてきた点も多いので、ここでは、柵と城の展開についての研究の再点検と、現在提起されている問題点の若干についてふれていきたい。外郭施設の概要を把握することで、当初設定されていた課題、即ち城柵官衙説の当否について、その検証を果たすことにもなろう。もちろん、外郭施設だけでその施設全体の歴史的全貌が判明するわけではないであろうから、さらにいくつかの検証課題を加えていく必要があり、この問題点については小論の最後に加えておくこととしたい。

日本国内と関わる外国文献でみえる城柵としては、三世紀の邪馬台国に宮室楼観・城柵がみえるが、これはまだ遺跡として検証しえていない。『隋書』によると七世紀初めの倭国に城郭なしと報告されている。日本側の古代文献によると、舒明九年（六三七）に上毛野君形名が蝦夷を討った記事の内に、塁とも城ともいわれる基地がみえ、外郭垣ともみえる施設があった。[55]大化改新の前年に蘇我氏の邸宅と関わって、城柵（きかき）や兵庫、武人の記載、池を穿った城等の施設がみえる。国の支配層の関わる軍事施設の一端がみえている。[56]皇極四年のクーデターで、中大兄皇子側は、法興寺に入って城となして蘇我側に備えたとの記事がある。[57]飛鳥寺の発掘で、寺の外郭施設は当初は築垣でなくて掘立柱の塀が変遷しており、当時の外囲いが土築の築垣施設ではなかったことが判明しており、城となしたというのは、軍事用に区画を利用したことを言い換えていたものであることも判明した。ちなみに、寺院の外郭が築垣で囲まれるのは、藤原京をすぎて平城京の造営が大分進んでからのことであり、宮城の大垣への採用や東北辺要の城柵への採用より遅れる可能性が認められる。地方官衙中枢の政庁院等への採用もまた、これより遅れるものであることが見通されているのである。

大化三年には越に渟足柵、[58]次年に磐舟柵を作って柵戸を置いた。斉明四年（六五八）にみえる都岐沙羅柵も、[59]筆者は遡って造営されていた柵であって、当時の道奥国の日本海側に置かれた柵とみている。また仙台市郡山遺跡も、柵木列で大規模に囲まれた施設内容や出土遺物の上限等からみて、越と同時期頃に展開した柵の実例とみなしてきた。(60)私見では、孝徳朝から、越と陸奥には複数の柵が並んで設置されていた可能性が大とみている。

この後、斉明朝以降に畿内の宮周辺や西国に、山を加工した山城等の施設の展開があったが、これと城柵との関わりについても若干論考したことがある(61)のでこれを参照されたい。大宝二年以後に西海道の唱更国に柵が造られることがみえる。(62)その実態はまだ不明だが、柵の展開は、列島の南も東北も似た点があったろうことは確実である。

山城以外の城施設の展開をみると、実態の分らない難波京の羅城を別におくと、平城京と平城宮に城（キ）の文字が用いられ、実態としても藤原宮の外囲施設である大規模な掘立柱式の塀から、版築の宮城垣、羅城垣への転換が計られたことが判明している。これは大垣などとも呼ばれ、その工事は難行したというのである。版築の城垣は平城宮の工事開始以降に属し、遡っても七〇八年以降に採用施行され始めたことになる。これより遡る可能性を示す大垣の例は、金田城の中枢部に可能性のある例がみられるが、この金田城での例は年代はまだ確定しない。(63)

城の用語では、金石資料としての威奈大村の骨蔵器に、(64)慶雲四年以降とみられる金石文として越後・越後城がみえるが、実態は恐らくまだ前記の大化以降の柵であって、文飾として城と称したのではないかと疑われる点がある。しかし越後では養老年間の木簡に「沼垂城」が存在したことが、八幡林遺跡の発掘で知られるに至った。(65)名称の通じる渟足柵から沼垂城への転換、恐らく施設の更新もこの間にあったとみられる。この養老年間の城は、金石文資料としては東北辺要では最も遡る例であり、陸奥の例で文献の用例には少し遅れて登場する多賀柵の実態が、養老年間から造作が始まった土築の城垣を柵と併用する城柵施設であることが発掘でようやく判明してきているのと、(66)ほぼ歩を一にした状況であろうと考えられるに至った。城柵への築垣の採用は、平城宮よりやや遅れ、関などとも歩調を合わせているらしい。この多賀城の造営当初の時期（私見では鎮所として先行工事があった可能性を認める）は養老年間の初期にまでも遡るかと考えている。陸奥や出羽の城柵の文献上の記事では柵が先行し、某城としてみえるのは奈良時代後半からであるが、[67]実態としての土築の城壁を有する施設が奈良時代前半から施工され、恐らく実際の呼称も城（キ）であったとみられる。律令における東北辺要の施設は法的には柵として規定されており、このため実態に合わせた呼称が遅れてみえるものと考えられる。これ以降も東北辺要の施設は城と柵の呼称が混用される状況がみられるが、多賀城創設時における土築の城壁の採用は、律令国家にとっても、実際の戦争の可能性や防禦実用性の向上という上で、効果を期待される画期性をもつものであったと考えられる。人手がかかるものであり、修理を要するものであっても維持努力されたが、条件が満たされない時には、柵木列の再用に戻っている状況、あるいは城柵の正面に城垣、側面に柵木列を用いるなどの実用上の例が具体的に知られつつある。この城の造営も、九世紀初めの徳丹城の建設を最後[68]に新築される例はなくなるが、多賀城や秋田城の施設は後まで使用されることがみえ、城輪柵跡の年輪年代は一〇世紀末に下る事例[69]でもあって、この頃にようやく廃絶に向かうことが伺われる。城柵は全国的な官衙主体部の維持よりも永い期間、その維持努力がなされたことがみてとれる。東北辺要の城柵の終末は、古代末の安倍氏等の楯等の施設との関係が問題となるが、これは別にとりあげることとしたい。

以上のように、古代文献にみえる城柵の多くの事例が、文献にみえていない事例も含めて考古学的な研究の対象となってきており、その実態を論じることができ、また前後の時代を含めた歴史的展開を問題にしうる状況に至っている。七世紀半ばから一〇世紀代の城柵の調査成果が蓄積されてきているのであるが、そこには問題としてきた城柵官衙説という発掘者自体が主張する新学説が提起されていて、私見では日本古代史上、地域史上、北方交流史上の城柵を含めた歴史を解明する上で、ある意味では重い財産、ある意味では負債となっている。城柵が官衙と変らないものであるとすれば、それは単なる国域の端の事象進行であり、平坦な歴史継起を前提とした平和な統一国家時代とその終結を語るにすぎない。しかし、そこにはもっと本質的な列島全体と関わる血みどろの歴史課題が引きつがれ、古代史的に実現し、あるいは不成功に終り、次代に歴史を引きついでいたのではないかと私見では考える。そこで小論では城柵の展開の点検の上の若干の問題点をさらに検証しておくこととしたい。

1　城柵官衙説における多賀城不完全城郭という見方について

一節でも紹介した進藤秋輝氏等の最近の学説(70)は、八世紀の多賀城は城郭として不完全であったというものである。どのように不完全であったかを進藤氏の報文でみてみる。多賀城は奈良時代には低地の材木列はまだ設けられず、丘陵地に築地をきれぎれにめぐらすだけで、それらは地形にそって部分的に形成され、従って大幅に外郭の形成されていない部分があった（図67・80）。またその築地に付設される櫓についても、前節で検証したように、奈良時代にはまだ築かれないとするものである。多賀城の西辺の大半、東辺の一部は低湿地にかかり、南辺の低湿地には基壇を築いて築地を築くが、全体外周の四分の一近くが開放されたままで奈良時代を終え、四周が囲まれるのは平安時代に入ってからということになる(71)。この点については既に立論や実証の問題点について指摘したところであり、小論でも柵や櫓について、既に調査した内容から批判点を指摘した所であった。この点については再論する必要もないが、厳重に守備されたはずの多賀城について、宝亀の蝦夷の大反乱（大攻勢）において、蝦夷が北方の城柵を攻略した上で、介の大伴宿禰真綱を囲みを解いて護送した時、城下の百姓が城を保とうとして入っていたのに、介と掾が後門からのがれて脱走し、百姓が拠り所を失って散去し、日時をおいて蝦夷が城に至って府庫の物を取り、城を放火焼却したのであると正史に記されている(72)。半ば開放されている外囲施設もない名ばかりの城を、だれが護ろうとするであろうか。

元々城として完結していないなら多賀城を脱出した高級官僚をどうして非難しているのであろうか。何故百姓は城を守ろうと集まっていたのか。いずれも外囲あっての城で、城が既に一時代をへずして完結していたからこそ、蝦夷は大友眞綱を解放して城の守備を壊滅させたという策略的な行為であろう。先にみたように既に丘陵地上でも柵木列が当初から用いられていた所もあり、外郭ラインすら時期による大変更があったことが、東面などでは明白な事実として立証されている。北面も城壁が奈良時代から当然存在し、平安時代にも改築されたことが、遺存の良好な一地点の調査で一挙に判明したケースもある（図80）。柵木列も数度の造り替えが知られている。多賀城以前の仙台市郡山遺

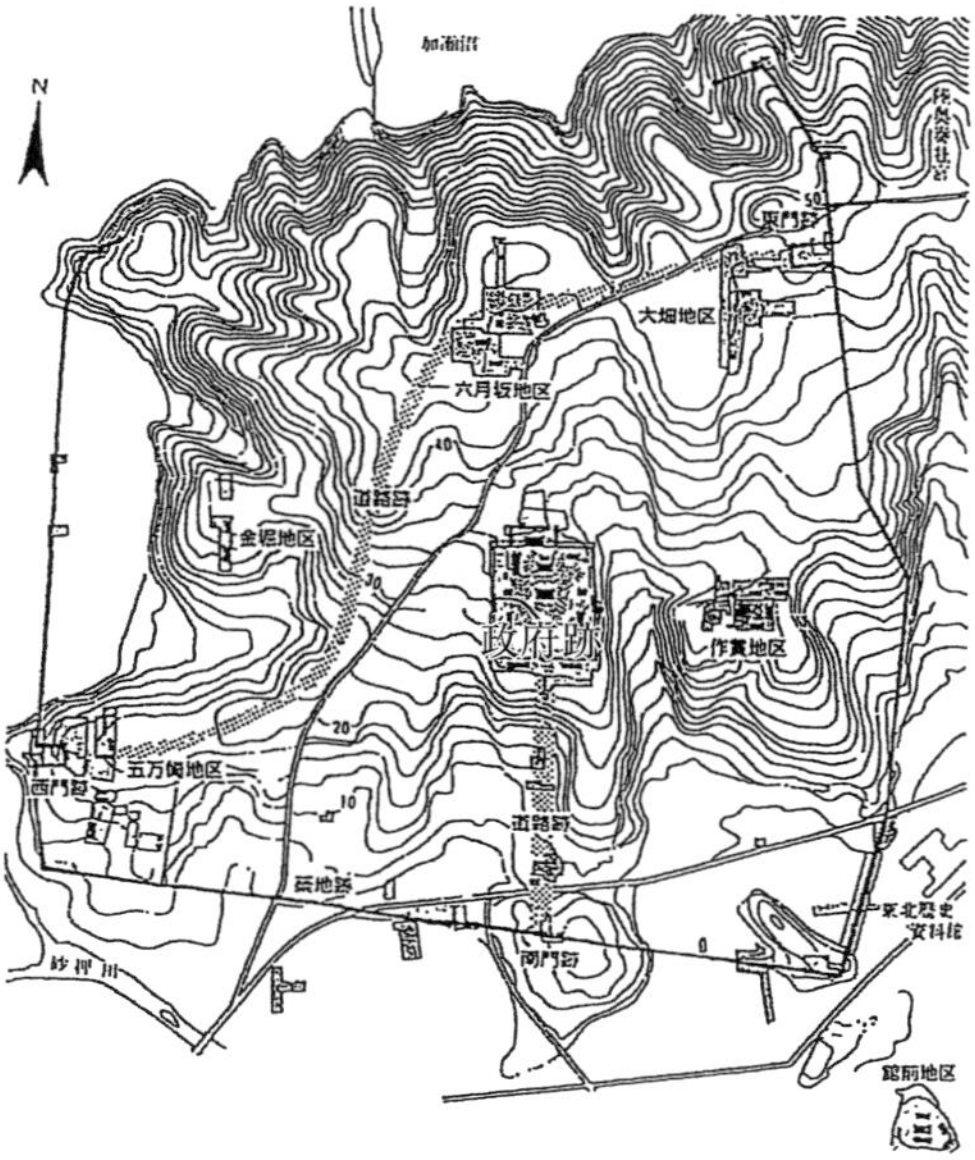

図80　多賀城外郭の北辺確認図
上　2003年の75次調査で，北辺の奈良・平安期の城垣が再確認された（図68再掲）．
下　2000年段階の図67にみる多賀城不完全城郭説での北辺の欠落図（誤りであることが立証された）．

跡の完結した柵の存在と、それを引きついだのが多賀城であること、多賀城から築垣が柵木列と併用され始めたことなどが見通されてきているので、不完全城柵という新説には発掘可能な立場を活用しての改めての立証を期待することとしておきたい。

2　仙台市郡山遺跡の柵

城柵の外郭施設の内、柵構造の施設は、昭和初期に調査された払田柵跡、城輪柵跡の報告でその遺存実態が知られて以来、他の城柵でもその存在が広く認められてきている。断面方形の柵木を用いる例の他、徳丹城や仙台市郡山遺跡で丸柱を用いた柵木列（図81）も認められている。また柵木自体が消滅した溝状施設や抜取状況、築垣との接合や同一ラインでの重複造営などの多くの実例が判明してきた。築垣施設と柵木施設は、時代を前後させて城柵に用いられ始めるが、併用することを避けた様子はない。但し正面観を城垣にするなど、土築を正とする意識がうかがわれる所がある(73)が、維持困難や緊急の場合等は、古来の柵構造に戻ることも多くみられるのであり、文献での名称も両者同様にみえる所がある。またこの柵構造については払田柵等の柵木遺存例に加えて、造築用の溝状掘方が検出されるものまでもその工法も確認された。ところでこの柵木の工法については、城柵官衙説の一端として、柵木列が築地の土留とする説が提示されたこともあるが(74)、これは事実認識の誤りであり、撤回されている。近年ではこれら外郭施設が複郭式をなしたり、簡易な盛土の土塁などと平行施行される例などまで知られるに至っている(75)。なお、東北辺要の寺院でも柵木列が外囲いに用いられた例は仙台市郡山遺跡の郡山廃寺でみられる（図82）。多賀城付属寺院の多賀城廃寺では、

図81　郡山遺跡Ⅱ期の外囲柵木列

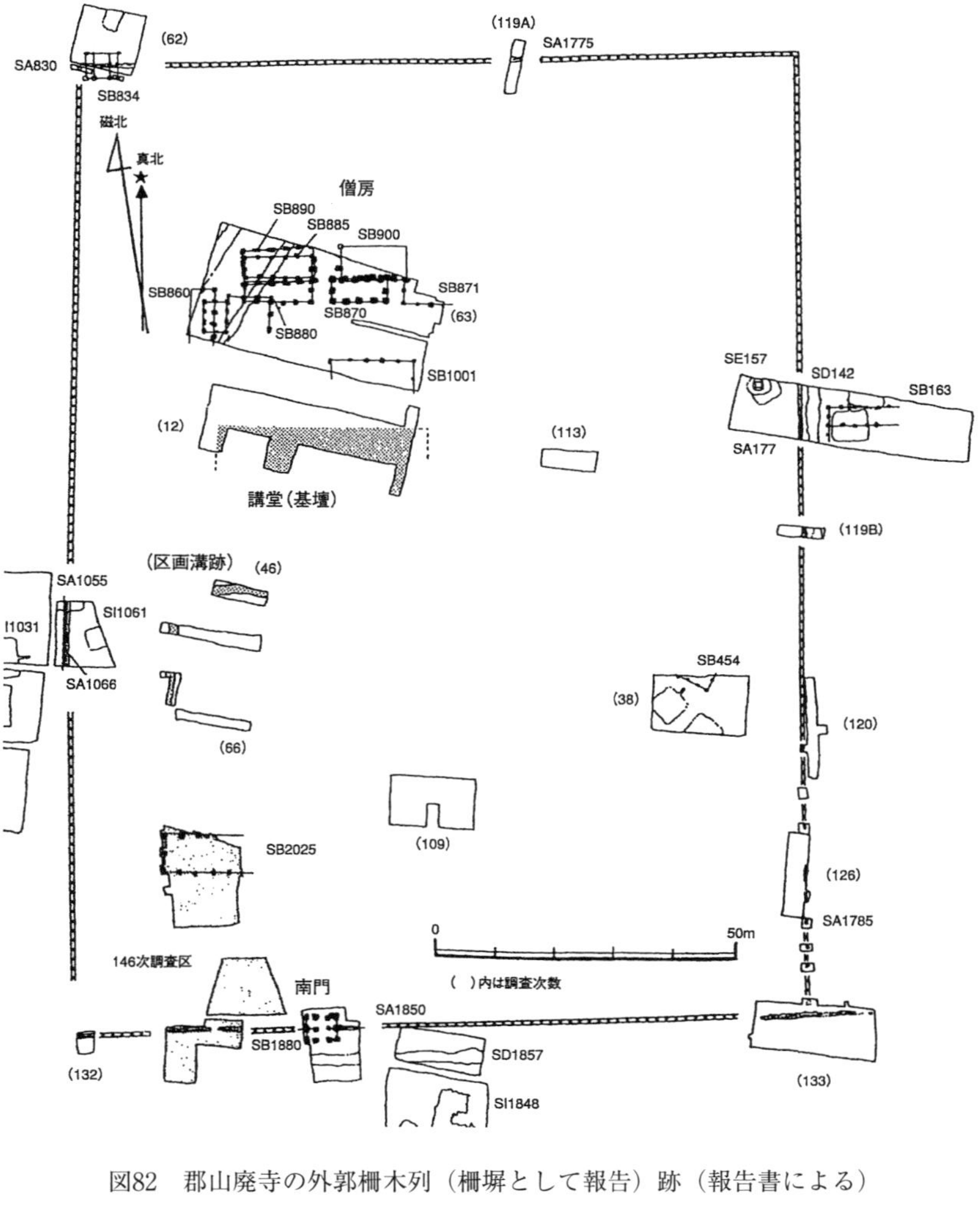

図82　郡山廃寺の外郭柵木列（柵塀として報告）跡（報告書による）

中門から発して講堂に至る回廊相当の内郭築地が報告されている。これは城柵の外郭区画のものとは異なる性格のものであるが、その例でも幅一・八メートルとそれ自体は城の外城壁より狭いものであり、城垣とは区別しうるものである。他の寺院では築地の使用例は国分寺や平泉の諸寺院まであまり例をみないのであるが、陸奥国分寺の外郭が幅三メートルをへだてた両側溝で区切られた施設としてあり、調査委員会が土塁としたものが、本体は築地であるとみられると奈良文化財研究所の報告で指摘されたことを既に記した。この三メートルの幅の高まりは、基壇幅であって、築地本体でないことも実地では注意を要する。本来、寺院の築垣は城垣ほどの規模を有するものでなく、飛鳥の飛鳥寺でも本体は厚さ一・二メートル程のものであった。

柵の実態が発掘で確定した例としては、一九七九年以来継続している仙台市郡山遺跡の成果があげられる。この遺跡の成果概要を阿部もまとめた事もあるが[76]、その後の成果、あるいは以前のまとめの訂正をすべき成果も多い。この詳細は各年次の仙台市教育委員会の報告によるとして、私見のまとめの大きな修正点や柵としての成果点について再度ふれておきたい。

郡山遺跡は、仙台市市街地の南方で、仙台市教育委員会が一九七九年から継続調査中の遺跡である。長島栄一氏のまとめによると[77]、主体が多賀城創建以前の官衙であるという（図83）。七世紀後半のⅠ期官衙と七世紀末から八世紀初頭頃のⅡ期の他、七世紀前葉から中葉までの下層集落、七世紀から一〇世紀に及ぶ柵に近接した防禦集落等の存在も知られている。官衙以前からの竪穴からなる集落には、関東系の土器も出土し、住居の主要方向は当然ながら官衙と異って一定しないが、集落の一部ではⅠ期官衙方向にやや近い向きをとる集落外周の大溝と材木列（柵木列）等からなる区画施設が検出されている。Ⅰ期官衙は東西約三〇〇メートル、南北六〇〇メートル余に及ぶもので、掘立柱建物や、材木列、板塀等からなり、軸線は真北から東へ三〇～四〇度ほど振れた方向を規準に計画的に造営されてい

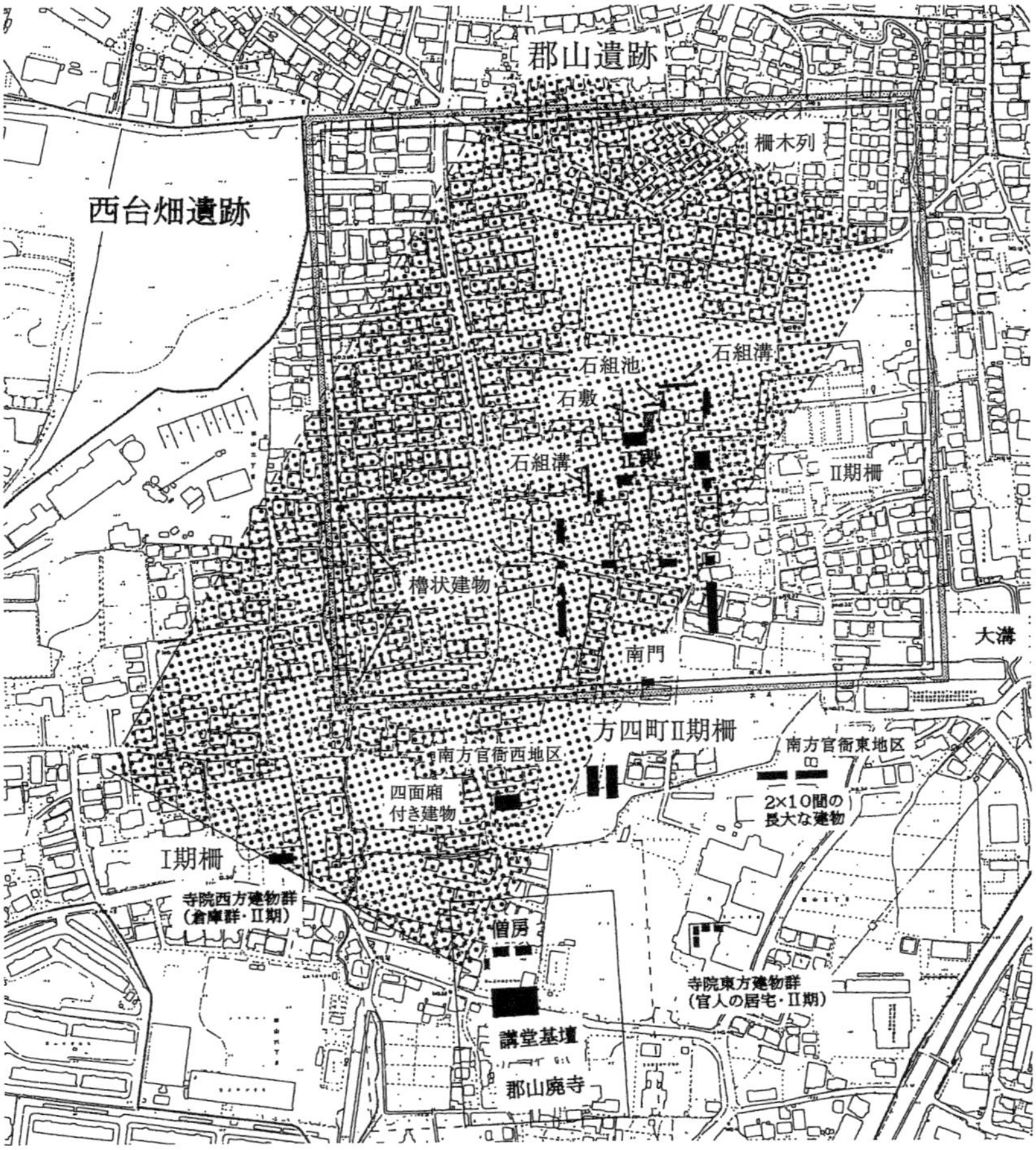

図83　郡山遺跡のＩ期とⅡ期の重複

る。中枢部は東西九〇メートル・南北一二〇メートル（図上では建物外辺で一二五メートルに及ぶ）もの一本柱列と板塀により区画され、この区画外辺の一部をなす形で三辺で掘立柱建物が各々複数検出され、東南方は門は不明だが出入口部を形成している。

区画内部は空間部分が多いらしく、空間内の建物配置はまだよく分からないが、入口から反対側および入口を入った近くの東と西の建物の存在が伺われている。この中枢部外の東部、北部、西部には掘立柱の総柱建物の倉や長舎が列状に配置されている模様で、特に北方では数棟ずつ複数列が建設されていて、柱穴掘方内に根固めの詰め石がみられる例もある。長方形の工房関係かとみられる竪穴も各所にみられる。

中枢部の斜め北方には、櫓をのせた柵木列で厳重に囲まれた方形ブロックがあり、多くの掘立柱建物の各種が建て替えられたことが知られている。約六間×三町の外囲施設内は、溝や柵木列で更に細分されている。施設全体は七世紀中葉から末葉頃に置かれている。南北柵木列外に、溝が延長する所もあり、東側の空間地が全くの施設外なのか、広い庭部をもつ施設なのか、興味深い問題も残っている。関東系の土器も出土する他、土師器坏に「名取」のヘラ書きをもつ例が知られている。

Ⅱ期（Ⅱ期—A）官衙は、南北方向を軸線とし、四町四方の柵木列で囲んだ城柵施設と、その外側の各辺に約半町分をとった空間地帯を巡らして外濠を掘っている。柵内には中央部に大規模な掘立柱式の左右対称の政庁風建物群がある。四面廂付の正殿や左右の楼閣、前庭を挟む複数棟の脇殿などが知られている。正殿の北方に石敷面や石組池、曲屋風などの平地式建物・井戸などが知られている。Ⅱ期—Bとして、本来の中庭であった所に掘立柱建物などが知られている。八世紀も後半に及ぶ少量の出土品が知られる。これが郡山の地名遺存と関わる一時期の郡家である可能性が大である。官衙の性格としてはⅠ期は倉庫建物が多いこと（物資の集積）や鍛冶関係で鎧等の修理（武器の作成・管理）をしていて、畿内系の土器が出土し、畿内との関わりも考えられている。東北地方の太平洋岸地域に置かれた拠点的柵跡の可能性が指摘されている。Ⅱ—A期官衙は、石組池などの存在や建物の規模の大きさ、寺院の付帯存在、出土遺物の存続年代から、多賀城以前の初期陸奥国府（衙）であると考えられるという。この第Ⅱ期官衙こそ、Ⅰ期に増して、立派な柵跡そのものでもあると阿部は考えている。

以上の概要に加えて、Ⅰ期の北辺でも三列に及ぶ柵木列の改修やその付近での総柱の掘立柱建物が知られ、Ⅰ期官衙と呼ぶ施設の外周が、径二五センチに及ぶ丸柱の材木列（柵木列）で囲まれることも判明してきた。(78) 外周柵木列から外に空間地をめぐらした上で溝がめぐらされている状況も判明してきた。また中央部の施設周辺や建物群ブロックの囲いに櫓施設が伴なうことや外周柵木列の内外で独立櫓の存在の可能性があることも既に指摘してきた所である。

筆者はこれまで、Ⅰ期の遺構は、越の柵と通じて律令期の早期の在地性を帯びた広域のまつりごとをも担う防備された軍事施設であり、Ⅱ期にはそれが大改造され、国直営の防備された柵で、国府を兼ねていたと考えてきた。Ⅰ期から柵は評をこえる広域の諸機能をもったと考えたのである。そして明瞭に軍事的性格も示していることを指摘してきた。現在調査が大分進展した状況で指摘できることは、Ⅰ期の外郭施設が、以降の柵施設と同様の面積を占めており、同規模程度の柵木列と諸付帯施設で囲まれること、内部の政庁が最大九〇×一二五メートルもとれるほど広大であり、知られている評の政庁などに比べて数倍の広さをもっていること、内部の建物群を囲む区画の一つが櫓を付設するような厳重な監視下におかれ、兵庫等に当る武器収蔵施設でないかと考えられること、倉庫群その他のブロックが柵内に計画的に配置されているらしく、工房や独立柱施設など、各種機能施設を含むこと、そして中央の政庁院の周囲三面に、立派な倉庫群が囲み、恐らく数評分ほどに当る総柱の倉や身舎建物が、独立した倉院構成でないものの、その数や位置や集中性でその重要性を具現していること、東を向いた政庁院入口外方の広い空間も、この全体施設の一部をなすのではないかと考えられること、施設外にも溝や建物が拡大していることが既に知られること、少し離れた所に、前段階以来の防備された集落ブロックが存続していたと考えられることなど、多くの特色がある。これらを、これまでは評などの地方官衙との共通面に注目して、地方官衙的性格をも認めてきたのが筆者を含めた研究者の大勢であったが、客観的に考えると、Ⅰ期官衙と呼んでいる施設（阿部は柵と呼ぶ）は、評施設とは同列に並べられないものである。第一に政庁の特異性や大きさ、政庁直属の三面倉庫群（これは数郡分の郡倉に相当すると阿部は考える）、兵器庫とみられる中枢近くのブロック、工房を含む施設群構成、外囲施設の柵木列等の軍事施設の存在があげられる。

以上は、評や方面ごとの柵を分化する以前の軍事性を帯びた施設として、まず明瞭に中心的な柵そのものの施設であるといえる。その名も、総称や具体名称があるのであろうが、一つの名称としては名取を冠している柵でないかと考えたことがある。もし六町四方の規格性を意識して東半に広場も伴なう施設であれば、軍団に相当する早期の機能も持っていたことが考えられる。瓦の出土は多くないが、寺院等施設の付帯存在も考えられてくる。九〇×一二五メートル級の政庁は、後の内国の国府政庁よりも大であり、門とその左右の建物、あるいは門を入ったすぐの左右の建物の存在は郡山遺跡Ⅱ期や多賀城の南郭部分に発展する状況をも伺わせる所が既にあるものと考えたい。

このⅠ期施設の創建時には、恐らく福島県域を中心とする国造域以北にはまだ評等の正規地方官衙は存在せず、広域の軍事と政治の機能が大規模施設の内部に集中表現されているものである。計画的に全体と部分から構成されてはいるが、南北軸をとらない点、政庁院の位置、方位の振れなどからみて、都城造営より低いレベルの技術集約によっていることもいえる。これらの状況こそ、国造地帯をこえた地域の重要地点に、在地性を含めて造営された七世紀中葉から後半代の柵の姿であるとみるべきであった。地方官衙的性格と呼んできたのは、これまでの発掘の一部要素の出現状況に対してであり、全体が知られてきた状況では、内国の評との相異点を指摘しておく必要があると考える。

Ⅱ期の官衙と呼んでいるものは、まず柵を中心においた都市施設として全体を見るべきであろう。既に四町四方の柵と外周施設のあり方は、条坊割と通じる五町割りを下敷きにした藤原宮のミニ化の設計構想が指摘できるもの（図84）であり、中枢部の広さを含めて、一応藤原宮の面積の四分の一サイズの設計を下敷きにした宮殿風の内部構成を

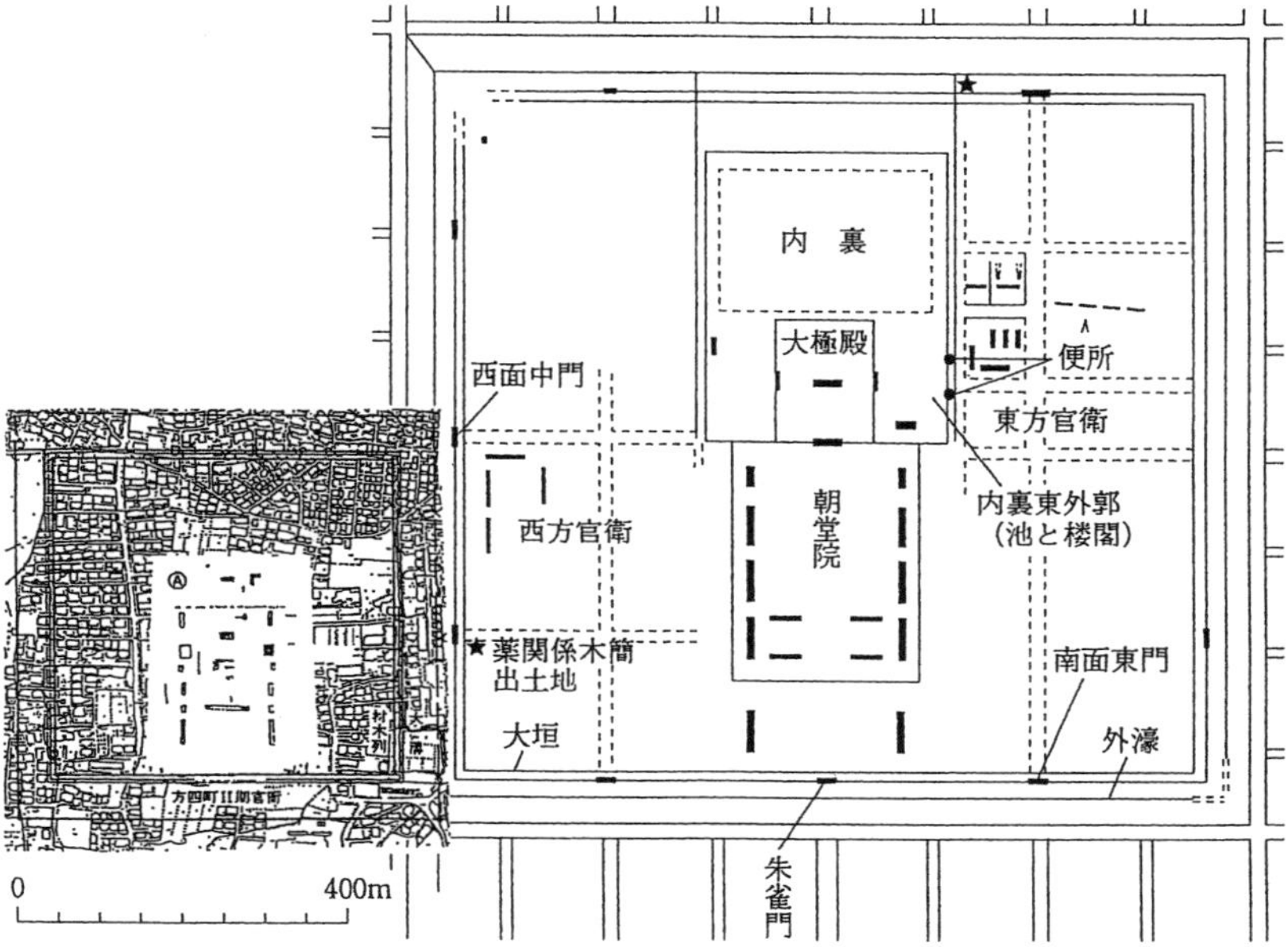

図84　郡山遺跡Ⅱ期柵と藤原宮の比較

もっているといえる。礎石建物と掘立柱建物の違いがあり、藤原宮より遡る宮殿のあり方も比較に入ってはくるが、外周の空間や濠のあり方が藤原宮方式であることなどからみて、藤原宮成立直後頃におくべきミニ都城といってよいであろう。郡山廃寺の南辺は、柵の外郭から二町半の所に、東西にのびる柵木列を寺域外の東西にまで伸ばしているもようである（図82）。

　このことから柵の外側も都城の条坊割を意識したミニ的都市計画が広がっている可能性が大きいと筆者は考える。政庁域は藤原宮をうけて東西幅が四町幅を三等分した中央の三分の一ほど、南北が三町余を占地し、その一町分の南の外庭と朝集殿的建物、門廊をへた中庭を囲む脇殿群、正殿と左右の楼、正殿北方の石敷面と方形の池や脇殿、平地式の居住性の考えられた建物など三ブロック構成ともいえる豪華な配置であり、内国の国府政庁等では見られない配置でもある。特に正殿北方が内裏にも相当しうる一つの空間域をなして、池や脇殿や平地式建物としての曲屋までもつ庭園風の大きなブロックであることは注目される。

このような状況は、畿内の都城でも、藤原宮の大極殿院の左右に、大規模な楼閣や園池等の存在が知られていて、迎接用などに用いられるので、これに通じる面があるのであろう。藤原宮では大極殿院に北接して内裏が設けられたのであり、このため庭園的施設は大極殿院の左右にふり分けられる他はなかったのであろう。(79) これは、飛鳥の石神地区の迎賓館内の方形池などとは若干様相が異なり、客人をなぐさめる等の施設というよりは、服属儀礼等に伴なう大事な空間として機能したものと考えたい。この空間が正殿から北向きにあることは、北からの客人を迎えいれる上でも意味があったものであろう。(80) このⅡ期の柵の存続期間に当る霊亀元年（七一五）に、正史の『続日本紀』に、陸奥の国府の記事があって、国府郭下という文字が出てくる。(81) 国府が柵内にあって、その外側をさらに囲いこんだ郭が存在したことを知っての上での記事とみたい。なおⅡのB期は奈良末ころまでの土器も出土している官衙風の建物配置等が知られ、多賀城に機能が移転した後のあと地利用の状況として、外囲施設の柵を伴なわない地方官衙レベルのまとまった施設を想定してよいもの(82)と考える。それも一定期間後には廃絶し、移転したことになる。Ⅱ期（Ⅱ―A期）の柵の政庁院は、文献から国府であることが上げられ、遺構からはミニ都城の性格を抽出できることになろう。

この中枢部の政庁院は、全体が多賀城に移っていくに際し、政庁院としては既に論述したように更に南北に拡大した二郭構成をとり、東西幅は恐らく大宰府政庁や国府政庁との比較や格差も考慮された上で、一町幅に納められ、政庁院外囲いは築垣施設となる。内部建物は五棟構成という、郡山遺跡Ⅱ期の配置とくらべるとある意味では原則的で簡素な構成にとどめられるが、正殿の柱間は広く、高所にあって南方の平野や来訪者を見下す立地をとっていた。郡山遺跡Ⅱ期政庁配置がもっていた迎賓的空間も、更に政庁内での可能性を含めて城内のどこかに設置されていったものとみたい。越でも文武朝の柵の改造が正史に記録されており、また用字の異なった渟足柵から沼垂城への変化は、郡山遺跡から多賀城への変遷と共通した側面をもちつつ、同所もしくは近い場所に大改造して造営されたのでなかろうか。このように、越と陸奥の恐らく共通した歩調の歩みについては、更に検討する必要があることがわかってきた。

3　柵と城の一般的あり方

これまで、多賀城と郡山遺跡の外郭施設と関連事項をみてきた。外郭施設の柵木列から築垣施設への変遷は大きな流れであると同時に、両者が併用され、あるいは柵木列に戻った状況が知られる例が払田柵などで知られてきた。その変遷の間には、中央の都城での外郭施設の変遷があり、またこの変化を追って寺院外郭の施設の変化も生じたことがわかった。山城経営等をふまえたそれなりの国内施設での活用への大きな変革の意味があったものであった。城柵の正面や北面・東面の一部に築垣が用いられる例は、徳丹城跡で知られている。ところで柵施設の重要な外囲施設を柵木列とよぶ呼称は、払田柵跡や城輪柵跡の発見以来の歴史的命名であったが、城柵官衙説では柵木ないし柵木列は忌避され、加工した材木を示す、材木列ないし材木塀の用語(83)が新たに提出され、通用されるに至った。この点について筆者は、材木列では、柵の本来の用語の持っていた縦木を密接あるいは関連させて編んだものという具体性がみえてこず、材木が横に敷かれているのか、掘立式なのか、中間や上部に編むといった強化施設工事があるのか等々の点で、印象のうすれた後退した用語ではないかと考える。柵木列は柵木の太さ（即ち高さと関わる）や付帯施設等で用途も分かれていることがみてとれ、外郭柵木列は太く、内郭区画に用いる柵木列は細い。この点で内郭区画に用いる細いものは柵（木）塀でもよいのでないかと提案したこともあった。少なくとも城柵施設の外郭の太い柵木列は、学史をきちんと踏んで柵木列と呼んでやりたい。柵木列の使用は、割板の打込みや割板材の掘り込み内並列例と並んで、古墳時代にまで用例が遡るものである。古墳の埴輪も溝状の掘方内に柱にみたてた円筒埴輪列を疎あるいは密に並べ

図85　藤原宮の掘立柱式の宮城大垣の版築の宮城大垣
（奈良文化財研究所作成図による）

ることが知られている。[84] しかして、これまで豪族居館での一般使用の他は、宮殿や官衙の外郭での用例はほとんどみられない。宮殿等では板材や土壁で間をふさぐ掘立柱列の塀等が知られ、その大規模なものは藤原宮の外郭の大垣であること（図85）も知られている所である。大化後に国家的施設として建設された柵は、柵木列を主体とするものであったことは明らかで、続いて土築や一部石築の山城が西日本各地に営まれていった。高さは防備条件の必要を満たして十分あるが厚さの比較的薄い築垣による城壁は、平城宮以降に展開するが、多賀城や五柵の立地等にもみられるように、柵展開を見直して軍事的な面を強化した施設構造として力を注いで運営されており、緊張が和らいだり、維持力不足の状況で柵構造で代置することもみられ、この点で両者とも実際の効果としては同等とみられる所があったと考えられるものであった。版築城壁構造は、後世の築城に叩き土塁などとして伝わる所もあったものであるが、[85] 塗り塀や柵塀に比べて、日本化した城郭に多用されることはなく、都通りの大垣や練り塀としてその名残りが伝えられていく。東北辺要の城柵は、端的に言えば、国造領域が地域的に連続したその展開地域より外方の、蝦夷域に設けられるものであり、そこでは、郡山遺跡や多賀城で実現した柵や城垣の施設が必然的に用いられている。削平のためか中枢政庁の区画施設がまだ知られていない郡山Ⅱ期の遺構に対し、多賀城では外郭施設をやや小規模化した築垣が政庁外郭に用いられている。国府でも政庁院だけは築垣で囲まれることが次第に普及していって、平城宮内の中央官衙並になっていくことが知られるが、この垣は、衛禁律に[86]第一級施設に兵庫や城や柵がみえるのに次いで、第二級に中央官庁の曹司垣、第三級に国垣、第四級に郡垣（坊市垣がこれに次ぐ）と見えるもので、曹司垣が中央官庁の築垣に当るならば、国垣は国府政庁の院の垣に当ることが判る。やはり溝や生垣といったものとは実態が異なる。古代には溝や生垣で囲んだ住宅地ですらも、侵入者を処罰する権利を法的に認定されているのであった。西日本の山城では、水門の排水口を抜ける場合の罰則まで設けられていた。

以上みてきたように、日本列島の倭国を引き継いだ日本国の特に北辺・東辺の辺要地には、中枢部に地方官衙とは別系統の政庁院をもつ施設が設けられ、それを囲み込んで、列島内では東北辺以外にあまりみられない城柵施設で囲んだ軍事と国家政策施設を展開させる必要があったのである。その数も少ないものではなく、系統的、かつ国家的な施策を伴ない、重大な国家的、社会的負担を強いるものとして展開したのである。それは必要な期間、創設から廃絶まで多くの費用を投じて維持されたものである。以上によれば、これらを内国の地方官衙として把握し、記述することは、全く誤っていると言わねばならない。それらの出発点においても、地方官衙一般とは異なっているものであり、宮殿的な配置にみられる直接的な国家機能が実現される必然性が存在したのである。そこには明瞭な軍事性が持続していた。城柵の一般官衙性の根拠は、どこからも出てこない。城柵の内部も、平安期には状況が変ってくる点もあるが、柵造のいた七世紀段階を除くと、行政官衙的な配置の施設がみられることは少なく、逆に施設内に空間地を包摂することも目立つ。また米などの重量物を貯蔵する倉庫は、多賀城でこそ稀らしいが、北方に展開した城柵では、色麻柵、賀美柵擬定地、玉造柵擬定地周辺等々でみられるものでもあった。そこには鎮所に大量に運ばれた米の収容状況が伺われる所があり、郡倉院とは異なって施設中央に集中したりする米穀の収蔵状況が知られる。郡山遺跡での倉や工房の包摂、多賀城周辺の海岸での製塩遺跡の展開も注目される。国造地帯の北端近くでは七世紀以来の製鉄地帯の存在も知られ、城柵地帯の施設や設備の展開を何らかの形で支えたと考えられる所である。(87)

以上の東北辺で実現した城柵のいくつかの面が明らかとなってみると、城柵官衙説では、城柵の遺跡を発掘した場合、建物施設や土木工事等では大半が宮殿や官衙で採用されている技術と共通する面があるものが採用されていること、機能的な計画性や設計の存在といった点が抽出されることを把握したにすぎないのではないか。これは古代という時代がもっていた技術の全体像やその動員の仕方と関わるものであって、外郭の防備施設をとってみても、遺跡の性格や目的を文化施設や行政施設にナイーブに同一視することに帰着させてはならなかったものと考えられる。

外郭施設の点検からは、城柵が軍事施設として造られたものであることが益々明瞭になった。城柵の内部には様々な機能施設がとりこまれうるのであり、城柵施設も城や郭として、多用な展開もみせたのである。そこに日本古代の律令国家と北方や南方との関係と位置付け、戦争を含めた歴史展開が詳細に見られるものであった。

註

（1）阿部義平「古代城柵の研究（一）—城柵官衙説の批判と展望」『国立歴史民俗博物館研究報告』第一二一集、二〇〇五年三月。

（2）阿部義平「国庁の類型について」（『国立歴史民俗博物館研究報告』第一〇集、一九八六年）において、掘立柱建物のⅢ—1期の配置はⅡ期配置を反映しているものであると述べた。

（3）宮城県多賀城跡調査研究所『多賀城跡』一九八三・一九八四年。他の年報等でも重ねて述べられている。

（4）阿部義平「古代城柵政庁の基礎的考察」『考古学論叢』東出版寧楽社、一九八三年。同「国庁の類型について」（『国立歴史民俗博物館研究報告』第一〇集、一九八六年）で、Ⅱ期基壇土、掘方、Ⅰ期柱穴埋土に根石状の山石の存在するⅡ期柱位置の可能性を示す例、Ⅱ期西外脇殿の西縁の石積溝の一部とみられる石の残存例を指摘している。研究所がⅢ期以降の掘立柱建物として拾っている柱穴にも、本格的な配置計画による左右対称形の建物などとして復元することには疑問がある点も指摘した。

（5）多賀城跡調査研究所の解釈に対する批判は、註（1）文献他参照。宮本長二郎氏の検討については、阿部義平「古代城柵政庁の基礎的考察」（『考古学論叢』東出版寧楽社、一九八三年）でふれた。

（6）研究所発足以来、この見解で徹底した論述が続けられてきている。平成十六年二月の第三〇回古代城柵官衙遺跡検討会における進藤秋輝・岡田茂弘両氏の記念講演でも強調された所であり、両氏の発表要旨も配られている。

（7）阿部義平「古代の城柵跡について」（『国立歴史民俗博物館研究報告』第一集、一九八二年）論文で詳述した。平城宮発掘調査報告との関連についても述べてある。奈良国立文化財研究所（『平城宮発掘調査報告』Ⅲ一九六三年）が築地として特論した趣旨は、宮城県下の陸奥国分寺跡の調査が外囲施設を土塁としていたことへの丁寧な教示であった。

（8）外囲施設の点検は、阿部註（7）文献で基本的に果してある。

（9）進藤秋輝「多賀城と遠の朝廷」『都城に置ける行政機構の成立と展開』奈良国立文化財研究所、一九九七年。

（10）第二九回古代城柵官衙遺跡検討会（平成十五年二月八日）では、「律令国家の周縁部における地方官衙の成立と変容—多賀城創建にいたる黒川以北十郡の様相—」の特集が組まれており、報告の内容には、外来系の土器が主体となる集落の認められる段階、外郭施設や区画施設をもつ特殊集落が認められる段階、官衙の創建がみられる段階、官衙の再整備と拡充や寺の建立が認められる段階、官衙の拡充と変容の認められる段階と五段階に分けられ、集落といわゆる城柵官衙遺跡調査が時系列で整理され、検討された。これまで大きくとり上げることのなかった防備された集落の存在と重要性が認識され、その位置付けが問題となったことが注目された。熊谷公男氏『蝦夷の地と古代国家』（山川出版社、二〇〇四年）ではこの防備された集落を初現期の柵に含めて考えるべきとしている。

（11）阿部義平「日本列島古代の城郭と都市」（『国立歴史民俗博物館研究報告』一〇八集、二〇〇三年）では、東北辺の防備施設が国家レベルで作られたもので、城と郭の二重構造が広くみられることを論じ、防備集落が、必要な領域と時期に展開したことも予察した。この辺要の防備施設は、村落レベルでの存在は、古代の法制上では堡として規定されているものに当ると筆者は考えていたものであるが、詳述はしていなかった。

（12）古川雅清「東北地方古代城柵官衙の外郭施設—所謂「櫓」跡について」『宮城県多賀城跡調査研究所研究紀要』Ⅵ、一九七九年。

（13）仙台市調査委員会『郡山遺跡』として各年次の一連の報告の内に記されている。

（14）註（6）参照。

（15）宮城県多賀城跡調査研究所『宮城県多賀城跡調査研究所年報』一九八八。

（16）註（9）文献で外郭施設に対する新説が開陳されたが、同じ説が桑原滋郎「多賀城と東北の城柵」（『多賀城の世界』株式会社ヨークベニマル、二〇〇〇年）にもみられ、多賀城の外郭や櫓については個人見解でないことが判明する。しかし、図示されている平安時代の多賀城外郭の北辺では、土築の垣がないとされたが、この点は後のたった一回の発掘で事実と異なることがわかった。検証されていない見通しを事実として公的に述べることは、よくない。

(17) 桃生城跡では北辺築垣で柵櫓方式の櫓が検出されていたが、西辺でも築垣に寄せた自立式の掘立柱の櫓とその造り替えが第九次調査で検出されている。阿部恵ほか「桃生城跡第九次調査の概要」『第二七回古代城柵官衙遺跡検討会資料』二〇〇一年。

(18) 鈴木勝彦『小寺遺跡』古川市教育委員会、一九九五年。

(19) 古川市教育委員会『史跡　大吉山瓦窯跡保存管理計画』一九七九年。

(20) 古川市教育委員会『宮沢遺跡』一九七六年。宮城県教育委員会『宮沢遺跡発掘調査概報』一九七六年ほか。鈴木勝彦「宮沢遺跡」『第二三回古代城柵官衙遺跡検討会資料』一九九七年ほか。

(21) 註（18）文献。

(22) 古川市教育委員会と多賀城跡調査研究所が一九八一年以来調査を継続していて、各年次の報告が出されている。遺跡の概要と分析が、高橋誠明「名生館遺跡の概要」（『第二九回古代城柵官衙遺跡検討会資料』二〇〇三年）でまとめられている。

(23) 小寺遺跡の比定説は、阿部が玉造柵とみる説を古くからとっている他は、比定説が出されていない。註（11）参照。

(24) 丹取郡は『続日本紀』和銅六年に、「新建㆓丹取郡㆒」とあり、また神亀五年に「又改㆓丹取軍団㆒為㆗玉造軍団㆖」とある。丹取郡家跡は名生館遺跡に比定されている。

(25) 名生館遺跡は、城柵であると考えられた時期もあり、玉造柵に擬されたことがあるが、『続日本紀』の延暦十五年の記事に、「陸奥国伊治城。玉造塞。相去卅五里。中間置㆑駅。以備㆓機急㆒」とみえる記事と距離が合わない。玉造塞が玉造柵の別称とすれば、その距離が文献に記されていることになる。

(26) 斎藤篤「東山官衙遺跡の概要」（『第二九回古代城柵官衙遺跡検討会資料』二〇〇三年）に壇の越遺跡を含めたまとめがなされている。註（11）文献で阿部は五柵の一とみた。

(27) 矢本町教育委員会『赤井遺跡』『矢本町文化財調査報告書』第一〜一五集、一九八七〜二〇〇二年。佐藤敏幸『赤井遺跡Ⅰ』二〇〇一年。佐藤敏幸「赤井遺跡—古代牡鹿柵・牡鹿郡家—の概要」（『第二九回古代城柵官衙遺跡検討会資料』二〇〇三年）にまとめがある。

(28) 養老律の内、衛禁律に越垣及城條があって、「凡越㆓兵庫垣。及筑紫城㆒。徒一年。陸奥越後出羽等柵亦同」とあり、垣を越えることが禁断される第一級の施設とされる。その規定を実効あらしめる装置がこれらの城等には付設されていたのである。この点で、兵庫にも区画施設に監視用の櫓が付いていたことが考えられることになる。

(29) 郡山遺跡の第Ⅱ期の四町方格の柵の西南隅で、二間×二間の櫓が検出され、太い柱根が遺存していて、上部に床張りの重量建物、下部の床下を柵木列が通過する状況が確認された。

(30) 城輪柵跡の外郭柵木列の年輪年代測定結果として、外郭西辺の角材で九八六年の年代結果が出ている。城輪柵跡は、平安時代初期に建てられて、その後九八六年以降の一定期間まで機能し、維持されていたことになる。

(31) 東北辺の城柵研究は、多賀城を最上級の典型例とし、その調査結果が他の城柵の先例となると考えられてきたが、実際には後方の最大拠点の城の役割を果たし、郡山遺跡などの先行する拠点施設の役割を引き継いだ特異な中心的城柵と考えるべきである。東北辺全域を特別区とするような歴史的経過の内で、国家中枢の都城や宮殿を写した施設が具現化されているもので、他の城柵に一般化できない面がある。それは国府と鎮守府、及び按察使の機能を包摂することに端的に表れていて、行政機関と軍事機関の頂点に位置し、両者を結合させる位置にあったことを示しているのである。

(32) 櫓の存在は、城柵官衙遺跡を分析し、城柵を分離する遺構上の一つの目安となる。

(33) 秋田城も、秋田市教育委員会による永年の調査が継続しており、各年次の調査報告がなされている。

(34) 秋田城が城と郭との二重構造となることを裏付ける遺構は、外郭線の分岐や城外の遺跡の広がりなどとして部分的に発掘されている。

(35) 仙台市教育委員会『郡山遺跡』二三・二四（二〇〇三・二〇〇四年）に第Ⅰ期の北辺の柵木列が二条、柵木列抜き取り後の掘立柱建物（門か櫓）の報告がみられる。二条以外にも北辺柵木列があった可能性も残っているようであるが、櫓が独立して存在した可能性が浮上した。東辺の柵木列に接近した独立棟の総柱建物も検討対象となってくる。

(36) 谷地薫「櫓状建物について」『第二一回古代城柵官衙遺跡検討会資料』一九九五年。

(37) 佐藤興治「朝鮮古代の山城」（『日本城郭大系』別巻1、新人物往来社、一九八一年）に、楼閣や望楼を描いた高句麗古墳石室内の壁画等の例も紹介している。

(38) 古川市教育委員会「名生館官衙遺跡第二五次調査」『第三〇回古代城柵官衙遺跡検討会資料』二〇〇四年。櫓は二三・二四次調査から検出されていたものの続例である。

(39)　阿部義平註(11)。

(40)　東山遺跡は多賀城創建期の遺跡とされており、外郭の壇の越遺跡は八世紀中頃の年代測定資料があり、それに先行する遺構も各地域に展開している。外郭施設の形成は八世紀後葉に置かれているようである。

(41)　壇の越遺跡の外郭では、約一町ごとに櫓が置かれた例となる。築垣の内側に接して方形の櫓がおかれる例がみられ、自立した施設と考えたが、築垣上にも及ぶ櫓と考える余地もある。柵列をまたぐ所は方形の櫓とみられる。外郭での櫓のあり方から、東山遺跡でも本来の櫓の存在が想定される。東山遺跡の城垣は一ヶ所で断面を切った調査があるだけで、更に調査が望ましい。

(42)　払田遺跡の外郭の柵木列には櫓が設けられていないとされるが、柵木列の追及が主の調査では櫓の有無は確定しないので、さらに意図的な調査が望ましい。赤井遺跡や黒川郡家想定の一里塚遺跡で、大規模な囲郭の柵木列や濠がみられるが、櫓の存在は知られていない。近藤悟「一里塚遺跡の概要」『第二九回古代城柵官衙遺跡検討会資料』二〇〇三年二月。

(43)　註(22)(38)に同じ。

(44)　弥生時代の大環濠集落である佐賀県吉野ヶ里遺跡で、環濠を突出させて曲げた内側に、一間×二間の楼建物の存在があり、著名である。

(45)　古墳時代の豪族居館では、方形の柵列と濠による外郭施設で、両者を凸出させた事例が多く知られ、ここに櫓状施設の存在が考えられるが、遺構報告例は多くない。橋本博文「調査速報　栃木・四斗蒔遺跡」(第8回東日本埋蔵文化財研究会『古墳時代の豪族居館をめぐる諸問題』一九九八年)に、張り出し部に四個の柱穴があり、見張り施設の可能性が指摘されている。

(46)　奈良時代で八遺跡列(郡山遺跡Ⅱ期、多賀城、桃生城、伊治城、玉造柵擬定地、新田柵の基壇例、壇の越遺跡、名生館遺跡、秋田城)に及ぶ櫓の存在は、調査の及んでいない場所を考えると、十分に城柵に一般化できるものである。柵木列も桃生城等で城垣と併用されていることが知られてきている。多賀城で全ての時期の遺構が限られた人為選択条件下のトレンチに具現するという前提は成り立たないであろう。

(47)　多賀城外郭線の施設は各面で調査が重ねられている。東面では全面的な施設ラインの変更が判明し、Ⅲ期以降は本来のラインの西側に縮小した外郭ラインが設けられたという。当初の門も積土で閉鎖されているが、複郭式としてライン自体は保持された可能性もあろう。北面も永く当初の築垣が見当らなかったが、北門を探した第七五次調査ではⅡ期以前の外郭築垣や石垣列を検出している。他の地域も意識的追跡が必要と思われる。

(48) 岐阜県教育委員会『美濃不破関』一九七八年。
(49) 岡山県鬼ノ城遺跡の外郭線西端部で、石積みの壁面の角楼の存在が知られている。
(50) 福岡県怡土城の望楼跡の礎石遺存例が知られていたが、水城関連でも検討が始まりつつある。小田和利「Ⅳ水城跡の調査」『大宰府史跡発掘調査概報』平成十五年度、九州歴史資料館、二〇〇四年。
(51) 平城宮東院地区の東南隅で、SB五八八〇の掘立柱建物が重層の楼閣建物として復元されている。
(52) 平城宮第三二次発掘調査で、二条大路と東一坊大路交差点の西南の宅地の隅部で、SB三九七五の棟持柱式の楼が検出されている。『奈良国立文化財研究所年報』一九六六参照。
(53) 阿部義平「古代の城柵跡について」(『国立歴史民俗博物館研究報告』第1集、一九八二年)において、城と柵と牆の構造的検討を東アジア例との関連で検討した。日本の古代城柵史のあり方も概論した。
(54) 註(53)の図16他参照。東北辺要の城柵の発掘された本体施設の概況についても、「城柵と国府・郡家の関連」(『国立歴史民俗博物館研究報告』第二〇集、一九八九年)でまとめた。阿部「古代山城と対外関係」『攻撃と防衛の軌跡』東洋書林、二〇〇二年。
(55)『日本書紀』舒明天皇九年の記事。上毛野氏の家記等からの採録かともいわれている。中央政権を構成する上毛野氏が、東方経営に関わったことは、この他、『続日本紀』にも和銅年間の上毛野朝臣小足の陸奥守への任命を始め、奈良時代初期他で認められる所がある。文献にみえる城柵史は註(53)文献にもまとめてある。
(56)『日本書紀』皇極天皇三年の記事。
(57)『日本書紀』皇極天皇四年の記事。
(58)『日本書紀』大化三年条。大化四年にも磐舟柵設置がみえる。
(59)『日本書紀』斉明天皇四年七月四日条。都岐沙羅の柵は、越の二柵より遅れて日本海を北上した新潟県と山形県の県境方面に設置したと比定して考える説が多いが、筆者は斉明紀の記事から当時の陸奥の国内で列島の日本海側の山形県内に設けられたとみる見方が成り立つと考えている。大化の柵設置後十数年をへた実際の軍事活動が、越側と陸奥側の密接な連携の下に行われたことが記事から伺われる。山形県下の最上川上流域における比定地については、別論したい。
(60) 仙台市郡山遺跡を筆者は註(53)において柵施設と見て分類した。阿部「城柵と国府・郡家の関連」(『国立歴史民俗博物館研究報告』第二〇集、一九八九年)で、当時の発掘成果を点検し、評より大きく、外郭の軍事施設内に納まって、備蓄の機能をもつこの施設を、越に早期に設置されたものと同種同時期頃の柵に比定できるものとまとめた。

(61) 阿部義平「古代山城と対外関係」『人類にとって戦いとは』（4―攻撃と防衛の軌跡）東洋書林、二〇〇二年。

(62)『続日本紀』大宝二年条。唱更国は薩摩国かとされる。柵戸の設置も奈良時代半ばまでは確実に認められる。

(63) 阿部義平註(61)論文参照。

(64) 飛鳥資料館『日本古代の墓誌』一九七七年。

(65) 山本肇ほか『八幡林遺跡』和島村教育委員会、一九九二・九三・九四年。

(66) 多賀城は研究所の発掘で当初全外周を築地で囲んだとされたこともあるが、両者併用の例としてまとめられてきていた。近年、柵の設けられる低地部分は、奈良時代には施設未設置であり、高所でも北面の外郭築地は平安時代に失われたとの見方も出されていた。いずれも当らないもので、当初から城柵施設の囲いがあったと見るべきことは、今回の小論の前節で論じた。

(67) 多賀柵は天平九年の出羽柵への軍事行動に伴なって文献にみえるが、養老年間の陸奥鎮所と関わることや、「多賀城碑」にみえる多賀城の神亀元年創建とする金石文記事等や出土木簡から城の設置年代が追求されている。『続日本紀』宝亀十一年に多賀城としてみえる。秋田城も当初出羽柵とみえ、奈良時代後半から秋田城がみえる。

(68) 徳丹城の創建については、阿部ほか「徳丹城とその施釉瓦について」（『国立歴史民俗博物館研究報告』第六集、一九八五年）で論じたことがある。近年、城の造建に先行する造営官衙施設の大要が下層遺構として掘り出されている。この徳丹城も半世紀以内の存続年代で機能を失ったとみられる。

(69) 城輪柵跡の外郭柵木の年輪年代測定で、九八六年の年代が出ている。酒田市教育委員会『国指定史跡城輪柵跡―史跡城輪柵跡保存整備事業報告書―一九九八』。

(70) 進藤秋輝「多賀城と遠朝廷」『都城における行政機構の成立と展開』奈良文化財研究所、一九九七年。

(71) この点の批判は小論の前節で果してある。

(72)『続日本紀』宝亀十一年三月廿二日条。

(73) 徳丹城は北面が築垣で囲まれ、他は柵木列の併用の例とされていたが、正面の南門の左右で立地の基盤の良い所が、部分的に築垣で構成されていたことが判明してきた。また東面も築垣となる所があり、柵と築垣で半々程度となるが、北や東の蝦夷側から見た正面が築垣を多用する所があり、土築を正とする意識があったのではないかと私考している。

(74) 桑原滋郎「東北城柵のいわゆる柵木について」(『考古学・古代史論攷』一九九〇年)で、土留説が撤回されているが、あくまで区画施設の機能しかなく、築地も柵木も同様の効用とする。しかし城柵が軍事施設として攻撃の目標とされ、櫓等の施設が目の敵として全て破却されるに至った例は、元慶の乱の秋田城にみえる所であり、宝亀年間の桃生城の攻略にも、軍事的施設として城の外郭を攻撃していることは明らかである。桃生城では柵木列を城の外郭の一部に使用していることも知られている。

(75) 宮沢遺跡の事例、桃生城の外郭施設の調査例等参照。

(76) 阿部義平註(60)論文参照。

(77) 長島栄一「郡山遺跡の概要」『第二九回古代城柵官衙遺跡検討会資料』二〇〇三年。

(78) 仙台市教育委員会『郡山遺跡』二三・二四(二〇〇三・〇四年)の第一四八次及び一五六次調査成果。

(79) 飛鳥資料館『藤原宮―半世紀にわたる調査と研究―』(一九八四年)の折込図参照。

(80) 註(73)。及び郡山遺跡では、正殿北方に広い空間がとられ、石敷きが認められていること(石敷きは本来南面にもあった可能性が大きいと考える)、正殿が中枢部空間に持つ位置関係等により、通常の南面する政庁とは異なる配置であり、北向きもしくは北位置の庭も意識している配置とみなされる。

(81) 『続日本紀』霊亀元年十月廿九日条。

(82) 阿部義平『蝦夷と倭人』(青木書店、一九九九年)の「郡山遺跡の城柵の変遷」参照。

(83) 材木列の用語の使用経過は、註(74)にある。土留説段階での用語提案であったことも判明する。

(84) 円筒埴輪列の設置で、溝状の掘方を工作することは、円筒埴輪を多数使用している例では普通的に見られる。円筒埴輪自体の原形も壺をのせたりする器台からとする説が大勢ではあるが、古くから柴垣や木材の仮器化とする見方がある。豪族居館での防備本体が柵木列であることも知られる所があり、これと関連して円筒埴輪列が柵木列の仮器化と見る余地がある。

(85) 西ヶ谷恭弘『城郭』(一九八八年)のタタキ土居の項参照。

(86) 養老律の内の「衛禁律」の越垣及城条。

(87) 福島県新地町の武井地区製鉄遺跡群及び原町市の金沢地区製鉄遺跡群があげられる。七世紀後半代から一〇世紀にまで及ぶ製鉄遺跡群が確認されている。なお武井地区に近い相馬市と新地町境付近の善光寺遺跡では、七世紀初頭頃から始まる須恵器生産窯が営まれている。各発掘調査報告及び福島県立博物館「企画展発掘ふくしま」一九九三年他。

解説

本書は、二〇一一年九月に他界された阿部義平氏が執筆した研究論文のうち、古代都城論と古代城柵論に対するものを収録したものである。阿部氏の研究は、古代都城論、古代城柵論の他に、古代の地方官衙である国府・郡衙、蝦夷論、古墳時代の首長居館に関連するものなど多岐にわたっていることからすると、そのごく一部を収録できたにすぎない。

しかし、本書に収録した藤原京・平城京を中心とした古代都城論、多賀城跡を中心とする東北の城柵遺跡に対する古代城柵官衙論は、阿部氏が書かれた論文の中心的な研究領域であったことは疑えない。また、中央官衙とともに地方官衙に対しては、『官衙』（考古学ライブラリー五〇　ニュー・サイエンス社　一九八九年）を出されており、そこに古代の地方官衙に対する主要な考えは提示されているので、古代の都城制と城柵論の主要な論文を収録して章立てすることにした。

ここでは、本書の各章の論文が載せられた初出の掲載誌、各章で論じられていることの要点を述べることにしたい。

第一部第一章　新益京について

本章は、『千葉史学』第九号（一九八六年）に掲載された論文と同名のもので、本書では他の論文と同様に、そのまま収録することにした。

藤原宮の研究には長い前史ともいうべき研究史がある。ここでは戦前の喜田貞吉氏、田村吉永氏、さらに日本古文化研究所による研究の経過が述べられている。このうち藤原宮の所在地は、日本古文化研究所の発掘によって大極殿の位置と規模が明らかになり、大極殿院とその南に配された朝堂院も明らかになった。

戦後の発掘では、一九六六年から橿原バイパスの建設計画に関連し、奈良県教育委員会による藤原宮跡の発掘調査が行われた成果を述べ、この発掘調査によって、藤原宮の北大垣の規模が解明され、大垣の内堀・外堀から出土した木簡によって、それまでの古代史研究者によって論じられていた郡評論争に終止符がうたれたことを述べる。

また、藤原宮の北大垣の規模が判明したことから、岸俊男氏は藤原宮全体の規模を復元するとともに、喜田貞吉氏の研究を踏まえ、下ツ道を西京極、中ツ道を東京極、横大路を北京極、山田道のわずかに南を南京極とする条坊制をもつ都城として復元された。この藤原京は、喜田貞吉氏によって名づけられた都城である。

さらに、藤原京を復元した岸氏は、藤原京と平城京との関連にも言及し、平城京はこれまで関野貞氏が唐の長安城をもとに造営したとする説とは異なり、藤原京をもとに設定された都城であったとした。この岸氏による藤原京説は、喜田説を踏まえたものであったことからも、ほぼ定説として支持されることになった。

この藤原京は『日本書紀』には、新益京と記された都城で、しかし、その後の発掘調査で、岸説の藤原京の外でも京の条坊と一致する道路遺構の検出があいつぐことになった。この道路遺構に対し、秋山日出雄氏・千田稔氏らの見解がだされたのに対し、阿部氏も検出されている条坊の道路遺構の路面幅に差異がみられることを詳細に検証し、南北一二里、東西八里の都城とみなし、これを新益京とみなしている。

阿部氏による新益京の復元は、北の八条には条坊が設けられたが、その南は古くからの倭京の主要部をなしており、ここには条坊がなかったとし、それ故にこの新たに天武・持統によって造営された都城は、新益京としか呼べないものであったとしている。そして、藤原宮は条坊が設定された中央部に設けられたこと、さらに、ついで遷都した平城京の構造との関連にも言及しており、藤原京に対する阿部義平説として、注目されることになった。

第一部第二章　藤原京・平城京の構造

この章は、広瀬和雄・小路田泰直編『古代王権の空間支配』（青木書店　二〇〇三年）に所収された同名の論文である。

ここでは、日本古代の都城の変遷として、推古朝から長岡京・平安初期までを六期に区分し、さらに四小期を設けて述べている。その第一期は推古朝、第二期は斉明朝から天武朝、第三期は新益京、第四期は平城京前半期、第五期は平城京後半期、第六は長岡京・平安京としている。

第一期では飛鳥に小治田宮と岡本宮が営まれた岡本の二つの京の核が形成されたとする。第二期は、倭京が拡大し再編成されるとともに、白村江での敗戦から、全国的な軍事体制の再整備が急務となり、律令制の採用など、唐・新羅に対抗できる国家建設が目標となった。そこで近江への遷都が余儀なくされたが、倭における京は存続し、複都制の状況が展開した。第三期は天武・持統による新益京が造営された時期で、天武朝の倭京は新城をふくむ旧京が主体であり、ここに二四寺が建てられていたとする。藤原京はこの新城をもとにした一〇里四方の条坊を有する京で、新益京という名は藤原京のみでなく、旧京の主体部もふくめた都城の呼称であったとみなしている。

ついで、第四期は大宝の遣唐使によって中国と通交した結果、権力編成という点で都城の景観に大きな差異があり、見劣りが実感されたことの報告をもとに、平城京へ遷都した。平城京は長安城の大明宮の要素をもふくんだ対抗的な都城として造営されたとする。

この都城は藤原京を引き継いで造られ、外京も当初から設計のうちにあったが、宮を中央北端に移し、南辺に羅城、東南隅に越田池が設けられた。第五期は平城京の後半期で、仏教による護国が国策化されることになり、国家仏教、仏寺の造営にエネルギーがふりむけられ、聖武朝のときに平城京が一時ながら放棄され、複都制として分解された。第六期は長岡京から平安京の時期で、それまでたどった都城の中枢部が朝堂院と豊楽院によって安定し、都城変遷の時代が終わったとみなしている。

ついで、平城宮中枢部の変遷に対する一視点として、平城宮の第一次内裏・朝堂、第二次内裏・朝堂の造営過程や造営年次の問題をとりあげている。この平城宮の中枢部は、宮の中軸に第一次の内裏・大極殿相当地区、遅れて朝堂院相当区画が造られた。また、東の壬生門の北に第二次の内裏地区と朝堂地区、東の拡張区に東宮・東院などの東院地区があり、第三の中枢と呼べる地域であった。

近年の発掘調査では、第二次大極殿の北の内裏は、木簡の出土によって西宮が確定しているとする。ここでは、中枢部の年代の変遷では、いわゆる第一次大極殿院地区は、和銅年間から築地回廊をめぐらして成立したが、奈良時代の中頃には解体されたこと、中心部の塼積壇上の建物は、恭仁宮へ移築された大極殿にあたることが明らかになったことを述べる。

また、第二次内裏・朝堂院地区は、朝堂院地区が文献での太政官院にあたるとみなされ、また大嘗祭の痕跡が五度あることが知られている。この地区の造営は和銅年間から始まっており、当初の内裏相当地区は、内裏と同面積で造営され、遅れて内裏的な殿舎配置となり、瓦葺されたのは六三一一—六六六四型式のときとみられる。これは、第Ⅱ期の瓦で、聖武即位前後には整えられていた。内裏と一体の第二次朝堂院・大極殿院は、当初は掘立柱建物で、ついで瓦葺されたが、その造営時期が問題になっている。それまで六六二五—六六六三型式の瓦から、恭仁京から還都後の建替とみなされていたが、瓦そのものは遷都中にストックがなされていたことが知られ、内裏より二〇年も遅れて瓦葺されたとみなされるので、了解しにくい状況にあるとし、さらにその後の調査の進展を述べている。

さらに、平城京の北辺坊が設けられた歴史的な背景、平城京の東南隅に設けられた越田池と唐長安城の曲江池との関連にも言及している。

第一部第三章　平城宮中枢部の変遷

本章は、『国立歴史民俗博物館研究報告』第三集（一九八四年）に所収の「古代宮都中枢部の変遷について」の長大な論文のうち、平城宮の中枢部の変遷を論じた章のみをとりあげて、第三章とした。

平城宮は、一九〇七年に関野貞氏が中央と東寄りの二つの宮殿区画を見いだし、東寄りのものを朝堂に、中央のものを内裏と南苑に想定する考えを提示した。その後の一九五五年、東の大極殿回廊の調査で、これが平城宮の創建まで遡らないことが知られたことと、宮の中央部に朝堂風の基壇や区画がみられることから、平城宮の中軸線上の区画を第一次内裏と朝堂院とし、その東寄りの区画の第二次内裏と朝堂院に移るとする図式が提示されてきている。

このような理解に対し、阿部氏は一九七四年に、「平城宮の内裏・中宮・西宮考」（『研究論集』Ⅱ　奈良国立文化財研究所）で、第一次内裏推定地を中宮に、第二次内裏推定地を西宮に想定した。この西宮は内裏の性格をもつものであるが、正史に内裏が登場するまでは内裏は内裏としての機能をもたず、中宮がその機能をはたしたとみなしている。また朝堂院に対しては、本来の朝堂院予定地を東寄りの地区に計画したが、先に整備されたのは中央区であったとみなしている。

このように阿部氏は理解したうえで、平城宮の中枢部はA（元明朝）、B（元正朝）、C（聖武・孝謙朝）、D（淳仁朝

〜）、E（平城上皇期）の変遷をたどったとする考えを図示して提起している。

その後、奈文研による『平城宮発掘調査報告』Ⅶでは、西宮は出土した木簡によって内裏とみなされた。また平城宮所用の軒瓦をⅠ〜Ⅴ期にわける編年が設定され、内裏の所用瓦はⅡ期に比定されており、ここで第二次内裏は天平十七年以降とする考えを訂正し、聖武が即位をめざす養老五年ころから神亀年間に想定されている。

また、一九八〇年、今泉隆雄氏は「平城宮大極殿朝堂考」（『関晃先生還暦記念　日本古代史研究』吉川弘文館）で、平城宮の二つの朝堂地区をもとに大極殿と朝堂との関連を論じ、朝堂に第一次、第二次という変遷を論じていることを述べる。

さらに、一九八二年には奈文研が『平城宮発掘調査報告』Ⅺを刊行した。これは平城宮の中枢部をⅠ〜Ⅲ期に区分し、そのⅠ期は四小期に区分し、この時期には北の三分の一が高い塼積みの壇上となり、南は石敷広場になっていたことが判明した。また壇上には二棟の大きな礎石建物が配されていた。その三期は壇上の二棟の建物のうち、南の建物と築地回廊が失われ、その区画は板塀になり、四期は築地回廊が再び復元されている。

ついで、Ⅱ期は築地回廊の南北が縮められ、壇上には多くの掘立柱建物が構築された。そしてⅢ期はⅡ期と同範囲が築地で囲まれ、南に広場、北に方眼地割上に正殿・脇殿・後殿が配され、塀による小区画がみられる。そして、Ⅰ期は和銅の創建期から天平勝宝五年、Ⅱ期は天平勝宝五年から長岡宮遷都まで、Ⅲ期は大同四年から天長元年としている。そして、Ⅰ期は中央の北部に大極殿院、その南に朝堂院、大極殿院の東に内裏（中宮・西宮）、Ⅱ期は中央の北部に西宮、その東方の北に内裏（中宮院）、その南に大極殿院と朝堂院、Ⅲ期は中央の北に内裏、その南に大極殿院と朝堂院が配されたものとみなされている。

このような奈文研による中枢部の構成に対する理解に対し、阿部氏は、さらに高殿との関連、初期の大極殿と朝堂の位置関係、恭仁宮に移された大極殿の位置、難波宮の内裏と大極殿院・朝堂院の配置との関連、中宮の性格と西宮の機能に関連すること、東区の朝堂院に葺かれた軒瓦の年代に関連する検討すべき課題を提示している。

そして平城宮の中枢部に対する変遷として、それまでの考えを一部のみ修正し、図26にみるような配置案を再び提示している。この図に明確に示されているように、阿部氏の見解の中心的な考えは、中央区の北部には中宮がおかれたとする考えで一貫して論じられている点にある。

第二部第一章　古代の城柵跡について

第二部は古代の城柵を論じた論文をまとめた。本章は、『国立歴史民俗博物館研究報告』第一集（一九八二年）に収録された論文と同一のものである。この論文は掲載誌では五四頁に及んでいるように、大部なものとなっている。ここでは、節として古代の城柵を考える上で必要な城・牆・柵の構造に始まり、古代の城柵の流れと制度、研究史の問題点、城柵跡の調査概況、古代城柵跡の諸問題、まとめと展望の順に論述している。

日本列島には国家形成とその後の展開にともない、対内外の緊張や抗争に対して軍事的な施設が設けられている。この城柵の外囲施設として城と牆と柵があり、これらの構造を検討する。古代の城牆を理解するため、中国の北宋のときに李誡によって編集された『営造法式』に記されたものを、竹島卓一『営造法式の研究』一・二（中央公論美術出版　一九七〇・七一年）をもとに検証している。

城は城壁の高さ、幅、基底部を検討し、築成に際して版築されている。牆は垣、塀などの意味をもち、土で築いた築垣、土塀である。また、一方で日本古代の築垣の工法を記した『延喜式』木工寮条を検証し、その施工規定を検証している。

ついで一九六三年に刊行された『平城宮発掘調査報告』Ⅲに記された牆・築垣の発掘例に言及し、発掘した建物群が平城宮の内裏と判定する根拠となった築地回廊のこと、築地が発掘された遺構の例として、平城宮、飛鳥寺、大安寺などをはじめ、さらに地方寺院の一例である陸奥国分寺の調査例に言及している。

また城にあたる構築物として、西日本の神籠石式山城、営造法式でいう城に相当するものとして、朝鮮式山城、神籠石式山城の外囲施設の諸例を検証する。その一方として、東北地方で検出されている柵の遺跡である秋田県払田柵、山形県城輪柵、さらに東北の城柵の構造として徳丹城、胆沢城、仙台市郡山遺跡、多賀城、秋田城の構造に言及する。そして、『平城宮発掘調査報告』Ⅲは、外囲や区画施設を中世以降に一般的に使用された呼称である築地でまとめており、この用語を古代までふくむ総称として、版築や寄柱の痕跡を指標として使用しているが、古代の用語はその総称としては築垣であったと述べている。

さらに、古代の城柵の流れと制度として、律令制下では城柵がどのように呼称されたかを検証しており、『律令』の「衛禁律」には、「凡越兵庫垣、筑紫城徒一年、陸奥越後出羽築柵亦同」と記されていることを確認する。

また、研究史の問題として東日本の城柵研究は、昭和初期の上田三平氏の払田柵、城輪柵の調査に始まった歴史がある。しかし、昭和四十四年（一九六九年）以降の宮城県多賀城跡研究所（以下、研究所と記す）による多賀城跡の発掘調査では、それまでの研究史を批判的に点検し、多賀城の築地で囲まれた内郭は国府と同一様式であること、外城も各地の寺院や国府の外郭のものと同一構造の築地であり、国府の機能、行政的機能をもつものとして作られたとして軍事的な機能を否定している。そして、城柵＝官衙説が提示されるに至っている。この新たな城柵に対する説に対し、阿部氏は城柵の遺構を官衙としてのみ理解する考えに対し、再検討することが必要であるとしている。

そこで、城柵跡の発掘調査例として、西日本の山城、都城と関、東国の城柵の調査例を検証し、古代の城柵跡に対する諸問題として、『営造法式』に記されている城と牆の区分を踏まえながら述べる。また、西日本の山城、畿内の都城、東日本の城柵に対し、城と牆という観点から検証し、展望として古代の城柵は、あくまで外囲がその本質的なものとみなしている。

第二部第二章　古代城柵の研究（一）―城柵官衙説の批判と展望―

本章は、『国立歴史民俗博物館研究報告』第一二二集（二〇〇五年）に収録された同名の論文である。

ここでは、副題に記されているように、多賀城跡の発掘調査をもとに提起された城柵を官衙とみなす説に対する批判が詳細に論述されている。

日本古代の城柵は、七〜一〇世紀の古代国家が東や北に配置した防御性をもつ軍事施設として、史書に記録が残されている。そして、古代城柵の研究は、明治以前からの長い研究史があり、昭和初期には秋田県払田柵、山形県城輪柵が見つかり、史書に記された柵の外郭施設や櫓、門にあたる遺構として注目されている。

戦後は秋田城、胆沢城、徳丹城などの発掘が断続的におこなわれている。そして、多賀城跡の調査は、一九六三年から東北大学の伊東信雄氏を中心に政庁跡の発掘がおこなわれ、多賀城を国府と鎮守府を収容する大宰府と並ぶ重要施設とみなし、その発掘成果として宝亀十一年（七八〇）に伊治公呰麻呂の乱によって焼失したときの政庁の建物配置が明らかになった。さらに一九六九年からは、研究所によって、継続的に大規模な発掘がおこなわれ、大きな成果をあげ、他の城柵遺跡でも継続的な発掘が展開する契機となっている。

さて、一九六九年からおこなわれた研究所による多賀城跡の発掘では、多くの成果が報告され、城柵研究が新しい研究段階に入った。その新たな調査成果によると、多賀城は政庁ならびに外郭施設からみて、陸奥国府を実態としており、中心部は国府政庁であり、これまで他の城柵も国府かそれ以下の地方官衙施設であることが理解されず、軍事面を多くとりあげてきた研究の姿勢には問題があるとした。その結果として、大宰府政庁との比較はとりあげられなくなった。そして、城柵官衙説は、新たな立論の常として、それまでの研究との違いが強調され、軍事面を名目のものとし、一般的官衙である国府や郡家の政庁との類似や同質性を探る研究方向がとられている。

城柵官衙説は、多少の修正をふくみながら、二〇〇四年には、新たな成果として強調されている。この新説は、伊東氏をふくめた前段階の研究成果、研究方法に対するアンチ・テーゼとしてだされており、先行学説がそのつど批判されている。発掘によって新たな知見をうることは当然であり、先行研究がその発展の基礎としてでなく、遅れた研究、誤った成果として追及され、その主張を捨てる様に論難されたと阿部氏は記している。

城柵官衙説の登場に対し、古代史研究者は城柵が郡家などの官衙の成立後も広域の地方官衙の分置として行政機能を分担したとする補強説、城柵が官衙なら、何故に正史に官衙とは別に城柵が記されたのかという疑問説、発掘成果の評価や史書を点検し、地方官衙の側面と軍事施設としての側面は否定できないとする見解が提示された。そして、この説に対し、阿部氏は考古学的な論拠に対する疑問を提示している。

これらの批判を受け、城柵官衙説は、国レベルの官衙施設、軍事的に使用された史実は否定しないものの、外郭施設や中心施設の実態は国庁レベルの官衙を越えないとする立場を強化されている。

そこで、阿部氏は外郭施設に軍事機能がないとする点、政庁が国府政庁と同一の類型であるとする立論の根拠が疑わしいとし、外郭施設を築地で理解すべきでなく、城垣と呼ぶべきであり、櫓を伴う軍事施設であり、政庁の建物配置は国府とは異なる配置形態であったことを論じ、考古学による多賀城政庁の復元の問題、政庁に南郭が存在したとする二つの問題を検証している。

前者の政庁の復元では、研究所の第四次調査（一九六八年）では、下層で掘立柱建物の東脇殿を検出するという大きな成果をえた。ついで、西脇殿を調査したが、その先行調査で基壇建物と石積溝、根石があり、礎石建物が検出されていたが、それに対処せずに東脇殿の検出面まで掘り下げて検出した。その結果として、国府政庁との類似性が大きくとりあげられ、単郭の三棟の建物配置の理解となったという。その後、礎石建物の存在の指摘を受けたが、その建物の時期は遅くみなされ、Ⅱ期の建物配置図には基壇建物の脇殿は存在しないとする図が示されているとする。

後者は、Ⅱ期にはⅠ期にあった複廊がともなった門の南には、他に建物は配されていないとする。この理解に対し、阿部氏は、Ⅰ期の掘立柱建物はⅡ期には基壇建物として踏襲されたものとみなす。しかも、門の南で分岐する溝が存在し、西方の石積溝の延長と、そこから西へ築垣に暗渠の石組が設けられていることから、Ⅱ期に南郭が存在したとみなす想定図を提起し、再検討を提起した経緯を述べている。

そして、城柵は国府や郡家と政庁の建物に似た点があるが、基本的に異なった配置の類型をなし、異なる機能をはたしたものであり、地方官衙とする理解は誤りであるとする。そして、これは蝦夷を対象とした国家権力を示すものであったとみなしている。

第二部第三章　古代城柵の研究（二）―城郭の成立と機能―

本章は、『国立歴史民俗博物館研究報告』第一三〇集（二〇〇六年）に収録された同名の論文である。

ここでは、古代城柵官衙説を構築する原点となった多賀城の政庁は、国府の政庁や郡衙家の政庁と同一類型の官衙ではなく、別系統のものとして把握すべきとする見解をもとに、それまで奈良時代の城柵官衙遺跡には櫓の施設は常設的な施設としては存在しない、特定の時点や特例にすぎないとする見解を批判的に検討している。

それまでの城柵官衙説では、城柵遺跡にめぐらされた築地は、施設の範囲を示す区画施設とみなすのに対し、阿部氏は城柵の外郭施設が他と異なる軍事用の防御施設であることの一つとして、それまでも他にはみられない櫓の存在を重視する考えを提示する。これは、四周を監視し、必要に応じて武力を行使し、あるいは控えている兵力をくりだすために監視することを前提とした施設であるとする。しかし、この櫓は、城柵遺跡に共通して認められるが、城柵官衙説からは、櫓が設けられた相互の距離と時期の点から、軍事的なものでないとする。すなわちその一つの論点は、櫓は複数が検出されている例から、一定の距離で設けられ、それは軍事用のものではなく、装飾用に付加された施設であるとする。また、多賀城では奈良時代に遡る時期に櫓はみられないとしている。

そこで阿部氏は、多賀城での櫓の検出例を検証している。一九八八年、多賀城研究所は奈良時代の東門跡とその南の延長上を発掘し、その南の二ケ所で平安時代以降の築垣と掘立柱式の櫓、その築垣ラインの東方外で布掘りの掘方をともなう柵木列とその内側に接して設けられた掘立柱の櫓を検出した。これは奈良時代の東門の南にのびる築垣と柵木列が接続するものとみなし、奈良時代に遡る櫓が存在すること、丘陵地でも谷状地には柵木列による外郭施設があり、これが多賀城の創設期に遡る可能性が想定されるとする。

一方、宮城県古川市小寺遺跡の平成四年（一九九二）の発掘では、外郭線は版築技法による築地施設がめぐる玉造柵擬定地で、そこに東西二間、南北一間の南北に長い櫓で、八世紀前半まで遡ることに言及する。

また、仙台市郡山遺跡のⅡ期には七世紀後半に遡る掘立柱の櫓が検出されている。阿部氏は、この櫓は仙台市郡山遺跡のⅠ期から平安時代の山形県城輪柵跡まで、城柵遺跡のすべてに必要な施設であったとみなしている。秋田城では貞観十一年の大地震の際に、「城郭倉庫」「門櫓墻壁」が壊れたとされ、元慶二年から始まる元慶の乱の報告では、蝦夷が秋田城を攻略したことから、破壊された施設として「城櫓廿八宇」「城棚櫓廿七基」「郭棚六十一基」が記されている。この櫓は外郭築垣をもとに、その外側基壇を張りだすもの、内側に掘立柱列一列を設けるもの、外側に張りだし、基壇と柱列を設けるもの、方形土居桁を内部におくもの、城垣をまたぐ掘立柱や基壇をもつもの、柵木列を跨ぐ掘立柱の建物などの例があり、基本的には城櫓と棚櫓があり、内方の城ライン、外方の郭ラインにも設けられ、門もその一連の防御施設になるとみなされるとした。

さらに、柵と城の検証として、城柵は施設の雅名や固有名をつける場合と、外郭施設そのものを示す場合がある。いずれの場合も、官衙遺跡と区別する施設として櫓が設けられているとする。

城柵官衙説には、多賀城が不完全城郭とする考えが示されている。しかし、柵の実態が発掘された仙台市郡山遺跡は、多賀城が創建される以前の官衙とされている。ここではⅠ期官衙は東西三〇〇メートル、南北六〇〇メートルで、柵木列（材木列）、板塀や掘立柱建物からなり、北で東へ三〇度～四〇度ほど振れている。Ⅱ期は南北方向を軸線とし、柵木列で囲んだ城柵施設と、その外側に半町の空間地帯を巡らし、外濠を掘っている。内部には中央に掘立柱式の左右対称の政庁風の建物がある。そして、この仙台市郡山遺跡のⅡ期官衙は、多賀城以前の初期の陸奥国府（国衙）であるとみなされており、この第Ⅱ期官衙こそ、阿部氏は城柵そのものであるとみなしている。

城柵の外郭施設は、柵木列から築垣へ変遷したが、同時に両者が併用され、あるいは柵木列に戻った例が払田柵や城輪柵などで知られるとする。そして、柵施設の重要な外囲施設を柵木列と呼ぶのは、払田柵や城輪柵が見つかって以来の歴史的な用語であったが、城柵官衙説では、柵木ないし柵木列の呼称は忌避され、材木列ないし材木塀の用語が新たに提起され、使用されている。この用語では城柵施設の実態を表現したものにならないとしている。そして、東北の城柵に対する城柵官衙説では、建物施設や土木工事などで宮殿や官衙に採用されている技術と共通するものが採用されているが、外郭施設に対する側面からみると、城柵は軍事施設として造られたものであることが明瞭であり、城柵の内部に様々な機能の施設がとりこまれており、そこに日本の古代の律令国家と北や南の戦争をふくめた歴史展開があったとみなしている。

以上、本書に収録した各論文の記述に沿って、その要点を述べた。

本書の論文を執筆された阿部氏は、一九六五年春に東北大学を卒業後、奈良国立文化財研究所（奈文研）に勤務し、一九七二年春まで、平城宮跡の発掘にかかわっている。「平城宮中枢部の変遷」は、一九七四年に執筆した「平城宮の内裏・中宮・西宮考」（『論集』Ⅱ　奈文研）を、さらに平城宮の第一次大極殿院・朝堂院、第二次大極殿院の発掘調査の進展を踏まえながら検討して論述したものである。

この平城宮の中枢部に対する発掘調査と研究成果は、その後に刊行された『平城宮発掘調査報告』Ⅺ（一九八二年）、『平城宮発掘調査報告』ⅩⅢ（一九九一年）、『平城宮発掘調査報告』ⅩⅣ（一九九三年）、『平城宮発掘調査報告』ⅩⅦ（二〇一一年）に報告されており、そのつど阿部氏の見解が検証されている。

そして、現状の平城宮の中枢部に対する定説的な理解は、奈良時代前半の平城宮は、中央部の北に大極殿院、その南に四棟からなる朝堂院、東区には北に内裏（中宮）、その南に掘立柱の大極殿の前身建物（大安殿）と十二棟からなる朝堂院が配置された。また奈良時代の後半には、中央部の北の大極殿院は南北が短くなり、北半部の壇上に多くの建物が建ち並ぶ西宮、その南は朝堂院、東区は北に内裏、その南に礎石建の大極殿院と朝堂院が配されたものとみなされている。

第Ⅱ部は、多賀城を中心とする古代東北の城柵を論じたものである。阿部氏は、東北大学の学生だった一九六二・六四年、多賀城跡の発掘調査の開始直後におこなわれた政庁跡の発掘にかかわっている。私も一九六三〜六五年まで、政庁跡の発掘にかかわった。この発掘調査は、二二七頁の註4に記されているように、東北大学の伊東信雄氏・飯田須賀斯氏の指導のもとに、宮城県教育委員会・多賀城町・河北文化事業団主催で行われたものである。多賀城政庁の遺構に対する理解は、そのときの発掘調査の経験と成果に対する氏の原体験によるところが少なくない。

阿部氏と私は、東北大学で伊東信雄氏・芹沢長介氏のもとで考古学を学んだ。前述したように、阿部氏は一九六五年春に大学を卒業し、奈文研の平城宮跡発掘調査部に勤務した。翌年の一九六六年春、私も大学院修士課程を修了して奈文研の平城宮跡発掘調査部に勤務することになった。私が勤務することになったこの年の春は、新たに勤務したのは私のみだったので、研修は数日間で終わったことから、平城宮跡に対する発掘調査方法、記録方法、発掘現場の運営などにかかわる細かなことの大半は、大学では一学年後輩だった阿部氏から直接的に指導を受けることになった。また、阿部氏からは、各地で遺跡破壊が大規模に進展していた関西での考古学の研究状況を適切に教示していただいた。このときに阿部氏の適切な教示がなかったら、東北とは著しく風土を異にする奈良の地で、研究生活を円滑に進めえたとはいい難いであろう。

阿部氏は、一九七二年に奈文研から文化庁に転任し、さらに一九八一年に国立歴史民俗博物館に転任後も、最も親しい研究者として交流を深めることになった。

彼は考古学にとっては最も基本となる発掘調査で検出される遺構に対し、じつに優れた判断力と遺構の復元力をもっていた。多賀城跡調査研究所によって、一九六九年以降におこなわれた多賀城の政庁跡から発掘された各遺構の図に対する読解と判断には、じつに天性というべき才能が示されている。そして、阿部氏は平城宮跡という優れた古代都城遺跡による発掘経験と研究をもとに、多賀城を初めとする城柵と蝦夷世界の解明にも取り組まれたことになる。

そこには、伊東信雄氏が多賀城を大宰府と対比する歴史観をもって発掘した視点を継承するとともに、きわめて重視していたことがよくわかるのである。

阿部氏の本書に収録された都城制に関連する論点と、多賀城跡をはじめとする古代東北の蝦夷世界に対して設けられた城柵に対する城柵論には、きわめて本質な、しかも今後の研究にとってきわめて重要な見解と提言が示されている。

小 笠 原 好 彦

著者略歴

一九四二年　秋田県鹿角市に生まれる
一九六五年　東北大学文学部国史学科卒業
同年から奈良国立文化財研究所に勤務し、平城宮跡の発掘にかかわる。文化庁記念物課を経て、一九八一年から国立歴史民俗博物館に転任し、同教授を歴任する。二〇〇八年から国立歴史民俗博物館名誉教授。
二〇一一年　死去。

〔主要著書〕
『官衙』（ニュー・サイエンス社、一九八九年）、
『蝦夷と倭人』（青木書店、一九九九年）など

日本古代都城制と城柵の研究

二〇一五年（平成二十七）三月二十日　第一刷発行

著　者　阿《あ》部《べ》義《ぎ》平《へい》

発行者　吉川道郎

発行所　株式会社　吉川弘文館
郵便番号一一三－〇〇三三
東京都文京区本郷七丁目二番八号
電話〇三－三八一三－九一五一〈代〉
振替口座〇〇一〇〇－五－二四四番
http://www.yoshikawa-k.co.jp/

組版＝株式会社キャップス
印刷＝藤原印刷株式会社
製本＝誠製本株式会社
装幀＝山崎　登

ISBN978-4-642-04619-0

索 引

I 事 項

あ 行

か　行

さ　行

な　行

は　　行

ま　行

や　行

ら　行

わ　行

Ⅱ 研究者名

あ　行

か　行

さ　行

た　行

な　行

は　行

ま　行

や　行

ら　行

わ　行